CANADA

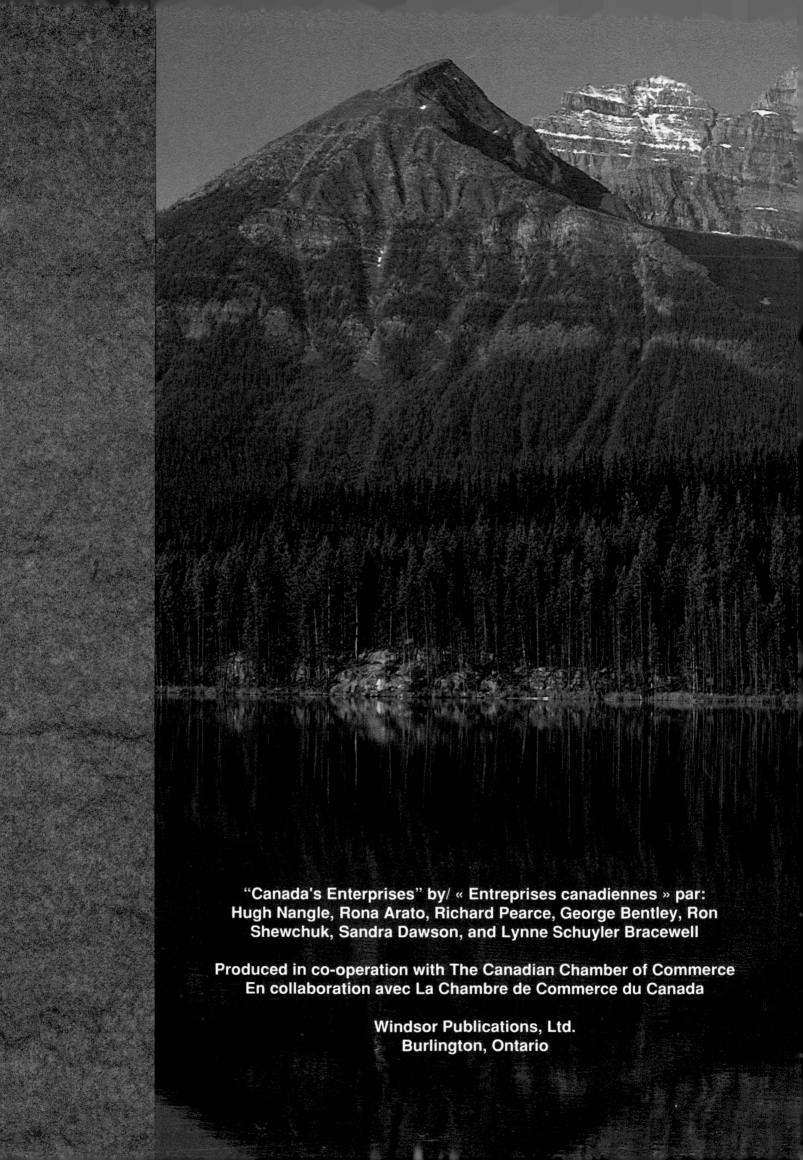

"Canada's Enterprises" by/ « Entreprises canadiennes » par:
Hugh Nangle, Rona Arato, Richard Pearce, George Bentley, Ron
Shewchuk, Sandra Dawson, and Lynne Schuyler Bracewell

Produced in co-operation with The Canadian Chamber of Commerce
En collaboration avec La Chambre de Commerce du Canada

Windsor Publications, Ltd.
Burlington, Ontario

CANADA

IN CELEBRATION OF COMMERCE
EN HOMMAGE AU COMMERCE

Michael F. Harrington

Mark J. Alberstat

Louise A. Legault

Helga V. Loverseed

Andrew Allentuck

Carol M. Bentley

William Pasnak

Garth Hopkins

A CONTEMPORARY PORTRAIT/UN PORTRAIT CONTEMPORAIN

Windsor Publications, Ltd.—Book Division
Managing Editor: Karen Story
Design Director: Alexander D'Anca
Photo Director: Susan L. Wells
Executive Editor: Pamela Schroeder

Staff for *Canada: In Celebration of Commerce*
Senior Manuscript Editor: Jerry Mosher
Photo Editor: Robin Sterling
Editors, Corporate Profiles: Jeffrey Reeves, Melissa W. Patton
Production Editor, Corporate Profiles: Lisa Woo
Proofreader: Annette Nibblett Arrieta
Co-ordinator, Corporate Profiles: Gladys McKnight
Editorial Assistants: Elizabeth Anderson, Alex Arredondo,
    Kate Coombs, Lori Erbaugh, Phyllis Feldman-Schroeder,
    Wilma Huckabey
Publisher's Representatives, Corporate Profiles: J. Bryant,
    G. Jones, E. Sinclair, A. Shillum, R. Bean, B. Pickard,
    E. Berney
Designer: Bonnie Felt
Translation: Louise A. Legault, Bernard Jourdain, Paul
    Poirier
Copy editing: Claude Saint-Jean

Windsor Publications, Ltd.
Elliot Martin, Chairman of the Board
James L. Fish III, Chief Operating Officer
Mac Buhler, Vice President/Acquisitions

Windsor Publications Ltd.—Division des livres
Directeur des publications : Karen Story
Direction graphique: Alexander D'Anca
Directeur de la photographie: Susan L. Wells
Directeur exécutif: Pamela Schroeder

Equipe pour *Canada: en hommage au commerce*
Rédacteur en chef: Jerry Mosher
Directeur de la photo: Robin Sterling
Révision des portraits d'entreprises: Jeffrey Reeves, Melissa
    W. Patton
Direction de la production, portraits d'entreprises: Lisa Woo
Correction d'épreuves: Annette Nibblett Arrieta
Coordonnateur, portraits d'entreprises : Gladys McKnight
Adjoints à la rédaction: Elizabeth Anderson, Alex
    Arredondo, Kate Coombs, Lori Erbaugh, Phyllis
    Feldman-Schroeder, Wilma Huckabey
Représentants, portraits d'entreprise: J. Bryant, G. Jones, E.
    Sinclair, A. Shillum, R. Bean, B. Pickard, E. Berney
Design: Bonnie Felt
Traduction: Louise A. Legault, Bernard Jourdain, Paul Poirier
Révision: Claude Saint-Jean

Windsor Publications Ltd.
Elliot Martin, président de la direction
James L. Fish III, directeur général
Mac Buhler, vice-président, acquisitions

Summertime enhances the natural beauty of Fundy National Park in New Brunswick. The park is situated along the southern coast of the province. Photo by John Elk III

Le parc national de Fundy, situé sur la côte méridionale du Nouveau-Brunswick, est à son meilleur pendant les mois d'été. Photo John Elk III

Sommaire

CONTENTS

PROLOGUE

Kathe Lieber

The office towers of Montréal, Québec, reflect the city's prosperous and thriving business community. Photo by Stephen Homer/First Light

La prospérité et le dynamisme de la communauté d'affaires montréalaise se reflètent dans l'audace de ses gratte-ciel. Photo Stephen Homer/First Light

Ce livre examine les rouages de l'économie canadienne.

Considérer le Canada en bloc au niveau économique (comme à tout autre niveau, du reste) serait une grave erreur. Le deuxième plus grand pays du monde en termes de superficie se distingue par une étonnante diversité, tant économique qu'ethnique et culturelle. Si les Canadiens étaient autrefois considérés comme des scieurs de bois et des porteurs d'eau, de nos jours, il faudrait plutôt parler de foreurs de pétrole, de producteurs de blé, de pêcheurs, de manufacturiers d'une gamme de plus en plus étendue de produits, d'entrepreneurs et d'innovateurs, de créateurs, usagers et exportateurs de technologies de pointe.

C'est donc à la diversité économique du Canada que ce livre veut rendre hommage. Il ne fait que proposer un survol du sujet; loin de prétendre être exhaustif, il se contente en effet de présenter une esquisse contemporaine.

Ce qui le caractérise, c'est l'emphase qu'il met sur la chose économique. De façon claire et résolue, il ne craint pas de souligner les forces vives de la nation. Certes, le Canada des années 90 doit composer avec une économie et un climat politique changeants et doit s'ouvrir et se mesurer à un marché de plus en plus global. Telles sont les données qui forment la toile de fond de ce livre.

C'est dans la plus jeune province canadienne, sur la côte atlantique, que débute notre tournée pancanadienne. Comme le souligne l'auteur Michael Harrington, Terre-Neuve et le Labrador ont, de par leur isolement du reste de l'Amérique du Nord, conservé des traits bien distinctifs. Quoique l'économie tende de plus en plus à se diversifier et à inclure l'exploitation minière et forestière, la pêche reste la principale source de revenus et le plus gros employeur de la province.

Près de la moitié des gisements de fer canadiens se trouvent au Labrador; c'est là aussi que se situe l'un des plus grands projets hydro-électriques d'Amérique du Nord, les chutes Churchill. De riches forêts alimentent des activités comme la sylviculture, la production de pâte de bois et de papier journal et la foresterie. Michael Harrington se penche également sur l'industrie pétrolière off-shore (certains experts prétendent que les champs pétrolifères d'Hibernia renferment plus de pétrole que tous les puits de la Mer du Nord réunis), le marché énergétique et les activités de recherche et développement. Il termine son chapitre avec un aperçu du tourisme,

des projets de diversification de la province et de son potentiel de développement.

Le deuxième chapitre, qui porte sur les provinces maritimes, survole l'activité économique de la Nouvelle-Écosse, du Nouveau-Brunswick et de l'Ile-du-Prince-Édouard, une petite région où, selon l'auteur Mark J. Alberstat, domine l'exploitation des matières premières. Même si les pêcheries ont été durement touchées ces dernières années, tout particulièrement en Nouvelle-Écosse, la pisciculture suscite de plus en plus d'intérêt.

L'Ile-du-Prince-Édouard, province dont le pourcentage de territoire consacré à l'agriculture

The majestic Maligne Mountains are reflected in the clear waters of Honeymoon Lake in Alberta's Jasper National Park. Photo by John Elk III

Les majestueuses montagnes Malignes se réfléchissent dans les eaux claires du lac Honeymoon dans le parc national de Jasper en Alberta. Photo John Elk III

This is a book about what makes Canada tick.

To regard this vast country as a monolith in economic (or any other) terms would be to do Canada a disservice. The world's second-largest nation is characterized by an astonishing degree of economic, ethnic, and cultural diversity. Canadians were once known as hewers of wood and drawers of water. Today, we are also drillers of oil, farmers of wheat, and fishers of the oceans—and increasingly, manufacturers of a broad range of goods, skilled entrepreneurs and innovators, and developers, users, and exporters of up-to-the-minute technologies.

This book celebrates the economic diversity of Canada. Of necessity it is an overview; it makes no claim to be definitive, but presents simply "a contemporary portrait."

What sets this book apart is precisely that emphasis on economics. The focus is clear and unwavering. The book dwells largely and unabashedly on the positive. Certainly, the Canada of the 1990s must come to grips with a dynamic economic and political environment and the challenges imposed by an increasingly open and competitive global marketplace. But all these factors are ingredients of "a celebration of commerce"—the theme, as well as the title, of this book.

Lever de soleil saisissant sur la ville de Toronto, Ontario. Photo Ron Watts/First Light

The sun rises over the striking skyline of Toronto, Ontario. Photo by Ron Watts/First Light

est le plus élevé au Canada, est renommée pour ses pommes de terre. Produits laitiers, tabac, raisins, les fermes des Maritimes produisent de tout, mais leur nombre tend à régresser avec la baisse des prix des denrées et les problèmes particuliers reliés à l'exploitation de petites fermes.

À son tour, le sous-sol des Maritimes alimente une autre facette de l'économie: on exploite en effet l'or, l'argent, le zinc, le plomb et le cuivre au Nouveau-Brunswick; le charbon, le gypse et le sel en Nouvelle-Écosse.

L'industrie papetière est bien développée au Nouveau-Brunswick et en Nouvelle-Écosse.

Quant au secteur manufacturier, il englobe des domaines aussi variés que la transformation du poisson et la production de la pâte de bois, la fabrication d'appareils de haute technologie et le tannage de la peau de poisson.

Les provinces maritimes affichent un taux d'investissement de 10 pour cent par année, soit un taux supérieur de 1,3 pour cent à la moyenne canadienne. Cette région pittoresque voit son industrie touristique prendre de plus en plus d'essor. Enfin, la présence de plusieurs universités d'envergure et de nombreux petits collèges fait prendre une importance grandissante au domaine de l'éducation.

Churchill Falls. The dense forests are the base for tree harvesting, processing of pulpwood and newsprint, and forestry management activities. Harrington takes a look at the offshore oil business (the Hibernia field, say some experts, may yet yield more oil than all the North Sea wells combined), the energy market, and R&D activities. The chapter concludes with a look at tourism, diversification, and prospects for growth.

Chapter Two, the Maritimes, examines economic activity in Nova Scotia, New Brunswick, and Prince Edward Island—a small region, says author Mark J. Alberstat, where resource-based economies prevail. The fisheries business, especially in Nova Scotia, has been hard-hit in recent years; on the plus side, aquaculture is generating growing interest.

In Prince Edward Island, the potato is big business in a province with the highest percentage of land dedicated to farming in Canada. The number of farms in the Maritimes producing everything from dairy products to tobacco to grapes is steadily declining, however, due to lower produce prices and the economics of running small farms.

Beneath that fertile Maritime soil lies the basis for another major industry: mining. Gold, silver, zinc, lead, and copper are mined in New Brunswick, and coal, gypsum, and salt in Nova Scotia.

A well-developed pulpwood industry thrives in New Brunswick and Nova Scotia. Manufacturing concerns involve the predictable: fish processing and pulp mills, and the unexpected: high-tech devices and fish-skin leather tanning.

Canada is a leading force in the international business scene. Photo by Xavier Nuez

Le Canada est un chef de file au sein de la communauté d'affaires internationale. Photo Xavier Nuez

We begin our cross-country journey on the eastern seaboard, in Canada's newest province. As author Michael Harrington points out, Newfoundland and Labrador—largely due to its isolation from the rest of North America—has retained a distinctive personality. The fishing industry remains the largest generator of revenue and employer in the province, but the provincial economy is increasingly diversified, with mining and the lumber industry taking their place alongside fishing.

Labrador possesses almost half of all the iron ore found in Canada, and is the site of one of North America's largest hydro-electric projects,

Un cargo emprunte la Voie maritime du Saint-Laurent à la hauteur de Beaumont, Québec. Photo Brian Milne/First Light

A freighter makes its way along the St. Lawrence Seaway near Beaumont, Québec. Photo by Brian Milne/First Light

Louise A. Legault a, pour sa part, identifié sept secteurs clés pour l'avenir de l'économie québécoise. Un mépris de la vie économique a fait place, depuis un certain nombre d'années au Québec, à un véritable engouement qui fait écho, en termes économiques, à la Révolution tranquille qu'a connue le Québec au niveau politique.

Les ressources jouent un rôle de premier plan dans l'économie de la province où s'affairent quelques-unes des plus grandes papetières du monde. Le Québec est aussi synonyme d'hydro-électricité et Hydro-Québec, la deuxième plus grande société d'état canadienne, y exploite des installations de la taille de celles de la Baie James. Le sous-sol riche du Québec permet d'exploiter une vingtaine de minéraux. Avec ses coopératives, ses unions de producteurs et ses méga-entreprises, l'agro-alimentaire a aussi le vent dans les voiles. La province s'est taillé en outre une réputation de premier plan dans les domaines de la biotechnologie et de la recherche médicale.

L'exportation représentant 40 pour cent de son produit national brut, l'économie québécoise est une des plus ouvertes du monde. Louise A. Legault termine son chapitre en jetant un rapide coup d'oeil aux secteurs traditionnels,

le textile, le vêtement, la chaussure et le meuble. Partie prenante au développement de la province, la Caisse de dépôt et de placement du Québec a soutenu la croissance de plus d'une compagnie. Le Mouvement Desjardins, la plus importante caisse d'épargne en Amérique du Nord, et le Fonds de solidarité des travailleurs du Québec réussissent à marier capitalisme et philanthropie. Montréal abrite en outre une bourse dynamique, de nombreuses banques canadiennes et étrangères et des centres financiers internationaux.

L'Ontario, tel que le rapporte Helga V. Loverseed, est la locomotive de l'économie canadienne et Toronto, la plus riche et la plus peuplée des villes du pays. On ne peut parler qu'en termes superlatifs des trois principaux secteurs de l'économie ontarienne—la production de matériel de transport, l'exploitation et la transformation des ressources naturelles et la production d'appareils électriques et électroniques.

Nombre de secteurs, depuis l'agro-alimentaire et la production à grande échelle de certaines denrées à l'impression et l'édition composent l'économie ontarienne. Fait intéressant, l'Ontario exporte plus per capita que le Japon, les États-Unis ou la Communauté

The annual investment rate for the Maritimes is 10 percent—1.3 percent higher than the Canadian average. For this picturesque region, tourism is an industry of growing importance. Education is yet another growth industry, with several large universities and smaller colleges in the region.

In Québec, says Louise A. Legault, seven key areas point the way to tomorrow. The anti-business attitude once prevalent in the province has experienced a "quiet revolution."

Resource-based industries account for considerable economic activity, with some of the world's leading pulp and paper companies headquartered in the province. The other major resource-based industry synonymous with Québec is hydro-electricity. Energy giant Hydro-Québec, the second-largest Crown corporation in Canada, runs mammoth projects like James Bay.

Québec is an "underground" leader, with about 20 minerals currently mined in the province. The agro-food sector is booming—an industry typified by producers' co-operatives and agricultural unions as well as large food companies. The province has established an enviable reputation in biotechnology and medical research.

Québec has one of the world's most open economies, with exports representing some 40 percent of the gross domestic product. Legault ends her chapter with a look at the so-called "traditional" industries: textiles, clothing, footwear, and home furnishings. Underpinning all this development, the Caisse de depot et de placement du Québec has presided over the growth of many companies. The Desjardins movement, North America's largest chain of credit unions, and the Fonds de solidarite des travailleurs du Québec blend capitalism and philanthropy. Montréal is home to a bustling Exchange, many Canadian and foreign banks, and international financial centres.

Ontario, reports Helga V. Loverseed, is the powerhouse that drives the Canadian economy, with Toronto the richest and most populous city in the country. The three major sectors—the manufacturing of transportation equipment, the extraction and processing of natural resources, and the production of electrical and electronic products—can only be discussed in superlatives.

A wide range of activities fuel the provincial economy, from food processing and large-scale production of cash crops to printing and publishing. On a per capita basis, Ontario exports more than Japan, the United States, or the European community. Hydro-electric power accounts for about two-thirds of all the energy produced in the province. Ontario Hydro, the largest electrical utility in the world, provides low-cost energy that in turn boosts many other industries.

Ontario is the country's largest producer of poultry, eggs, mutton, fruit, and corn. Most of the province's farms are concentrated in southwestern Ontario; the Niagara Peninsula, for example, is a fertile fruit and vegetable garden, as well as a major wine-producing region.

The forests of Ontario generate thousands of jobs and fuel a prime export market. Provincial parklands and wilderness areas are also major generators of revenue for the province.

The largest of Ontario's many thriving population centres, Toronto is the number one tourist destination in the country, and the Toronto Stock Exchange (TSE) ranks among the world's top 10 exchanges. And Ottawa is the national capital and the site of more than 90 embassies, high commissions, and national and international organizations.

The shift from heavy manufacturing to service industries has begun in Ontario. The province's economic climate is increasingly entrepreneurial and global-minded.

Manitoba is officially regarded as a "have-not" province. As Andrew Allentuck points out, this actually makes Manitoba, as sparsely settled as Outer Mongolia, a bargain because it does not

Construction is on the rise throughout Canada. Photo by David Pritchard/First Light

La construction ou bon train à travers le Canada. Photo David Pritchard/First Light

La neige transforme les prairies de la Saskatchewan en féérie d'hiver. Photo Todd Korol/ First Light

Snow transforms the Saskatchewan prairie into a winter wonderland. Photo by Todd Korol/First Light

européenne. L'hydro-électricité représente environ les deux tiers de l'énergie produite dans la province. Ontario Hydro, la plus importante compagnie d'électricité au monde, fournit de l'énergie à bon marché et contribue ainsi au dynamisme de nombreux secteurs industriels.

L'Ontario est le principal producteur de volaille, d'oeufs, d'agneau, de fruits et de maïs au Canada. La plupart des fermes sont concentrées dans le sud-ouest de la province; la péninsule du Niagara, par exemple, est renommée pour ses fruits et légumes, ainsi que pour sa production vinicole.

Générant des milliers d'emplois, les forêts de l'Ontario alimentent à leur tour un important marché d'exportation. Parcs provinciaux et réserves fauniques représentent également d'importantes sources de revenus pour la province.

Toronto, le plus important centre de la province, attire chaque année des milliers de touristes. La Bourse de Toronto compte parmi les dix plus importantes bourses d'échange du monde. Mentionnons enfin que la capitale nationale, Ottawa, abrite plus de 90 ambassades, hauts commissariats, organismes nationaux et internationaux.

L'Ontario a déjà amorcé le passage de l'industrie lourde au secteur tertiaire. L'heure y est à l'entrepreneurship et aux marchés mondiaux.

Officiellement considéré comme une province "pauvre" , le Manitoba, comme le souligne Andrew Allentuck, transforme ses lacunes en avantages, puisque la province, dont la population est aussi clairsemée que celle de la Mongolie, ne manque pas d'espace ni d'infrastructures pour assurer son développement futur.

Mise à part la capitale, Winnipeg, très industrialisée, l'économie manitobaine se concentre dans l'agriculture et l'exploitation minière. Manitoba Hydro exploite présentement 13 barrages qui peuvent produire 3,9 millions de kilowatts d'énergie; les Manitobains paient l'une des factures énergétiques les moins élevées parmi les pays industrialisés. Chaque année, l'agriculture génère 2 milliards de dollars même si le prix de la principale production, le blé, demeure encore bas. La transformation des aliments, la fabrication de matériel de transport, l'impression et la publication, de même que l'ameublement restent d'importantes sources de revenus et d'emplois.

Le secteur tertiaire, notamment les services gouvernementaux, permet à l'économie manitobaine de traverser les hauts et les bas des cycles économiques. Au nombre de ces organismes, il faut compter la Bourse des marchandises de Winnipeg, le plus ancien marché à terme sur les grains au Canada, et la Commission canadienne du blé, toutes deux

have bottlenecks in land, transportation, or public utilities.

Outside the heavily industrial capital, Winnipeg, the business of Manitoba is farming and mining. Space is the province's great asset. Manitoba Hydro currently operates 13 dams that can generate 3.9 million kilowatts of power, and Manitobans pay about the lowest electric power bills in the developed world. Agriculture brings in $2 billion a year, with the largest crop, wheat, still selling at depressed prices. The manufacturing of food products, transportation equipment, printing and publishing, and furniture generate both revenue and employment.

The service industry, including government, gives Manitoba a financial base that can withstand rollercoaster business cycles. The Winnipeg Commodity Exchange, Canada's oldest futures market in grains, and the Canadian Wheat Board are based in the provincial capital, along with financial services firms and chartered banks, both Canadian and foreign. Tourism is big business, too—and distributed widely over the province.

The province is blessed with an ethnically diverse labor force, mainly trained within the province. Technical post-secondary institutions are a particular strength; the University of Manitoba is Western Canada's oldest academic institution.

Next stop, Saskatchewan—a province of great diversity, reports Carol Bentley. A spirit of self-reliance, combined with the bounty of the earth, is the province's greatest strength.

The provincial economy remains chiefly resource-based, and agriculture, despite its boom and bust cycles, remains the major economic force. The "breadbasket of the world" produces more than half of Canada's total annual wheat harvest, much of which winds up as far afield as Japan, China, and the Soviet Union. Saskatchewan farmers also raise barley, canola, rye, flaxseed, and that gourmet delicacy, wild rice, and the livestock business is in robust health.

Farming in Saskatchewan remains largely a family operation. Another strength is the vibrant co-operative movement, ranging from tiny day-care centres to the Saskatchewan Wheat Pool—an innovative force in the development of canola, now widely favored for margarines and cooking oil.

Saskatchewan ranks second to Alberta in Canadian oil production. The natural gas

Alberta's Calgary Stampede is a favorite annual event. Photo by Winston Fraser

Le Stampede de Calgary est un événement annuel très populaire. Photo Winston Fraser

S'étirant sur 25 kilomètres de rive, le Port de Montréal arrive premier au Canada pour son trafic de conteneurs. Photo Xavier Nuez

Stretched over 25 kilometres of shoreline, the Port of Montréal is Canada's leading container port. Photo by Xavier Nuez

situées dans la capitale provinciale, de même que de nombreuses entreprises financières et des banques à charte canadiennes et étrangères. Le tourisme y prend également de plus en plus d'importance, et ce, à la grandeur du territoire.

La province peut compter sur une main-d'oeuvre d'origines diverses mais formée sur place. Les institutions postsecondaires techniques jouissent d'une très bonne réputation; l'Université du Manitoba, qui est la plus ancienne université de l'ouest du Canada, accueille 23 000 étudiants.

Prochain arrêt: la Saskatchewan, une province d'une grande diversité, nous rapporte Carol

Bentley. Parmi les forces de la province, il faut compter un sol riche et le fort esprit d'indépendance de ses habitants.

L'économie albertaine reste concentrée dans le secteur des ressources, plus particulièrement l'agriculture, malgré la nature cyclique de ce secteur. Baptisée le "grenier du monde", la Saskatchewan produit plus de la moitié du blé récolté au Canada, production exportée dans des pays aussi lointains que le Japon, la Chine et l'U.R.S.S. Les fermiers de la Saskatchewan font aussi pousser de l'orge, du canola, du seigle, de la graine de lin et du riz sauvage; l'élevage se porte également à merveille.

En Saskatchewan, l'agriculture demeure une

strongest provinces in the country. Prairie, parkland, and northern forest are distinct, each with its own landscape, flora, and fauna. And the Rocky Mountains exert a powerful fascination.

A healthy forest industry, countless pools of natural gas and conventional crude oil, and vast deposits of tar sands make this a province rich in natural resources. In fact, Alberta accounts for two-thirds of the value of mineral production in all of Canada.

The second-strongest industry in the province is manufacturing—everything from food processing to primary metals and electronics. Recent efforts by the provincial government appear likely to make Alberta a major supplier of pulp and paper in the future.

With only 9 percent of the country's population, Albertans produce fully one-fifth of the total agricultural output. When you think Alberta, you think beef. But the province also packs pork, poultry, and lamb (and even pheasant, reindeer, and buffalo!) for the domestic and export markets. Albertan grain is turned into cereal, pasta, and bread, and barley becomes beer.

R&D in Alberta is synonymous with the Alberta Research Council. The Alberta Heritage Trust Fund has helped keep taxes down and endowed medical research and new airport terminals around the province. Indicators of a healthy economy include higher employment, housing starts, high retail spending, low business taxes, a healthy balance of trade (mainly with the U.S.), and the thriving Alberta Stock Exchange (ASE).

The twin bywords for British Columbia, says Garth Hopkins, are business and beauty. Few can remain immune to the mountains, the ocean, and the sky—or the warmth of the people. But B.C. also means business, and it's in a superb location to supply the vast markets of the Pacific Rim nations, the United States, eastern Canada, and beyond.

Forestry still contributes over 45 percent of B.C.'s manufactured output. B.C. coal, copper, lead, zinc, and molybdenum continue to fuel furnaces around the world. Enormous pools of natural gas and "water, water everywhere" have a huge impact on life and business in the province.

On a tiny fraction of the provincial land mass, the farmers of B.C. manage to grow wheat, choice beef, tree fruits, dairy products, and berries. Aquaculture has a bright future, especially

industry has been experiencing a boom since deregulation in 1987. Saskatchewan has two-thirds of the world potash supply, plus deposits of sodium sulphate and coal. Saskatoon's Innovation Place is an R&D enclave, and the University of Saskatchewan and the University of Regina both have a strong research bent.

The province maintains trade offices around the world and exports farm machinery and finished products, potash and wheat.

Stetsons and rodeos, drilling rigs and roughnecks—Alberta is much more than its stereotypical images, writes William Pasnak. Its size, history, and resources make it one of the

entreprise familiale. Une autre force de la province: le secteur coopératif, où l'on retrouve aussi bien une petite garderie qu'une grande entreprise comme le Saskatchewan Wheat Pool, à l'avant-garde du développement du canola, de plus en plus utilisé pour la margarine et l'huile de cuisson.

La Saskatchewan vient au deuxième rang après l'Alberta pour la production pétrolière. Depuis la déréglementation de 1987, l'industrie du gaz naturel est en pleine croissance. La Saskatchewan recèle les deux tiers des réserves mondiales de potasse, de même que du sulfate de sodium et du charbon. La Saskatoon Innovation Place fait de la recherche et développement son affaire, tandis que les universités de Saskatchewan et de Regina consacrent, elles aussi, beaucoup d'énergie à la recherche.

La province a créé un vaste réseau de bureaux de commerce à travers le monde entier, où elle exporte de l'équipement agricole, des produits manufacturés, de la potasse et du blé.

Stetsons et rodéos, derricks et durs à cuire: autant de stéréotypes qui, selon William Pasnak, ne rendent pas justice à l'Alberta. De par sa taille, son histoire et ses ressources, l'Alberta est une force au sein du Canada. Prairies, parcs et forêts s'y côtoient, chacun avec ses beautés, sa flore et sa faune. Sans oublier l'attrait majeur que représentent les Rocheuses.

L'Alberta peut compter sur une industrie forestière bien développée, de vastes réserves de gaz naturel et de pétrole ainsi que sur des dépôts de sables bitumineux. Cette province rafle en effet les deux tiers de la valeur de la production minérale canadienne.

Deuxième secteur en importance, la fabrication: il embrasse tout, de la transformation des aliments et des métaux primaires à la fabrication d'appareils électroniques. Le gouvernement provincial a récemment consenti beaucoup d'efforts pour que l'Alberta devienne un important fournisseur de pâtes et papiers.

Bien qu'elle ne compte que 9 pour cent de la population canadienne, l'Alberta s'arroge un cinquième de la production agricole du pays. La province est reconnue pour son cheptel bovin, mais les fermes albertaines élèvent aussi du porc, de la volaille, de l'agneau, et même du faisan, du renne et du bison pour les marchés domestiques et étrangers. Les grains albertains sont transformés en céréales, en pâtes, en pain, et l'orge sert à la fabrication de la bière.

En Alberta, la recherche et développement se poursuit surtout au Alberta Research Council. Grâce au Alberta Heritage Trust Fund, le gouvernement albertain a pu empêcher le niveau de taxation de grimper et il a créé de nouveaux hôpitaux et des aérogares dans toute la province. La force de l'économie albertaine se mesure à des indices comme un taux de chômage moins élevé, des mises en chantier, des dépenses à la consommation importantes, des taxes d'affaires peu élevées, une saine balance des paiements (surtout avec les États-Unis) et à l'activité du Alberta Stock Exchange (ASE).

Garth Hopkins souligne que la Colombie-Britannique est synonyme d'affaires et de beauté. Comment résister, en effet, à l'attrait des montagnes, de l'océan ou encore à la chaleur de ses habitants? Mais la Colombie-Britannique brasse aussi des affaires et est idéalement située pour transiger à la fois avec les pays en bordure du Pacifique, les États-Unis, l'est du Canada et même au-delà.

La foresterie représente encore 45 pour cent de la production de la province. Le charbon, le cuivre, le plomb, le zinc et le molybdène de la Colombie-Britannique alimentent les usines du monde entier. De vastes réservoirs de gaz naturel et de l'eau, de l'eau en abondance, jouent un rôle prépondérant sur la vie et les affaires.

Quoique les fermes n'y occupent qu'une infime partie de la superficie, elles n'en produisent pas moins du blé, du boeuf, des fruits, des produits laitiers et des petits fruits. La pisciculture, tout particulièrement la salmoniculture, est appelée à croître. La diversification prend de l'ampleur: la Colombie-Britannique a vendu ces dernières années sur les marchés étrangers des machines à vagues, des baguettes chinoises et des systèmes de fibres optiques.

Dans cette province, la recherche revêt une importance considérable, le nec plus ultra des installations scientifiques étant sans doute le TRIUMF (tri-university meson facility) de Vancouver, qui abrite les trois cyclotrons les plus grands et les plus complexes au monde. Autre institution de la province, la Bourse de Vancouver, tour à tour décriée et applaudie. Enfin, les visiteurs prisant le style décontracté et amical particulier à la côte Ouest, l'industrie touristique atteint les milliards de dollars. Avec la tenue d'Expo 86, c'est le monde entier que la Colombie-Britannique a accueilli.

salmon farming. Signs of diversification abound; in recent years, B.C. has sold wave-making machines, chop sticks, and fibre optic systems to foreign buyers.

Research is a prime focus in the province, and the crowning jewel of research facilities is TRIUMF (tri-university meson facility) in Vancouver, home to the largest and most complex of three cyclotrons in the world. Another B.C. institution is the Vancouver Stock Exchange, maligned and applauded in equal measure. Tourism is a multibillion-dollar business in the province, partly because of the laid-back, friendly local style. Before, during, and after Expo '86, B.C. has welcomed the world.

The final stops on our coast-to-coast itinerary are the Yukon and the Northwest Territories—a vast, sparsely populated, and largely unknown realm in the eyes of most "southern" Canadians, writes William Pasnak. With craggy mountains, the tundra, the Arctic Archipelago, boreal forests, and meandering rivers, the territories boast incredibly varied vistas.

Varied, also, is the population, natives and non-natives living side by side. The settlement of native land claims remains a pressing problem, but native culture is strong. Pasnak traces the development of the region, from early hunters through the fur trade, the gold rush, and the building of the DEW line, to the recent movement for full provincial status.

Not surprisingly, the northern economy is largely dependent on minerals—mainly gold, silver, lead, and zinc. The renewable resource sector is strong, with forestry and furs leading the way. And the remote beauty of the Yukon and the Northwest Territories is a major magnet, attracting hundreds of thousands of visitors and millions of dollars to the region.

The future of development in the north will involve several factors: the vulnerable ecology, natives' clamouring for a stronger say, and the clear need for increased diversification and self-reliance. Building on harsh challenges and extraordinary beauty, the people of the north will fashion their future in their own unique way.

Part Two of the book is a change of pace. "Canada's Enterprises" presents the businesses and organizations that have contributed both to this project and to Canada's economic diversity. Energy, communications and transportation networks, manufacturing firms and financial institutions, builders and other professionals, medical and educational institutions, retail concerns and service industries—these are the people and companies that keep Canada's economy humming along. These profiles fill in the brushstrokes on the broad national canvas of this contemporary portrait.

Toronto's Royal Bank Plaza pierces the Ontario sky.
Photo by Winston Fraser

La Plaza de la Banque Royale s'élance vers le ciel torontois.
Photo Winston Fraser

Ci-dessus: L'industrie pétrolière joue un rôle important dans l'économie canadienne. Cette pompe se profile contre les magnifiques Montagnes Rocheuses de l'Alberta. Photo Thomas Kitchin/First Light

Above: The oil industry plays a crucial role in Canada's economy. This pump stands near the scenic Rocky Mountains in Alberta. Photo by Thomas Kitchin/First Light

Ci-contre: Une bonne partie de la production agricole canadienne provient des plaines fertiles du Manitoba. Photo Brian Milne/First Light

Facing page: The fertile plains of Manitoba produce much of the country's agricultural output. Photo by Brian Milne/First Light

Dernier arrêt de notre trajet d'un océan à l'autre: le Yukon et les Territoires du Nord-Ouest, vaste domaine peu peuplé et méconnu des Canadiens en général, écrit William Pasnak. Un domaine d'une étonnante variété aussi, avec ses pics escarpés, sa toundra, ses îles de l'archipel arctique, ses forêts boréales et ses rivières sinueuses.

Dans sa diversité, la population reflète ce territoire changeant. Même si les revendications territoriales des autochtones constituent un problème majeur, leur culture perdure. Pasnak retrace l'histoire de la région, depuis les premiers chasseurs et l'époque du commerce de la fourrure puis de la ruée vers l'or, à la construction de la ligne DEW et aux récentes revendications de statut provincial.

L'économie du Grand Nord est largement tributaire des minéraux, l'or, l'argent, le plomb et le zinc, notamment. Le secteur des ressources renouvelables suit de près avec la foresterie et la fourrure. Chaque année, des centaines de milliers de touristes se laissent séduire par la beauté sauvage du Yukon et des Territoires du Nord-Ouest et viennent y dépenser des millions de dollars.

L'avenir du Grand Nord devra tenir compte de plusieurs facteurs: la fragilité de cet écosystème, les revendications des autochtones, le besoin de diversification et d'indépendance. Habituée aux défis immenses, la population du Grand Nord saura certes se façonner un avenir à sa mesure.

La deuxième partie du livre tranche nettement de la première. "Entreprises canadiennes" présente les compagnies et les organismes qui ont participé à ce livre et qui contribuent, à leur façon, à la diversité économique canadienne. Entreprises d'énergie, de communications, de transport, de fabrication, de finance, de construction, professionnels, institutions de soins et d'enseignement, commerces de détail et entreprises de service—autant de rouages de l'économie canadienne qui mettent la touche finale à ce vaste portrait.

I

EN HOMMAGE AU COMMERCE

De l'agriculture à l'industrie, le Canada est un centre d'affaires et d'industrie dynamique. Ces bateaux de pêche à la pétoncle de Nouvelle Écosse démontrent toute l'importance de l'industrie de la pêche des provinces maritimes canadiennes.
Photo John Elk III

IN CELEBRATION OF COMMERCE

From manufacturing to agriculture, Canada is a thriving center of business and industry. These Nova Scotian scallop boats illustrate the vital fishing industry of the country's Maritime provinces. Photo by John Elk III

A well-protected sandblaster pauses from his labor in a Newfoundland shipyard.
Photo by Greg Locke/First Light

Dans ses vêtements de protection, un sableur d'un chantier naval de Terre-Neuve
prend un moment de repos. Photo Greg Locke/First Light

Newfoundland and Labrador
A World Apart

L'île de Terre-Neuve et le Labrador
Un monde à part

Michael F. Harrington

Ci-dessus: Jusqu'à tout récemment, l'industrie de la pêche a été le principal gagne-pain des habitants de la province de Terre-Neuve. Photo Stephen Homer/First Light

Above: For most of its history the province of Newfoundland and its people have relied on the fishing industry for economic survival. Photo by Stephen Homer/First Light

Ci-contre, à gauche: Des hommes déchargent la prise de la journée au quai de St. John's. Photo Greg Locke/First Light

Facing page, left column: Men unload the day's catch at the St. John's docks. Photo by Greg Locke/First Light

Tant du point de vue historique que géographique et culturel, l'île de Terre-Neuve et le Labrador sont un monde à part. Avec leurs 568 000 habitants, ils forment Terre-Neuve, la plus jeune des provinces canadiennes puisque ce n'est qu'en 1949, après plus de 500 ans de colonisation européenne et de relative indépendance, qu'ils sont entrés dans la Confédération canadienne. Soumis aux humeurs capricieuses de l'océan, le pays est rude et accidenté. Sa population, intrépide et indépendante, se compose d'une minorité d'Amérindiens et d'Inuit et d'une forte majorité de descendants de colons européens, dont le parler résonne encore des accents d'Irlande, d'Écosse et du sud-ouest de l'Angleterre. Ses villages et lieux-dits portent des noms pittoresques et pleins de charme: Come by Chance, Mistaken Point, Little Seldom, Leading Tickles et Heart's Delight, pour n'en nommer que quelques-uns, qu'on pourrait traduire librement Bel-Hasard, Par-Erreur, P'tit-Coin-Rare, Ouïe-Ouïe-Ouïe-Chatouillis et Joie-au-Coeur.

Cette province, si attrayante, a su garder son caractère propre à travers les siècles, en grande partie à cause de son isolement par rapport au reste de l'Amérique du Nord. Les Terre-Neuviens ont fait pendant très longtemps du commerce avec l'Est et le Sud—l'Europe et les Caraïbes—plutôt qu'avec le continent, immense mais pas encore développé. Avant l'apparition des transports aériens, les marchandises devaient en effet être transportées par voie maritime et voies de chemin de fer à faible écartement, ce qui prenait des jours, parfois même des semaines. Ce n'est qu'avec le développement des services aériens, entre autres ceux d'Air Canada et des Lignes aériennes Canadien International, ainsi que de leurs lignes secondaires mises en service à la suite de la déréglementation, que la population a commencé à se sentir moins isolée.

L'île de Terre-Neuve et le Labrador sont presque comme un autre pays, pays plus vaste que toutes les autres provinces Maritimes réunies. Ils s'étendent sur 404 517 km^2 de toundra, de montagnes et de plateaux. Les formidables soulèvements de la période glaciaire ont sculpté fjords, îles et péninsules, ce qui donne à Terre-Neuve un littoral très échancré.

Historically, geographically, and culturally, Newfoundland and Labrador is a world apart. Home to some 568,000 people, it is the youngest of the Canadian provinces, having joined Confederation only in 1949, after more than 500 years of European settlement and relative independence. It's a stark, rugged land ruled by the many moods of the ocean, and its people are hardy and self-sufficient—a minority of native Indian and Inuit and an overwhelming majority of descendants of European settlers whose language rings with the cadences of Ireland, Scotland, and the West Country of England. They have given their communities whimsical, colorful names—Come by Chance, Mistaken Point, Little Seldom, Leading Tickles, and Heart's Delight, to name a few.

Down through the centuries the province has retained its strong personality, mainly because of its isolation from the rest of North America. Newfoundlanders traditionally traded with the east and south—Europe and the Caribbean—rather than with the vast, undeveloped mainland. Before the advent of air travel, goods had to be transported by water and narrow-gauge railway, a process that took days, sometimes weeks. The feeling of isolation has been greatly reduced by the growth of air services, including Air Canada and Canadian Airlines International and their feeder lines resulting from deregulation.

Newfoundland and Labrador is almost like a separate country, and it's bigger than all the other Maritime Provinces together. The province sprawls over 404,517 square kilometres of tundra, mountains, plateaus, and deeply indented coastline carved into fjords, islands, and peninsulas by the tumultuous upheavals of the Ice Age. The ocean is everywhere. Labrador, on mainland Canada, is flanked by the Labrador Sea. The island of Newfoundland is surrounded by the Atlantic. Newfoundland is so far out in the ocean, in fact, that from Cape Spear, the

island's easternmost point, Italy is closer than British Columbia.

A RESOURCE-BASED ECONOMY

Because of the province's location, its economy has traditionally been governed by the sea. As early as the fifteenth century, Basque, French, and Portuguese fishermen were coming to its Grand Banks in search of cod. The cod was dried onshore and then shipped to Europe. Times have changed. Although fishing is still a major industry, the province is slowly moving toward diversification, adapting its economy in response to world demand.

Today mining and lumbering have taken their place alongside fishing. And the fishing industry

Above: The fishing industry, Newfoundland's major employer, is comprised of those who catch, clean, freeze, pack, and market fish. Photo by Stephen Homer/First Light

Ci-dessus: L'industrie de la pêche fournit la majorité des emplois aux Terre-Neuviens. Le poisson doit être pêché, nettoyé, surgelé, emballé et vendu. Photo Stephen Homer/First Light

Presque la moitié de tous les gisements de fer du Canada se trouvent au Labrador. Ce gigantesque camion, à la mine de Labrador City, illustre bien l'ampleur des exploitations et l'importance de l'industrie. Photo Stephen Homer/First Light

Labrador contains nearly half the total amount of iron ore found in Canada. This Labrador City mining truck illustrates the immensity of this industry. Photo by Stephen Homer/First Light

demande mondiale, la province doit diversifier son économie.

L'industrie minière et celle du bois de sciage occupent aujourd'hui leur place à côté de la pêche. Et l'industrie de la pêche elle-même a dû s'adapter aux circonstances. C'en est fini des immenses marchés antillais et méditerranéens pour la morue salée ou séchée, pilier de l'économie jusque dans les années 1930. C'est maintenant le temps des navires-usines et des usines côtières, où le poisson est rapidement congelé, traité et acheminé vers l'étranger, principalement aux États-Unis.

LA PÊCHE

Si les méthodes de pêche modernes ont créé des emplois dans les usines pour le traitement du poisson, le fonctionnement et l'entretien des machines, le nombre des pêcheurs au large, lui, a diminué. Les navires modernes n'ont pas besoin d'un équipage considérable. L'industrie a également souffert d'une diminution des réserves de poissons et des systèmes de quotas gouvernementaux, qui déterminent strictement la quantité de poissons qu'il est permis de prendre. La mer n'en continue pas moins d'être une source de richesse économique. C'est ainsi qu'on ne fait que commencer à exploiter les champs pétrolifères sous-marins découverts au milieu des années 1960. Pour la plupart, on en est encore actuellement à l'étape de la prospection et de la mise en exploitation, mais on sait déjà que les réserves d'Hibernia, le plus grand d'entre eux, sont plus importantes que celles des puits de la mer du Nord.

La base de l'économie de la province change, mais celle-ci dépend encore grandement des ressources naturelles. En 1987, la pêche et la trappe ont rapporté la somme de 535 millions de dollars. Les mines, l'exploitation de carrières et le pétrole venaient tout de suite après, avec 455 millions de dollars. L'industrie forestière et celle des pâtes et papiers ont apporté 185 millions de dollars aux coffres de la province.

L'industrie de la pêche, qui procure à la province la majorité de ses revenus, en est aussi le principal employeur. Elle fournit du travail, directement ou indirectement, à environ 10 pour cent de la population: prise du poisson, nettoyage, réfrigération, empaquetage et mise sur le marché. Le poisson de fond, comme la morue, la sole grise, le carrelet, le saumon et le turbot, représente le gros de la pêche, environ 68 pour cent du volume total des prises rapportées à terre.

L'océan est omniprésent. Comme perdue au milieu de l'Atlantique, l'île de Terre-Neuve est si éloignée que Cape Spear, son point le plus oriental, est plus proche de l'Italie que de la Colombie-Britannique.

UNE ÉCONOMIE BASÉE SUR LES RESSOURCES NATURELLES

L'économie de Terre-Neuve a toujours été liée à la mer. Dès le 15e siècle, les pêcheurs basques, français et portugais sont venus sur le Grand banc pêcher la morue, qu'ils faisaient ensuite sécher sur la grève avant de retourner en Europe. Les temps ont changé. Si l'industrie de la pêche tient encore une place importante dans l'économie, pour répondre aux besoins de la

Open-pit iron ore mines such as this one in Labrador City continue to transform the Labrador landscape. Photo by Stephen Homer/First Light

Les mines de fer à ciel ouvert, comme celle-ci à Labrador City, ont profondément transformé les paysages du Labrador. Photo Stephen Homer/First Light

has changed. Gone are the huge Caribbean and Mediterranean markets for salted and sun-cured cod, the mainstay of the economy until the 1930s. In its place have come "factory" ships and onshore plants, where fish are rapidly frozen, processed, and transported overseas, principally to the United States.

FISHING

While modern fishing methods have created jobs for onshore workers (plants need an army of people to process fish and to operate and maintain machinery), the number of offshore fishermen has dwindled. Modern ships don't need large crews. Moreover, the fishing industry has suffered from dwindling fish stocks and government quota systems that put strict controls on the amount that can be caught. Nonetheless, the sea continues to be a source of economic wealth. Offshore oil, discovered in the mid-1960s, is only just beginning to be exploited. To date, most of the oil fields are in the research and development stage, but the largest, Hibernia, has the potential of producing more energy than the wells in the North Sea.

The province's economic base is changing, but it is still largely dependent on natural resources. In 1987 (the most recent year for which figures are available), fishing and trapping generated a whopping $535 million. Mining, quarries, and oil wells ran a close second, earning $455 million. Forestry and pulp and paper products added $185 million to the coffers. Together, these resource-based industries

represented almost half of the province's gross domestic product.

The fishing industry, as well as creating the most revenues, is the province's major employer. Some 10 percent of the population is directly or indirectly involved in catching, cleaning, freezing, packing, or marketing fish. Groundfish, such as cod, grey sole, flounder, redfish, and turbot, represent the bulk of the harvest, around 68 percent of the total volume of fish landed.

The fish is processed into a variety of products—frozen whole fish, frozen fillet and block, salted fish, shellfish meat, and fish meal—at plants scattered around the province's coastal regions. There are two major (and many minor) processing companies—Fishery Products International (FPI) and National Sea Products (NSP). Much of the end produce is sent to New England. The United States is the province's major market. Salted fish is shipped to Puerto Rico and Portugal. Japan buys large quantities of capelin. Female capelin, a surface-dwelling fish, is a delicacy in Asia, and Newfoundland and Labrador is the area's prime supplier.

The major activity in the fishing industry takes place during the summer months, when weather conditions are more temperate than at other times of year and when fish migrate toward the shore. Unfortunately, the seasonal nature of the business makes fishing a hazardous affair. The fishing industry is vulnerable to boom and bust cycles, and seasonal unemployment is high. It's a challenging time. As labor problems, foreign competition, and dwindling stocks make

Le poisson est transformé en une gamme de produits—poissons entiers congelés, filets et blocs de poisson congelés, poissons salés, chair de crustacés et de mollusques et farine de poisson—dans des usines disséminées le long des côtes. Les deux principales compagnies de traitement sont Fishery Products International (FPI) et National Sea Products (NSP). Une fois traités, la plupart de ces produits sont envoyés en Nouvelle-Angleterre, les États-Unis étant le principal marché de la province. Le poisson salé est expédié à Porto Rico et au Portugal. Le Japon, quant à lui, achète de grandes quantités de capelan car, en Asie, la femelle du capelan, qui vit dans les eaux de surface, est appréciée comme un mets délicat.

C'est surtout durant les mois d'été que l'industrie de la pêche bat son plein. La température est alors plus clémente, et le poisson

Cet immense embâcle témoigne de la richesse des forêts du Labrador et de la productivité des usines de pâtes et papiers. Photo Janet Dwyer/First Light

This immense logjam testifies to the wealth of Labrador's forests and the productivity of Newfoundland's paper mills. Photo by Janet Dwyer/First Light

se rapproche du rivage. En raison de son caractère saisonnier, la pêche demeure malheureusement une entreprise risquée. L'industrie est particulièrement sensible aux périodes successives d'essor et de déclin, et le taux de chômage saisonnier est élevé. Notre époque est une époque de défis: les conflits de travail, la concurrence étrangère et la diminution des populations de poisson ont tous eu un impact, aussi l'industrie de la pêche doit-elle constamment se restructurer.

L'INDUSTRIE MINIÈRE

L'industrie minière, autre industrie qui tient également une place importante à Terre-Neuve et au Labrador, est sujette, elle aussi, aux caprices de l'évolution du marché. Comme la pêche (et toutes les industries basées sur les ressources naturelles qui dépendent fortement de

l'exportation), elle a connu des hauts et des bas selon les aléas de la demande étrangère. Soixante-dix pour cent environ des produits miniers de la province—fer, amiante, zinc, gypse, fluorine, or et pyrophillite (dont on se sert pour faire des tuiles)—sont actuellement exportés aux États-Unis, en Europe et en Asie. En 1989, la valeur totale des livraisons de minerai atteignait les 959 millions de dollars, soit une augmentation de 11,1 pour cent par rapport à l'année précédente.

L'exploitation de certaines mines s'est révélée particulièrement lucrative. Baie Verte Mines Inc., par exemple, a expédié 64 000 tonnes d'amiante hors de la province, pour une valeur de 24,2 millions de dollars. Quant à la production de Hope Brook Gold Inc., sur le littoral sud-ouest de Terre-Neuve, elle a été estimée, en 1989, à 85 000 onces d'or, soit 14,8 pour cent de plus que l'année précédente.

Les mines de la Iron Ore Company of Canada (IOCC), à Labrador City, et les Mines Wabush ont été celles qui, de loin, ont rapporté le plus. Le Labrador a près de la moitié des réserves de fer actuellement connues au Canada: une partie dans la pointe la plus à l'est du bouclier canadien, la roche précambrienne riche de minerai qui forme « l'épine dorsale » du centre et de l'est du Canada, et l'autre partie, à l'ouest, dans la fosse du Labrador, où l'on retrouve quelques-uns des gisements de minerais de fer les plus riches du continent.

C'est aussi au Labrador qu'a été bâti l'un des plus vastes complexes hydro-électriques d'Amérique du Nord: celui des chutes Churchill. Ce formidable complexe, qui n'a comme équivalent que celui de la Baie James, comprend 80 canaux et toute une infrastructure de digues et de barrages qui canalisent les eaux abondantes du Plateau du Labrador vers le réservoir de Smallwood, à l'est de la frontière du Québec. Ce réservoir couvre plus de 5 698 km^2, l'équivalent de presque un tiers du lac Ontario. De 1966 à 1974, à l'époque de sa construction—dont le coût s'est élevé à 950 millions de dollars—plus de 30 000 personnes travaillaient au projet. Autrefois, les Indiens Montagnais-Naskapi étaient persuadés que quiconque regardait les chutes mourait. Cette croyance ancestrale doit aujourd'hui encore faire réfléchir bien des Terre-Neuviens. Les chutes Churchill étaient un site imposant jusqu'à ce qu'on ait détourné le cours des rivières en amont pour former un réservoir; mais qu'en reste-t-il de nos jours? À peine plus qu'un mince filet d'eau. Et c'est le Québec qui

their effects felt, the province's fishing industry is constantly restructuring.

MINING

Mining, another major industry in Newfoundland and Labrador, is also subject to the vagaries of the changing market. As with the fishing industry (indeed, as with any natural resource-based industry that relies heavily on exports), its fortunes have risen and fallen in tandem with foreign demand. Currently around 70 percent of the products of the province's mines—iron ore, asbestos, zinc, gypsum, fluorspar, gold, and pyrophyllite (used for making tiles)—is exported to the United States, Europe, and Asia. In 1989 the total value of mineral shipments was $959 million, an 11.1 percent increase over the year before.

Some mines did particularly well. Baie Verte Mines Inc., for example, shipped 64,000 tonnes of asbestos, worth $24.2 million, out of the province. Hope Brook Gold Inc., on the southwest shore of Newfoundland, produced an estimated 85,000 ounces of gold during 1989, 14.8 percent more than the year before.

The most profitable mines by far were the Iron Ore Company of Canada (IOCC) in Labrador City and the nearby Wabush Mines. Labrador has almost half the total amount of iron ore found in Canada. It encompasses the easternmost point of the Canadian Shield, the mineral-rich Precambrian rock that forms the "spine" of central and eastern Canada. The Labrador Trough, in the western part of Labrador, has some of the richest iron ore deposits on the continent.

Labrador is also the site of one of the largest hydro-electric schemes in North America—Churchill Falls. Rivalled only by Québec's James Bay Project, it is a massive complex of 80 canals, dikes, and dams that controls the vast waters of the Labrador Plateau in the Smallwood Reservoir, east of the Québec border. The reservoir sprawls over 5,698 square kilometres—almost one-third the area of Lake Ontario. At the time it was built, from 1966 to 1974, for $950 million, it employed more than 30,000 people. In ancient times, the Montagnais-Naskapi Indians believed that to gaze on the falls meant certain death. Many Newfoundlanders

Logs dumped into Deer Lake will eventually float to Corner Brook on the west coast of Newfoundland. Corner Brook is Newfoundland's second-largest city. Photo by Lorraine C. Parow/First Light

Les billots descendus au lac Deer flotteront jusqu'à la côte ouest de Terre-Neuve et arriveront à Corner Brook, deuxième ville de la province. Photo Lorraine C. Parow/First Light

Ce bois à pâte sera acheminé vers l'usine de pâtes et papiers d'Abitibi-Price, située à Grand Falls, dans le centre de l'île de Terre-Neuve. Photo Greg Locke/First Light

Grand Falls in the centre of Newfoundland contains the Abitibi-Price paper mill, the final destination for this pulpwood. Photo by Greg Locke/First Light

bénéficie le plus, économiquement, de cette extraordinaire richesse qu'est l'hydro-électricité.

L'INDUSTRIE FORESTIÈRE

Si les rivières du Labrador alimentent en électricité les grandes industries de tout l'est de l'Amérique du Nord, ses forêts leur fournissent du bois de charpente. En effet, des forêts denses de sapins baumiers, d'épicéas mariaux, d'épinettes rouges, de trembles, de frênes et de pins recouvrent la plus grande partie des terres à l'intérieur du Labrador.

L'industrie forestière peut être divisée en deux grands volets: les activités primaires (la gestion des forêts et l'abattage des arbres) et les activités secondaires (le traitement du bois). La gestion des forêts est essentielle si l'on veut préserver cette ressource d'une valeur inestimable. Le gouvernement de Terre-Neuve et du Labrador dépense plus de 14 millions de dollars par an pour la préservation des forêts, pour faire observer les règlements régissant leur utilisation, pour engager le personnel nécessaire pour ouvrir des chemins forestiers, planter et tailler les arbres, préparer de nouveaux sites, et pour préserver les régions forestières des dommages que peuvent causer les incendies, les insectes et les maladies. Les incendies de forêts sont un danger bien particulier. En 1989, il y en eut 192, et ils ont détruit 68 158 hectares. À la suite de ces dommages considérables, le gouvernement a pris une série d'initiatives dans le but d'améliorer les méthodes de détection des feux de forêts, la vitesse de mobilisation face à un sinistre et la capacité de lutte contre les incendies.

La plus grande partie du bois est transformé en pâte de bois, puis en papier journal. L'industrie canadienne du papier journal est la première au monde, et Terre-Neuve et le Labrador lui fournissent la plus grande partie des matières premières. Environ 60 pour cent du bois abattu est exporté en Europe et aux États-Unis, le principal marché. Les 40 pour cent restants sont utilisés à des fins domestiques, surtout comme combustible.

Le traitement du bois se fait dans trois usines de pâte à papier, situées toutes les trois sur l'île de Terre-Neuve, l'une à Grand Falls, au centre de l'île, et les deux autres sur la côte ouest, à Stephenville et Corner Brook. Avec ses 35 624 habitants, Corner Brook est la seconde ville en importance de Terre-Neuve et le principal centre

The deepwater port of Corner Brook provides easy access to the Gulf of St. Lawrence and the Atlantic Ocean, making it the main transportation and distribution point on the west coast of Newfoundland. Photo by Lorraine C. Parow/ First Light

Le port en eau profonde de Corner Brook, principal centre de transport et de ravitaillement de la côte ouest de Terre-Neuve, donne facilement accès au golfe du Saint-Laurent et à l'Atlantique. Photo Lorraine C. Parow/First Light

can relate to that. Churchill Falls used to be an imposing sight until the upstream river course was diverted to form a reservoir—little more than a trickle remains. Also, the major economic benefits from the hydropower go to Québec.

FORESTRY

While Labrador's waterways provide power for major industries throughout eastern North America, its forests supply them with lumber. Much of Labrador's interior is covered with dense forests of balsam fir, black spruce, larch, aspen, mountain ash, and pine.

The forest industry is split into "primary" activity (i.e. forestry management and the harvesting of trees) and "secondary" activity—the processing of wood. Forest management is a vital part of maintaining this valuable resource. The Government of Newfoundland and Labrador spends more than $14 million each year to protect the forests, enforce regulations regarding forest use, and hire personnel to

construct logging roads, plant and prune trees, prepare new sites, and save forested areas from damage by fire, insects, and disease. Forest fires are a particular hazard. In 1989, 192 fires destroyed 68,158 hectares. As a result of the damage they incurred, the government launched a series of initiatives aimed at improving detection methods, shortening response time, and improving firefighting capabilities.

The bulk of the timber that is harvested is turned into pulpwood, then newsprint. The Canadian newsprint industry is the biggest in the world, and Newfoundland and Labrador supplies much of the raw materials. About 60 percent is exported to Europe and the United States, the principal market. The remaining 40 percent is used for domestic purposes, mostly as fuel.

Lumber is processed at three pulp and paper mills, all of them situated in Newfoundland— at Grand Falls in the centre of the island and at Stephenville and Corner Brook on the west

Déchargement de tuyau sur une plate-forme de forage dans le champ pétrolifère Hibernia, près de la côte de Terre-Neuve. Photo Greg Locke/First Light

Lengths of pipe are offloaded to a rig in the lucrative Hibernia oil field off the coast of Newfoundland. Photo by Greg Locke/First Light

du transport et de la distribution dans cette partie de la province. Entouré de superbes fjords, son port en eau profonde lui donne un accès très facile au golfe du Saint-Laurent et à l'océan Atlantique.

Corner Brook n'assure pas seulement un lien avec le monde extérieur, notamment pour le transport de fret, elle relie aussi la côte ouest de Terre-Neuve à toutes les autres régions de l'île. L'autoroute transcanadienne, achevée dans les années 1950, traverse des centres comme Grand Falls, Gander et St. John's, la capitale de la province. Gander, qui est à deux heures et demie de voiture de St. John's, a déjà eu le plus grand aéroport international du monde. Lors de sa

construction, en 1936, sa piste macadamisée s'étendait sur un kilomètre carré, ce qui était considérable pour l'aviation de cette époque.

Durant la Seconde Guerre mondiale, Gander a été un centre d'aviation particulièrement animé. C'était l'une des sept bases militaires des Alliés sur l'île, celle où se tenait le quartier général du commandement de la Royal Air Force chargé d'effectuer le pont aérien avec l'Europe. La ville hébergeait alors 10 000 militaires. Son importance comme centre d'aviation a diminué depuis la fin de la guerre, mais elle est encore un centre de recherche et d'opérations de sauvetage pour l'aviation. CFB Gander est un employeur d'importance majeure, et le Centre de contrôle de la circulation aérienne de Gander supervise une vaste région qui s'étend de l'ouest de Terre-Neuve jusqu'au milieu de l'océan Atlantique, en passant par le nord du Groënland.

Consciente de la nécessité de diversifier l'économie locale, la communauté des gens d'affaires de Gander essaie, dans un effort concerté, d'attirer de nouvelles entreprises. Un parc industriel de 400 acres a été construit près de l'aéroport international et la ville accueille de nombreux congrès de petite et moyenne importance.

Les origines de Corner Brook remontent à l'époque du capitaine Cook. Si cet infatigable navigateur est surtout connu comme un explorateur du Pacifique, il a également dressé des cartes de la plus grande partie des côtes est (et ouest) du Canada. C'est en 1767 qu'il s'est rendu pour la première fois dans la région de la Baie des Iles, à l'embouchure de la rivière Humber, là où Corner Brook a été fondée. Un siècle plus tard environ, elle devenait un centre du bois de sciage. La première scierie y a été construite en 1864 par Gay Silver, originaire de Nouvelle-Écosse. Soixante ans plus tard, la Newfoundland Pulp and Paper Company ouvrait ses portes: elle comprenait une papeterie, une centrale électrique, un réseau de transport d'énergie et une « nouvelle » ville pour les ouvriers. La compagnie fut achetée en 1938 par la société Bowater, d'Angleterre, qui l'exploita avec succès jusqu' en 1984, année où elle la vendit à Kruger Inc, une compagnie dont le siège social est à Montréal. La Newfoundland est aujourd'hui la Corner Brook Pulp and Paper Limited.

L'usine de pâtes et papiers, qui emploie 1 850 personnes, est l'une des plus grandes au monde. Elle a été considérablement modernisée en 1989. Sa machinerie à la fine pointe de la technologie produit du papier journal de première qualité et,

coast. Corner Brook (population 35,624) is Newfoundland's second-largest city, and it's the main transportation and distribution point in this part of the province. A deepwater port surrounded by magnificent fjords (which also makes it something of a tourist attraction), the city has easy access to the Gulf of St. Lawrence and the Atlantic Ocean.

Corner Brook not only provides a transportation link with the outside world, but it also connects the west coast of Newfoundland to other parts of the island. The Trans-Canada Highway, completed in the 1950s, runs through business centres such as Grand Falls, Gander, and St. John's, the provincial capital. Gander, which is a two-and-one-half hour drive from St. John's, once had the largest international airport in the world. When constructed in 1936, its runway covered one square mile of tarmac, which was huge for the aircraft of the time.

During World War II, Gander was a bustling aviation centre. One of seven Allied military bases on the island, it was the headquarters of the Royal Air Force Ferry Command and home to 10,000 servicemen. Gander's importance as an aviation centre has dwindled since its wartime heyday, but the town is still a centre for air search and rescue. CFB Gander is a major employer and Gander's Air Traffic Control Centre oversees a huge area—from western

Newfoundland north to Greenland, to the middle of the Atlantic Ocean.

Recognizing the need to diversify the economy, Gander's business community is making a concerted effort to solicit new business. A 400-acre commercial park has been opened near Gander International Airport and the city plays host to numerous small and medium-sized conventions.

Corner Brook's origins go back to the days of Captain James Cook. Although primarily known as a Pacific explorer, the indefatigable navigator also charted much of Canada's east (and west) coasts. In 1767 he first visited the Bay of Islands area at the mouth of the Humber Arm on which

Corner Brook lies. The city became a lumbering centre about a century later. The first plant, a sawmill, was built by Gay Silver from Nova Scotia in 1864. Sixty years later, the Newfoundland Pulp and Paper Company, which was comprised of a mill, powerhouse, transmission line, and a "new" town to house workers, opened its doors. In 1938 it was purchased by the Bowater (England) organization, which operated it successfully until it was sold to Kruger, Inc., a Montréal-based company, in 1984. Today the plant is known as Corner Brook Pulp and Paper Limited.

The pulp and paper mill, which employs 1,850 people, is one of the largest in the world, and in 1989 it was extensively modernized. Its state-of-the-art machinery produces a higher

Far left: A hardy rig worker drills into Newfoundland's Hibernia oil field. Photo by Greg Locke/First Light

À l'extrême gauche: Un vaillant travailleur de l'industrie pétrolière à l'oeuvre au gisement d'Hibernia, près de Terre-Neuve. Photo Greg Locke/First Light

Left: An oil rig's drilling pipe plunges into a "moon pool" near Grand Bank along the southern coast of Newfoundland. Photo by Greg Locke/First Light

À gauche: Une plate-forme de forage en pleine activité près de Grand Bank, le long de la côte sud de Terre-Neuve. Photo Greg Locke/First Light

grâce à des méthodes de fabrication plus efficaces, la production a atteint des niveaux records. (Corner Brook possède également une des plus grandes entreprises de construction du Canada, Lundrigans-Comstock Ltd.)

L'usine d'Abitibi-Price à Grand Falls entreprend, elle aussi, un programme de modernisation générale. En 1993, on aura dépensé près de 33 millions de dollars pour rajeunir les machines et pour améliorer les systèmes de contrôle de la pollution. La protection de l'environnement est en effet devenue, sous la pression des consommateurs, l'un des grands défis d'aujourd'hui. La compagnie projette de dépenser encore 80 millions de dollars d'ici l'an 2000.

Le sciage du bois est l'activité forestière secondaire la plus importante après la production de pâtes et papiers. La demande locale pour le bois de charpente s'accroît surtout dans l'industrie de la construction, par suite de l'augmentation, ces dernières années, des mises en chantier de nouvelles maisons. En effet, leur nombre est monté, en 1989, à 3 526, le niveau le plus élevé de la décennie. Dans des villes comme St. Jonh's et Gander, on a assisté à une augmentation de la construction de magasins, de bureaux, d'entrepôts et même d'hôtels, preuve évidente de la stabilité et de la croissance régulière de l'économie de la province.

ÉNERGIE ET TECHNOLOGIE

Un essor rapide de l'exploitation des gisements pétrolifères sous-marins pourrait encore amener de nouvelles mises en chantier. Les forages d'exploration ont été entrepris dès 1966 mais, au début des années 1980, alors que les puits étaient prêts à être exploités, le prix du pétrole s'est effondré. Vers la fin de 1990, après une décennie d'espoirs et de reports, les gouvernements fédéral et provincial et le consortium des quatre grandes compagnies pétrolières, avec à sa tête Mobil Canada, sont parvenus à un accord pour donner suite à ce mégaprojet, dont le coût était estimé à 8,5 milliards de dollars. L'impulsion principale est venue d'Ottawa, qui a affecté au projet une somme de 2,6 milliards de dollars en prêts et en garanties.

Le marché de l'énergie est, bien sûr, sujet aux fluctuations de l'économie. D'un point de vue strictement économique, on peut encore envisager l'exploitation des gisements pétrolifères sous-marins de Terre-Neuve: dans l'industrie pétrolière, la recherche et l'exploitation sont un processus en constante évolution.

À St. John's, la Memorial University, le principal établissement universitaire de la province, dirige des programmes de recherche et développement. (C'est dans cette ville que se trouvent aussi le Cabot Institute, spécialisé en commerce et technologie, le Newfoundland and Labrador Institute of Fisheries and Marine Technology, qui se spécialise dans les sciences de la pêche et de la navigation, le campus de l'Avalon, un collège communautaire, et quatre écoles de nursing.) Soutenus tant par le gouvernement que par des investissements privés, ces programmes de recherches portent sur les ressources naturelles dans les océans Arctique et Subarticque, la mise au point de systèmes de mesures océanographiques, la mer de glace et les icebergs, les systèmes de télédétection, la technologie électronique et informatisée liée à l'industrie pétrolière, et la lutte contre la pollution et la dispersion des nappes de pétrole en haute mer. Plus de 15 millions de dollars par an sont dépensés pour ces projets de recherches menés par environ 800 spécialistes des départements d'ingénierie, de

quality newsprint then it did before, and thanks to more efficient manufacturing methods, output has reached record-high levels. (Corner Brook also has one of the largest construction firms in Canada—Lundrigans-Comstock Ltd.)

The Abitibi-Price plant at Grand Falls is also undergoing an extensive modernization program. By 1993 the mills will have spent nearly $33 million on upgrading machinery and improving emission-control systems. The protection of the environment here is a major concern with consumers. The company plans to spend another $80 million by the turn of the century.

Next to the production of pulp and paper, sawmilling is the most important "secondary" forestry activity. Domestic demand for lumber, particularly in the building trade, is on the rise— a reflection of the rise in housing starts in recent years. In 1989 housing starts peaked at 3,526, the greatest number for a decade. In cities like St. John's and Gander, there were increases in the construction of retail outlets, offices, warehouses, and hotels as well, a sign of steady growth in the province's economy.

ENERGY AND TECHNOLOGY

A boom in the offshore oil business could fuel further building. Exploratory drilling started as long ago as 1966, but, unfortunately, by the early 1980s, when the wells were ready to come on-line, the price of oil had plummeted. Late in 1990, after a decade of hopes deferred, the federal and provincial governments and the consortium of four major oil companies headed by Mobil Canada reached agreement to proceed with the estimated $8.5-billion megaproject. The main impetus came from Ottawa, which earmarked $2.6 billion in loans and guarantees.

The energy market is, of course, subject to economic highs and lows. The demand might be lower than 10 years ago, but the market has stabilized during the past year and chances are it will rise once more. Newfoundland's offshore reserves are still economically viable, and research and development into the oil industry is an ongoing process.

R&D programs are conducted at Memorial University in St. John's, the province's major institute of higher education. (The city is also home to the Cabot Institute, a trade and technology college; the Newfoundland and Labrador Institute of Fisheries and Marine Technology; a campus of the Avalon Community College; and four nursing schools.) Supported by government and private funding, the programs encompass research into the exploitation of natural resources in Arctic and sub-Arctic oceans, the development of oceanographic measurement systems, sea ice and iceberg research, remote sensing systems, oil industry-related electronic and computer technology, and how to deal with offshore oil spills. Over $15 million per year is spent on these projects conducted by some 800 staff members who work in the departments of engineering, medicine, science, and technology.

At the faculty of earth sciences, faculty staff study seismography, plate tectonics (movements of the earth's crust), and techniques for offshore oil exploration. Other projects are carried out at the Centre for Cold Oceans Engineering (C-CORE), the Newfoundland Institute for Cold Ocean Science (NICOS), and the National Research Council Institute.

There are exchanges of personnel and technology with other offshore oil producing nations, notably Norway, which for years has been harvesting fuel from the North Sea. That country's experience with ocean-based resources is proving invaluable to those now

City lights illuminate St. John's, the industrial and governmental hub of Newfoundland. Photo by Dawn Goss/First Light

Les lumières sur la ville de St. John's, centre industriel et administratif de Terre-Neuve. Photo Dawn Goss/ First Light

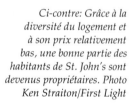

médecine, de sciences et de technologie.

À la faculté des sciences de la terre, le personnel étudie la sismographie, les plaques tectoniques (les mouvements de l'écorce terrestre) et les techniques de prospection des gisements pétrolifères sous-marins. D'autres projets sont menés à bonne fin au Centre for Cold Oceans Engineering (C-CORE), au Newfoundland Institute for Cold Ocean Science (NICOS) et au National Research Council Institute.

Les échanges de personnel et de technologie avec d'autres pays producteurs de pétrole sont particulièrement fructueux, notamment avec la Norvège, qui depuis des années extrait du pétrole de la mer du Nord. L'expérience de ce pays s'avère inestimable pour ceux qui sont actuellement à pied d'oeuvre à Terre-Neuve.

Des pétroliers transportent le pétrole brut de la mer du Nord jusqu'à la raffinerie de Come by Chance, au sud de Clarenville, porte d'entrée de la péninsule de Bonavista. La raffinerie, après avoir été fermée pendant plusieurs années, a été rouverte en 1987 par la Newfoundland Processing Limited, une filiale de la Newfoundland Energy Limited. Deux ans plus tard, elle avait déjà traité plus de 54 millions de barils dont la valeur était évaluée à plus d'un milliard de dollars. La plus grande partie du pétrole raffiné a été transporté dans l'est des États-Unis où se trouve le siège social de la compagnie.

Les gisements pétrolifères sous-marins de Terre-Neuve sont situés dans le bassin Jeanne d'Arc et la Crête centrale, à environ 350 kilomètres à l'est de St. John's. Ils s'étendent sur une vaste zone de 200 kilomètres de long sur 150 de large. Sur les 38 puits d'exploration creusés, 14 ont permis de découvrir des réserves de pétrole et de gaz naturel suffisantes pour que leur exploitation soit rentable.

C'est le gisement d'Hibernia, le plus vaste, dont on a commencé le forage en 1979, qui est considéré comme le plus intéressant. Selon certains spécialistes, on pourrait même en tirer plus de pétrole que de tous les puits de la mer du Nord réunis. On estime ses réserves exploitables à environ 650 millions de barils. Pour l'instant, on envisage de poursuivre l'exploitation d'Hibernia ainsi que de deux autres gisements importants, Terra Nova et Whiterose. L'Office Canada-Terre-Neuve des hydrocarbures extracôtiers a délivré, en 1989, cinq permis de prospection à des compagnies pétrolières.

Le succès de ces entreprises risquées relancerait vraisemblablement l'économie de Terre-Neuve en provoquant un boom de la construction, en créant de nouveaux emplois et en procurant des revenus à la province sous forme de taxes. En fait, ce serait même profitable à l'économie canadienne. En 1983 et 1984, les Cours suprêmes de Terre-Neuve et du Canada ont déclaré que les réserves des gisements de pétrole sous-marins étaient la propriété du gouvernement fédéral. En vertu de l'Accord

atlantique, unique en son genre, Ottawa et St. John's ont ensemble droit de regard sur la façon dont sont gérées les industries pétrolières et gazières qui exploitent ces gisements, et Terre-Neuve et le Labrador ont le droit de percevoir des taxes.

ST. JOHN'S

St. John's devra peut-être attendre un certain temps encore avant de devenir l'Aberdeen du Canada mais, ce qui est certain, c'est que son économie dépend totalement de l'industrie pétrolière. La ville est un centre de transports important. Elle est en effet située à l'extrême est de l'autoroute transcanadienne qui traverse Terre-Neuve sur 905 kilomètres à partir de Port-aux-Basques, l'un des deux principaux points d'où les traversiers partent pour le continent (l'autre est Argentia, sur la côte sud-ouest). Et St. John's a de plus la chance d'avoir un grand port naturel.

La ville est le centre industriel, financier et gouvernemental de la province. C'est ici que le Canadien National, la société Radio-Canada, le Conseil National de Recherches du Canada, Pêches et Océans Canada, Énergie, Mines et Ressources Canada, et la plupart des autres ministères et organismes fédéraux ont leurs bureaux.

Entouré de collines, St. John's est un centre de commerce depuis le début du 16e siècle, époque à laquelle des pêcheurs européens débarquèrent pour la première fois sur les côtes de Terre-Neuve. Tout au long des 17e, 18e et 19e siècles, l'activité commerciale y fut intense. La ville était alors un lieu de rencontre d'aventuriers, de capitaines de la marine marchande, d'explorateurs, de colons et d'armateurs de flottilles de pêche qui venaient y chercher fortune. Au 19e siècle, des incendies ont détruit la plus grande partie du centre, mais on y trouve encore, le long de ses rues étroites et sinueuses, de pittoresques demeures en bois construites à l'époque victorienne par de riches marchands et hommes d'affaires.

Les rues se déploient en éventail à partir du port jusque sur les hauteurs. Signal Hill, qui surplombe la ville, a été le site de la dernière bataille de la Guerre de Sept ans, le 16 septembre 1762. C'est également là que, en 1901, Marchese Guglielmo Marconi, le célèbre inventeur italien, reçut le premier message radio transatlantique, qui lui était envoyé de Poldhu en Cornouailles, Angleterre.

L'industrie touristique se développe rapidement, et nul doute que l'histoire haute en couleur de St. John's, de Terre-Neuve et du Labrador y est pour beaucoup. Mais la province a en outre 76 parcs provinciaux, deux parcs nationaux (Terra Nova et Gros Morne), deux célèbres parcs historiques nationaux (Signal Hill & Castle Hill, et Placentia), une richesse culturelle particulièrement fascinante, et une abondance de sites historiques, qui sont tous des attractions pour les vacanciers.

Les amateurs de loisirs en plein air sont bien servis à Terre-Neuve, comme ces marcheurs qui admirent le paysage de l'île Fogo. Photo G. Petersen/First Light

The province of Newfoundland offers many opportunities for outdoor recreation. Here, hikers enjoy the scenic beauty of Fogo Island. Photo by G. Petersen/First Light

working in the field in Newfoundland.

Crude oil from the North Sea is shipped to the Come By Chance refinery, south of Clarenville, the gateway to the Bonavista Peninsula. The refinery, after being closed for several years, was reactivated in 1987 by Newfoundland Processing Limited, a subsidiary of Newfoundland Energy Limited. Two years later it had processed more than 54 million barrels with an estimated value of more than one billion dollars. Most of the refined oil was exported to the eastern United States, where the company's headquarters is located.

Newfoundland's offshore fields are in the Jeanne d'Arc basin and Central Ridge, some 350 kilometres east of St. John's. It is a large area—200 kilometres long and 150 kilometres wide. Of the 38 exploratory wells that have been drilled, 14 have economically viable quantities of oil and natural gas.

The Hibernia field, which was first drilled in 1979, is the largest and potentially most profitable site. Some industry experts predict that it may yield more oil than all the North Sea wells combined. It has an estimated recoverable reserve of around 650 million barrels. At present,

Hibernia and two other major fields—Terra Nova and Whiterose—are being considered for further development. In 1989 the Canada-Newfoundland Offshore Petroleum Board issued five new exploration licences to various oil companies.

The success of their ventures could boost Newfoundland's economy by sparking a construction boom, creating spinoff jobs, and earning revenues in the form of taxes. In fact, Canada's economy as a whole would benefit. In 1983 and 1984 the Supreme Courts of Newfoundland and of Canada, declared that the offshore oil reserves were federally owned. Because of the unique Atlantic Accord, however, Ottawa and St. John's have a joint say in how the offshore oil and gas industries are run, and Newfoundland and Labrador has the right to levy taxes.

ST. JOHN'S

St. John's might have to wait a while before it becomes Canada's Aberdeen, but its economy is by no means totally reliant on the oil industry. The city is an important transportation centre. It is situated at the easternmost point of the Trans-

The Coast Guard's rescue vessel Jackman *skirts the shore of St. John's. Photo by Greg Locke/First Light*

Le vaisseau de sauvetage Jackman *de la Garde côtière longe la côte près de St. John's. Photo Greg Locke/First Light*

RED BAY

Au début du 16e siècle, Red Bay, sur la pointe est du Labrador, était l'une des stations de pêche des pêcheurs basques. Une baleinière restaurée de cette époque, le seul bateau de ce genre au monde, est exposée au site archéologique de Basque Whaling. L'Anse aux Meadows, à l'extrémité nord-ouest de Terre-Neuve, nous fait remonter encore plus loin dans le passé. On y a reconstruit une colonie de peuplement des Vikings qui daterait de 1 000 ans avant Jésus-Christ. Sa mise au jour, au milieu des années 1960 par un archéologue norvégien, prouve, sans l'ombre d'un doute, que les Vikings étaient déjà établis en Amérique du Nord cinq siècles avant que Christophe Colomb ne traverse l'Atlantique. L'importance de cette découverte est telle que l'UNESCO a déclaré l'endroit site du patrimoine mondial. Les préparatifs sont déjà commencés pour la célébration du cinquième centenaire de la découverte de Terre-Neuve par Jean Cabot en 1497.

TOURISME ET DIVERSIFICATION

Il est évident que le tourisme, et avec lui les revenus que la province en tire, ne peut que poursuivre sa croissance. Au début de 1989, la province avait reçu 1,2 million de visiteurs, près de 3 pour cent de plus que l'année précédente. Ils ont enrichi son économie en lui laissant 383,5 millions de dollars, soit 6,9 pour cent de plus qu'en 1988. La province améliore rapidement son infrastructure touristique: elle augmente le nombre des hôtels, des parcs pour caravanes, des cafés-couettes, des chalets de chasse, des camps de pêche. La station de ski Marble Mountain, au coeur de la région des fjords de Terre-Neuve, a relancé l'activité hivernale. Plus récent, le centre de sports d'hiver situé près de Labrador City lui fait une concurrence amicale: des compétitions internationales, entre autres, s'y sont déjà déroulées. Une troisième région, Trinity Bay, à Clarenville, non loin du site de construction de la plate-forme de forage Hibernia, a bien des chances de devenir un centre récréatif ouvert à l'année longue.

À l'approche de l'an 2000, l'économie traditionnelle de Terre-Neuve et du Labrador, basée sur les ressources naturelles, va probablement se diversifier et devenir davantage une économie de services—une tendance qui se généralise en Amérique du Nord. Face à une mondialisation de l'économie qui devient en outre de plus en plus concurrentielle, la diversification et l'utilisation rationnelle, plutôt que saisonnière, de la main-d'oeuvre vont devenir les facteurs clés de la santé économique.

Si les chiffres actuels sont révélateurs de l'évolution de l'économie de la province, celle-ci va progresser à un rythme lent, mais continu. En 1989, le taux de chômage était le plus bas jamais enregistré. Résultat: un revenu plus élevé par habitant, ce qui se reflétait dans l'augmentation des dépenses des consommateurs. En outre, l'affermissement du dollar canadien par rapport à d'autres devises étrangères a entraîné une augmentation des profits sur les ventes outre-mer. La confiance du monde des affaires de Terre-Neuve et du Labrador s'est raffermie, elle aussi. Selon un sondage réalisé par Statistique Canada, près de 3 milliards de dollars ont été investis en 1989 dans la province, qui en était ainsi à sa septième année consécutive de croissance économique.

Partout dans la province de Terre-Neuve, on peut admirer des couchers de soleil saisissants, comme celui-ci. Photo Winston Fraser

Stunning sunsets such as this one can be seen throughout the province of Newfoundland. Photo by Winston Fraser

Canada Highway, which runs for 905 kilometres from Channel Port-aux-Basques, one of two major departure points for ferries to the mainland (the other is Argentia, on the southwest shore.) And St. John's is blessed with a large, natural harbor.

The city is the industrial, financial, and governmental hub of the province. The Canadian National Railway, the Canadian Broadcasting Corporation (CBC), the National Research Council of Canada, Fisheries and Oceans Canada, Energy Mines and Resources Canada, and most other federal departments and agencies all have offices here.

Surrounded by hills, St. John's has been a trading centre since the early 1500s, when European fishermen first came to the shores of Newfoundland. Throughout the seventeenth, eighteenth, and nineteenth centuries, it was a hive of commercial activity, home to adventurers, merchant captains, explorers, colonists, and fishing fleet owners who came to seek their fortunes. During the last century fires destroyed much of the downtown core, but colorful, wooden mansions built by wealthy merchants/entrepreneurs in the Victorian era still flank its narrow, winding streets.

The streets fan out from the port to the hills behind. Signal Hill, which overlooks the city, was the site of the last battle of the Seven Years' War, which was fought on North American soil between the French and the English on September 16, 1762. In 1901 Marchese Guglielmo Marconi, the Italian inventor, received the first radio signal across the Atlantic, transmitted to Signal Hill from Poldhu in Cornwall, England.

St. John's colorful history and that of Newfoundland and Labrador in general has contributed to increased profits from tourism, a fast-growing industry. The province has 76 provincial parks, two national parks (Terra Nova and Gros Morne), two well-known national historic parks (Signal Hill and Castle Hill, Placentia), a rich cultural scene, and a wealth of historical sites, all of which are major drawing cards for vacationers.

RED BAY

Red Bay, on the eastern tip of Labrador, was a shipping point for Basque fishermen in the early 1500s. A whaling vessel from that era, the only such ship in the world, has been restored and is on display at the Basque Whaling Archaeological site. L'Anse aux Meadows, on Newfoundland's northwestern tip, goes back even further. Dating back to A.D. 1000, it is a reconstructed Viking settlement. Its excavation in the mid-1960s by Norwegian archaeologists proved beyond all doubt that Vikings settled in North America five centuries before Christopher Columbus crossed the Atlantic Ocean. Its importance to world history is such that UNESCO has declared it a World Heritage Site. Preparations have already begun for a celebration of the quinquecentennial of the discovery of Newfoundland by John Cabot in 1497.

TOURISM AND DIVERSIFICATION

Revenues from tourism are likely to increase. In the early part of 1989, 1.2 million visitors came to the province, almost 3 percent more than the year before. They enriched the economy by $383.5 million, a 6.9 percent increase over expenditures for 1988. The province is rapidly improving its tourism infrastructure, building and expanding hotels, trailer parks, hospitality homes (B & Bs), hunting lodges, and fishing camps. The well-established Marble Mountain Ski Resort in Corner Brook, heart of Newfoundland's "fjord" country, has boosted winter trade. In friendly rivalry is the relatively new winter sports centre near Labrador City, which has already hosted international skiing and other competitions. A third area at Clarenville, Trinity Bay, not far from a Hibernia platform construction site, has good potential as a year-round recreation resort.

As the year 2000 approaches, Newfoundland and Labrador's traditional resource-based economy will probably move toward a more service-oriented one—a widespread trend throughout North America. In an increasingly competitive, globalized business milieu, diversification and efficient manpower utilization (rather than seasonal, as now) will be the key to economic health.

If present figures are an indication, the province's economy will grow at a slow, but steady, rate. In 1989 unemployment figures were the lowest ever recorded. As a result, people had more disposable income, reflected in higher consumer spending. As well, the Canadian dollar strengthened against other currencies, increasing profits from overseas sales. Confidence in Newfoundland and Labrador's business sector has grown too. According to a survey conducted by Statistics Canada, almost $3 billion was invested in the province in 1989, marking the seventh consecutive year of economic growth.

Charming Peggy's Cove on the Nova Scotia coastline is a testament to Maritime industry and commerce. Photo by Thomas Kitchin/Tom Stack & Associates

Le pittoresque village de Peggy's Cove, sur la côte de la Nouvelle-Écosse, témoigne de l'esprit industrieux et entreprenant des habitants des provinces Maritimes. Photo Thomas Kitchin/Tom Stack & Associates

THE MARITIMES
GATEWAY TO A NATION

LES PROVINCES MARITIMES
PORTE D'ENTRÉE D'UNE NATION

MARK J. ALBERSTAT

Le port d'Halifax se profile dans la lumière du crépuscule. Photo Thomas Kitchin/First Light

The Halifax Harbour skyline shines in the evening light. Photo by Thomas Kitchin/ First Light

Au 14e étage d'une tour à bureaux du centre-ville—que ce soit à Halifax, à Saint-Jean ou à Sydney—un directeur général fait pivoter son fauteuil et regarde, songeur, un bateau de pêche sortir lentement du port. Dans son sillage, les remous de l'eau rappellent la fine trace que laissent les poissons derrière eux à la surface. Quand le bateau disparaît de sa vue, le directeur général se remet à son bureau, prend son stylo préféré et signe un contrat de publicité d'un million de dollars.

Sur le calendrier accroché au mur, à sa droite, chaque mois présente un visage différent de l'une ou l'autre des provinces canadiennes. Il suffirait à ce directeur général de jeter un simple coup d'oeil sur les illustrations des provinces Maritimes pour comprendre très vite, à supposer qu'il ne le sache pas, la suprême importance des ressources naturelles dans leur économie.

Dans cette région relativement peu étendue, qui englobe la Nouvelle-Écosse, le Nouveau-Brunswick et l'Ile-du-Prince-Édouard, les pêcheurs ne sont jamais très loin des programmeurs en informatique, les fermiers dés chercheurs en pharmacie, ou les entrepreneurs en technologie de pointe des artisans qui fabriquent encore du papier à la main.

Chacune de ces provinces a bien sûr sa propre histoire, mais toutes ont en commun une économie basée sur les ressources naturelles, un besoin régional de développement et des habitants dont l'optimisme ne fléchit jamais lorsqu'ils pensent à l'avenir.

LA MER: DEPUIS TOUJOURS SOURCE DE VIE

Pour évoquer la Nouvelle-Écosse, on fait souvent appel à des images de petits ports où sont amarrés des bateaux de pêche aux couleurs vives, qui se reflètent dans l'eau. Quelques mouettes, planant bas dans le ciel, guettent l'instant où les pêcheurs leur jetteront des déchets de poissons.

Ces images simplistes de la province exaspèrent certains Néo-Écossais, qui préféreraient voir la silhouette des édifices en construction d'Halifax ou la vallée d'Annapolis à l'automne. Il reste cependant que l'industrie de la pêche (morue, flétan, hareng, maquereau, carrelet et sole, surtout) a longtemps été vitale pour la province et qu'elle demeure, aujourd'hui encore, une des bases de son économie.

Beaucoup de petites communautés rurales ne survivent que grâce aux usines de traitement du poisson. Sans cette source d'emplois, certaines villes seraient tout simplement rayées de la carte. En fait, cette industrie est d'une telle importance dans les Maritimes que, en 1984, plus de la moitié des 24 372 employés des usines de traitement du poisson au Canada se trouvaient dans la région.

Des trois provinces, la Nouvelle-Écosse est celle qui vient en tête, avec plus de 50 pour cent de la main-d'oeuvre de traitement du poisson. En 1984, cette province avait aussi le plus grand nombre d'usines de traitement (100); venait ensuite le Nouveau-Brunswick (74), puis l'Ile-du-Prince-Édouard (19).

Le nombre des usines et des personnes qu'elles emploient peut assurément donner une

A CEO swings around in his chair on the 14th floor of a downtown office tower, be it in Halifax, Saint John, or Sydney, and watches a fishing boat slowly cruise out of the harbor for the day's fishing. In the wake of the boat are ripples on the water fanning out like a tail, similar to the tail on the fish these men seek. After the boat disappears out of the harbor, the CEO swivels his chair, grabs his favorite pen, and signs a million-dollar advertising contract.

To the right of this CEO, tacked neatly on the wall, is a calendar illustrated with scenes from different provinces for each month. If this executive looked at the months with pictures of the Maritimes on them, he would quickly realize that this is a region where natural resources play a paramount role in the economy.

In this small region, which consists of Nova Scotia, New Brunswick, and Prince Edward Island (P.E.I.), fishermen are never far from computer programmers, farmers from medical researchers, and high-tech entrepreneurs from handmade paper craftspeople.

Each province has its own separate history, but all are linked by their resource-based economies, a regional need for development, and residents with an ever-optimistic view of the future.

Ci-dessus: Les réserves de poissons de fond se reconstituent graduellement grâce au travail du Groupe d'études des pêches de l'Atlantique formé en 1982. Photo Lorraine C. Parow/First Light

Above: Thanks to the help of the 1982 Task Force on Atlantic Fisheries, the once severely depleted groundfish stocks are now on the rise. Photo by Lorraine C. Parow/First Light

À l'extrême droite: A la fin des années 80, l'industrie de la pêche rapportait plus d'un milliard de dollars aux provinces Maritimes. Photo Stephen Homer/First Light

Far right: The Maritimes had a combined fishery production value of more than one billion dollars in the late 1980s. Photo by Stephen Homer/First Light

idée de l'importance de l'industrie de la pêche, mais la valeur marchande des prises permet de savoir assez précisément ce que cette industrie rapporte. Ici encore, la Nouvelle-Écosse vient en tête: selon les statistiques de 1988, la valeur des prises de poissons en mer et à l'intérieur des terres ajoutée à celle des autres produits de la mer y atteignait les 463 millions de dollars, alors qu'elle était de 116 millions de dollars pour le Nouveau-Brunswick, et de 65 millions de dollars pour l'Ile-du-Prince-Édouard. En 1984, les prises des Maritimes équivalaient à environ un tiers du total canadien, chiffre qui est resté sensiblement le même depuis lors.

De nombreux emplois dépendent de ces énormes quantités de poisson. C'est ainsi qu'en 1988 la production du poisson rapportait, en Nouvelle-Écosse, 801 millions de dollars, au Nouveau-Brunswick, 380 millions de dollars , et à l'Ile-du-Prince-Édouard, 90 millions de dollars.

Au début des années 1970, le nombre croissant de chalutiers-usines frigorifiques étrangers dans ce secteur, l'absence presque totale de politique de gestion de la pêche et l'impossibilité de contrôler la surexploitation des fonds ont entraîné une diminution considérable des ressources halieutiques.

Vers 1975, de longues négociations internationales ont abouti à une nouvelle approche de la gestion de la pêche et à l'instauration, par le Canada, d'une limite de pêche de 370 kilomètres sur les bancs de son plateau continental.

En apprenant l'imposition de cette nouvelle limite de 370 kilomètres, de nombreux Canadiens ont commencé à s'intéresser à l'industrie tandis que ceux qui en vivaient déjà

ont redoublé d'efforts… ce qui a provoqué le contraire du résultat escompté. On a alors établi un système de quotas pour la pêche de fond au large, et usines et chalutiers ont augmenté leur capacité de production. Tous ces facteurs ont conduit à une surexploitation des réserves de poisson et à leur appauvrissement progressif.

Pour essayer d'enrayer la surexploitation, le Groupe d'étude des pêches de l'Atlantique du gouvernement fédéral a encouragé, en 1982, l'essai d'un système d'allocations aux entreprises pour la pêche de fond au large. Ce système, en se basant sur le total des prises dans le passé, accordait à chaque pêcheur détenteur d'une licence le droit de pêcher une partie de ce total.

Le système des allocations aux entreprises a ensuite été instauré de façon permanente afin d'éviter à la fois la ruée annuelle vers le poisson à l'époque de l'ouverture de la pêche, une baisse des prix causée par la surabondance de poisson sur les marchés et une surexploitation généralisée.

Vers la fin des années 1980, les compagnies de pêche ont fermé des usines et licencié un grand nombre d'employés; certaines petites villes qui ne vivaient que de cette industrie ont particulièrement souffert. Un exemple: vers la fin de septembre 1989, National Sea Products a fermé son usine de traitement de Lockport à cause de la pénurie de poisson. Cette décision n'a

Grand Manan fishermen
tend to their weir nets off the
coast of New Brunswick in
the Bay of Fundy. Photo by
Brian Milne/First Light

Dans la baie de Fundy, au
large des côtes du Nouveau-
Brunswick, les pêcheurs de
l'île Grand Manan réparent
leurs bordigues. Photo
Brian Milne/First Light

Le Nouveau-Brunswick exporte des pommes de terre de semence à plus de 30 pays en plus de vendre des pommes de terre pour consommation dans tout le Canada, aux États-Unis et dans les Antilles. Photo Mark Tomalty/Masterfile

New Brunswick exports seed potatoes to more than 30 countries, and markets table-quality potatoes throughout Canada, the United States, and the Caribbean. Photo by Mark Tomalty/Masterfile

pas seulement réduit au chômage le personnel de l'usine, mais elle a rendu la vie difficile à de nombreux pêcheurs qui, en plus de vendre leurs poissons à l'usine, comptaient aussi sur elle pour se procurer de la glace et des appâts.

Les biologistes et les spécialistes fédéraux de la pêche continuent d'affirmer que les réserves de poisson des Maritimes diminuent et qu'il faut limiter encore davantage les prises.

Certains pêcheurs soutiennent au contraire que les réserves sont florissantes et que le gouvernement fédéral, qui exerce déjà un contrôle assez sévère sur l'industrie, n'a nullement besoin de la réglementer davantage.

En 1988-1989, les observateurs de l'industrie de la pêche ont été témoins d'une conséquence désastreuse de l'épuisement des réserves de poisson: le prix des actions de National Sea Products a baissé de façon dramatique, et le président et directeur général de la compagnie a été congédié. National Sea Products est l'une des plus grandes compagnies de pêche au monde. On se souvient qu'il s'en est fallu de peu qu'elle fasse faillite au début des années 1980, et que le gouvernement fédéral était alors intervenu en injectant environ 200 millions de dollars dans la compagnie pour lui permettre de se restructurer.

Après cette restructuration, la compagnie

avait poursuivi son expansion. Depuis lors, l'effondrement des cours de la Bourse en octobre 1987, les prix à la baisse du poisson conjugués à un dollar canadien fort ont nui à la place de National Sea Products sur le marché. Pour retrouver toute sa vigueur, la compagnie doit donc une fois de plus prendre un nouvel essor.

La controverse de longue date entre le Canada et les États-Unis au sujet de la possession de Georges Bank, probablement le plus riche banc de pêche au monde, a été réglée en 1984. La Cour internationale de justice a décidé que seulement un sixième du banc reviendrait au Canada, mais comme cette partie est la plus poissonneuse, l'industrie de la pêche des Maritimes s'en est portée beaucoup mieux que celle de la Nouvelle-Angleterre.

Les bateaux de pêche des États voisins continuent toutefois de franchir les limites canadiennes. C'est ainsi que les gens des Maritimes entendent souvent parler de chalutiers américains arraisonnés par des garde-côtes canadiens et accompagnés jusqu'à Halifax, où ils doivent faire face à des accusations de pêche illégale.

On s'intéresse, par ailleurs, de plus en plus dans la région à une industrie connexe à la pêche, la pisciculture.

BOUNTY FROM THE SEA

The picture of Nova Scotia, whatever month it is, features a small harbor with several brightly painted fishing boats tied up. The water in this scene is still as glass, reflecting the boats' hulls. A few seagulls hover above, hoping the fishermen will toss fish scraps to them.

Although some Nova Scotians are tired of this depiction and would rather see Halifax's growing skyline or the Annapolis Valley during the fall, the fishing industry was one of the original cornerstones in the province and today remains in the foundation of that economy.

The most common types of fishing off Maritime shores are cod, halibut, herring, mackerel, flounder, and sole.

Fish processing facilities are the lifeblood of many small, rural communities, not only keeping residents employed but, also, in some cases, keeping the towns on the map. The industry is so large in the Maritimes that in 1984 the region had almost half of Canada's 24,372 fish processing plant employees.

Of the three provinces, Nova Scotia is the lighthouse beacon showing the way with more than 50 percent of the region's fish processing employees. In 1984 the province also contained the most processing plants (100), followed by New Brunswick (74), and P.E.I. (19).

The number of plants and employees is one way to look at the industry's importance, but a dollar-wise view would examine the market value of landings. In this category Nova Scotia once again leads the way with 1988 statistics showing $463 million worth of landings of sea and inland fish and other sea products; New Brunswick had $116 million, and P.E.I. had $65 million. In 1984 the Maritimes landed approximately one-third of Canada's total amount, and that number remains about the same for more recent years.

These large amounts of fish, of course, spin into fish plant jobs. Thus in 1988 Nova Scotia had a fishery production value of $801 million, New Brunswick rang in with $380 million, and P.E.I. ranked third with $90 million.

Groundfish stocks were becoming severely depleted in the early 1970s due to an increasing number of foreign factory freezer-trawlers, almost no fishery management, and a lack of power to patrol the waters for overfishing.

During the mid-1970s several multinational negotiations took place, culminating in a new fishery management scheme and the implementation of Canada's jurisdiction over

the 370-kilometre limit of fish stocks off its shores.

The new 370-kilometre limit attracted many Canadians to the industry, and those already there increased their efforts, the opposite result of what was wanted. A quota system for groundfish was established, while plants and draggers increased their capacity. These factors led to over-harvested fish stocks and a gradual decline in the overall stock.

To help remedy the overfishing brought on by the perceived panacea of the 370-kilometre limit, the federal government's 1982 Task Force on Atlantic Fisheries encouraged an "enterprise allocation" system on a trial basis in the offshore ground fishery. This system allocates a portion of

Delicious apples are harvested in Nova Scotia's fertile Annapolis Valley. Photo by John Elk III

Dans la vallée très fertile d'Annapolis, en Nouvelle-Écosse, une récolte de pommes des plus savoureuses. Photo John Elk III

Le tabac est une des nombreuses cultures des Maritimes. Photo Mike Dobel/Masterfile

Tobacco is just one of the many crops grown on Maritime farms. Photo by Mike Dobel/Masterfile

L'une des difficultés propres à l'élevage du poisson dans les Maritimes est de réussir à faire hiverner les jeunes poissons: l'eau étant très froide, comment les empêcher de mourir? Á Sydney, en Nouvelle-Écosse, Energy Engineering Limited s'efforce de mettre au point des cages à poisson, dont la fabrication et l'utilisation ne seraient pas trop dispendieuses et qui permettraient de conserver l'eau à une température convenable.

UNE TERRE RICHE: AGRICULTURE ET MINÉRAUX

L'agriculture est aussi importante à l'Ile-du-Prince-Édouard que l'industrie de la pêche en Nouvelle-Écosse. Le sol de la province est une terre grasse sablonneuse modérément acide. Près de 62 pour cent de la population de l'île est considérée comme rurale, soit le plus fort pourcentage au Canada.

L'agriculture tient une place si primordiale dans l'île que les terres cultivées occupent 48,1 pour cent du sol de la province, ce qui est également le plus fort pourcentage au Canada. En outre, en 1988, sur les 360,4 millions de dollars de produit provincial brut, 128,3 millions de dollars venaient de l'agriculture.

La superficie des terres agricoles dans les deux autres provinces Maritimes n'est en rien comparable à celle de l'Île-du-Prince-Édouard. En Nouvelle-Écosse, seulement 7,9 pour cent des terres sont consacrées à l'agriculture, et au Nouveau-Brunswick, 5,7 pour cent. Au Canada, la moyenne est de 7,4 pour cent.

Plantées sur plus de 25 000 hectares dans la terre rougeâtre de l'Ile-du-Prince-Édouard, les pommes de terre donnent un excellent rendement, environ 25 tonnes par hectare, si bien que les anglophones appellent parfois cette province « Spud Island » , l'île aux patates. En 1989, la seule vente de ses pommes de terre lui a rapporté 119 millions de dollars. Les pommes de terre de semence sont d'une telle qualité que, tous les ans, les trois quarts sont exportés dans plus de 15 pays. Les pommes de terre pour consommation sont vendues fraîches dans l'est du Canada et aux États-Unis ou transformées en frites ou autres produits de la pomme de terre.

Les pommes de terre de semence sont aussi le principal produit agricole d'exportation du Nouveau-Brunswick et représentent environ 20 pour cent de la production canadienne. Viennent ensuite les produits laitiers qui, avec les pommes de terre, constituent environ 44 pour cent des recettes des fermes. Parmi les autres produits agricoles du Nouveau-Brunswick, outre les produits d'élevage, tels le porc et la volaille, on peut citer les céréales et les fruits. La haute vallée de la rivière Saint-Jean est la grande région agricole du Nouveau-Brunswick.

En Nouvelle-Écosse, les principales régions agricoles se trouvent dans la vallée d'Annapolis et les terres du nord de la province. On y récolte aussi bien des pommes que du tabac, du maïs que du raisin. Les premiers habitants de la Nouvelle-Écosse, les indiens Micmac, vivaient surtout de chasse. On ne plantait donc pas grand-chose avant que les capitaines de bateaux de pêche n'entreprennent, au début du 16e siècle, de faire des potagers pour nourrir leurs équipages. À la même époque, les colons français de Port-Royal avaient commencé à cultiver des céréales et construit le premier moulin à blé à énergie hydraulique d'Amérique du Nord.

Le secteur le plus important de l'agriculture de la Nouvelle-Écosse est celui des produits laitiers. Viennent ensuite la volaille et les oeufs, le boeuf, le veau, le porc, les fruits et les légumes.

Bien que les fermes des Maritimes vendent de plus en plus de produits, le nombre de fermes diminue de façon constante. L'Ile-du-Prince-Édouard avait, en 1982, 3 154 fermes. Un an plus tard, ce nombre avait diminué d'environ 10 pour cent: il ne restait que 2 833 fermes; et, en 1986, elles n'étaient plus que 2 278. Le même phénomène s'est produit dans les deux autres provinces. Entre 1981 et 1986, le nombre des fermes est passé, en Nouvelle-Écosse, de 4 435 à 3 569, tandis que celui des fermes du Nouveau-Brunswick diminuait dans le même espace de temps de 3 538 à 2 898. Deux raisons expliquent cette tendance: la baisse du prix des produits et

the total catch to each licensed fisherman based on historic catch amounts.

The enterprise allocation system was established permanently to avoid the annual rush for the fish when the seasons opened, gluts of fish on the market driving the prices down, and general over-harvesting.

During the late 1980s fishing companies closed up plants or made large-scale layoffs, creating mass unemployment in some small, one-industry towns. For example, National Sea Products closed its Lockport processing plant in late September 1989 because of a lack of fish. This move not only threw the fish plant staff out of work, but it also created hardship for many of the fishermen who not only sold their fish to the plant, but also relied on it for ice and bait.

Biologists and federal fishery experts maintain that Maritime fish stocks are steadily declining, and a reduction in the number of fish allowed to be caught has to be implemented.

The idea of lowering fish stocks is disputed by some fishermen who claim the stocks are healthy and the federal government has a strong enough hand in the industry without adding more regulations.

In 1988-1989 fishery watchers in the Maritimes saw a major casualty of the fish stock reduction when share prices of National Sea Products dropped drastically, and the president and CEO of the company was sacked. National Sea, one of the world's largest fishing companies, is well remembered as a giant that almost died in the early 1980s. The federal government stepped in and contributed some $200 million in temporary equity to help refine and restructure the company.

After the restructuring, the company did spectacularly well and expanded its already large holdings. Since then, the October 1987 stock market crash severely deflated company stocks, and lower fish prices and a strong Canadian dollar have hurt National Sea's place in the market. The company has yet to rebound completely.

The long-standing dispute between Canada and the United States over ownership of Georges Bank, probably the richest fishing bank in the world, was settled in 1984. The World Court ruled that Canada would receive only one-sixth of the disputed bank. This area, however, is the most valuable part of the bank and, in the long

Even though the number of Maritime farms is declining, actual cash receipts are on the rise and the average size of the remaining farms has increased dramatically. Photo by John Elk III

Dans les Maritimes, le nombre de fermes diminue mais les revenus agricoles et la grandeur moyenne des exploitations ont augmenté sensiblement. Photo John Elk III

la difficulté de rentabiliser les petites fermes.

Comme on peut s'en douter, s'il y a de moins en moins de fermes, celles qui restent sont de plus en plus grandes. Si la ferme moyenne de l'Ile-du-Prince-Édouard était, en 1951, de 44 hectares, elle était déjà passée, en 1986, à 96 hectares.

Les Maritimes ont une autre ressource naturelle abondante, les minéraux. Dans ce domaine, le Nouveau-Brunswick, sa lampe de mineur éclairant droit devant, précède les deux autres provinces.

En 1986, la valeur des minéraux du Nouveau-Brunswick était, en dollars, plus du double de celle des deux autres provinces Maritimes. Cette année-là, sa production de minéraux était de 449,3 millions de dollars, tandis que celle de la Nouvelle-Écosse n'était que de 180,1 millions de dollars et celle de l'Ile-du-Prince-Édouard de 1,7 million de dollars.

La formation de la structure minéralogique du Nouveau-Brunswick date du paléozoïque, c'est-à-dire de 570 à 245 millions d'années environ. Les dépôts océaniques d'alors sont à l'origine de l'abondante minéralisation du nord et de l'ouest de la province. En Nouvelle-Écosse, les grands glaciers ne se contentèrent pas de creuser de profondes échancrures dans les terres, ils enlevèrent aussi la plus grande partie de la couche arable et provoquèrent la formation de nombreux drumlins, entre autres l'historique colline de la Citadelle d'Halifax. Quant à l'Ile-du-Prince-Édouard, laissée à découvert quand les glaciers se retirèrent, elle était alors rattachée au continent; mais à la fonte des glaciers, le niveau des eaux monta et elle se trouva isolée des terres et de ce qui est maintenant devenu le Nouveau-Brunswick. Les seuls minéraux qu'on extrait aujourd'hui du sol de l'île sont le sable et le gravier.

Les mines ne tenaient pas autrefois une place importante dans l'économie du Nouveau-Brunswick. Au 19e siècle, on exportait bien un peu de gypse et de granite, mais en petite quantité. Le charbon avait attiré l'attention au début du 20e siècle, mais les espoirs de le voir devenir à long terme autre chose qu'un produit de consommation locale s'étaient évanouis à cause du prix peu élevé du pétrole. Dans les années 1950, toutefois, la découverte de minéraux de base dans le nord de la province a lancé l'industrie minière et lui a donné peu à peu l'importance qu'on lui connaît aujourd'hui: en 1986, elle employait plus de 4 000 personnes. On extrait surtout de l'or, de l'argent, du zinc, du plomb et du cuivre.

L'exploitation de la potasse dans le centre-sud de la province et l'augmentation de la

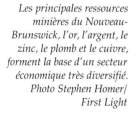

Les principales ressources minières du Nouveau-Brunswick, l'or, l'argent, le zinc, le plomb et le cuivre, forment la base d'un secteur économique très diversifié.
Photo Stephen Homer/ First Light

New Brunswick's chief mineral resources—gold, silver, zinc, lead, and copper—make for a highly diversified economic sector.
Photo by Stephen Homer/ First Light

run, the Maritimes fishing industry fared far better than the New England fishing industry.

American fishing boats from these neighboring states continue to fish on the Canadian side of the boundary. Maritimers often hear reports of Canadian Coast Guard boats chasing down American trawlers and bringing them into Halifax to face illegal fishing charges.

One type of fishing that has generated growing interest across the region in recent years is that of aquaculture, or the raising of fish, much like the raising of livestock.

One of the problems of fish farming in the Maritimes is wintering the small fish so they won't die in the cold waters. Energy Engineering Limited of Sydney, Nova Scotia, is trying to develop cages for the fish that will keep the waters in a safe temperature zone but not cost too much to manufacture or too much to operate.

WEALTH FROM THE LAND

The agricultural industry is as important to Prince Edward Island as the fishing industry is to Nova Scotia. The province's soil, a coarse-textured, sandy loam that is moderately acidic, is the base for most of its inhabitants. Nearly 62 percent of Islanders are classified as rural, the highest percentage in the country.

Agriculture is so important to Prince Edward Island that a total of 48.1 percent of the province is used as farmland, the highest percentage in Canada. In addition, in 1988 agriculture amounted to $128.3 million of the province's $360.4-million gross domestic product.

In terms of land used for farms, the other two Maritime provinces pale in comparison to their small neighbor. Nova Scotia uses only 7.9 percent of its land for farms, while New Brunswick uses 5.7 percent. The Canadian average is 7.4 percent.

Potatoes do exceptionally well in P.E.I.'s red soil, so well that the province is sometimes called "Spud Island." With more than 25,000 hectares of potatoes planted annually and an average yield of about 25 tonnes per hectare, the small province netted $119 million in potato sales alone in 1989. The seed potatoes are of such high quality that three-quarters of them are exported each year to more than 15 countries. Potatoes destined for the dinner table are either sold fresh in eastern Canada and the U.S. or processed into french fries and other potato products.

New Brunswick's chief agricultural export is also seed potatoes, and they account for approximately 20 percent of the nation's total. The potatoes are followed in importance by dairying,

and the two constitute approximately 44 percent of the province's farm receipts. Other agricultural products in New Brunswick include livestock, such as hogs and poultry, and grains and fruits. The main agricultural area of New Brunswick is along the Upper Saint John River Valley.

In Nova Scotia, the Annapolis Valley and northern parts of the province are the chief agricultural areas. Crops farmed vary from apples to tobacco and from corn to grapes. Nova Scotia's first inhabitants, the Micmac Indians, relied heavily on hunting for their food. So, not much planting went on until fishing boat captains in the early sixteenth century began vegetable gardens to feed their crews. Around the same time the French settlers of Port Royal were growing grain and had erected the first water-powered grist mill in North America.

Nova Scotia's most important sector in agriculture is dairy products, followed by poultry and eggs, cattle and calves, hogs, and fruit and vegetables.

Although cash receipts for Maritime farms continue to increase, the actual number of farms is steadily falling. In 1982 P.E.I. had 3,154 farms. A year later that number dropped by approximately 10 percent to 2,833 farms. By 1986 that number had declined to 2,278. The story is similar in the other two provinces. The number of farms in Nova Scotia has dropped from 4,435 to 3,569 between 1981 and 1986, and those in New Brunswick declined from 3,538 to 2,898 in

Nova Scotia's coal industry has made a strong comeback in recent years, servicing more than 70 percent of the province's electrical needs in the late 1980s. Cape Breton is the site for most of today's coal mining activity. Photo by Barrett & MacKay/Masterfile

En Nouvelle-Écosse, l'industrie du charbon est en reprise: à la fin des années 1980, les centrales thermiques à charbon fournissaient plus de 70 pour cent de l'électricité de la province. L'extraction du charbon se fait maintenant surtout au Cap-Breton. Photo Barrett & MacKay/Masterfile

À droite: Près de la moitié des exportations du Nouveau-Brunswick proviennent du bois et des produits du bois; l'industrie forestière verse plus de 300 millions de dollars aux travailleurs de la province. Photo Sherman Hines/Masterfile

Right: Nearly half of New Brunswick's total exports are wood or wood products—an industry that generates more than $300 million in earnings for the province's work force. Photo by Sherman Hines/Masterfile

Ci-dessus: L'exportation d'arbres de Noël à la Nouvelle-Angleterre et ailleurs dans les Maritimes est devenu un secteur important de l'industrie forestière de la Nouvelle-Écosse. Photo Sherman Hines/Masterfile

Above: Christmas tree exports have developed into a vital sector within Nova Scotia's forestry industry. Photo by Sherman Hines/Masterfile

prospection des minéraux ainsi que leur mise en exploitation ont favorisé le développement économique de la province.

En Nouvelle-Écosse, l'industrie minière emploie environ 6 300 personnes—en majeure partie dans l'extraction du charbon, dont on estime les réserves à trois milliards de tonnes.

Ces réserves de charbon ont apporté une certaine prospérité à la province au début du 20e siècle, mais lorsque les prix du pétrole ont baissé, on a quasi cessé d'utiliser le charbon, et les fortunes provinciales ont fondu. Ces dernières

années pourtant, on a assisté à une recrudescence de la demande de charbon dans le monde entier. C'est ainsi que, en 1986, 71,1 pour cent des besoins en électricité de la province étaient assurés par le charbon, un chiffre étonnamment élevé, surtout si l'on pense que, six ans auparavant, le charbon n'assurait que 23 pour cent de ces besoins.

Autrefois, l'exploitation des gisements de charbon se faisait un peu partout dans la province, mais la plupart de ces premières mines sont aujourd'hui fermées. Presque toutes les mines en activité se trouvent maintenant au Cap-Breton.

La Nouvelle-Écosse a deux autres ressources minérales importantes, le gypse et le sel, et possède même le gisement de gypse le plus important du Canada. Dans la province, on ne fait qu'extraire la pierre, qui est ensuite transportée par bateau aux États-Unis pour y être transformée.

La Nouvelle-Écosse a également des réserves exploitables de plomb, de zinc, d'or, de sable et de gravier.

Au début des années 1980, on se montra fort intéressé à la prospection de gisements pétrolifères et gaziers au large des côtes de la Nouvelle-Écosse. La baisse mondiale des prix du pétrole a par la suite considérablement ralenti cette ardeur et on n'entend pratiquement plus parler de ces gisements sous-marins de nos jours.

the same time frame. Two reasons for this trend are lower produce prices and the economics of running a small farm.

As one might expect, because there are fewer and fewer farms, the ones that remain are growing in size. In 1951 the average P.E.I. farm was 44 hectares. By 1986 that number had jumped to 96 hectares.

Another plentiful Maritime resource not found near the topsoil, but, rather, far below it, is minerals. In this field New Brunswick leads the way like a coal miner's head lamp.

In pure dollars and cents, New Brunswick, in 1986, more than doubled Nova Scotia's and Prince Edward Island's combined mineral value. In that year, New Brunswick weighed in with $449.3 million worth of mineral production, while Nova Scotia's totalled $180.1 million, and Prince Edward Island's amounted to $1.7 million.

New Brunswick's basic mineral structure was formed in the Paleozoic era, around 570 to 245 million years ago. Ocean deposits formed the rich mineralization of the northern and western regions of the province. Nova Scotia had extensive glaciation that not only scraped deep channels into the land, but also removed much of the topsoil and created many drumlins, including Halifax's historic Citadel Hill. Prince Edward

Island was uncovered when the glaciers receded. At this time the land was not an island. As the glaciers melted and ocean levels rose, however, the land became cut off from what is now New Brunswick. Today the only natural resources mined on the island are sand and gravel.

Traditionally, mining was not a big part of the New Brunswick economy. In the nineteenth century there were some gypsum and granite exports but nothing of much significance. Coal had some prominence in the early twentieth century, but the cheap cost of oil hurt the long-term prospects of coal becoming anything more than of local importance. In the 1950s, however, discoveries of base minerals in northern parts of the province rocketed the industry into its present stature, and it employed more than 4,000 people in 1986. The chief minerals mined in the province are gold, silver, zinc, lead, and copper.

Potash development in the south-central part of the province and increased mineral exploration and development have helped these areas of the provincial economy.

In Nova Scotia the mining industry employs about 6,300 people. The most important mineral in the province is coal, and there are an estimated 3 billion tonnes of it under the province.

Nova Scotia's coal reserves first made the province prosper in the early twentieth century,

Nova Scotia's Halifax port is a central shipping point for Maritime products and goods. Photo by Thomas Kitchin/Tom Stack & Associates

Le port de Halifax, en Nouvelle-Écosse, centre de distribution des produits des Maritimes. Photo Thomas Kitchin/Tom Stack & Associates

LES FORÊTS: UNE RESSOURCE NATURELLE INESTIMABLE

L'industrie forestière des Maritimes a une longue histoire qui ne manque pas d'intérêt. Son premier objectif a d'abord été de fournir du bois de charpente aux chantiers de construction navale des provinces. Par le fait même, elle a procuré des emplois dans les milieux ruraux. Son importance est aujourd'hui encore suffisante pour qu'un journal d'affaires d'Halifax publie un supplément trimestriel appelé *The Atlantic Forestry Journal*. Notons en passant l'inestimable richesse de ces vastes forêts des Maritimes: habitat naturel de nombreux animaux sauvages, mais aussi lieux de loisirs et source de presque tout le combustible de la région.

Ces forêts des Maritimes se composent surtout d'épicéas mariaux, d'épicéas glauques, d'épinettes rouges, de pins rouges américains et de pins blancs, de pruches, de merisiers blancs, d'érables à sucre, d'érables rouges et de sapins baumiers. L'érable à sucre est une ressource importante pour les propriétaires de terrains forestiers. Cette industrie domestique est particulièrement répandue dans le nord de la Nouvelle-Écosse et dans tout le Nouveau-Brunswick. En 1989, une année exceptionnelle, les produits de l'érable ont rapporté 1,23 million de dollars au Nouveau-Brunswick, et 770 000 dollars à la Nouvelle-Écosse.

A l'Ile-du-Prince-Édouard, les forêts ont été tellement exploitées autrefois qu'il ne reste que peu de terrains de coupe, et cela malgré tous les efforts déployés pour les revitaliser. Au Nouveau-Brunswick et en Nouvelle-Écosse, par contre, il y a plusieurs grandes scieries et l'industrie des pâtes et papiers est particulièrement florissante. Les forêts du Nouveau-Brunswick couvrent environ 90 pour cent du territoire, et l'industrie des pâtes et papiers a littéralement préparé certaines parties de la province pour de futures mises en exploitation. Cette industrie, qui fournit 15 pour cent des emplois, est à l'origine de 60 pour cent des exportations de la province.

Quand on parle de l'industrie forestière au Nouveau-Brunswick, on pense immédiatement à la famille Irving. L'une des plus riches familles au monde et qui a des biens sur toute la surface du globe, les Irving possèdent d'immenses terrains forestiers dans la province et trois usines de pâte à papier près de Saint-Jean, qui produisent de la pâte au sulfate, du papier journal et des matières premières pour les cartons en papier gaufré. On trouve aussi des usines de pâte à papier près de Newcastle, de Dalhousie, de Campbelton et d'Edmundston.

Ce secteur de l'économie est tellement intégré à la vie de la province qu'il a suscité la création d'une école de gestion des forêts à Fredericton, d'une faculté de sylviculture à l'Université du

but as oil prices decreased and the use of coal slumped, so did provincial fortunes. In recent years, however, the coal industry has made a strong comeback around the world and in the province. In 1986 coal accounted for 71.1 percent of Nova Scotia's electrical needs. This number is startlingly high, considering that six years before coal only accounted for 23 percent.

Coal was once found throughout the province, but many of the early mines were depleted. Now almost all Nova Scotia coal is mined in Cape Breton.

Two other important minerals in Nova Scotia are gypsum and salt. Nova Scotia also has the largest deposit of gypsum in the country. The

rock, which is only mined in the province, is shipped to the United States for processing.

Nova Scotia also has exploitable quantities of lead, zinc, gold, sand, and gravel.

In the early 1980s there was a lot of activity in government and off the Nova Scotia coast concerning oil and gas exploration. The decline of world oil prices, however, put a damper on the exploration, and today little offshore activity is going on.

RICHES FROM THE FORESTS
The forestry industry has a long and important history in the Maritime provinces, first providing

lumber for local shipbuilding and jobs in rural areas. The Maritime woods are also a place for varied wildlife, recreation, and the source of much of the region's fuel wood. The forestry industry is important enough for a Halifax-based business newspaper to spin off a quarterly supplement called *The Atlantic Forestry Journal.*

The Maritime forests are primarily made up of black, white, and red spruce, red and white pine, hemlock, yellow birch, sugar maple, red maple, and balsam fir. The sugar maple is especially important to woodlot owners involved in extracting maple syrup and its related products. The chief areas for this cottage industry are in northern Nova Scotia and throughout New Brunswick. In 1989, a bumper year for maple products, New Brunswick produced $1.23 million and Nova Scotia produced $770,000.

P.E.I.'s forests were harvested so extensively years ago that little of value was left to log, although there have been some attempts to improve the quality of the island's forests. New Brunswick and Nova Scotia have a well-developed pulpwood industry with several large sawmills in both provinces.

In New Brunswick, which is about 90 percent

Above: Although agriculture is the primary industry on Prince Edward Island, other resource-based manufacturing industries flourish. Molten brass is pictured here being poured into a cast at a local Island foundry. Photo by Barrett & MacKay/Masterfile

Ci-dessus: L'agriculture est certes la plus importante industrie de l'Ile-du-Prince-Édouard mais d'autres, reliées aux ressources naturelles, sont aussi en plein essor. Dans une fonderie de l'île, on verse le laiton fondu dans un moule. Photo Barrett & MacKay/Masterfile

La plupart des usines des provinces Maritimes, comme cette raffinerie à Dartmouth en Nouvelle-Écosse, dépendent de l'exploitation des ressources naturelles. Photo Thomas Kitchin/ First Light

Most Maritime manufacturing plants such as this refinery in Dartmouth, Nova Scotia, are connected with the region's vast raw materials and natural resources. Photo by Thomas Kitchin/First Light

Nouveau-Brunswick et de laboratoires de recherche provinciaux un peu partout dans la province.

S'il sert bien sûr à fabriquer de la pâte de bois, le sapin baumier de la Nouvelle-Écosse a aussi permis à la province de se spécialiser dans un autre domaine de l'industrie forestière: la culture et l'exportation d'arbres de Noël en Nouvelle-Angleterre et dans les autres régions des Maritimes.

L'industrie forestière est d'une telle importance dans les provinces Maritimes que les compagnies qui n'ont aucun lien direct avec elle s'efforcent d'obtenir une part du gâteau. Geo-Met Instruments, une entreprise de haute technologie de Kentville, en Nouvelle-Écosse, est l'une de ces compagnies.

Geo-Met Instruments a mis au point un appareil de 63,5 centimètres qui mesure le diamètre des billes de bois et l'enregistre dans un minuscule ordinateur. À la fin de la journée, les données peuvent être transférées dans la mémoire de l'unité centrale de l'exploitation. Cet appareil permettra de dresser plus rapidement et de façon plus précise l'inventaire des billes de bois.

La compagnie envisage de mettre cet appareil sur le marché aux États-Unis, où l'industrie

forestière tient une place plus importante. Et si tout se déroule selon ses prévisions, on devrait l'utiliser d'ici quelques années dans les forêts canadiennes. Geo-Met Instruments est typique des entreprises de fabrication de la région: petite, elle met au point ses propres produits et emploie moins d'une centaine de personnes.

UN SECTEUR SECONDAIRE EN ÉVOLUTION

Dans les Maritimes, la plupart des usines de fabrication et de transformation sont basées sur l'exploitation des matières premières. C'est ainsi que la majeure partie de la main-d'oeuvre travaille dans les usines de poisson, les scieries et les pulperies et les usines de conditionnement de la viande et de ses produits.

En 1969, la valeur totale des produits expédiés des Maritimes était de 1,5 milliard de dollars. Quinze ans plus tard, en 1984, ce chiffre était de six fois supérieur: il atteignait alors les 9 milliards de dollars. À titre de comparaison, durant cette même période, la valeur de l'ensemble des exportations du Canada a seulement quintuplé.

Les programmes gouvernementaux d'encouragement à l'industrie, en apportant

covered with forest, the pulpwood industry literally cleared parts of the province for later development. Today the industry accounts for approximately 15 percent of the jobs and 60 percent of the province's exports.

When one talks about forestry in New Brunswick, the Irving family must be mentioned. The family, one of the wealthiest in the world with holdings around the globe, owns large tracts of provincial forest lands and three pulp mills near Saint John that produce sulphate pulp, newsprint, tissue, and materials for corrugated cardboard cartons. There are also pulp mills near Newcastle, Dalhousie, Campbellton, and Edmundston.

The industry is such an integral part of the economy that it has spurred the creation of a forest management school in Fredericton, a forestry faculty at the University of New Brunswick, and federal and provincial research laboratories around the province.

The forestry industry in Nova Scotia is also of historic interest, first coming to the forefront in the nineteenth century when much of the timber was used to construct wooden ships and raw lumber was shipped overseas. Today about 77 percent of Nova Scotia is forested, and about 70 percent of these woodlands are privately owned. In Prince Edward Island almost 94 percent of forest land is in private hands.

In Nova Scotia the balsam fir is used for pulpwood but is also an important part of a second industry within forestry—the export of Christmas trees to New England and other parts of the Maritimes.

The forestry industry is so important to the Maritimes that companies not related to the industry are trying to get a piece of the pie. One such company is Geo-Met Instruments of Kentville, Nova Scotia, a high tech firm.

Geo-Met Instruments has developed a device that measures the diameter of a log and stores the information in its own small computer. The 63.5-centimetre device can then be downloaded into the logging operation's main computer at the end of the day. The device will make inventory easier and more accurate.

The company plans to first market the device in the United States, where the forestry industry is much larger. If things go according to plan, the product should be in Canadian woods in a few years. This firm is like many manufacturing companies around the region that are small, develop their own product, and employ fewer than 100 people.

THE FINISHED PRODUCT

Many of the manufacturing plants in the region are connected in some way with the Maritimes' abundant raw materials, and many Maritime factory workers are found in fish plants, lumber and pulp mills, and meat and meat product plants.

In 1969 the total value of the Maritimes' own shipped goods was $1.5 billion. That number had jumped six times by 1984 to a level of $9 billion. At the same time the Canadian total jumped by about five times.

With government incentive programs assisting with financing and start-up funds, some of the new manufacturing plants are producing high-tech products such as Geo-Met Instruments' log measuring device or Energy Engineering Limited's heated fish cages.

One of the more unusual ventures to start up recently has been Neptune Leather Canada Limited, which is producing high-quality leathers out of the skins of locally caught fish such as cod, hake, catfish, and pollock. The Nova Scotia company bought the license for the technology to tan fish skins from Neptune Leather of Perth, Australia. Fish-skin leather is considered a luxury because its texture and strength are similar to those of alligator leather.

Another successful Maritime leather company is Tannereye Limited of Charlottetown, P.E.I. Leather-covered Bausch & Lomb sunglasses purchased anywhere from Perth, Australia, to Perth, Scotland, are covered with leather made by this P.E.I. company.

Most of the manufacturing on P.E.I., however, is food-based. Though the sector was at its height in the late 1970s, it has dropped off in recent years. In 1987 manufacturing employed approximately 3,500 Islanders and produced $416 million worth of goods shipped. The provincial government has tried to entice non-food manufacturers to industrial parks, but, for the most part, the attempts have been futile.

Food and beverage manufacturing in New Brunswick ranks second in value of shipped goods. The one company that stands out in this field is McCains, which has plants in Florenceville and Grand Falls. The company produces many types of frozen foods—everything from cakes to french fries—and now its products can be bought around the world.

The other large producers in the province are the Irving Oil refinery in Saint John, Saint John Shipbuilding & Dry Dock Company Limited (which won a very lucrative tender to build

notamment des fonds de démarrage, ont permis à certaines jeunes compagnies de se lancer dans la recherche et la mise au point de produits de haute technologie, comme cet appareil à mesurer les billes de bois de Geo-Met Instruments, dont nous venons de parler, ou les cages à poisson chauffées d'Energy Engineering Limited.

Neptune Leather Canada Limited est l'une des entreprises les plus hardies lancées récemment. Elle produit des cuirs d'excellente qualité préparés avec la peau des poissons pêchés dans la province comme la morue, le colin, le poisson-chat et la goberge. Cette compagnie de Nouvelle-Écosse a acheté la licence d'exploitation du procédé de tannage des peaux de poisson à Neptune Leather de Perth, en Australie. Le cuir en peau de poisson, dont la texture et la résistance sont comparables à celles de la peau de crocodile, est considéré comme un produit de luxe.

Tannereye Limited, à Charlottetown, dans l'Ile-du-Prince-Édouard, est un autre exemple de compagnie spécialisée dans le cuir. Les lunettes de soleil Baush & Lomb coussinées de cuir et

Les magnifiques plages de l'Ile-du-Prince-Édouard attirent des milliers de touristes chaque année. Photo John Elk III

The magnificent beaches of Prince Edward Island attract thousands of tourists each year. Photo by John Elk III

vendues un peu partout à travers le monde, sont recouvertes de cuir fin tanné et préparé par cette compagnie de l'Ile-du-Prince-Édouard.

Toutefois, la plupart des entreprises de l'Ile-du-Prince-Édouard appartiennent au secteur agro-alimentaire, un volet de l'économie qui était à son apogée à la fin des années 1970, mais qui a beaucoup baissé ces dernières années. En 1987, elles employaient environ 3 500 habitants de l'île et le montant des exportations s'élevait à 416 millions de dollars. Le gouvernement provincial a bien essayé d'attirer les fabricants d'autres produits dans les parc industriels, mais ses efforts se sont presque toujours avérés inutiles.

Au Nouveau-Brunswick aussi, l'industrie agro-alimentaire occupe une place importante, étant la deuxième source de produits d'exportation. Dans ce domaine, la compagnie McCains se démarque des autres. Cette compagnie, qui possède des usines à Florenceville et à Grand Falls, produit toute une gamme d'aliments surgelés, qui vont des gâteaux aux frites. Ses produits se vendent maintenant dans le monde entier.

Mais il ne faudrait pas oublier pour autant la raffinerie Irving Oil à Saint-Jean, Saint John Shipbuilding & Dry Dock Company Limited (qui a obtenu le contrat très lucratif de construction des frégates à la suite de l'appel d'offres de la marine canadienne) ou l'usine de Brunswick Mining and Smelting, à Bathurst.

En 1987, le secteur secondaire du Nouveau-Brunswick a produit pour environ 6 milliards de dollars de biens. Derrière ce chiffre: 1 450 usines et entreprises diverses, qui emploient 32 400 personnes.

De 1979 à 1984, le nombre des usines de fabrication a augmenté d'environ 8 pour cent en Nouvelle-Écosse et au Nouveau-Brunswick, alors qu'il diminuait de 2,5 pour cent à l'Ile-du-Prince-Édouard.

Le gouvernement aide beaucoup de ces usines ou entreprises à démarrer, et le secteur privé investit évidemment dans bien d'autres. Placer des capitaux dans une usine de fabrication n'est d'ailleurs qu'une manière d'investir dans la région.

Les habitants des Maritimes aiment que les capitaux dont leurs industries ont besoin viennent de chez eux, comme en témoigne le taux moyen des investissements entre 1961 et 1984—10 pour cent—soit 4 points au-dessus de l'inflation et environ 1,3 pour cent de plus que la moyenne canadienne.

Sans compter que c'est également dans les provinces Maritimes que sont nées au moins deux très grandes sociétés d'investissement canadiennes: la Banque de Nouvelle-Écosse, qui a vu le jour à Halifax en 1832, et La Banque Royale du Canada, qui était en 1864 la Merchants Bank d'Halifax, et qui devint, en 1901, après avoir changé plusieurs fois de nom, La Banque Royale du Canada.

TOURISME ET UNIVERSITÉS: DEUX FACETTES DES MARITIMES

Le tourisme, dans les provinces Maritimes, région qu'on ne fait que commencer à découvrir et à développer, est une industrie en croissance rapide

frigates for the Canadian navy), and Brunswick Mining and Smelting plant in Bathurst.

In 1987 New Brunswick manufacturing accounted for $6 billion in goods. That figure is spread over approximately 1,450 plants, employing some 32,400 people.

From 1979 to 1984 Nova Scotia and New Brunswick both had an increase of approximately 8 percent in the number of manufacturing plants in the province. P.E.I.'s number decreased by 2.5 percent.

The government helps many of these plants get off the ground, while others receive investment from the private sector. Investing in a manufacturing business is only one type of investment that goes on in the region.

Maritimers undoubtedly like to create capital for themselves with the annual investment rate between 1961 and 1984 at 10 percent, a full four percentage points above inflation and about 1.3 percent higher than the Canadian average.

The Maritime provinces have also been the starting point of at least two major Canadian investment firms. The Bank of Nova Scotia started in Halifax in 1832, and the Royal Bank of Canada, which began as the Merchants Bank in Halifax in 1864, became the Royal Bank in 1901 after a few name changes.

A MAGNET FOR VISITORS AND STUDENTS

Tourism is an industry of growing importance to the Maritimes, a region that has just started to be seriously looked at and developed. Tourists from all over North America and the rest of the world come to the region for its scenic beauty. The vast majority of tourists who visit the Maritimes do so during the spring, summer, and fall months.

In recent years there have been some attempts to diversify tourist attractions with everything from a multimillion-dollar theme park in Nova Scotia to a large water theme park in New Brunswick. But most tourists still come for the varied outdoor activities and scenery. The region also hosts several cultural festivals throughout the summer that are well attended by both tourists and natives.

P.E.I. attracts thousands of tourists each year

A charming Nova Scotian lighthouse stands as a beacon to all travellers and tourists. Photo by John Elk III

En Nouvelle-Écosse, un phare pittoresque sert de point de repère aux voyageurs et aux touristes. Photo John Elk III

Capitale du Nouveau-Brunswick, Fredericton, ville moderne au riche passé, compte plus de 45 000 habitants. Photo Ken Straiton/First Light

The provincial capital of New Brunswick with a population of more than 45,000, Fredericton is a modern city enhanced by a rich and historic past. Photo by Ken Straiton/First Light

vouée à un bel avenir. Les touristes, qui viennent de tous les coins de l'Amérique du Nord et même du monde entier pour admirer ses splendides paysages, visitent surtout les Maritimes durant le printemps, l'été ou l'automne.

Pour mieux les séduire, on a récemment essayé de diversifier les attractions en leur offrant, entre autres, en Nouvelle-Écosse, un parc de loisirs thématique dans lequel la province a investi plusieurs millions de dollars, et au Nouveau-Brunswick, un immense parc qui a pour thème l'eau. Mais la plupart des touristes viennent surtout pour les nombreuses activités de plein air et les paysages. Les nombreux festivals culturels qui se déroulent tout au long de l'été dans la région attirent, eux aussi, une assistance nombreuse tant de touristes que de gens du pays.

L'Ile-du-Prince-Édouard, quant à elle, accueille chaque année des milliers de personnes qui viennent se détendre sur ses magnifiques plages et contempler ses collines et ses vallons. Les touristes qui veulent s'y rendre prennent l'avion jusqu'à Charlottetown ou l'un des traversiers qui partent de Nouvelle-Écosse ou du Nouveau-Brunswick. Les Japonais aimeraient l'Ile-du-Prince-Édouard uniquement parce que c'est la province de la célèbre écolière du roman de Lucy Maud Montgomery, « Anne et la maison aux pignons verts » . Enfin, le théâtre de Charlottetown attire également bien des visiteurs qui viennent passer des week-ends sur l'île.

L'éducation est, elle aussi, une industrie en plein développement dans la région; dans toutes les villes d'une certaine importance, on voit surgir de petits collèges universitaires et des écoles privées. Mais les Maritimes ont également leurs grandes universités comme l'Université Dalhousie à Halifax, réputée pour ses facultés de droit, de médecine et de médecine dentaire, l'Université du Nouveau-Brunswick à Fredericton, connue pour son école normale, l'Université de l'Ile-du-Prince-Édouard à Charlottetown, qui a, entre autres, une école de sciences vétérinaires renommée, sans parler de l'Université de Moncton, la grande université francophone des Maritimes.

Ces universités attirent de nombreux étudiants dans les villes où elles se trouvent. Halifax, pour ne citer que cette ville, voit arriver chaque année environ 20 000 étudiants qui viennent suivre des cours à Dalhousie, à St. Mary's, à Mount Saint Vincent, au Technical University, et à plusieurs autres petits collèges universitaires.

Les universités qui font de la recherche attirent elles aussi des spécialistes de nombreux domaines, richesse humaine indubitable pour la communauté locale.

HABITANTS DES MARITIMES: D'HIER À AUJOURD'HUI

Bien que le Canada soit connu dans le monde entier pour sa politique de bilinguisme, le Nouveau-Brunswick est la seule province officiellement bilingue. Dans certaines régions,

to its beautiful beaches and rolling hills. Tourists can get to the island by flying to Charlottetown or by crossing over the water by ferry from either Nova Scotia or New Brunswick. Japanese tourists are known to especially love P.E.I. for the mere fact that this is the province of Anne of Green Gables, a famous, fictional schoolgirl created by Lucy Maud Montgomery. The Charlottetown Theatre also attracts many tourists to the island for weekend stays.

Education is another growing industry in the region with small, private colleges and schools springing up in every major centre. The region also has several large universities such as Dalhousie University in Halifax, which is known for its law, medical, and dental schools, the University of New Brunswick in Fredericton, known for its teacher's college, U.P.E.I. in Charlottetown, which features a well-known veterinary school, and the French university of Université de Moncton.

These universities bring many students into the cities in which they are based. Halifax alone has an annual infusion of approximately 20,000 students taking courses at Dalhousie, St. Mary's, Mount Saint Vincent, the Technical University of Nova Scotia, and several other smaller colleges.

The universities, which are engaged in research, also draw specialists in many fields to the local community.

RESIDENTS PAST AND PRESENT
Although Canada is well known around the world for its bilingual policies, New Brunswick is the only officially bilingual province. There are areas in the province where no English is spoken and where French schools are the norm and not the exception.

New Brunswick's first settlers were Acadian French who farmed the marshlands in the Bay of Fundy area. These settlers were expelled from the province around 1755, and their lands were taken by Protestant settlers from New England. Eight years later many Acadians returned to the province and settled in the Memramcook area or in fishing stations along the Gaspé. The next wave of immigrants to the province were approximately 14,000 Loyalists from the United States. At the time there were about 3,000 inhabitants in the province. The population of New Brunswick continued to be in a state of flux throughout the nineteenth century. Today the province's population totals about 709,000, 63.6 percent of whom are English, 31.8 percent French, 1.1 percent classified as "other," and 3.5

percent classed as English who speak one or more other languages.

In Nova Scotia the first successful settlement was established by the French in 1605 at Port Royal in Cape Breton. The British did not establish a permanent settlement in the province until 1749, when Halifax was founded. During the next three years about 2,500 Protestants, mostly from Germany, immigrated to Nova Scotia, settling primarily in Lunenburg. During the 1760s and 1770s, approximately 9,000 Loyalists and Yorkshiremen settled throughout the province. As in New Brunswick, the American Revolution brought about 20,000 Loyalists to the province. Between 1815 and the early 1850s, some 55,000 Scots, Irish, English, and Welsh landed and settled in Nova Scotia.

The Celtic Lodge near the coastal community of Ingonish offers comfortable accommodations for those visiting the Cape Breton Highlands National Park in Nova Scotia. Photo by John Elk III

L'auberge Celtic Lodge, près du petit village côtier d'Ingonish, accueille les visiteurs du parc national des Hautes Terres du Cap-Breton, en Nouvelle-Écosse. Photo John Elk III

L'Ile-du-Prince-Édouard, où habite une importante communauté acadienne, est imprégnée d'histoire et des splendeurs de la nature.
Photo John Elk III

Still boasting a significant Acadian population, Prince Edward Island is steeped in history and natural beauty.
Photo by John Elk III

on n'y parle pas du tout l'anglais et les écoles françaises sont la norme et non l'exception.

Les Acadiens, venus de France, furent les premiers colons à s'installer au Nouveau-Brunswick. Ils cultivaient les terres marécageuses de la baie de Fundy, d'où ils furent expulsés aux environs de 1755. Des protestants venus de Nouvelle-Angleterre s'installèrent alors sur ces terres. Huit ans plus tard, de nombreux Acadiens revinrent dans la province et s'établirent dans la région de Memramcook et dans les stations de pêche qui s'échelonnaient sur la côte de la péninsule de Gaspé. Plus tard, environ 14 000 Loyalistes arrivèrent des États-Unis. À cette époque, le Nouveau-Brunswick ne comptait encore que 3 000 habitants. Tout au long du 19e siècle, les immigrants continuèrent d'affluer. La population de la province est aujourd'hui d'environ 709 000 personnes, dont 63,6 pour cent sont anglophones et 31,8 pour cent, francophones.

En Nouvelle-Écosse, les Français furent les premiers à fonder en 1605 un établissement européen, à Port-Royal, au Cap-Breton. Les Anglais ne fondèrent une colonie permanente, Halifax, qu'en 1749. Au cours des trois années qui suivirent, environ 2 500 protestants, la plupart originaires d'Allemagne, immigrèrent en Nouvelle-Écosse où ils s'établirent surtout à Lunenburg; puis durant les années 1760-1770, quelque 9 000 Loyalistes et habitants du Yorkshire vinrent se fixer un peu partout dans la province. Comme ce fut le cas au Nouveau-Brunswick, la révolution américaine provoqua la venue d'environ 20 000 Loyalistes. Enfin, entre 1815 et le début des années 1850, quelque 55 000 Écossais, Irlandais, Anglais et Gallois s'établirent en Nouvelle-Écosse.

En 1986, la population de la Nouvelle-Écosse était d'environ 873 000 habitants. En 1981, 72 pour cent étaient de descendance britannique et quelque 8 pour cent, de descendance française. Huit pour cent avaient du sang français et anglais dans les veines. Le reste se disait d'origine européenne, asiatique, africaine ou amérindienne.

Quant à l'Ile-du-Prince-Édouard, sa population est en très grande majorité d'origine britannique. Seulement 12 pour cent environ de ses habitants sont de souche acadienne, auxquels il faut ajouter quelques petites communautés d'Allemands, de Libanais et de Micmac. La plupart des Acadiens sont arrivés dans la province, en 1758, après la chute de Louisbourg, en Nouvelle-Écosse. Les Anglais, les Écossais et les Irlandais, eux, ont immigré dans la province vers la fin du 18e siècle

et au début du 19e. Dans les années 1950 et 1960, l'augmentation de la population a ralenti, tandis qu'un nombre de plus en plus grand d'habitants, en quête de travail, quittaient l'île et la région pour s'établir ailleurs. En 1986, l'Ile-du-Prince-Édouard comptait environ 127 000 habitants.

L'un ou l'autre de ces habitants sont peut-être sur la photo qui illustre ce mois-ci le calendrier du directeur général, et qui montre sur des kilomètres et des kilomètres la terre rougeâtre de l'Ile-du-Prince-Édouard. Mais la pensée du directeur général est ailleurs: il est en train de se demander ce que les pêcheurs qui se dirigent lentement vers leur point d'attache dans le port rapportent aujourd'hui.

By 1986 Nova Scotia had a population of approximately 873,000. In 1981 about 72 percent of the people were of British descent and about 8 percent of French descent. Another 8 percent had some British and some French blood in their veins. The remaining Nova Scotians claim European, Asian, African, or American Indian heritage.

Prince Edward Island's population is overwhelmingly British in origin. Approximately 12 percent or about 15,000 of the population comes from Acadian stock and there are some small communities of Dutch, Lebanese, and Micmac. Most of the Acadians arrived in the province in 1758 after the fall of Louisbourg in

Nova Scotia. English, Scots, and Irish immigrated to the province in the late eighteenth and early nineteenth centuries. During the 1950s and 1960s the population growth slowed as an increasing number of Islanders moved away from the Island and the region in search of better work opportunities. In 1986 P.E.I. had some 127,000 residents.

Some of those residents may even appear in the calendar photo for this month's depiction, which shows kilometre after kilometre of P.E.I.'s red soil. The CEO doesn't think of this right now, however; he is wondering what kind of day the fishermen had as they head slowly back to their wharf inside the harbor.

Gold is one of the most important minerals being mined in Québec today, ranking 10th in international production. Photo by Ken Davies/Masterfile

En tant que producteur d'or, le Québec détient la dixième place au plan mondial, ce secteur minier étant l'un des plus importants de la province. Photo Ken Davies/Masterfile

QUÉBEC
SEVEN KEYS TO THE FUTURE

QUÉBEC
SEPT CLÉS POUR L'AVENIR

LOUISE A. LEGAULT

Le Québec vient au deuxième rang des provinces canadiennes pour son industrie forestière, qui injecte chaque année environ 9 milliards de dollars dans l'économie québécoise. Photo Hans Blohm/Masterfile

Forestry generates some $9 billion for Québec's economy each year, making Québec the second-largest lumber-producing province in Canada. Photo by Hans Blohm/Masterfile

« Notre mission est moins de manier des capitaux que de remuer des idées. Laissons à d'autres nations, moins éprises d'idéal, ce mercantilisme fiévreux et ce grossier naturalisme qui les rivent à la matière. »

Le message de Monseigneur Pâquet donne une bonne idée du chemin parcouru par les Québécois depuis le tournant du siècle. En 1907, lors de la fondation de l'École des Hautes Études Commerciales, on arguait que le Canadien français qui se lançait dans les affaires perdrait son âme. Le Québec forme maintenant plus de diplômés en administration que toutes les autres provinces canadiennes. La Commission royale d'enquête sur le bilinguisme et le biculturalisme avait mis en lumière dans les années 1960 ce que d'autres ont appelé « l'infériorité économique des Canadiens français »: sous-représentés dans les sphères d'influence et d'autorité, ils ne possédaient qu'une part réduite des entreprises québécoises, occupaient des emplois moins prestigieux et moins bien rémunérés et leur niveau de scolarité était moins élevé que celui de leurs compatriotes anglophones.

Les Québécois ont depuis lors mis les bouchées doubles et rattrapé en moins de 20 ans le retard accumulé. Ils ont pris d'assaut le monde des affaires et opéré une véritable « révolution tranquille ». Les « bas de laine », la prudence, le conservatisme et la méfiance des petits entrepreneurs ont fait place à un intérêt grandissant pour la chose économique, à un dynamisme contagieux rayonnant sur la scène internationale et à une véritable religion de l'entrepreneurship. À tel point qu'en 1988 la croissance du Québec dépassait celle de tous les pays de l'OCDE, performance qui venait couronner cinq années de croissance continue.

Cette « poussée de croissance » a conféré un nouveau visage à l'économie québécoise, redonnant vie à des secteurs restés trop longtemps léthargiques. En investissant massivement dans son économie, le Québec a mis à jour ses forces vives et dressé dès aujourd'hui l'agenda de demain.

Sept secteurs ont ainsi bénéficié d'un second souffle, des secteurs que nous allons examiner de plus près pour en découvrir les rouages et tout le potentiel.

LA FORÊT

Premier levier de l'économie québécoise, la forêt couvre près de la moitié du territoire, ce qui représente plus de 2 pour cent de la forêt commerciale mondiale. La production forestière

s'élève à 9 milliards de dollars par année, dont 3,4 milliards de dollars à l'exportation. Le Québec est en effet le deuxième producteur canadien de bois d'oeuvre, qu'on exporte en grande partie aux États-Unis, tandis que les papetières québécoises fabriquent plus de 16 pour cent de la production mondiale de papier journal, exportée dans plus de 50 pays. Les premières pulperies nord-américaines furent d'ailleurs construites au Québec en 1866, plus précisément à Valleyfield et à Windsor, et, dès 1921, la province avait établi sa dominance sur les marchés mondiaux de papier journal.

Soucieux de conserver cette position de leadership, le secteur des pâtes et papiers a investi massivement ces dernières années dans la modernisation de ses installations. De nouvelles compagnies se sont ainsi glissées au rang des grandes papetières: Cascades, par exemple, qui commença à produire de la pâte dans une usine désaffectée de Kingsey-Falls en Estrie, exploite maintenant, 25 ans plus tard, 28 usines et emploie 3 700 personnes tant au Canada qu'aux États-Unis et en Europe. Grâce à une philosophie de gestion participative et à un judicieux recours à l'épargne publique par le biais du programme de Régime épargne-actions du Québec, les frères Lemaire ont fait du redressement d'entreprises en difficulté une véritable spécialité.

Nouvellement arrivée, la société Repap, créée

Our mission is not so much to handle capital as to stir up ideas. Let us leave it to other nations less attached to ideals to cling to that feverish mercantilism and crude naturalism.

The words of Monsignor Pâquet give us an excellent idea of just how far Québeckers have come since the turn of the century. In 1907, when the École des Hautes Études Commerciales was founded, there were those who claimed that any French Canadian who went into business would lose his soul. Today Québec graduates more business students than any other province. The Royal Commission on Bilingualism and Biculturalism in the 1960s revealed what others have called "the economic inferiority of French Canadians" : under-represented in spheres of influence and power, they owned only a small proportion of businesses in the province, held jobs with less prestige and smaller pay cheques attached, and were generally less well educated than their English-speaking compatriots.

Québeckers have since more than made up for lost time, closing the gap in fewer than 20 years. They've taken the business world by storm and brought about a real "quiet revolution." Nest eggs kept in old socks, cautious and conservative attitudes, and the ingrained distrust of small

business owners have made way for a growing interest in economic matters, a contagious vitality that now extends onto the international scene, and a zeal for entrepreneurship that virtually amounts to a religion. This new outlook has spread to such an extent, in fact, that in 1988, Québec had a growth rate higher than any country in the OECD—a performance that capped five years of continued growth.

This "growth spurt" has given the Québec economy a fresh new face, resuscitating sectors that had for too long remained lethargic. By making massive investments in its economy, Québec has reawakened its vitality and become a forward-looking society.

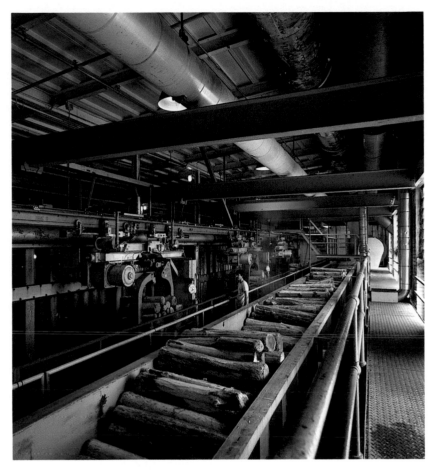

Seven sectors have been the particular beneficiaries of this second wind: natural resources, agriculture, industry, exports, high tech, finance, and tourism. Let's take a closer look at these sectors to see what makes them tick today and what the future holds.

FORESTRY

Almost half the total area of Québec is covered by forests, which account for more than 2 percent of commercial forests in the world today. Forestry is a prime lever of the Québec economy, to the tune of $9 billion a year, $3.4 billion of which is in the export market. Québec is the second-largest lumber-producing province in Canada. A large proportion of that lumber is exported to the United States, and Québec paper companies produce more than 16 percent of the world's newsprint, exporting to over 50 countries. In fact, the first pulp and paper plants in North America were built in Valleyfield and Windsor, Québec, in 1866. By 1921 the province was well established as a leader on the world newsprint markets.

The pulp and paper industry has no intention of relinquishing its leadership position. The past

Above: One of the world's great pulp and paper companies, Stone-Consolidated runs its international conglomerate from Montréal. Grinders are shown here being loaded automatically at the company's Belgo Division in Shawinigan. Courtesy, Stone-Consolidated

Ci-dessus: Une des grandes papetières du monde, la société Stone-Consolidated gère son conglomérat international à partir de ses bureaux montréalais. On voit ici le chargement automatique de défibreuses, à l'usine Belgo de la société, à Shawinigan. Photo gracieuseté de Stone-Consolidated

en 1978, est devenue en dix ans seulement le deuxième producteur de papier couché en Amérique du Nord. Un programme de modernisation de 1,2 milliard de dollars réparti sur cinq ans a transformé les usines surannées de Skeena, C.-B., Newcastle, N.-B., The Pas, Manitoba, et Kimberley, Wisconsin, en autant d'installations à la fine pointe de la technologie. Autre succès récent, celui de Tembec, qui reprenait en 1973 l'usine désaffectée de la CIP à Témiscaming; Tembec complétait récemment son intégration en se portant acquéreur de la forestière Normick-Perron de LaSarre, en Abitibi. Au nombre des papetières québécoises, il faut aussi inclure Domtar, avec ses 16 650 employés et ses 85 établissements au Canada et aux États-Unis. Premier producteur canadien de papiers fins non couchés, Domtar produit aussi des matériaux de construction et des produits chimiques.

LE VIRAGE VERT

Ressource abondante sans doute que la forêt québécoise mais ressource fragile aussi, dont la surexploitation a presque mené à une rupture de stock dans certaines régions. Avec l'entrée en vigueur, le 1er avril 1987, de la Loi sur les forêts, le Québec prenait le « virage vert ». Les anciens « permis de coupe » sont devenus des « contrats d'approvisionnement et d'aménagement ». Les entreprises forestières sont maintenant tenues d'effectuer les travaux sylvicoles nécessaires pour assurer un rendement continu de la forêt québécoise.

Ce nouveau régime forestier a donné un élan à la recherche forestière et on parle maintenant télédétection spatiale, géomatique, logiciels de simulation et biotechnologie. Dans son effort de reboisement (quelque 250 millions de plants ont été mis en terre en 1989-1990), le ministère de l'Énergie et des Ressources (MER) inaugurait, fin 1989, à la pépinière provinciale de Saint-Modeste, une « bouturathèque » , système de production de boutures mis au point au Québec qui allie les techniques de culture en serre et de culture in vitro. Les trois serres entièrement informatisées de Saint-Modeste peuvent produire chaque année plus d'un million de plants d'épinettes de Norvège, d'épinettes noires, de pins gris et de mélèzes génétiquement améliorés.

Le MER a aussi mis au point des logiciels d'analyse d'images satellites qui permettent d'inventorier les espèces, de dépister les infestations ou les maladies et de mesurer les risques d'incendie. À ce chapitre, le Centre de transfert technologique de Maniwaki (CTTM) attire des forestiers du monde entier, intéressés par ses systèmes de protection contre les incendies. Le CTTM dispose d'un arsenal informatique des plus sophistiqués qui lui permet de prévenir et de prédire les risques d'incendie et de décider de la meilleure stratégie de lutte contre les feux de forêt.

L'ÉNERGIE HYDRO-ÉLECTRIQUE

Pays de forêts mais aussi de lacs et de rivières, le Québec a harnaché ses cours d'eau et atteint, grâce à l'énergie hydro-électrique, un niveau d'autonomie énergétique de près de 80 pour cent. Le maître d'oeuvre de cette politique, c'est Hydro-Québec, qui, avec un actif de 31,8 milliards de dollars, se classe au deuxième rang des sociétés d'État canadiennes. Hydro-Québec emploie 19 200 personnes et affiche des ventes annuelles de 4,7 milliards de dollars au Québec et des exportations de 470 millions de dollars vers l'Ontario, le Nouveau-Brunswick et les États-Unis.

Hydro-Québec s'est imposé en tant que maître d'oeuvre avec la réalisation de grands projets comme Manic-Outardes (on y inaugurait la première ligne de transport d'énergie à 735 kilovolts; on y trouve aussi le plus grand barrage à voûtes et contreforts au monde, le barrage Daniel-Johnson) et la Baie James, couronné projet du siècle, qui totalise quelque 15 miliards de dollars de travaux. La Baie James retient particulièrement l'attention par le gigantisme de

Grâce à de nombreux lacs et cours d'eau, les centrales hydroélectriques québécoises fournissent 80% des besoins énergétiques de la province. Photo Mark Tomalty/ Masterfile

Thanks to its many lakes and rivers, Québec now supplies nearly 80 percent of its energy needs through hydro-electricity. Photo by Mark Tomalty/Masterfile

few years have seen massive investments in upgrading and modernizing facilities. New companies have appeared in the ranks of the "majors," including Cascades, which initially began producing pulp in an abandoned plant at Kingsey Falls in the Eastern Townships. Twenty-five years later, Cascades has a grand total of 28 plants and 3,700 employees in Canada, the United States, and Europe. The Lemaire brothers have made something of a specialty of reviving problem companies, thanks to their participatory management philosophy and judicious use of public funding through the Québec Stock Savings Plan (QSSP).

Another newcomer, Repap, was founded in 1978. In little more than a decade, it has become North America's second-largest producer of coated paper. A five-year, $1.2-billion modernization program has turned superannuated plants in Skeena, B.C., Newcastle, N.B., The Pas, Manitoba, and Kimberly, Wisconsin, into leading-edge, high tech facilities. Another recent success belongs to Tembec, which took over an abandoned CIP plant in Temiscaming in 1973. Tembec recently completed its corporate integration with the acquisition of the Normick-Perron company from LaSarre in Abitibi, Québec.

Any discussion of Québec pulp and paper companies must of course include Domtar. With 16,650 employees and 85 offices and plants in Canada and the United States, Domtar is Canada's leading producer of uncoated paper.

Domtar also produces construction materials and chemicals.

THE GREEN REVOLUTION

The forests of Québec are an abundant resource, but a fragile one as well. In certain regions overcutting has virtually depleted the inventory. With the enactment of the Forestry Act on April 1, 1987, Québec turned a new, green leaf. Yesterday's cutting permits have become today's supply and development contracts, and companies are now required to perform the reforestation needed to ensure the future of Québec forests.

This new attitude has given great impetus to forestry research. Buzzwords like remote detection, computer cartography, simulation software, and biotechnology are now commonly heard. As part of a massive reforestation program (250 million seedlings planted in 1989-1990 alone), the provincial Ministry of Energy and Resources (MER) opened a "bouturathéque," or seedling nursery, a made-in-Québec production system that combines greenhouse and in vitro cultivation techniques, at the provincial nursery in St. Modeste in late 1989. The trio of fully computerized greenhouses at St. Modeste can produce more than one million genetically enhanced Norway spruce, black spruce, grey pine, and larch seedlings a year.

The MER has also developed satellite image analysis software to count trees, detect infestations or diseases, and assess the risk of

Pictured here under construction is Hydro-Québec's impressive James Bay LG-3 powerhouse. Photo by Mike Dobel/Masterfile

Construction de la centrale LG-3 d'Hydro-Québec à la Baie James. Photo Mike Dobel/Masterfile

ses proportions: la centrale La Grande 2 produit annuellement de quoi alimenter une ville de 4 millions d'habitants; située à 137 mètres de profondeur, il s'agit de la plus grande station souterraine au monde. L'évacuateur de crues, composé de 13 marches de 135 m de large et de 10 m de haut, fait trois fois la hauteur des chutes Niagara.

La réalisation de ces grands projets a favorisé le développement de firmes de génie-conseil parmi les plus importantes du monde. Fort de ces expériences, le génie québécois a su se tailler une place dans un marché hautement concurrentiel et volatil, sensible aux variations du taux de change et du prix des denrées ainsi qu'aux changements de gouvernement parfois imprévisibles des pays en voie de développement. SNC avec ses 4 000 employés peut aussi bien s'occuper de la gestion des eaux du Nil que du contrôle du trafic maritime dans le port achalandé de Hong Kong. De leur côté, les 7 500 employés de Lavalin, dont 50 pour cent du chiffre d'affaires de plus de 800 millions de dollars est réalisé à l'étranger, travaillent sur les gisements pétrolifères d'Astrakhan et de Tenguiz en U.R.S.S., au forage de puits en Afrique ou à la réalisation d'un système de communication qui reliera les ambassades, les consulats et les bureaux canadiens à l'étranger avec le ministère des Affaires extérieures à Ottawa.

Du même soufle, ces grands projets ont lancé l'industrie électrique: les ateliers d'ingénierie Dominion se sont taillé une réputation mondiale avec leurs turbines géantes, Cegelec fabrique des disjoncteurs et des sectionneurs, et des multinationales comme General Electric et ASEA se sont installées à demeure.

Abondante et bon marché, l'énergie a aussi attiré au Québec des industries énergivores, telles les alumineries. Le Québec est en fait le troisième producteur d'aluminium au monde après les États-Unis et l'U.R.S.S. Alcan Aluminium Limitée s'installait à Arvida au Lac Saint-Jean dès 1926. Chef de file mondial de l'industrie de l'aluminium, l'entreprise produit chaque année plus de 2 millions de tonnes de métal dans ses usines réparties dans 18 pays du monde. D'autres multinationales ont suivi son exemple: Reynolds à Baie-Comeau, ainsi que l'usine ABI de Bécancour, détenue par les sociétés américaines Alumax et Reynolds, la société française Pechiney et le Groupe SGF, une société d'État québécoise. ABI voisine d'ailleurs à Bécancour avec la société norvégienne Norsk Hydro, qui, pour les mêmes raisons, y a installé une usine d'extraction de magnésium.

LES MINES

Le sous-sol québécois a aussi contribué à l'essor économique de la province: on y exploite une vingtaine de substances minérales, les plus importantes étant l'or, le fer, l'amiante, le cuivre et l'ilménite, dont on retire du fer de refonte et des pigments de titane utilisés dans la fabrication des peintures, des papiers fins, des plastiques et du caoutchouc.

Au niveau mondial, le Québec détient la seconde place en tant que producteur d'amiante (après l'U.R.S.S.) et de bioxyde de titane, la première place pour le fer de refonte et la dixième pour l'or. Il compte aussi pour 16 pour cent de la production mondiale de niobium, métal utilisé dans l'alliage de certains aciers. La province exporte aussi du granite aux États-Unis et au Japon. Parmi les autres substances qu'exploite l'industrie minière, mentionnons le mica, le feldspath, le graphite, la dolomie magnésitique (utilisée dans la fabrication de produits réfractaires), le zinc, la tourbe, la silice et le talc. On a aussi relevé des indices prometteurs d'uranium, de nickel, de vanadium, de lithium , de molybdène, de chromite et de rutile-zircon.

Des multinationales comme Rio Tinto Zinc, Dofasco, Falconbridge, Placer Dome et Noranda, avec ses filiales Zinc électrolytique du Canada à Valleyfield et Canadian Copper Refineries à Montréal-Est, exercent leurs activités au Québec aux côtés de sociétés d'État comme Sidbec-Dosco, créée en 1968 lors de l'achat des installations de Dominion Steel & Coal (Dosco), la société nationale de l'amiante (SNA), partenaire dans la société Lab Chrysotyle, et la Société québécoise d'exploitation minière (SOQUEM), actionnaire de l'aurifère Cambior.

Le Québec minier a vécu ces dernières années des moments difficiles avec la surcapacité sidérurgique mondiale, qui a précipité la fermeture des villes de Gagnon et de Schefferville, le bannissement de l'amiante sur les marchés américains et la fermeture de la mine de cuivre Gaspé à Murdochville. Le financement par actions accréditives a cependant relancé l'exploration minière, particulièrement en Abitibi: grâce à ce nouveau programme, 28 nouvelles sociétés minières se sont inscrites à la Bourse de Montréal en 1988. L'ouverture de sept nouvelles mines d'or en 1988, la réouverture de la mine d'amiante Bell à Thetford et de Mines

Une demande accrue des pays du Tiers-Monde pour les produits de l'amiante redonne vigueur à ce secteur minier du Québec. Photo Brian Milne/First Light

Thanks to a renewed demand for asbestos products from the Third World, asbestos mining is on the rise in Québec. Photo by Brian Milne/First Light

annuellement les 3,5 milliards de dollars.

Dans ce secteur marqué par la mondialisation des marchés et la domination de multinationales, le Québec a su se tailler une place de choix et affirmer sa personnalité propre. Des institutions comme les coopératives de producteurs et les syndicats agricoles, mises sur pied dans un contexte de nationalisme frileux pour contrer les effets les plus néfastes du krach de 1929, ont survécu et sont devenues des acteurs de premier plan. Le regroupement de commerçants indépendants a donné lieu à la création de puissantes entreprises de distribution, qui comptent parmi les plus importantes au Québec. Finalement, universités et centres de recherche ne cessent de raffiner les procédés et d'améliorer les produits qui permettront aux entreprises de demain de s'adapter aux besoins changeants d'une clientèle en constante évolution.

DE SOLIDES TRADITIONS

Le Québec agro-alimentaire se distingue par le rôle qu'y jouent les coopératives de producteurs et les syndicats agricoles. L'Union des producteurs agricoles (UPA), par exemple, remonte à 1924 et regroupe aujourd'hui quelque 47 000 agriculteurs (plus de 85 pour cent des producteurs agricoles), ce qui en fait la plus importante association du genre au Canada. Seul organisme habilité à représenter les agriculteurs québécois, il a négocié des « plans conjoints » avec les acheteurs de produits agricoles, plans qui déterminent les conditions de vente de ces produits et qui ont grandement contribué à la stabilisation des prix en gérant l'offre par le biais de quotas de production.

Le secteur coopératif, pour sa part, emploie 10 000 personnes et représente un chiffre d'affaires de 3 milliards de dollars. La Coopérative fédérée du Québec détient à elle seule 20 pour cent du commerce agricole québécois. Fédération des coopératives agricoles fondée en 1922, elle regroupe 107 coopératives et affiche des ventes de plus de 1,2 milliard de dollars, dont 122 millions de dollars à l'exportation. Elle approvisionne à la fois les exploitants agricoles (semences, produits pétroliers, fertilisants, aliments pour animaux, médicaments, quincaillerie et machinerie agricole) et le consommateur (produits laitiers, viandes, volaille, fruits et légumes).

Agropur, la coopérative agricole de Granby, s'approprie 40 pour cent de la production laitière québécoise. Elle est devenue la plus importante coopérative laitière canadienne en misant très tôt sur la transformation et la diversification,

Gaspé à Murdochville, à la faveur d'une reprise de la demande pour l'amiante dans les pays en voie de développement et d'une hausse des prix du cuivre, augurent cependant très bien pour le secteur.

LE SECTEUR AGRO-ALIMENTAIRE

« Quatre-vingt-cinq mille les produisent, 65 000 les transforment, 225 000 les vendent, 6 400 000 en vivent » claironnait à juste titre l'annonce « Vivres du Québec » au milieu des années 1980. Le secteur agro-alimentaire est en effet le deuxième en importance au Québec par le nombre d'emplois qu'il génère (11 pour cent de la main-d'oeuvre active); les recettes monétaires provenant des opérations agricoles dépassent

forest fire. The Centre de transfert technologique (technology transfer centre) at Maniwaki, known by its French acronym of CTTM, attracts foresters who come from around the world to learn about forest fire prevention systems. The CTTM has a highly sophisticated computerized arsenal for preventing and predicting forest fires and choosing the most effective firefighting strategies.

HYDRO-ELECTRICITY

Abundantly endowed with lakes and rivers as well as forests, Québec has harnessed its waterways with remarkable success. The province now supplies almost 80 percent of its own energy needs through hydro-electricity. The mastermind of this policy is of course Hydro-Québec, the second-largest Crown corporation in Canada, with assets of $31.8 billion. Hydro-Québec has 19,200 employees, annual sales of $4.7 billion in Québec, and exports $470 million worth of power to Ontario, New Brunswick, and the United States.

Hydro-Québec has become a major player through several massive projects. The Manic-Outardes complex boasts the world's first 735 kV transmission line and the Daniel Johnson Dam, the world's largest arch-and-buttress dam. It would be difficult to describe the $15-billion "project of the century," James Bay, in anything less than grandiose terms. La Grande 2, the world's largest underground powerhouse, located 137 metres below the surface, generates sufficient electricity for a city of 4 million inhabitants every year. The tiered spillway, with 13 giant steps measuring 135 metres wide and 10 metres tall, rises to three times the height of Niagara Falls.

These massive projects have served as a stimulus for the development of some of the world's largest consulting engineering firms. Building on this valuable experience, Québec engineers have carved themselves a niche in a highly competitive and volatile market, sensitive to fluctuations in exchange rates and commodity prices, as well as unforeseeable political events in the Third World. With 4,000 employees on the payroll, SNC has handled diverse projects—everything from harnessing the power of the waters of the Nile to redirecting ocean-going traffic in the bustling port of Hong Kong. Lavalin, half of whose $800-million-plus turnover is derived from overseas projects, has a work force of 7,500. Lavalin staff can be found working on oil deposits in Astrakhan and

Tenguiz, U.S.S.R., sinking wells in Africa, or assembling a communications system designed to connect Canadian embassies, consulates, and offices around the world with the Department of External Affairs in Ottawa.

These major projects have also given a boost to the electrical industry. The Dominion Engineering works have earned an international reputation for their gigantic turbines; Cegelec manufactures circuit breakers and disconnectors; and multinationals like General Electric and ASEA have set up shop in the province as well.

Cheap, abundant energy supplies have also attracted energy-consuming industries to Québec—notably aluminum refineries. Québec ranks third in the world in aluminum production, right behind the United States and the Soviet Union. Alcan Aluminium Limited went into operation in Arvida in the Lac St. Jean region in 1926. The world leader in the industry, Alcan produces more than 2 million tonnes of metal a year at plants in 18 countries. Other multinationals that have taken a leaf from Alcan's book include Reynolds in Baie-Comeau, the ABI plant in Bécancour, which is owned by the American Alumax and Reynolds companies, Pechiney of France, and the SGF Group, a Québec Crown corporation. ABI's neighbor in Bécancour is Norsk Hydro of Norway, which operates a magnesium extraction plant.

MINING

Québec's "underground" has also played a major role in the development of the province. The most important of the 20 or so minerals now being mined are gold, iron, asbestos, copper, and ilmenite, which yields iron and titanium pigments used in the manufacture of paints, fine papers, plastics, and rubber.

Internationally, Québec ranks second in the production of asbestos (after the U.S.S.R.) and titanium dioxide, first in iron ore, and tenth in gold. Québec also accounts for 16 percent of world production of niobium, a metal used in certain steel alloys. Granite from Québec quarries is exported to the United States and Japan. Among the other minerals exploited by the Québec mining industry are mica, feldspar, graphite, zinc, peat moss, silica, talc, and dolomite rich in magnesium carbonate, which is used in the production of heat-resistant materials. Prospects for mining uranium, nickel, vanadium, lithium, molybdenum, chromite, and rutile-zircon also appear bright.

Multinationals Rio Tinto Zinc, Dofasco,

La production laitière tient une place importante dans l'industrie agro-alimentaire québécoise. Photo Mark Tomalty/Masterfile

Dairy production plays a significant role in Québec's agro-food industry. Photo by Mark Tomalty/Masterfile

acquérant au fil des ans laiteries, fromageries, fabricants de crème glacée, s'aventurant même dans les domaines de la charcuterie avec Tour Eiffel et du sous-vide avec les plats Variations.

DES ENTREPRISES DE TAILLE

Trois géants se partagent la distribution alimentaire au Québec: Steinberg, Provigo et Métro-Richelieu, respectivement 4e, 6e et 19e au classement des 500 plus importantes entreprises au Québec du journal *Les Affaires*. Née de la fusion de trois entreprises de distribution en gros, Provigo, avec ses 22 000 employés et 2 700 points de vente au Canada et aux États-Unis, est devenue en 20 ans l'un des plus importants distributeurs de produits de consommation en Amérique du Nord.

Du côté de la fabrication, il faut mentionner les multinationales Imasco, Molson et Seagram. Impliquée à l'origine dans l'industrie du tabac, Imasco s'est orientée vers la pharmacie de détail, la restauration rapide et les services financiers. Molson, présente dans 50 pays, devenait, suite à sa fusion avec Carling O'Keefe (détenue par Elders IXL d'Australie), la sixième société de brassage en Amérique du Nord. Molson oeuvre aussi dans les secteurs de l'industrie chimique, du commerce de détail, des sports (Molson est propriétaire du Canadien de Montréal) et de la

télévision. Parmi les grandes marques rattachées à l'empire Seagram, mentionnons le champagne Mumm, les vins Barton & Guestier et les whiskies Chivas et Glenlivet.

HAUTE TECHNOLOGIE ALIMENTAIRE

Entre 1973 et 1986, le Québec a vu son degré d'autosuffisance alimentaire passer de 50 pour cent à 78 pour cent, un effort de diversification qui a suscité le lancement de nombre de nouveaux produits, le porc, par exemple, dont un tiers de la production est exporté aux États-Unis et au Japon, un marché des plus exigeants. D'abord importateur, le Québec est devenu le premier producteur de porcs au Canada; il est renommé pour la maigreur et le rendement de son cheptel dont la semence est exportée en Argentine, au Venezuela, aux États-Unis, en France et au Mexique. Dans la même veine, serriculture et horticulture font des percées remarquables; mentionnons seulement le complexe HydroSerre de Mirabel entièrement informatisé, qui peut produire 8 millions de laitues hydroponiques par année, et celui de Drummondville qui expédie plus de 25 000 roses coupées au Québec et dans tout le Canada, beau temps, mauvais temps.

La Société québécoise d'initiatives agro-alimentaires (SOQUIA), une société de capital de

Falconbridge, Placer Dome, and Noranda, with its subsidiaries Zinc Electrolytic of Canada in Valleyfield and Canadian Copper Refineries in Montréal-East, are active in Québec, along with such Crown corporations as Sidbec-Dosco, formed in 1968 with the acquisition of facilities belonging to Dominion Steel & Coal (Dosco), the Société nationale de l'amiante (SNA), a partner in Lab Chrysotyle, and the Société québécoise d'exploration miniére (Québec mining exploration company, or SOQUEM), a shareholder in the Cambior goldmine.

In recent years, the Québec mining industry has felt the effects of the world glut of iron and steel, which has led to the shutdown of the towns of Gagnon and Schefferville, a ban against asbestos on the American market, and the closure of the Gaspé copper mine in Murdochville. Flow-through share financing has helped mining make a comeback, however, particularly in Abitibi. In 1988, 28 new mining companies were listed on the Montréal Exchange under the program. The opening of seven new gold mines in 1988 and the reopenings of the Bell asbestos mine in Thetford and Gaspé Mines in Murdochville, thanks to a resurgence of demand for asbestos from the Third World and rising copper prices, all bode well for the sector in general.

THE AGRO-FOOD SECTOR

A mid-1980s commercial proudly proclaimed that there were 85,000 Québeckers engaged in food production, 65,000 in processing, 225,000 in sales—and 6.4 million who enjoyed the fruits of their labors. The agro-food sector is the second-largest in Québec in terms of the number of jobs generated (11 percent of the labor force), and agricultural operations now bring in revenues of $3.5 billion.

In a sector marked by an increasingly international marketplace and dominated by multinationals, Québec has carved itself a prominent niche without sacrificing its distinctive way of doing things. Such institutions as producers' co-operatives and agricultural unions, which were formed in a climate of fervent nationalism to counter the disastrous effects of the 1929 stock market crash, have survived to become major players. Groups of independent merchants have evolved into powerful distributors that are now among the leading companies in the province. Universities and research centres are continually streamlining procedures and upgrading products to help

tomorrow's food companies adjust to the varied needs of a clientele in a constant state of evolution.

TIME-HONORED TRADITIONS

The producers' co-operatives and agricultural unions play a major role in the Québec agro-food sector. The Union des producteurs agricoles (UPA), the provincial farmers' association, can trace its history back to 1924; today, it has 47,000 members, 85 percent of whom are farmers, which makes it the largest association of its kind in Canada. As the only body that can truly represent Québec farmers, the UPA negotiates "joint plans" with buyers of agricultural products. The plans, which spell out conditions of sale, have played an important role in keeping prices stable, managing supply through production quotas.

The co-operative sector employs 10,500 Québeckers, with a turnover of $3 billion. The Coopérative fédérée du Québec alone accounts for 20 percent of the food business in the

Québec has become Canada's largest pork-producing province. Photo by Mark Tomalty/Masterfile

L'industrie porcine du Québec est la plus importante du Canada. Photo Mark Tomalty/Masterfile

risque mise sur pied par le gouvernement québécois en 1975, est à l'avant-garde de ce mouvement de diversification. Sa participation financière et technique contribue déjà à la prochaine génération de succès agro-alimentaires québécois—que l'on parle aquiculture, serriculture, viande chevaline ou transformation de bleuets (le Québec met en marché 20 pour cent de la production mondiale de bleuets).

Pour atteindre à un tel degré d'autosuffisance, le secteur n'a pas hésité à miser sur la haute technologie, savoir-faire que le Québec exporte aux quatre coins du monde: le Centre d'irradiation du Canada (CIC) à Laval tenait en juin 1989 le premier atelier international sur le contrôle du procédé d'irradiation des aliments, sous les auspices de l'Organisation sur l'Agriculture et l'Alimentation des Nations-unies, l'Agence internationale de l'Énergie atomique et l'Organisation mondiale de la Santé. Le premier irradiateur commercial au monde fut d'ailleurs construit près de Montréal en 1965.

Autre ambassadeur du Québec à travers le monde, le Centre d'insémination artificielle du Québec (CIAQ), à Saint-Hyacinthe, voisine avec le Centre de recherches alimentaires de Saint-Hyacinthe (CRASH) et la Faculté de médecine vétérinaire de l'Université de Montréal sur le Campus de haute technologie agro-alimentaire, l'un des tout premiers parcs industriels

spécialisés de la province. La réputation de la production laitière québécoise (40 pour cent de la production canadienne) a fait le tour du monde et le CIAQ exporte dans 50 pays la semence de taureaux spécialement sélectionnés pour leurs attributs génétiques, ainsi que des embryons congelés provenant de vaches ayant subi un traitement hormonal de superovulation.

Les toutes nouvelles installations du CRASH mettent à la disposition des entreprises agro-alimentaires des équipements de recherche de premier plan. Grâce à cinq usines pilotes, une demi-douzaine de laboratoires spécialisés et un irradiateur de recherche, 80 chercheurs y mènent des travaux allant de la mise au point de procédés d'extraction d'arômes, d'édulcorants, de colorants et d'agents de conservation naturels à l'utilisation de sous-produits provenant de la transformation du lait et à l'accélération du processus de fermentation grâce à la technologie des bactéries immobilisées.

Recherches que vient compléter la Faculté de médecine vétérinaire, dont les travaux ont souvent fait les manchettes: spécialisé dans le transfert d'embryons, le Centre de recherche en reproduction animale (CRRA) a assisté, par exemple, à la naissance de trois paires de veaux jumeaux identiques, obtenues grâce aux techniques de division embryonnaire. La Faculté a aussi mené des recherches sur les maladies du

Deuxième en importance au Québec, le secteur agro-alimentaire affiche des recettes annuelles atteignant les 3,5 milliards de dollars. Photo Mark Tomalty/Masterfile

The second-largest industrial sector in Québec, agriculture and food processing generates an average of $3.5 billion in revenue every year. Photo by Mark Tomalty/Masterfile

province. A federation of farm co-operatives formed in 1922, it is the umbrella group for 107 co-ops, with sales topping the $1.2-billion mark, including $122 million in exports. The co-op supplies seeds, oil products, fertilizers, animal fodder, medication, hardware, and machinery for farmers, plus dairy products, meat, poultry, fruit, and vegetables for the consumer market.

With 40 percent of Québec dairy production, the Agropur co-operative in Granby is the largest dairy co-operative in Canada. Early in its history, Agropur made a commitment to processing and diversification. Over the years, the co-op has acquired dairies, cheese factories, and ice cream makers; it has even ventured into cold cuts (Tour Eiffel brand) and vacuum-packed foods (Variations).

GIANTS IN THE FIELD

Three giants have carved up food distribution in the province among them. Steinberg's, Provigo, and Métro-Richelieu rank respectively 4th, 6th, and 19th in the listing of Québec's top 500 companies published by the business weekly *Les Affaires*. In 20 years, Provigo, the descendant of a merger of three wholesale distributors, became one of North America's leading distributors of

consumer products, with 22,000 employees and 2,700 outlets in Canada and the U.S., distributing pharmaceuticals, sporting goods, and toys, as well as running convenience stores.

Three multinationals are prominent on the production side: Imasco, Molson, and Seagram's. Imasco, which has been in the tobacco business since the early days, has moved into retail pharmacies, fast food, and financial services. Molson, a presence in 50 countries, became the sixth-largest brewer in North America when it merged with Carling O'Keefe, owned by Elders IXL of Australia. Molson is also active in the chemical industry, the retail business, sports (Molson owns Montréal's legendary Canadiens hockey team), and television. Among the famous names associated with the Seagram empire are Mumms champagne, Barton & Guestier wines, and Chivas Regal and Glenlivet whiskey.

FOOD TECHNOLOGY

Between 1973 and 1986, Québec's level of food self-sufficiency leapt from 50 percent to 78 percent, a diversification due in large part to new products. One-third of pork production, for example, is now exported to the United States and to Japan, an extremely demanding market.

Established in 1786, Molson Breweries is the sixth-largest brewery in North America, producing about 2 billion bottles each year. Sales average more than one billion dollars in annual revenues from facilities in 36 countries. Courtesy, Molson Breweries

Fondée en 1786, la Brasserie Molson est la sixième société de brassage en Amérique du Nord et elle produit quelque 2 milliards de bouteilles de bière par année. Les recettes de ses usines, réparties dans 50 pays, s'élèvent en moyenne à plus de 1 milliard de dollars par année. Photo gracieuseté de la Brasserie Molson

porc, du cheval et des poissons. Le syndrome le plus curieux qui ait été observé par les chercheurs reste cependant le syndrome du stress chez le porc, affection que l'animal développe lors d'événements stressants (tel le transport vers l'abattoir) et qui donne à sa viande une consistance gélatineuse. Grâce aux travaux de la Faculté, le syndrome, d'origine génétique dans la plupart des cas, n'affecte maintenant qu'une part minime du cheptel québécois.

L'EXPORTATION

Nous avons souligné à quelques reprises la place qu'occupe le Québec sur les marchés mondiaux. Les exportations représentent en fait quelque 40 pour cent du produit intérieur brut québécois, ce qui fait de l'économie québécoise l'une des plus ouvertes du monde industrialisé. Étant donné l'étroitesse de son marché local, le Québec n'a en fait d'autre choix que d'exporter.

Les exportations québécoises totalisent quelque 22 milliards de dollars; quoique les trois quarts de ses exportations soient destinées aux États-Unis, le Québec commerce avec près de 150 pays. Au nombre des principaux produits exportés, mentionnons le papier d'imprimerie, l'aluminium, les automobiles, les moteurs et les pièces d'avion, les tubes électroniques et semi-conducteurs, le bois d'oeuvre, la pâte de bois, l'électricité, ainsi que le cuivre.

UNE EXPERTISE EN TRANSPORT
Plusieurs entreprises québécoises ont conquis des marchés extérieurs dans le domaine du transport: Bombardier, par exemple, a décroché, en consortium avec des entreprises belge, française, suisse et britannique, le contrat de fabrication de l'Euroshuttle, le train navette du tunnel sous la Manche, en plus de s'affairer à la réalisation du monorail de Walt Disney World à Orlando, en Floride. L'entreprise s'est aussi associée à Alsthom de France pour la réalisation de tout projet de train à grande vitesse (TGV) en Amérique du Nord et elle terminait dernièrement un contrat de fourniture de 825 wagons pour le Metropolitan Transit Authority de New York. Mais il y a plus: les autobus articulés de Prévost Car de Sainte-Claire, les grandes usines de Hyundai à Bromont, en Estrie, de General Motors à Boisbriand, au nord de Montréal, et de Kenworth à Sainte-Thérèse, qui alimentent le commerce entre le Québec et les États-Unis.

Autre produit vedette dans le domaine: le système HASTUS (Horaires et assignations pour un système de transport urbain et semi-urbain) mis au point par le Centre de recherche des transports (CRT) de l'Université de Montréal. Ce système permet d'utiliser de façon optimale les autobus et le personnel de commissions de transport de villes comme Los Angeles, Paris, New York et Sydney.

UNE OFFRE DIVERSIFIÉE
D'autres produits québécois s'imposent peu à peu sur les marchés mondiaux. Son expertise en foresterie a valu au Québec des succès dans l'équipement forestier avec les abatteuses, les

Les relations commerciales que le Québec entretient avec près de 150 pays et un haut niveau d'exportations (environ 40 pour cent du produit intérieur brut) ont contribué à faire de l'économie québécoise l'une des plus ouvertes de tous les pays industrialisés. Photo Winston Fraser

Established trade relations with nearly 150 countries and exports representing some 40 percent of the province's gross domestic product have helped to make Québec's economy one of the most open in the industrialized world. Photo by Winston Fraser

Once a net importer of pork, Québec has become Canada's largest pork-producing province. Québec pork is prized for its leanness and high yield, and swine semen is exported to Argentina, Venezuela, the U.S., France, and Mexico. Greenhouse culture and horticulture are also making great strides in the marketplace. The completely computerized HydroSerre complex in Mirabel can produce up to 8 million heads of hydroponic lettuce a year; the Drummondville greenhouse complex sends out more than 25,000 cut roses across Canada, fair weather or foul, every year.

The Société québécoise d'initiatives agro-alimentaire (Québec society for agro-food initiatives, or SOQUIA), a risk capital company set up by the Québec government in 1975, is in the forefront of this trend to diversification. SOQUIA's financial and technical participation is helping write the script for the next generation of agro-food success stories in Québec—in aquaculture, greenhouse culture, horsemeat, and blueberry processing (Québec sends 20 percent of total world blueberry production to market).

To achieve such a high level of self-sufficiency, the sector has made a commitment to high technology, exporting expertise all over the globe. In June 1989 the Canadian Irradiation Centre (CIC) in Laval was the site of the first international workshop on food irradiation process control, held under the joint auspices of the United Nations Food and Agricultural Organization, the International Atomic Energy Agency, and the World Health Organization. An interesting footnote: the world's first industrial irradiator was built near Montréal back in 1965.

Yet another Québec ambassador to the world is the Centre d'insémination artificielle du Québec (Québec artificial insemination centre, known as CIAQ), located in St. Hyacinthe. CIAQ's neighbors on the agro-food high-tech campus, one of Québec's first specialty industrial parks, are the St. Hyacinthe Research Centre (generally known by its French acronym, CRASH), and the University of Montréal's faculty of veterinary medicine. Québec has an excellent reputation for dairy production (40 percent of the total for the whole of Canada), and

A prosperous and thriving company today, Bombardier recently completed a contract to supply 825 subway cars for New York's Metropolitan Transit Authority and is currently building the monorail for Walt Disney World in Orlando, Florida. Courtesy, Bombardier, Inc.

Aujourd'hui, la société Bombardier est prospère et dynamique: elle vient de remplir un contrat de 825 wagons de métro pour la New York Metropolitan Transit Authority et travaille actuellement à la construction du monorail de Walt Disney World à Orlando, en Floride. Photo gracieuseté de Bombardier Inc.

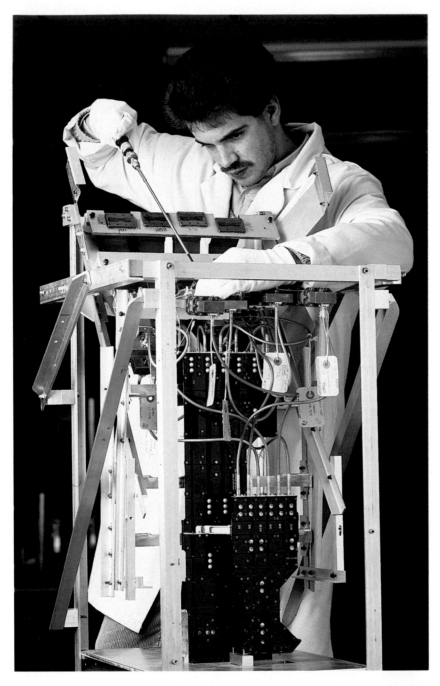

ébrancheuses et les chargeuses Tanguay de Saint-Prime. La firme Sher-Wood est réputée en Europe et aux États-Unis pour l'excellence de ses bâtons de hockey. Dans un tout autre domaine, le facteur d'orgues Casavant de Saint-Hyacinthe exporte sur tous les continents.

Au rayon de la haute technologie, le Québec s'est taillé une place dans le monde des télécommunications avec les centraux téléphoniques de Northern Telecom; dans le domaine de l'instrumentation, avec les spectromètres infrarouges de Bomem; dans les hôpitaux et les laboratoires, avec le lave-chariot

Hoplab, que l'on utilise aussi bien au Pérou qu'en Chine et en Tunisie. On retrouve des fours à pain québécois aussi loin qu'en U.R.S.S., et des systèmes d'éclairage « Made in Québec » font vibrer les discothèques les plus courues de la planète. Quoi de plus naturel enfin que de retrouver ce même label sur les motoneiges Ski-doo et les canons à neige Turbocristal!

Nombre de programmes gouvernementaux, administrés par la Société d'expansion des exportations (SEE), la Société de développement industriel (SDI), l'Agence canadienne de développement international (ACDI), le ministère des Affaires internationales du Québec et le ministère de l'Industrie, des Sciences et de la Technologie du Canada, secondent les efforts des entreprises québécoises à la conquête des marchés mondiaux. Le ministère des Affaires internationales du Québec a de nombreux bureaux à l'étranger, trois en Asie, six aux États-Unis, quatre en Amérique latine et dans les Antilles et sept en Europe.

Les entrepreneurs peuvent aussi compter sur les services du Centre de commerce mondial, fondé en 1984 par la Chambre de commerce de Montréal et la Chambre de commerce du Québec. Le Centre de commerce mondial, qui aménagera bientôt dans ses nouveaux locaux du Vieux-Montréal, appartient au réseau des World Trade Centres, qui compte plus de 100 centres répartis dans quelque 45 pays.

LA HAUTE TECHNOLOGIE

Nous avons déjà mentionné à diverses reprises le parti pris du Québec pour la haute technologie. Nulle part est-ce aussi évident que dans l'aérospatiale, les télécommunications, l'informatique et la biotechnologie, secteurs de prédilection de l'économie québécoise de l'an 2000.

Montréal, l'une des rares villes du monde où l'on peut retrouver toutes les composantes d'un avion, abrite aussi les sièges sociaux des principaux organismes internationaux en matière d'aviation: l'Organisation de l'aviation civile internationale (OACI), l'Association internationale du transport aérien (AITA), ainsi que la Société internationale des télécommunications aéronautiques (SITA). Des turbopropulseurs PT6 et PW100 de Pratt & Whitney, filiale de United Technologies, aux simulateurs de vol de CAE Électronique, des systèmes de contrôle de navigation aérienne de Leigh Navigation Systems aux composantes de queue et de fuselage fabriquées par Canadair pour les grandes

Left: Bell Helicopter Textron designs and manufactures a complete range of helicopters from its facilities near Montréal's Mirabel Airport. Courtesy, Bell Helicopter Textron

À gauche: A l'usine de Bell Hélicoptère Textron, près de l'aéroport de Mirabel, au nord de Montréal, on conçoit et on fabrique une gamme complète d'hélicoptères. Photo gracieuseté de Bell Helicopter Textron

Facing page: With products such as the Anik D Satellite and the Canadarm for the American space shuttle, Spar Aerospace has made techno-logical advancements in space robotics, defense electro-optics, and satellite communi-cations. Courtesy, Spar Aerospace

Ci-contre: Les deux grandes réalisations de Spar Aérospa-tiale, le satellite Anik D et le télémanipulateur Canadarm de la navette spatiale améri-caine, lui ont permis de faire progresser la technologie de la robotique spatiale, de l'électro-optique destinée à la défense et des communications par satel-lite. Photo gracieuseté de Spar Aérospatiale

CIAQ currently exports to 50 countries semen from bulls specially selected for their genetic attributes, as well as frozen embryos from cows that have been given superovulation hormone treatments.

CRASH's new facilities offer agro-food companies top-of-the-line research equipment. In five pilot plants, a half-dozen specialized labs, and a research irradiation unit, 80 researchers work on projects that range from developing processes for the extraction of flavors, sweeteners, artificial colors, and natural preservatives to using milk by-products and accelerating the fermentation process via immobilized bacteria technology.

This research is complementary to groundbreaking work being carried on at the faculty of veterinary medicine. The Centre de recherche en reproduction animale (animal reproduction research centre, or CRRA), which specializes in embryo transfer techniques, has been the midwife for three sets of identical twin calves so far. The faculty has also conducted research on diseases affecting swine, horses, and fish. The most curious syndrome observed by researchers, however, is swine stress syndrome, which pigs develop at stressful times (e.g. when being taken for slaughter), and which gives their flesh a gelatinous texture. This syndrome, which is generally of genetic origin, now affects only a small number of pigs in Québec, thanks to the work of the faculty.

THE EXPORT MARKET

Québec's position in the world marketplace has been a recurring theme in this chapter. Exports represent some 40 percent of the province's gross domestic product, making the Québec economy one of the most open in the industrialized world. Since the local market is quite restricted, of course, Québec has had no choice but to move onto the export market.

Québec exports $22 billion worth of goods, and the province maintains trade relations with nearly 150 countries, although three-quarters of Québec exports head south to the United States. Among the major export products are printing paper, aluminum, cars, aircraft engines and

Filiale de Bell Canada Entreprises et chaînon vital de l'industrie des télécommunications au Québec, Northern Telecom fabrique de l'équipement pour les télécommunications, des terminaux d'ordinateurs et du matériel périphérique pour l'industrie informatique. Photo gracieuseté de Northern Telecom Canada Limited

A vital link in Québec's telecommunications industry and a subsidiary of Bell Canada, Northern Telecom manufactures telecommunications equipment, computer terminals, and computer industry peripherals. Courtesy, Northern Telecom Canada Limited

avionneries du monde, tout y passe. Cette dernière filiale de Bombardier, décrochait dernièrement un contrat de conception et de fabrication de 1,2 milliard de dollars pour les composantes du fuselage des Airbus 330 et 340; l'entreprise fait un malheur de par le monde avec son biréacteur d'affaires Challenger et son avion-citerne CL-215. Elle compte lancer sous peu le RJ, un avion destiné au transport régional en pleine croissance.

Des grands noms comme Oerlikon Aérospatiale et Bell Hélicoptère Textron sont aussi associés à l'aéronautique. Montréal s'est également bâti une réputation enviable dans le domaine spatial, position que vient d'ailleurs renforcer et couronner l'implantation de l'Agence spatiale canadienne à Saint-Hubert. Parmi les entreprises de ce secteur, retenons la firme Héroux de Longueuil, qui a fourni les supports des modules lunaires de la NASA ainsi que Spar Aérospatiale de Sainte-Anne-de-Bellevue, qui s'est distinguée avec la mise au point du télémanipulateur Canadarm de la navette spatiale américaine.

Premier pays à exploiter commercialement un satellite de communication, le Canada lancera dans les prochaines années deux nouveaux satellites, soit le satellite de communication mobile MSAT pour usagers itinérants, dont les services seront particulièrement appréciés dans les régions éloignées, et le satellite de détection RADARSAT, une nouvelle technologie qui,

contrairement aux satellites présentement utilisés à de telles fins, produit des images à haute résolution malgré l'obscurité, les nuages ou une végétation dense. Spar est partie prenante dans ce projet et maître d'oeuvre du programme de station orbitale pour laquelle elle concevra le système d'entretien mobile. Cet « ingénieur cybernétique spatial » verra à l'assemblage et à l'entretien de la station, au déplacement des pièces d'équipement, au chargement et au déchargement de la navette, au déploiement et à la récupération des satellites, ainsi qu'aux travaux plus délicats comme la réparation des circuits électriques. Grâce à ce nouveau système, les ingénieurs québécois feront sans doute des percées intéressantes dans les domaines de la robotique, de l'intelligence artificielle, de la télémanipulation, de la vision spatiale, de l'interaction homme-machine (le robot sera contrôlé à la voix) et de l'automatisation.

LE VILLAGE GLOBAL

Autre domaine de prédilection de la haute technologie québécoise, les télécommunications. L'incontestable leader, Entreprises Bell Canada (EBC): avec des ventes de l'ordre de 15 milliards de dollars, elle est la plus importante entreprise canadienne. Grâce à ses nombreuses filiales, dont Bell Canada, Northern Telecom et Recherches Bell Northern, EBC fournit des services de télécommunication. Deuxième fabricant en Amérique du Nord, Northern Telecom est à la

parts, electronic tubes and semi-conductors, lumber, wood pulp, electricity, and copper.

TRANSPORTATION
A number of Québec-based companies have conquered foreign markets in the transportation field. First on that list is Bombardier, which recently obtained a contract, as part of a consortium of companies from Belgium, France, Switzerland, and Great Britain, to manufacture the Euroshuttle, the train that will run on the "Chunnel" under the English Channel. Bombardier is also building the monorail for Walt Disney World in Orlando, Florida, and has banded together with Alsthom of France to work on North American high-speed train (or trés grande vitesse—TGV) projects. Bombardier recently completed a contract to supply 825

subway cars for the Metropolitan Transit Authority in New York. But that's not all: there are also articulated buses built by Prévost Car of Ste. Claire, and a number of major auto plants. These include Hyundai at Bromont in the Eastern Townships; General Motors in Boisbriand, north of Montréal; and Kenworth in Ste. Thérèse—all of which help fuel trade between Québec and the United States.

Another "star" product is the HASTUS system (the name is derived from the French acronym for "scheduling urban and semi-urban transit systems") developed by the University of Montréal's Centre de recherche des transports (transportation research centre, or CRT). The system helps transit commissions in such cities as Los Angeles, Paris, New York, and Sydney make the best possible use of both buses and staff.

Québec boasts a diverse economy that encompasses, among others, aerospace, engineering, communications, computer technology, natural resources, and financial services. Courtesy, Cascades, Inc.

Les champs d'activité de l'économie québecoise sont très diversifiés: industrie aérospatiale, génie-conseil, communications, informatique, ressources naturelles et services financiers. Photo gracieuseté de Cascades Inc.

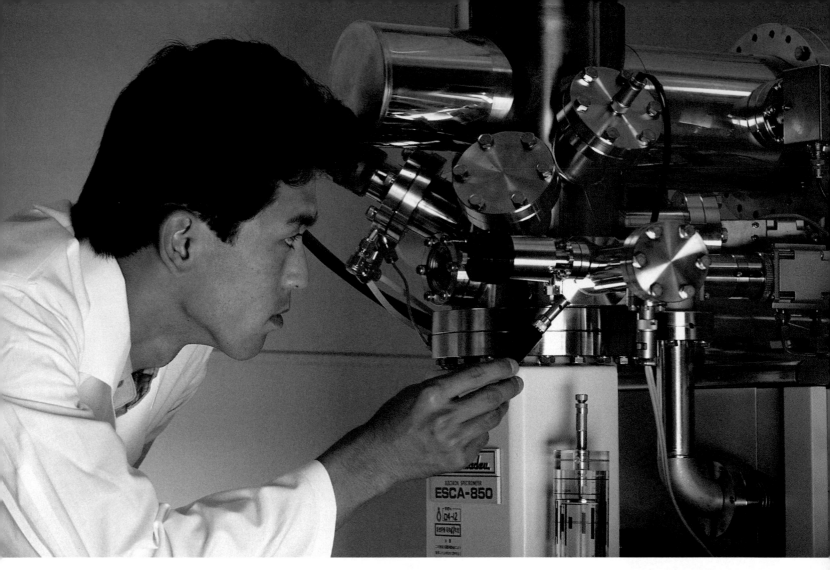

fine pointe de la technologie numérique et des connaissances en matière de fibre optique. Dans ses laboratoires de l'Ile des Soeurs, à proximité de Montréal, Recherches Bell Northern, en collaboration avec l'Institut national de la recherche scientifique-Télécommunications, prépare la technologie de demain: des chercheurs ont ainsi mis au point le premier synthétiseur de parole capable de s'exprimer en français. Dans ce domaine, il faut aussi mentionner la présence de la compagnie TIE Canada, qui fabrique des téléphones à son usine de Sherbrooke, et de SR Telecom, qui a conçu des systèmes de radio à hyperfréquences pour les régions éloignées.

LA RÉVOLUTION INFORMATIQUE

Le Québec se distingue aussi dans le secteur de l'informatique. Trois des plus grandes firmes de conseillers en informatique au Canada, les groupes DMR, CGI et LGS, ont pignon sur rue à Montréal.

Les firmes québécoises se sont particulièrement illustrées dans la création de logiciels sur mesure, de logiciels de gestion, de didacticiels et de progiciels en français. Une application un peu particulière: l'animation par ordinateur, spécialité de l'équipe du professeur Nadia Thalmann de l'École des Hautes Études Commerciales. Le Québec s'est aussi taillé une

place enviable dans le domaine de la géomatique.

Les entreprises québécoises n'ont pas non plus négligé le secteur de la fabrication: le traitement de texte fut inventé par le Montréalais Steve Dorsey, fondateur d'AES Data. Ogivar, pour sa part, fabrique des microordinateurs compatibles IBM, tandis que Comterm a fait de la bureautique son champ d'action. Matrox conçoit des cartes vidéo; Circo Craft conçoit et fabrique des circuits intégrés. Datagram fabrique des multiplexeurs; Memotec exporte dans une quarantaine de pays des assembleurs/ désassembleurs (ADP) qui permettent de relier des ordinateurs entre eux; IBM fabrique des modules de connection de puces dans son usine de Bromont.

DES CHERCHEURS DE RENOM

Le Québec a aussi pris le virage biotechnologique. Des compagnies comme Ayerst, Squibb, Abbot, Sandoz, Burroughs-Welcomme et Rhône-Poulenc font reculer à force de persévérance les limites de la pharmacologie. L'équipe du docteur Rokash, mise sur pied par Merck Frosst, a réussi, par exemple, à isoler et à synthétiser les leucotriènes, des molécules dont la multiplication incontrôlée serait reliée à l'asthme et au psoriasis, maladie réfractaire à tout traitement.

En collaboration avec l'industrie et les universités, l'Institut de recherche en

DIVERSIFIED SUPPLY

Other Québec products are gradually making a name for themselves on world markets as well. Québec's expertise in forestry has made felling, pruning, and loading equipment produced by Tanguay of St. Prime a great success. And speaking of wood, the Sher-Wood company is known across Europe and the United States for the excellence of the hockey sticks it manufactures. On quite another level, the Casavant organ company of St. Hyacinthe exports to all five continents.

When it comes to high tech, Québec has carved itself a major niche in the telecommunications field thanks to Northern Telecom's telephone exchanges; in the field of instrumentation, thanks to Bomem's infrared spectrometres; in hospitals and labs, thanks to the Hoplab sterilizer, which can be found as far away as Peru, China, and Tunisia. Québec-made bread ovens are used in the Soviet Union, and "Made-in-Québec" lighting systems make discothéques around the world really swing. It should come as no surprise that Ski-doo snowmobiles and Turbocristal snowmakers are also manufactured in Québec.

A host of government programs administered by the Société d'expansion des exportations (export expansion association, or SEE), the Société de développement industriel (industrial development association, or SDI), the Canadian International Development Agency (CIDA), the Québec Ministry of International Affairs, and the federal Department of Industry, Science and Technology support Québec companies in their attempts to conquer world markets. Québec's Ministry of International Affairs maintains offices in many other countries—three in Asia, six in the U.S., four in Latin America and the Caribbean, and seven in Europe.

Entrepreneurs can also rely on the services of the World Trade Centre, set up in 1984 by the Montréal and Québec chambers of commerce. Québec's World Trade Centre, which will soon be housed in attractive new premises in Old Montréal, belongs to the network of World Trade Centres, which includes more than 100 centres in 45 countries.

MONTRÉAL, SPACE CENTRE

Québec's commitment to high tech has been another recurring theme in these pages. And nowhere is this more evident than in the fields of aerospace, telecommunications, computers, and biotechnology—sectors that will assume particular importance for the Québec economy of the year 2000.

Montréal is one of the few cities in the world where all the components of an aircraft can be found. It is also the site of the head offices of the major international aviation associations: the International Civil Aviation Organization (ICAO), the International Air Transport Association (IATA), and the Société internationale des télécommunications aéronautiques (SITA). From the PT6 and PW100 turbopropulsors made by Pratt & Whitney, a subsidiary of United Technologies, to CAE Electronics' flight simulators, from Leigh Navigation Systems' air navigation control systems to the tail and fuselage components made by Canadair for the world's largest airlines—it's all in Montréal. Canadair, a subsidiary of Bombardier, recently won a contract to design and produce $1.2 billion worth of fuselage components for the Airbus 330 and 340 and is causing quite a stir around the world with its Challenger twin-engine business jet and CL-215 air tanker. Bombardier plans to launch the RJ, an aircraft designed for the burgeoning regional transport market, in the near future.

Big names like Oerlikon Aerospace and Bell Helicopter Textron are also associated with the field of aeronautics. Montréal has carved out an enviable reputation in the space field, a position that can only become even stronger when the Canadian Space Agency is set up in St. Hubert. Other major companies in the space sector include the Héroux company of Longueuil, which supplied the supports for the NASA lunar modules, and Spar Aerospace of Ste. Anne de Bellevue, whose claim to fame was the development of the Canadarm for the American space shuttle.

The first country in the world to operate a communications satellite on a commercial basis, Canada will soon be launching two new satellites: the MSAT communications satellite for mobile users, which is particularly suitable for isolated areas, and the RADARSAT remote sensing satellite, a new technology that produces high-resolution images and can "see" through darkness, clouds, and dense vegetation, unlike the satellites currently in use. Spar is involved in the satellite project and is also principal contractor for the orbital space station program, for which it will be designing the mobile servicing system. This "roving space robot" will look after station assembly and maintenance, move equipment, load and unload the shuttle, release and capture

biotechnologie du Conseil national de la recherche mène, pour sa part, des travaux de pointe en biotechnologie grâce à son usine pilote qui produit, entre autres, des anticorps monoclonaux et des oligonucléotides à des fins de recherche.

La réputation du Québec dans le domaine de la recherche médicale est aussi fortement établie, notamment en cancérologie, en endocrinologie, en cardiologie, en neurologie et en génétique. Nombre de chercheurs dans les universités du Québec font avancer les connaissances dans ces domaines, que l'on songe, par exemple, à l'Institut Armand-Frappier, dont les chercheurs ont mis au point le vaccin BCG contre la tuberculose, des vaccins contre la méningite, les maladies tropicales et la poliomyélite. Ses chercheurs se sont maintenant tournés vers l'étude du SIDA et ont déjà mis au point une trousse de détection des anticorps dirigés contre le virus. L'Institut de recherches cliniques de Montréal a isolé et déterminé la structure de l'ANF, une hormone produite par le coeur, qui règle la pression sanguine. À l'Institut de cardiologie de Montréal, on a mis au point le Cardizem, un traitement de l'angine de poitrine et de l'hypertension commercialisé par les Laboratoires Nordic de Laval. L'Institut de cardiologie a été le théâtre de nombre de premières canadiennes en cardiologie. L'Institut

national de la recherche scientifique-Santé abrite l'un des laboratoires les plus sophistiqués au monde pour le contrôle du dopage des athlètes. L'INRS-Santé a aussi mis au point une vaste enquête scientifique cherchant à identifier au sein d'une population entière les cas de maladie d'Alzheimer, leur distribution sociale et géographique, les facteurs génétiques et environnementaux , ainsi que les effets de cette terrible maladie.

Le Québec médical a l'habitude des travaux d'envergure: quatre universités québécoises et le ministère de la Santé et des Services sociaux ont uni leurs efforts pour créer le Réseau de médecine génétique du Québec, considéré comme un modèle par l'Académie des sciences, le Congrès des États-Unis et l'Organisation mondiale de la Santé. Ce programme de dépistage universel des maladies génétiques permet de diagnostiquer toute anomalie dès la naissance et de procéder au traitement approprié. En identifiant les porteurs d'anomalies, le Réseau permet de faire de la prévention et, ainsi, d'enrayer certaines maladies. Le Centre universitaire de recherche sur les populations de l'Université du Québec à Chicoutimi a ainsi dépouillé et informatisé trois siècles de registres d'état civil et peut retracer certains problèmes génétiques à l'époque de la Nouvelle-France.

satellites, as well as handle more delicate work such as electrical circuit repairs. The new system should help Québec-based engineers make major inroads into the fields of robotics, artificial intelligence, telemanipulation, spatial vision, man-machine interface (the robot will be voice-controlled), and automation.

THE GLOBAL VILLAGE

Yet another favorite niche for Québec-based high tech companies is telecommunications. The incontestable leader is Bell Canada Enterprises (BCE), the largest corporation in Canada, with annual sales on the order of $15 billion. Through its many subsidiaries, including Bell Canada, Northern Telecom, and Bell Northern Research, BCE provides telecommunications services and designs and manufactures telecommunications systems. The second-largest manufacturer in North America, Northern Telecom is in the vanguard of digital technology and fibre optics. In the BNR Nuns' Island labs near Montréal, researchers are paving the way for the technology of tomorrow, working in close collaboration with the telecommunications branch of the Institut national de la recherche scientifique (Québec institute for scientific research, or INRS) to perfect the world's first French-speaking synthesizer. Two other important telecommunications companies are the TIE Canada company, which manufactures telephones at its Sherbrooke plant, and SR Telecom, which has designed high-frequency radio systems for isolated areas.

THE COMPUTER REVOLUTION

Québec enjoys a distinguished reputation in the computer sector as well. Three of Canada's largest computer consulting firms, the DMR, GGI, and LGS groups, have set up shop in Montréal.

Québec firms have made a special name for themselves for developing custom-made software, management software, educational software, and software packages that run in French. One extremely specialized application is computer animation, the specialty of a team headed by professor Nadia Thalmann of the École des Hautes Études Commerciales. Québec is also a leader in the field of computer cartography.

Québec companies have not neglected the manufacturing side, either. In fact, word processing was invented by a Montréaler, Steve Dorsey, founder of AES Data. Ogivar manufactures IBM-compatible computers, and Comterm has made a specialty of office

automation. Matrox designs video cards, and Circo Craft is active in the design and manufacture of integrated circuits. Datagram manufactures multiplexors; Memotec exports packet assembler/disassemblers (PADs) that help computers in more than 40 countries communicate; and IBM manufactures microchip connection modules at its Bromont plant.

RESEARCH

Québec has played a major role in the biotechnology revolution. Companies like Ayerst, Squibb, Abbott, Sandoz, Burroughs-Wellcome, and Rhône-Poulenc devote unceasing efforts to extending the borders of pharmacology. A Merck Frosst team headed by Dr. Joshua Rokash has, for example, succeeded in determining the chemical makeup of leukotriens, a substance present in high levels in asthma and psoriasis, a chronic condition that resists treatment.

Working with industry and the universities, the National Research Council's Biotechnology Research Institute is doing outstanding work at its pilot plant, which produces, among other things, monoclonal antibodies and oligonucleotides for research purposes.

Québec's reputation in the medical research field is well established, especially in oncology, endocrinology, cardiology, neurology, and genetics. Legions of researchers at Québec universities are advancing the current status of knowledge in these fields. Take, for example, the Armand-Frappier Institute, where researchers developed the BCG tuberculosis vaccine, as well as vaccines for meningitis, tropical diseases, and polio. Today Armand-Frappier researchers have put AIDS under the microscope, developing an antibody detection kit. Researchers at the Clinical Research Institute of Montréal have isolated and elucidated the structure of ANF, a blood pressure-regulating hormone secreted by the heart. The Montréal Heart Institute has developed Cardizem, an angina and hypertension treatment marketed by Nordic Laboratories of Laval. In fact, the Montréal Heart Institute has a number of Canadian cardiology firsts to its credit.

The health sciences division of the INRS houses one of the world's most sophisticated labs for testing doping in athletes. INRS-Santé, as it is known, has also developed a major scientific survey designed to pinpoint cases of Alzheimer's disease in the population and analyze the social and geographical distribution,

Bon nombre de chercheurs québécois se sont illustrés à maintes reprises: le docteur Hans Selye avec ses études sur le stress, le docteur Wilder Penfield avec ses travaux sur l'épilepsie, le docteur André Barbeau avec ses découvertes sur la maladie de Parkinson, le docteur Gustave Gingras, sommité en matière de réadaptation, et le docteur Phil Gold, mondialement connu pour ses travaux sur le cancer.

LES INDUSTRIES TRADITIONNELLES

Pour compléter ce survol de l'industrie québécoise, il nous faut jeter un coup d'oeil aux industries dites « traditionnelles » , le textile, le vêtement, la chaussure et l'ameublement, des poids lourds du secteur industriel.

Le vêtement reste le premier employeur du secteur manufacturier québécois; le Québec compte pour 60 pour cent de la production canadienne, largement cantonnée à Montréal, où elle représente un tiers de l'emploi du secteur secondaire. De grands noms montréalais se sont d'ailleurs imposés sur la scène internationale. Au Québec se concentre aussi 80 pour cent de la production de vêtements en fourrure, dont la moitié sont exportés.

Avec la chaussure, il s'agit de secteurs fragiles, protégés par des barrières tarifaires toujours appelées à être levées, des secteurs dominés par la PME aussi, sujette aux variations de la mode et des saisons et peu encline à la modernisation. Dans un tel contexte, la multinationale Dominion Textile, leader nord-américain sur le marché du denim, fait un peu bande à part avec ses 12 900 employés et ses 42 usines au Canada, aux États-Unis, en Europe, en Amérique du Sud, en Afrique du Nord et à Hong Kong. Grâce à l'automatisation, à la robotique et à l'informatique, Dominion Textile fournit un service « juste-à-temps » à sa clientèle répartie dans 50 pays du monde.

Autre secteur traditionnel: le meuble. Mais les Artopex, les Rougier et les Shermag n'ont strictement rien à voir avec les échoppes artisanales d'autrefois. Artopex de Laval se spécialise dans l'ameublement de bureau haut de gamme; 30 pour cent de sa production est exportée aux États-Unis. Shermag s'appuie sur la FAO/CAO pour fabriquer du mobilier de bois massif, de mélamine et de cuir, en plus de fabriquer sous licence pour le marché nord-américain le mobilier de la société française Grange. Rougier, pour sa part, se spécialise dans le meuble contemporain haute gamme et a signé des accords sous licence avec des manufacturiers européens et japonais afin d'assurer la distribution de ses créations de par le monde.

Les entrepreneurs qui cherchent à moderniser leurs procédés ou à explorer de nouveaux créneaux peuvent compter sur l'appui technique et financier de plusieurs agences gouvernementales: la Société de développement industriel du Québec (SDI), le Centre de recherche industrielle du Québec (CRIQ) et l'Agence québécoise de valorisation industrielle de la recherche (AQVIR). Une autre société d'État, le groupe SGF, constitué en 1962, participe à de nombreux projets industriels: l'aluminerie ABI de Bécancour, la pétrochimie avec Pétromont, les produits forestiers avec

genetic and environmental factors, and effects of this tragic disease.

Large-scale projects are nothing new for Québec researchers. Four Montréal universities and the provincial Ministry of Health and Social Services have set up the Québec Network of Genetic Medicine, which is considered a model by the Academy of Sciences, the U.S. Congress, and the World Health Organization. This universal early detection program has made it possible to determine the incidence of various genetically transmitted anomalies from samples taken shortly after birth and to determine appropriate treatment. By identifying carriers of anomalies, the network has been able to work on the prevention and eventual eradication of certain diseases. The University of Québec at Chicoutimi's Centre universitaire de recherche sur les populations (population research centre) has computerized three centuries' worth of birth and death records, and some genetic problems

can now be traced back to the early days of the settlement of New France.

A number of Québec researchers have achieved considerable fame, including Dr. Hans Selye, the pioneer in the study of stress, Dr. Wilder Penfield, who worked on epilepsy, Dr. André Barbeau, who made discoveries about Parkinson's disease, Dr. Gustave Gingras, an authority on rehabilitation, and Dr. Phil Gold, who has gained world recognition for his cancer research.

TRADITIONAL INDUSTRIES

No overview of Québec industry would be complete without a look at the so-called "traditional" industries—textiles, clothing, footwear, and home furnishings—the "heavyweights" of the industrial sector.

The garment business is the leading employer in the manufacturing sector in Québec. The province accounts for 60 percent of Canadian

The steel industry still plays a significant role in the economic base of Québec's manufacturing sector. Photo by Ron Watts/First Light

L'industrie sidérurgique joue encore un rôle important comme fournisseur de matière première au secteur manufacturier. Photo Ron Watts/First Light

Joueur de premier plan dans le secteur financier du Québec, le Groupe La Laurentienne est actif dans les domaines de l'assurance, de l'immobilier et des services bancaires et fiduciaires. Photo gracieuseté du Groupe La Laurentienne

A leading presence in Québec's financial community, the Laurentian Group is active in the fields of insurance, real estate, banking, and fiduciary services. Courtesy, Laurentian Group

Domtar et la construction navale avec le Groupe MIL. Mentionnons aussi, au nombre des centres de recherche, l'Institut de génie des matériaux du Conseil national de recherche du Canada, établi à Boucherville, qui, conjointement avec l'industrie et les universités, poursuit des recherches sur les polymères, les métaux, les revêtements, les céramiques et l'automatisation des procédés de mise en forme.

LA FINANCE

Sa taille et sa puissance sur les marchés financiers ont fait trembler à quelques reprises l'establishment canadien. Peu de grandes décisions se prennent dans le milieu des affaires québécoises sans sa participation. À chaque nouvelle offensive qu'elle engage, les analystes brandissent le spectre du fractionnement.

Formée en 1965 afin de gérer les fonds du Régime de retraite du Québec (le Québec est la seule province à avoir son propre régime), la Caisse de dépôt et de placement du Québec est devenue un véritable « mammouth » financier avec des actifs de quelque 35 milliards de dollars. Elle a joué et continue de jouer un rôle de premier plan dans le développement économique de la province, présidant à la croissance d'entreprises comme Canam-Manac (acier), Provigo (distribution), Bombardier (transport), Unigesco

(finance), Noverco (gaz) et Vidéotron (câblodistribution). Son ex-président, M.Jean Campeau, s'est souvent attiré les foudres des analystes en caressant un projet de « super-banque d'affaires » , organisme qui, dans un contexte de prolifération des fusions, des acquisitions et des prises de contrôle, pourrait intervenir afin de garder sous contrôle québécois les entreprises jugées stratégiques pour l'avenir du Québec. La Caisse de dépôt et de placement du Québec illustre bien comment le Québec a su, grâce à des outils financiers novateurs, mettre le secteur financier au service de son développement. Le Mouvement Desjardins, la plus importante coopérative d'épargne en Amérique du Nord, la Bourse de Montréal, cinquième en importance sur le continent, et des initiatives comme le Régime d'épargne-actions du Québec, le décloisement des institutions financières ou la création de centres financiers internationaux laissent entrevoir l'avenir prometteur de ce secteur clé.

Sixième institution financière canadienne, le Mouvement Desjardins, le plus important employeur du Québec, est présent jusque dans les coins les plus reculés de la province grâce à un réseau de 1 371 caisses. Elles sont peu nombreuses les institutions de cette taille à publier un « bilan social » dans leur rapport

clothing production, with operations mainly concentrated in Montréal, where the garment trade employs one-third of all workers in the manufacturing sector. Montréal designers have made a big splash on the international fashion scene. Eighty percent of fur production (half of it destined for the export market) is also concentrated in Québec.

Furs and shoes are considered "fragile" sectors, protected by ever-rising tariff barriers. Most shoe and fur companies are small- or medium-sized businesses, subject to the vagaries of fashion and the weather, and not generally inclined to modernization. One exception to that rule, however, is the multinational Dominion Textile, North America's leading denim producer, with 12,900 employees and 42 plants in Canada, the U.S., Europe, South America, North Africa, and Hong Kong. Through the wonders of automation, robotics, and computers, Dominion Textile offers customers in 50 countries around the world "just-in-time" service.

The furniture industry is also considered a traditional sector, though contemporary companies like Artopex, Rougier, and Shermag bear scant resemblance to the artisans' workshops of yesteryear. Artopex, headquartered in Laval, makes top-of-the-line office furniture, with 30 percent of production exported to the United States. Shermag relies on the latest CAD/CAM technology to manufacture solid wood, melamine, and leather furniture and also holds the North American production licence for the Grange company of France. Rougier specializes in top-end contemporary home furnishings and maintains licensing agreements with European and Japanese manufacturers for the distribution of Rougier creations worldwide.

Savvy entrepreneurs who are looking to modernize their operations or find new market niches can obtain technical and financial support from various government bodies, such as the Société de développement industriel du Québec (Québec industrial development association, or SDI), the Centre de recherche industrielle du Québec (Québec industrial research centre, or CRIQ) and the Agence québécoise de valorisation industrielle de la recherche (Québec agency for industrial research, or AQVIR). Another Crown corporation, the SGF Group, set up in 1962, has been a partner in many industrial projects, including the ABI smelter in Bécancour, Petromont petrochemical projects, Domtar forest products, and MIL Group's naval construction projects. Another big name in the research field

is the NRC's Industrial Materials Research Institute in Boucherville, which conducts research on polymers, metals, coverings, ceramics, and process automation in conjunction with industry and universities.

FINANCE

Its size and financial clout have been known to cause the Canadian financial establishment to tremble. Few major decisions are made in Québec business circles without some input from this important partner. With each new offensive it launches, however, analysts again brandish the spectre of segmentation.

"It," of course, is the Caisse de dépôt et de placement du Québec (Québec deposit and investment corporation, generally known as the Caisse), formed in 1965 to generate funds for the Québec Pension Plan (Québec is the only province that runs its own plan). Over the past quarter-century, the Caisse has become a financial mammoth, accumulating assets of $35 billion. It has continued to play a leading role in the economic development of the province, presiding over the growth of such companies as Canam-Manac (steel), Provigo (distribution), Bombardier (transportation), Unigesco (finance), Noverco (natural gas), and Videotron (cable TV). Past president Jean Campeau has incurred the wrath of analysts by entertaining the notion of

Equipped with the most modern trading technology in the world, the Montréal Stock Exchange is a major centre of trade and finance in Québec. Courtesy, Montréal Stock Exchange

La Bourse de Montréal, un des principaux intervenants dans le commerce et la finance québécoise, utilise les derniers raffinements technologiques. Photo gracieuseté de La Bourse de Montréal

Le monde de la finance québécoise est axé sur Montréal. Photo Thomas Kitchin/Tom Stack & Associates

Montréal is a central hub of Québec's financial community. Photo by Thomas Kitchin/Tom Stack & Associates

annuel et à faire de la « promotion sociale et communautaire par la solidarité économique » leur objectif premier.

Fondée en 1900 par Alphonse Desjardins en réponse à la détresse des ouvriers et des agriculteurs face aux usuriers, le Mouvement a allègrement franchi le cap des 40 milliards d'actifs sans pour autant perdre de vue l' « évangile Desjardins » qu'il a même répandu dans les pays en voie de développement, aidant à mettre sur pied des coopératives d'épargne semblables dans les Caraïbes et en Afrique. Desjardins s'affiliait dernièrement à la Fédération des caisses populaires de l'Ontario (49 caisses), poursuit des négociations avec les fédérations manitobaine (21 caisses) et acadienne (87 caisses)

setting up a "super business bank" that could intervene to keep any company deemed to be of strategic value for the province's future under Québec control in the current climate of merger, acquisition, and takeover mania.

The Caisse de dépôt et de placement du Québec is an excellent illustration of how well Québec has succeeded in getting the financial sector involved in development, using innovative financial tools. The Desjardins movement, North America's largest chain of credit unions, the Montréal Exchange, fifth-largest on the continent, and such initiatives as the Québec Stock Savings Plan, the deregulation of financial institutions, and the formation of International Financial Centres all augur extremely well for this key sector.

The Desjardins movement, Canada's sixth-largest financial institution and Québec's largest employer, is a presence in the most remote corners of the province, with a network of 1,371 credit union branches. It is one of a very few institutions of its size to include a social balance sheet in its annual report and make social and community promotion through economic solidarity a primary objective.

Founded by Alphonse Desjardins in 1900 as a response to the dire situation of laborers and farmers forced to pay usurious rates, the movement, which today has assets of more than $40 billion, has continued to spread the gospel according to Desjardins. In fact, the gospel has even spread to the Third World, where "caisse pop" clones have sprung up in the Caribbean and in Africa. Desjardins has recently become affiliated with the 49-outlet Ontario federation of credit unions, is negotiating with federations in Manitoba (21 outlets) and Acadia, the French-speaking part of New Brunswick (87 outlets), and has signed an agreement with Crédit mutuel, one of France's leading deposit banks. No wonder some analysts have described the Desjardins movement, with its tendency to "make haste slowly," as a bulldozer, if not a Formula One!

A similar blend of capitalism and philanthropy can be found in the Fonds de solidarité des travailleurs du Québec (Québec workers' solidarity fund, or FSTQ), set up in 1984 by the Québec Federation of Labor (QFL), one of the province's three large groups of affiliated trade unions. In its first five years, the Fonds accumulated assets of $285 million, which according to *Les Affaires* makes it the 14th-largest Québec-controlled financial institution. As a capital development agency, the Fonds seeks to create, maintain, or safeguard employment by helping companies in difficulty and getting small and medium-sized businesses off the ground.

INNOVATIVE TOOLS

Another important tool in the Québec arsenal is the Montréal Exchange, which has more than doubled its share of the Canadian market to 20 percent, largely thanks to innovative financial products. It has also found its niche on world markets as North America's international stock exchange.

The Montréal Exchange can point with justifiable pride to a long series of "firsts" and exclusives, including share and bond options, gold and silver certificates, and gold options. Montréal also set up the first electronic link with a foreign market (Boston), which means members can easily conduct transactions on the American market, and which makes the Canadian market more accessible to American investors. The Montréal Exchange maintains electronic links with the Amsterdam, Vancouver, and Sydney exchanges for gold, silver, and platinum option contracts. On an average day, transactions range from $55 to $65 million.

The Montréal Exchange has been a major beneficiary of the Québec Stock Savings Plan (QSSP), launched in 1979 by the then-finance minister, Jacques Parizeau. The QSSP has a double-barrelled mandate to reduce the tax burden of more affluent Québeckers and to maximize the flow of capital into medium-sized Québec businesses by giving tax breaks to investors. Reaction from both the general public and business was swift. Between 1983 and 1987 the number of new companies listed on the Montréal Exchange more than tripled. And QSSP regulations have had to be revised several times because the plan was too much of a drain on the provincial treasury.

A 1986 assessment of the QSSP by SECOR noted that the QSSP had achieved its objectives, narrowed the gap between tax burdens in Québec and Ontario, and reduced the debt of companies involved in the plan. Its impact is still being felt, however. The percentage of Québeckers who hold shares more than doubled between 1977 and 1985, and interest in economic matters is clearly on the upswing. Securities brokers have also developed valuable fund-raising expertise through the QSSP.

Québec has been a pioneer as well in the deregulation of financial institutions. A 1969

*Ci-dessus: Huit banques
étrangères ont établi leurs
bureaux canadiens à
Montréal, ajoutant ainsi un
complément d'activités au
secteur bancaire québécois.
Photo J. Cochrane/First Light*

*Above: Eight foreign banks
have chosen Montréal as the
site for their Canadian offices,
helping to infuse a new wave
of activity for Québec's
banking community. Photo
by J. Cochrane/First Light*

*Ci-contre: Les institutions
financières du Québec jouent
un role important sur la
scène internationale. Photo
Winston Fraser*

*Facing page: Québec's
financial institutions take
an active role in the
international scene. Photo
by Winston Fraser*

du marché canadien (qui s'établit à 20 pour cent) grâce à des produits financiers novateurs et s'est imposée sur les marchés internationaux au point de viser le titre de bourse internationale d'Amérique du Nord.

La Bourse de Montréal peut s'enorgueillir à juste titre d'une longue série de « premières » et d'exclusivités: options sur actions et sur obligations, certificats d'or et d'argent, options sur l'or. Montréal a de plus instauré le premier lien électronique avec une Bourse étrangère, celle de Boston, ce qui permet à ses membres de transiger sur le marché américain et d'ouvrir le marché canadien aux investisseurs américains. La Bourse de Montréal est aussi reliée électroniquement avec les Bourses d'Amsterdam, de Vancouver et de Sydney pour les opérations sur les contrats d'options sur l'or, l'argent et le platine. Elle transige en moyenne de 55 à 65 millions de dollars par jour!

La Bourse de Montréal a largement bénéficié du Régime d'épargne-actions du Québec (REAQ), lancé en 1979 par le ministre des Finances québécois, M. Jacques Parizeau. Le REAQ poursuivait un double objectif: réduire le fardeau fiscal des Québécois les plus nantis et favoriser l'apport de capitaux à la moyenne entreprise québécoise en offrant un avantage fiscal aux investisseurs. La réaction fut telle de la part du public et des entreprises (de 1983 à 1987, le nombre de nouvelles entreprises inscrites à la Bourse de Montréal a plus que triplé!) que l'on dut réviser à quelques reprises les modalités du programme parce qu'il coûtait trop cher au Trésor québécois!

Dans son évaluation de 1986, la firme SECOR soulignait que le REAQ avait atteint son objectif: il avait réduit l'écart du fardeau fiscal entre le Québec et l'Ontario ainsi que le taux d'endettement des entreprises qui y avaient participé. Son impact ne s'arrêtait cependant pas là: le taux d'actionnariat des Québécois a plus que doublé entre 1977 et 1985, suscitant un intérêt marqué pour la chose économique. Finalement, les firmes de courtage en valeurs mobilières ont développé une précieuse expertise en financement public.

Le Québec a aussi fait figure de pionnier dans le mouvement de décloisonnement des institutions financières. Dès 1969, le Rapport d'étude sur les institutions financières, présenté par M. Jacques Parizeau, soulignait la nécessité d'une réforme en profondeur à lumière des tendances américaines. M. Parizeau dut attendre jusqu'en 1985 pour passer aux actes avec la loi 75

et signait un accord de coopération avec le Crédit mutuel, l'une des principales banques de dépôt françaises. Ce qui fait dire à certains analystes que le Mouvement Desjardins, qui se « hâte lentement » n'est peut-être pas une Formule Un mais plutôt un bulldozer!

Ce mariage inusité entre le capitalisme et la philanthropie, on le retrouve dans le Fonds de solidarité des travailleurs du Québec, créé en 1984 par la Fédération des travailleurs du Québec (FTQ), une des trois grandes centrales syndicales québécoises. Le Fonds a amassé en cinq ans des actifs de 285 millions de dollars, ce qui en fait, selon le journal Les Affaires, la quatorzième institution financière à contrôle québécois. Société de capital de développement, le Fonds de solidarité cherche à créer, maintenir ou sauvegarder des emplois en relançant des entreprises en difficulté ou en appuyant le démarrage de PME.

DES OUTILS NOVATEURS
Autre outil important de l'arsenal québécois, la Bourse de Montréal, a plus que doublé sa part

(le fédéral a ensuite emboîté le pas en 1986) qui permettait aux institutions financières de juridiction québécoise de faire l'acquisition de filiales impliquées dans d'autres domaines du secteur financier.

Le Groupe La Laurentienne a particulièrement profité de la déréglementation. Chef de file de l'intégration des services financiers au Canada, il regroupe une trentaine de sociétés-membres au Canada, aux États-Unis, en Grande-Bretagne, aux Bahamas, au Luxembourg et à Hong Kong. Il oeuvre à la fois dans les domaines de l'assurance de personnes et de dommages, de l'immobilier et des services bancaires et fiduciaires, et s'est porté acquéreur de la Banque d'Épargne, devenue depuis lors la Banque Laurentienne. (Le Groupe La Laurentienne est en fait le seul groupe financier canadien à détenir une banque.) Il inaugurait en 1987 le premier supermarché financier, le Carrefour La Laurentienne, à son siège social du boulevard René-Lévesque à Montréal.

UNE DIMENSION INTERNATIONALE

Le Québec a aussi innové en créant, en 1986, les centres financiers internationaux (CFI). L'internationalisation des institutions financières n'a en fait rien de bien nouveau pour le Québec. La Banque de Montréal, dont le siège social canadien est à Montréal, ouvrait sa première succursale étrangère à New York en 1859. La Banque Royale, aussi domiciliée à Montréal, commença très tôt à étendre ses opérations à l'étranger avec un premier bureau aux Bermudes en 1882. Montréal a aussi accueilli les sièges sociaux de huit banques étrangères, autant d'avant-postes pour les entreprises désirant s'établir au Québec et de précieux contacts pour les entreprises québécoises exportatrices.

En moins d'un an, une vingtaine de CFI ont été créés sous l'égide du Bureau des établissements financiers internationaux de Montréal (BEFIM), un organisme mis sur pied par le ministère des Finances du Québec, la Ville de Montréal et la Bourse de Montréal. Les CFI jouissent d'avantages fiscaux sur les revenus engendrés par les opérations suivantes: services bancaires pour non-résidents; courtage en valeurs mobilières sur les Bourses canadiennes et étrangères; gestion de portefeuille pour clients étrangers et canadiens; montage financier de projets à l'extérieur du Canada, ces deux derniers types d'opérations représentant des segments de marché peu exploités au niveau international. Afin d'attirer des financiers de

haut vol, le gouvernement a bonifié son offre en faisant aussi bénéficier les employés de ces CFI des taux d'impositions les plus bas en Amérique du Nord.

LE TOURISME

Un dernier secteur sur lequel on fonde beaucoup d'espoirs, le tourisme, un marché en pleine croissance à l'échelle mondiale et où la concurrence est féroce. Malgré une mise en marché que le ministère du Tourisme qualifie lui-même de « timide et dispersée » , les recettes de ce secteur s'élèvent à plus de 3 milliards de dollars.

Encore une fois, le Québec est doté en ce domaine d'atouts indéniables. L'UNESCO consacrait la ville de Québec « Joyau du patrimoine mondial » et la région de Charlevoix, « Réserve mondiale de la biosphère » . Une visite au Québec, ce peut être la vie trépidante de Montréal avec son Festival international de Jazz, son Festival international des films du monde, ou son Festival international de feux d'artifice; ce peut être aussi la vie grandeur nature avec l'observation des baleines au large de Tadoussac, la migrations des oies blanches au Cap-Tourmente, les colonies de fous de Bassan de l'Ile Bonaventure ou de phoques sur la banquise au large des Iles-de-la-Madeleine. Les affiches du Rocher Percé et du Cap Diamant ont peut-être fait le tour du monde, mais les Iles Mingan, le fjord du Saguenay et la vallée de la Chaudière offrent des paysages tout aussi enchanteurs.

Le Québec touristique, c'est en fait 586 pourvoiries, 1 945 établissements hôteliers, 12 994 restaurants (représentant un chiffre d'affaires de 3,8 milliards de dollars), 21 centres de ski alpin de haut calibre, 20 575 kilomètres de pistes de ski de fond et 20 492 kilomètres de sentiers de motoneige, de quoi satisfaire tous les genres de touristes.

Ressources, agriculture, industrie, exportation, haute technologie, finance, tourisme: sept clés pour l'avenir du Québec. Des secteurs au potentiel immense mais qui dévoilent aussi certaines faiblesses du Québec.

Les analystes comparent souvent l'économie du Québec à celles des pays en voie de développement, trop dépendantes des ressources naturelles. On ne peut que déplorer le fait que les ressources québécoises ne font pas l'objet d'une transformation plus poussée, ce qui contribuerait d'autant à l'industrialisation de la province. Cette dépendance se répercute au chapitre de l'exportation, la performance du Québec étant

report on financial institutions prepared by none other than Jacques Parizeau stressed the importance of in-depth reform following recent trends in American financial circles. But Parizeau would have to wait until 1985 to put his beliefs into action with Bill 75, which allowed financial institutions under Québec jurisdiction to acquire subsidiaries offering different types of financial services. (The federal government followed suit in 1986.)

The Laurentian Group has derived particular benefit from deregulation. The Canadian leader in the integration of financial services, the Laurentian includes about 30 member companies in Canada, the U.S., Great Britain, the Bahamas, Luxembourg, and Hong Kong. An active presence in the fields of private and damage insurance, real estate, banking and fiduciary services, the company acquired the City and District Savings Bank and renamed it the Laurentian Bank. (The Laurentian Group is the only financial umbrella group in the country with its own bank.) In 1987 the Laurentian opened the first financial "supermarket," the Carrefour La Laurentienne, at its head office on René-Levesque Boulevard in downtown Montréal.

INTERNATIONAL DIMENSIONS
Another Québec innovation was the 1986 creation of International Financial Centres (IFCs).

Of course, it's nothing new for Québec financial institutions to be active on the international scene. The Bank of Montréal, with Canadian headquarters in the city, opened its first foreign branch in New York way back in 1859. The Royal Bank, which also has its headquarters in Montréal, was an early advocate of foreign operations, opening a Bermuda office in 1882. Eight foreign banks have chosen Montréal as the site for their Canadian head offices, which do double duty providing valuable contacts and information for companies considering setting up shop in Québec and Québec companies in the export business.

In less than a year, about 20 IFCs have been set up under the aegis of the Bureau des établissements financiers internationaux de Montréal (Montréal international financial institutions board, or BEFIM), a joint venture of the provincial Ministry of Finance, the City of Montréal, and the Montréal Exchange. IFCs get tax breaks on revenues from banking services for non-residents, security brokerage fees on Canadian and foreign stock exchanges, portfolio management services for foreign and Canadian clients, and overseas project development. Internationally, the last two items on that list have been somewhat neglected segments of the market. To attract high-flying financiers, the government also offers IFC employees the lowest tax rates in North America.

Québec City is a favorite tourist destination. Photo by Thomas Kitchin/First Light

La ville de Québec, destination touristique très courue. Photo Thomas Kitchin/First Light

sujette aux caprices des marchés internationaux des denrées et des matières premières. Ici encore, on peut s'inquiéter de l'importance du marché américain pour l'exportation québécoise, tendance qui devrait s'amplifier avec l'entrée en vigueur de l'accord sur le libre-échange entre le Canada et les États-Unis.

Par ailleurs, l'agro-alimentaire québécois, malgré tous ses succès, reste fragile avec la remise en question du système de gestion de l'offre dans le cadre des négociations du GATT et l'intransigeance grandissante à l'échelle mondiale envers les politiques de subvention gouvernementales. La mise en vente de certains éléments du « patrimoine » agro-alimentaire québécois mobilise les énergies et laisse plus d'un observateur songeur. L'importance des industries dites traditionnelles inquiète aussi les analystes, la levée des barrières tarifaires protégeant ces secteurs devenant de plus en plus imminente. Et les promesses relatives à la haute technologie et au tourisme ne resteront que des promesses sans des efforts soutenus de recherche et de développement, d'une part, et de concertation, d'autre part.

À l'aube du vingt et unième siècle, les Québécois devront donc continuer de faire preuve de dynamisme et d'esprit d'entreprise s'ils veulent relever le défi de l'avenir et se tailler une place sur l'échiquier mondial.

Tadoussac and observing the migration of the snow geese at Cap-Tourmente, the gannet colonies on Bonaventure Island, or seals on the ice floes of the Magdalen Islands. Posters of Percé Rock and Cap Diamant are seen plastered on walls around the world, but the Mingan Islands, the Saguenay fiord, and the Chaudiére Valley are equally haunting landscapes.

The tourism business in Québec involves 586 outfitting companies, 1,945 hotels, 12,994 restaurants (annual revenue: $3.8 billion), 21 top-notch downhill ski centres, 20,575 kilometres of cross-country ski trails, and 20,492 kilometres of snowmobile trails. There's something to suit the taste of every tourist.

Natural resources, agriculture, industry, exports, high tech, finance, and tourism—these are the seven key areas for the future of Québec. Though all these areas have enormous potential, they also reveal some of Québec's weak points.

Analysts frequently compare the Québec economy to those of Third World countries, which are overly dependent on natural resources. The lack of intensive processing of Québec resources, which would expand the province's industrial base, is certainly cause for concern. This dependence has repercussions on exports, since Québec's performance is subject to the whims of the international commodity and raw materials markets. Here again, there is some uncertainty as to the importance of the American market for Québec exporters—a trend that should grow stronger with the Free Trade Agreement between Canada and the United States.

The agro-food sector in Québec, for all its successes, remains somewhat precarious in view of the GATT negotiations and growing international intolerance of government subsidy policies. The marketing of certain "heritage" items in the Québec agro-food sector mobilizes energies and leaves observers wondering. The prominent position of the so-called "traditional" industries also disturbs some analysts, since protective tariff barriers in these sectors will be lifted in the near future. And the promise of high technology and tourism will remain little more than promises without the application of sustained R&D and joint ventures.

On the eve of the twenty-first century, Québeckers must continue to demonstrate a dynamic spirit of teamwork to rise to the challenges of the future and carve the province a permanent niche on the world scene.

TOURISM

Finally, let's look at a sector on which a great many hopes are pinned. Tourism is a growth market at the world level, and competition is fierce. Despite a marketing plan that even the Québec Ministry of Tourism admits has been "timid and fragmented," tourism is a $3-billion business in Québec.

Québec does enjoy undeniable advantages. UNESCO has declared Québec City a world heritage site, and the Charlevoix region has been declared a world biosphere reserve. Prime attractions include the Jazz Festival, World Film Festival, and Fireworks Festival in Montréal, and the larger-than-life thrills of whale watching at

From a host of ski resorts to the tranquil beauty of Percé Rock on the Gaspé Peninsula, pictured here, Québec is truly a vacationer's paradise. Photo by Thomas Kitchin/ First Light

Véritable paradis des vacanciers, le Québec possède des atouts touristiques inégalables; ses nombreuses stations de ski par exemple, ou le charme paisible du Rocher Percé, dans la péninsule de la Gaspésie, que l'on voit ici. Photo Thomas Kitchin/First Light

Toronto's stock exchange (TSE) is among the world's top 10 exchanges. The trading floor is shown here bustling with activity. Photo by Mike Dobel/Masterfile

La Bourse de Toronto se classe parmi les 10 plus importantes bourses du monde. On voit ici son parquet bourdonnant d'activité. Photo Mike Dobel/Masterfile

Ontario
The Capital Province

L'Ontario
La province capitale

Helga V. Loverseed

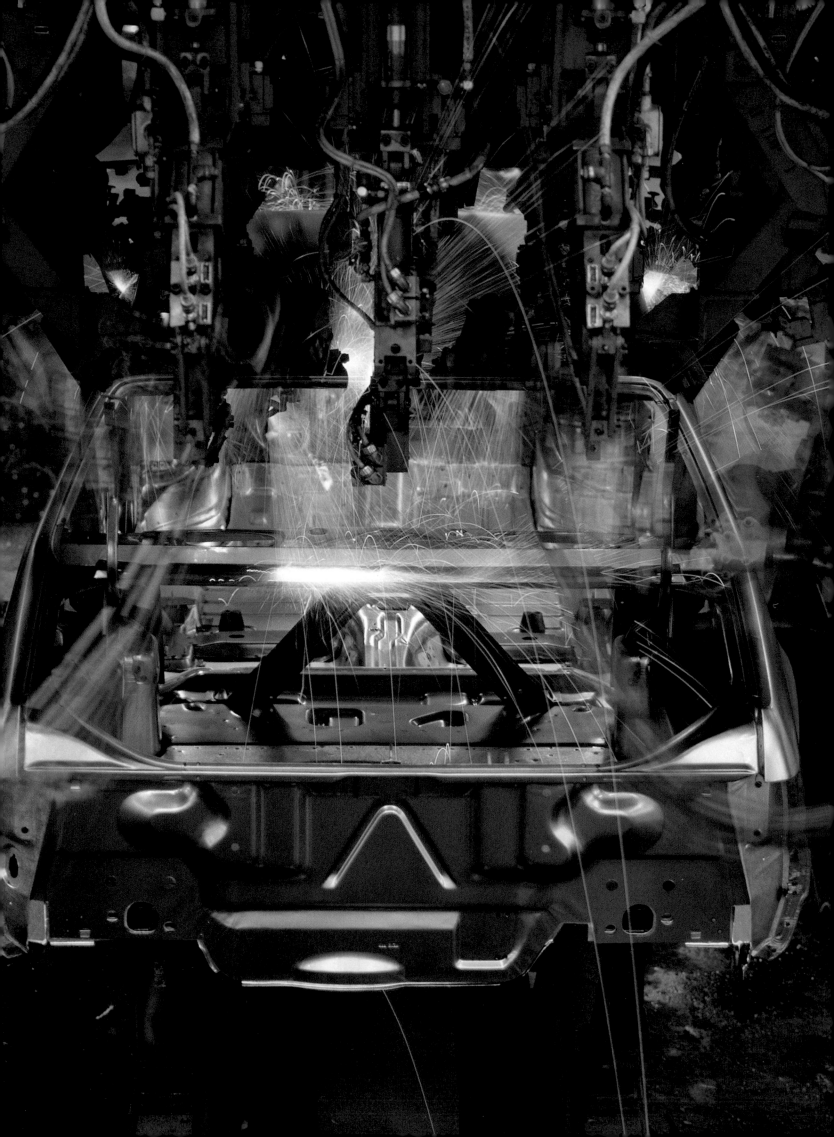

Left: Women are becoming a major presence in the Ontario work force as the traditionally resource-based economy becomes increasingly diverse. Photo by Lafayette & Associates/First Light

À gauche: A mesure que l'économie, traditionnellement axée sur les ressources naturelles, se diversifie, les femmes occupent une place importante dans la population active ontarienne. Photo Lafayette & Associates/First Light

Facing page: General Motors Canada now utilizes robotic technology for assembly to ensure efficient production of its vehicles. A significant sector of Ontario's exports consist of automobiles and automobile parts. Photo by Ron Watts/First Light

Ci-contre: La robotisation des chaînes de montage d'automobiles assure la haute productivité des usines General Motors Canada. Les automobiles et les pièces d'automobiles représentent une forte proportion des exportations de l'Ontario. Photo Ron Watts/First Light

Ontario is the powerhouse that drives the Canadian economy. Its capital, Toronto, is Canada's richest and most populous city. The province is the second largest in the country, and it sprawls over 1,068,582 square kilometres of forest, farmland, tundra, and rugged Canadian Shield—an area larger than France and Spain combined. Ontario contains over a third of Canada's population—more than 9 million people who live in the far-flung north and in the bustling southern cities of Toronto, Hamilton, London, Ottawa, Windsor, and Kitchener-Waterloo, the appropriately named "Golden Horseshoe."

ECONOMIC POWERHOUSE

To talk of Ontario is to talk in superlatives. It is a huge and prosperous place. Its economic power is staggering. Ontario produces about half of everything made in Canada. There are three major sectors—the manufacturing of transportation equipment (particularly automotive), the extraction and processing of natural resources, and the production of electrical and electronic products. The electrical and electronics industries turn out a huge range of domestic and industrial goods—from computers to fridges, vacuum cleaners, and stoves.

The economy is fuelled by a wide range of activities—food processing, furniture and textile manufacturing, chemical production, the pulp and paper industry, printing, publishing, and agriculture. Farming is mainly confined to dairy produce and the breeding of livestock, but there is also large-scale production of cash crops, particularly along the fertile Great Lakes lowlands.

The northern part of the province is less

Locomotive de l'économie canadienne et deuxième province en termes de superficie, l'Ontario s'étend sur 1 068 582 kilomètres carrés de forêts, de terres agricoles et de toundra, soit une superficie supérieure à celles de la France et de l'Espagne réunies. Sa capitale, Toronto, est la ville la plus riche et la plus peuplée du Canada. L'Ontario abrite en fait plus du tiers de la population canadienne, soit plus de 9 millions de personnes qui vivent dans les villes éloignées du nord ou dans les agglomérations populeuses du sud, Toronto, Hamilton, London, Ottawa, Windsor et Kitchener-Waterloo, une région surnommée le « Golden Horseshoe ».

LEADER ÉCONOMIQUE

On ne peut parler de l'Ontario sans user de superlatifs. Énorme et prospère, son pouvoir économique est saisissant. L'Ontario produit près de la moitié de tout ce qui est fabriqué au Canada. Trois secteurs s'imposent en particulier: la fabrication de matériel de transport (notamment, l'industrie automobile), l'exploitation et la transformation des ressources naturelles et la production d'appareils électriques et électroniques, ce dernier secteur fabriquant une gamme étonnante de produits domestiques et industriels: ordinateurs et réfrigérateurs, aspirateurs et cuisinières.

Bon nombre d'activités alimentent l'économie ontarienne: agro-alimentaire, ameublement et textiles, produits chimiques, pâtes et papiers, impression et édition, agriculture. La production laitière et l'élevage sont les principaux secteurs agricoles, mais l'on produit aussi certaines denrées à grande échelle, particulièrement dans les terres basses autour des Grands Lacs.

Quoique moins fertile, la partie septentrionale de la province possède ses propres richesses, forêts en abondance et minéraux du Bouclier canadien qui la traverse de part en part. Des minéraux comme le nickel, le cuivre, l'uranium, le zinc et l'or, qui ont fait de l'Ontario le principal producteur de métaux au Canada.

L'Ontario vend la majorité de sa production aux États-Unis; certains produits sont destinés au marché européen (l'Europe étant le deuxième partenaire commercial en importance de la province) et, de plus en plus, aux pays en

bordure du Pacifique. Des pays comme la Corée du Sud, Singapour et Taiwan s'imposent sur la scène mondiale et l'Ontario tente de développer ce marché très lucratif, l'exportation jouant un rôle de premier plan dans l'économie ontarienne. En effet, l'Ontario exporte plus per capita que le Japon, les États-Unis ou la Communauté européenne, près de la moitié des exportations canadiennes en fait, selon des chiffres de 1987. Les automobiles et les pièces automobiles destinées au marché américain représentaient une bonne partie de ces exportations, soit des ventes de l'ordre de 61 milliards de dollars.

Il est étonnant de constater que l'économie ontarienne, pour toute sa puissance, a démarré il

fertile, but it produces its own wealth. The area is covered with valuable forests and the rocky Canadian Shield runs right through it. This region is rich in minerals such as nickel, copper, uranium, zinc, and gold, and it has helped to make Ontario the prime producer of metals (though second in dollar value) in the country.

The bulk of Ontario's manufactured goods is sold to the United States. Some of Ontario's products go to Europe (the province's second most important trading partner) and, increasingly, the Pacific Rim. Countries such as South Korea, Singapore, and Taiwan are major players in the world's economy, and Ontario's business community is making a concerted effort to sell its products to this lucrative market. Exports are a vital part of Ontario's economy. On a per capita basis, Ontario actually exports more

than Japan, the United States, or the European community. According to statistics published in 1987, Ontario produced almost half of all the goods exported outside Canada. The bulk of those exports were automobiles and automobile parts destined for south of the border. Their sales generated an astonishing $61 billion.

Amazingly, Ontario's powerhouse economy has come into being in a scant century and a half. At the beginning of the 1800s, there was little in Ontario except dense, untamed bush. Thousands of wild animals roamed the forests. The furs from those animals and, later, the logging of thousands of trees, were to generate revenue for the British colony, and they formed the economic base for the prosperous province that exists today.

Ontario's geography has had a direct bearing on its economic achievements. The land is vast

Lake Ontario is the province's main shipping route to the St. Lawrence Seaway. Here, a stark white sailboat passes a bright red "laker" freighter in Toronto harbor. Photo by Gera Dillon/First Light

Le lac Ontario donne accès à la Voie maritime du Saint-Laurent. Ici, la sobriété d'un voilier blanc contraste avec le rouge vif d'un lacquier dans le port de Toronto. Photo Gera Dillon/First Light

L'Ontario compte 73 000 agriculteurs et quelque 9 millions d'acres de culture; environ 25 pour cent de la production agricole canadienne vient de l'Ontario. Un maraîcher de Holland Marsh montre ses plants de céleri, après seulement sept semaines de croissance. Photo Ron Watts/First Light

Ontario's 73,000 farmers work some 9 million acres of land and generate about 25 percent of Canada's agricultural output. Here, a Holland Marsh grower displays a sampling of seven-week-old celery. Photo by Ron Watts/First Light

y a un siècle et demi à peine. Au début des années 1800, l'Ontario n'était que forêts, des forêts dont les arbres et les pelleteries allaient constituer l'essentiel des revenus de la colonie britannique et la base de l'économie prospère que nous connaissons aujourd'hui.

Le génie des lieux a fortement influencé les réalisations ontariennes. Territoire vaste et contrasté, l'Ontario s'étend du fleuve Saint-Laurent et des Grands Lacs jusqu'à la baie d'Hudson dans le Grand Nord, sur une distance de 1 730 kilomètres. De la rivière Outaouais à l'est à la frontière manitobaine à l'ouest, la distance est sensiblement la même, soit 1 690 kilomètres. Ces frontières délimitent une superficie de 189 196 kilomètres carrés qui abonde en lacs et en rivières.

La prospérité économique de la province dépend en partie de cet immense système de navigation. Les lacquiers, ces cargos spécialement conçus pour la navigation sur les Grands Lacs, sillonnent le lac Ontario et empruntent la voie maritime du Saint-Laurent, lourds de blé, de bois et de minéraux transitant par les ports de la côte pour ensuite être acheminés par océanique de par le monde. L'eau est aussi source d'énergie hydro-électrique, qui accapare 67 pour cent de l'énergie produite dans la province. Ontario Hydro, le principal fournisseur d'électricité et la plus importante compagnie d'électricité au monde, exploite 80 centrales et produit de l'électricité pour les résidences, les bureaux et les usines de l'Ontario et de certains états du nord des États-Unis.

La présence d'une source d'énergie aussi fiable a contribué à établir la position de leadership de la province et demeure toujours un précieux atout, la demande d'électricité ne cessant de croître. Depuis la crise du pétrole des années 1970, l'industrie et les consommateurs ont remplacé l'énergie provenant du pétrole par celle qu'on tire du gaz, du charbon et de l'eau; ainsi, au cours des cinq dernières années, la consommation d'électricité a augmenté de 38 pour cent.

Malgré l'augmentation de la demande, le coût de l'énergie est demeurée relativement bas. En 1985, la facture énergétique de l'Ontario se chiffrait à 14 milliards de dollars, soit le dixième de la valeur de tous les produits et services de la province. La baisse des coûts s'explique en partie par l'émergence d'une économie de service,

and varied. The province stretches from the St. Lawrence River and the Great Lakes to Hudson Bay in the far north—a distance of 1,730 kilometres. From the Ottawa River in the east to the Manitoba border on the west, the distance is almost as vast—1,690 kilometres. In between are 189,196 square kilometres of lakes and rivers.

Ontario's huge waterway systems contribute to the economic well-being of the province. Lake Ontario is the province's principal shipping route to the St. Lawrence Seaway and "lakers," freighters designed especially for the Great Lakes, carry goods such as wheat, lumber, and minerals to coastal ports, where sea-going ships transport

Ontario's produce around the world. Water also produces hydro-electric power—around 67 percent of all the energy produced in the province. Ontario Hydro, the major supplier of power, operates more than 80 generating stations. It is the largest electrical utility in the world, and it generates electricity not just for Ontario's homes, factories, and offices, but also for those in the northern United States.

Having access to a reliable source of energy has helped to make Ontario an economic leader. Moreover, demand for hydro power is increasing. Since the oil crisis of the 1970s, industries and consumers have swung away

One of Ontario's many farmers displays samples of his crop. Photo by Ron Watts/First Light

Un agriculteur ontarien fier de sa récolte. Photo Ron Watts/First Light

Ci-dessus: La machinerie lourde qui sert à l'exploitation forestière fait maintenant partie du paysage hivernal dans les régions nordiques. Photo Brian Milne/ First Light

Above: Heavy equipment is used to harvest trees during the long winter of Canada's boreal forest. Photo by Brian Milne/First Light

Ci-contre, à gauche: L'Ontario est l'un des plus grands exportateurs de produits forestiers au monde; l'industrie forestière y emploie environ 75 000 personnes. La plupart des forêts se trouvent dans les régions peu développées du nord de la province. Photo Ron Watts/First Light

Facing page, left column: Ontario is counted among the world's leading exporters of forestry products and employs about 75,000 people in the thriving lumber industry. Most of Ontario's forests can be found in the undeveloped northern region of the province. Photo by Ron Watts/First Light

moins énergivore que la grande industrie. Le secteur des services, qui comprend les banques, l'assurance, la comptabilité, la finance, le droit, le tourisme et les loisirs, compte maintenant pour près de 60 pour cent de la production économique ontarienne, soit une augmentation de 10 pour cent au cours des 15 dernières années. Le secteur des services génère, à lui seul, 73 pour cent des emplois dans la province, pourcentage qui devrait atteindre les 80 pour cent au début du 21e siècle.

L'AGRO-ALIMENTAIRE

L'expansion des chemins de fer et la découverte de l'électricité donnèrent lieu à une véritable explosion de nouvelles technologies qui relança l'industrialisation. L'industrie agro-alimentaire remonte justement à cette époque: les fermiers, qui jusqu'alors ne s'étaient préoccupés que de nourrir leur famille, se mirent à vendre leur récolte de fruits et de blé et la viande de leur élevage. Cette production se vendait à la grandeur du pays et même au-delà des frontières nationales.

En 1885, lorsque l'on compléta le premier chemin de fer transcontinental, 60 familles sur 100 étaient impliquées dans la production agricole. De nos jours, on n'en compte plus que 3 familles sur 100. Les fermiers disposent maintenant d'un véritable arsenal technologique et leurs fermes n'ont rien à envier à la grande entreprise avec ses ordinateurs et son équipement sophistiqué.

Des techniques de reproduction améliorées, le contrôle des maladies et une gestion des sols plus efficace ont transformé l'agriculture en une méga-industrie. Si les fermes ontariennes sont

moins nombreuses qu'autrefois, en revanche, elles sont plus productives qu'il y a dix ans à peine. Les 73 000 fermiers de l'Ontario, qui cultivent 3,6 millions d'hectares de terre, produisent, à eux seuls, le quart de la production canadienne. L'Ontario compte plus de fermes d'élevage que toute autre province et il est le principal producteur canadien de volaille, d'oeufs, de moutons, de fruits et de maïs, production exportée en grande partie outre-mer. En 1986, l'Ontario exportait 2 milliards de dollars de produits agricoles dans 50 pays du monde. Les fermes laitières et avicoles sont concentrées dans le sud-ouest de la province, une région fertile où se retrouvent les villes de London et Kitchener-Waterloo. Il y a aussi des fermes laitières dans la péninsule de Bruce, la vallée de l'Outaouais et dans les terres basses à l'est de Kingston. La péninsule de Niagara est, pour sa part, réputée pour sa production de fruits et de légumes. Un climat plus doux et une période de croissance plus longue qu'ailleurs dans la province permettent la culture des pêches, des pommes et du raisin (la région est aussi reconnue pour sa production vinicole).

L'agriculture ontarienne a suscité le développement d'une industrie agro-alimentaire tentaculaire. Le transport, la préparation et la conservation des aliments entraînent des retombées dans d'autres secteurs de l'économie tels que l'industrie chimique (fabrication de pesticides, d'engrais, etc.), le pétrole et les produits du charbon ainsi que l'équipement de transport. Plutôt que de se concentrer dans les zones rurales, l'activité économique ainsi engendrée se déplace vers des centres urbains comme London et Toronto.

FORESTERIE

À la fin du 18e siècle, l'agriculture ontarienne n'en était qu'à ses débuts. La forêt et les industries connexes comme la production de pâte et de papier tenaient alors le haut du pavé. Un rapport de 1867 affirme même que « l'exportation des produits de la forêt équivaut et parfois même surpasse certaines années celle des produits de la ferme ... »

L'industrie du bois prit son essor en Ontario avec les Guerres napoléoniennes (1799-1815) alors que la Grande-Bretagne se tourna vers le Canada pour ses approvisionnements en bois. L'armée de Napoléon occupait alors presque toute l'Europe, coupant l'accès aux marchés traditionnels de la Grande-Bretagne; afin de continuer d'assurer sa suprématie sur les mers,

from oil-based energy, opting instead for power produced by gas, coal, or water. During the last five years, electricity consumption has risen by some 38 percent.

Despite the rise in consumption, the cost of Ontario's energy is low. In 1985 the province's total energy bill amounted to around $14 billion, one-tenth of the value of all goods and services produced in the province. Lower costs have partly come about because of a shift from the manufacturing sector, which is a heavy user of energy, to the service sector. Service industries such as banking, insurance, accounting, investment, law, tourism, and recreation now generate around 60 percent of the province's total economic output, 10 percent more than 15 years ago. The service sector also accounts for 73 percent of all jobs in Ontario, a figure expected to rise to 80 percent by the beginning of the twenty-first century.

AGRIBUSINESS

The railway era heralded a technological explosion, as did the discovery of electricity. Both gave a tremendous boost to industrialization. The agriculture business originated in this era. Farmers, who up until then had produced only enough food to feed their families, now became major producers of fruit, wheat, and livestock, which they sold around the country and overseas.

By 1885, when the first transcontinental rail line was completed, 60 families out of every 100 were involved in the production of food. Today, a century later, only about 3 families in every 100 are agricultural producers. Modern farmers have, of course, all kinds of technological aids at their fingertips. Using minimum manpower, they run their farms like factories, with computers and sophisticated machinery.

Improved breeding techniques, disease

control, and efficient soil management have turned farming into a mega industry. Ontario's farms are less numerous but larger than ever before, and they are much more efficient than even a decade ago. The province's 73,000 farmers, who work 3.6 million hectares of land, produce a quarter of Canada's entire agricultural output. Ontario has more livestock farms than any other province, and it is the country's largest producer of poultry, eggs, mutton, fruit, and corn. Much of the produce is shipped overseas. In 1986 Ontario exported almost $2 billion in food products to 50 countries around the globe.

Most of the province's dairy and chicken farms are in southwestern Ontario, a fertile tract of land that encompasses cities such as London

Above: Ontario's pulp and paper mills, such as this one in Marathon on the northern coast of Lake Superior, produce one-fifth of Canada's newsprint. Photo by Brian Milne/First Light

Ci-dessus: Les usines de pâtes et papiers ontariennes, comme celle-ci à Marathon, sur la rive nord du lac Supérieur, produisent un cinquième du papier journal canadien. Photo Brian Milne/First Light

la Royal Navy dut s'approvisionner ailleurs en matière première. Par bonheur, l'Ontario disposait de forêts en abondance.

À mesure que les établissements des premiers colons se transformaient en municipalités puis en villes, de moyen de survie, l'industrie du bois, tout comme l'agriculture, devint une industrie hautement sophistiquée. Les scieries qui hier encore approvisionnaient les localités environnantes se transformaient en véritables complexes industriels. L'Ontario figure de nos jours parmi les principaux exportateurs de produits de la forêt, un secteur qui emploie 75 000 personnes dans la province. En 1985, le Canada exportait 16,2 milliards de dollars de produits forestiers, soit 22 pour cent de la production mondiale. Le Canada produit 32 pour cent du papier journal mondial: or, un cinquième de cette production provient des usines ontariennes.

On exploite présentement quelque 425 000 kilomètres carrés de forêt, des terres de la couronne dans la plupart des cas, administrées par le ministère des Richesses naturelles. Ces terres se trouvent surtout dans la partie septentrionale de la province. Les scieries de Hearst, Chapleau et Thunder Bay transforment le bois en pâte et papier ou en bois d'oeuvre et l'acheminent vers le sud où on l'utilise dans la construction d'usines et de résidences.

La forêt ne tombe cependant pas toute sous le couperet de l'industrie: une bonne partie est conservée à l'intérieur de parcs provinciaux. On permet la coupe dans certaines zones des parcs, alors que d'autres zones sont conservées à l'état sauvage, une politique à laquelle s'opposent les écologistes mais qui s'avère rentable pour la province sur les deux plans. Ces parcs vierges attirent des vacanciers qui contribuent à l'essor de l'industrie touristique, le troisième secteur en importance dans le nord de l'Ontario. L'arrière-pays offre en effet une foule d'activités de plein air: chasse et pêche, randonnée pédestre, cyclisme, canotage et ski, entre autres.

LES MINES
Le nord de l'Ontario regorge aussi de métaux précieux, de sels et de minerais. La roche

Un mineur sur sa chargeuse dans les gradins de la mine d'or de Renabie. Photo Ken Davies/Masterfile

Operating a scooptram, a miner works the Stope gold mine in Renabie. Photo by Ken Davies/Masterfile

and Kitchener-Waterloo. Other dairy farms are found in the Bruce Peninsula, the Ottawa Valley, and the gently rolling lowlands east of Kingston. The Niagara Peninsula is the province's vegetable and fruit garden. Peaches, apples, and grapes thrive here (this is an important wine producing region) thanks to a mild climate that allows a longer growing season than in most parts of the province.

Ontario's agribusiness has spawned a massive food processing industry. The moving, preparing, and preserving of food has an impact on other areas of economic endeavor, such as the manufacturing of chemicals (pesticides and the like), petroleum and coal products, and transportation equipment. The bulk of the economic activity that it produces takes place not on farms, but, rather, in urban centres like London and Toronto.

FORESTRY

Back in the late eighteenth century, Ontario's agriculture business was still in its infancy and, for a while, lumbering and its related industries, the production of pulp and paper, almost eclipsed it. According to a report written in 1867, "the exports of products of the forest frequently approached and in some years exceeded, those of the products of agriculture . . ."

Ontario's lumber industry took off during the Napoleonic Wars (1799-1815) when Britain, desperate for timber, turned to Canada for supplies. Napoleon's armies were occupying much of Europe, cutting off England's traditional markets, and the Royal Navy had to search for raw materials elsewhere to maintain and build the ships that ensured its supremacy at sea. Happily, Ontario had an unlimited supply of trees.

As the pioneer settlements expanded into towns and, later, cities, lumbering, like farming, moved from a self-sufficient activity into a highly technical industry. Sawmills, which had hitherto served local communities, grew into million-dollar factories. Today Ontario is among the world's leading exporters of forest products, and its lumber industry employs 75,000 people. In 1985 Canada exported $16.2 billion of lumber and wood products, representing 22 percent of the world's total. The country produces 32 percent of the world's newsprint. One-fifth of that comes from the pulp and paper mills of Ontario.

Some 425,000 square kilometres of forest are currently under development. Most of it is Crown land owned by the province and managed by the Ministry of Natural Resources. The forests are primarily in the underdeveloped northern part of the province. Mills in towns such as Hearst, Chapleau, and Thunder Bay process the lumber and ship it south as pulp and paper or prepared wood, where it is used in the construction of factories and homes.

Not all of the trees are used for logging. Much of the forest is provincial parkland. Some parks permit partial logging in controlled areas (a policy that has led to ongoing conflicts between environmentalists and pulp and paper companies). Others are designated "wilderness" areas, where no industry is allowed. Both generate revenue for the province. Wilderness parks attract vacationers who like the great outdoors, and they boost the profits from tourism, the third-largest industry in the north. Ontario's uncrowded hinterland offers a wealth of sporting attractions—fishing, hunting, hiking, biking, canoeing, and skiing, to name a few— and it attracts thousands of tourists.

MINING

Northern Ontario is also rich in precious metals, salts, and minerals. The ancient rock of the Canadian Shield, which covers 65 percent of the province, is veined with nickel, copper, gold, uranium, zinc, and platinum. Metals are mined and refined in cities such as Sudbury (nickel and copper), Cobalt (silver), Elliot Lake (uranium), Timmins and Ignace (zinc), and Kirkland Lake

A hardrock miner emerges from the Hemlo gold mine near Marathon. Hemlo is one of Ontario's newest and richest mines. Photo by Dawn Goss/First Light

Un mineur à la sortie de la mine d'or Hemlo près de Marathon. Récemment mise en exploitation, cette mine est aussi une des plus riches en minerai. Photo Dawn Goss/First Light

L'acheminement rapide et efficace des matières premières du nord de l'Ontario vers le sud se fait par l'intermédiare d'un réseau de transports élaboré. On voit ici la route transcanadienne, dans le nord de l'Ontario. Photo Mike Dobel/Masterfile

Ontario's extensive transportation network facilitates the efficient and swift movement of raw materials from the north to the south. This stretch of the Trans-Canada Highway is located in northern Ontario. Photo by Mike Dobel/Masterfile

précambrienne du Bouclier canadien, qui couvre 65 pour cent de la province, contient du nickel, du cuivre, de l'or, de l'uranium, du zinc et du platine. Ces métaux sont exploités et raffinés dans des villes comme Sudbury (nickel et cuivre), Cobalt (argent), Elliot Lake (uranium), Timmins et Ignace (zinc) et Kirkland Lake (fer). On trouve aussi dans toute la province du sel, du cobalt et du cadmium. Au Canada, il n'y a que l'Ontario qui produit du calcium, du magnésium et de la nepheline syenite. Il existe aussi des dépôts de chaux, de sable, de roche et de gravier, matériaux utilisés dans l'industrie de la construction.

L'industrie minière a joué un rôle de premier plan dans le développement de la province. Le Canada tient le haut du pavé parmi les pays exportateurs de minerais et l'Ontario est, après l'Alberta, la deuxième province productrice,

s'arrogeant 14,2 pour cent du total canadien.

Selon des chiffres compilés par Statistique Canada, les mines ontariennes produisaient en 1986 des métaux d'une valeur estimée à 4,8 milliards de dollars. Le nickel à lui seul, qui est surtout exploité dans la région de Sudbury, représentait une valeur de 815 millions de dollars. C'est un métal résistant, stable et à l'épreuve de la corrosion qui a de nombreux usages domestiques et industriels et entre, pour une large part, dans la fabrication de l'acier inoxydable. Deuxième métal en importance pour la valeur de ses expéditions, qui atteignaient 765 millions de dollars, l'or a fait l'objet ces dernières années de recherches intensives qui ont permis d'augmenter sensiblement le rendement des mines. Hemlo, l'une des plus récentes installations ontariennes et la plus riche mine d'or au Canada, a produit environ 400 000 onces d'or en 1990 d'une valeur d'environ 1,37 milliard de dollars.

TRANSPORT

Deux facteurs expliquent la position concurrentielle de l'industrie minière ontarienne: l'apport technologique et l'excellent système de transport de la province. Un vaste réseau de routes, de chemins de fer et de relais aériens permet le transport efficace et rapide des matières premières du nord vers les marchés du sud. Entre l'Ontario et son principal marché, les états du centre et de l'est des États-Unis, s'étendent 21 000 kilomètres d'autoroutes et 160 000 kilomètres de routes secondaires, assurant un accès des plus aisés.

Le système routier de la province découle tout naturellement de son industrie automobile. Au début du siècle, on roulait encore en grande partie sur des chemins de terre, plus fiables en hiver lorsque le sol était gelé qu'au printemps ou en automne lorsque chevaux et attelages s'enlisaient dans la boue des chemins. Toronto, alors nommée York, s'était mérité le sobriquet de « York la boueuse » tellement ses chemins étaient mauvais. Une anecdote veut même que tout ce qui resta un jour d'un infortuné voyageur et de son cheval fut le chapeau qu'on trouva au coin d'une rue.

L'avènement de l'automobile força l'amélioration des routes. Un groupe d'hommes d'affaires de Windsor fonda en 1904 la Ford Motor Company of Canada, lançant du même coup l'industrie automobile canadienne. Quatre ans plus tard, un industriel d'Oshawa du nom de Robert Samuel McLaughlin commença à

Linking the Great Lakes with the St. Lawrence River, the St. Lawrence Seaway has been a major contributor to commerce between Canada and the United States. Photo by J.A. Kraulis/Masterfile

Reliant les Grands Lacs au fleuve Saint-Laurent, la Voie maritime du Saint-Laurent a largement contribué aux échanges commerciaux entre le Canada et les États-Unis. Photo J.A. Kraulis/Masterfile

(iron). Throughout the province one also finds salt, cobalt, and cadmium. Ontario is Canada's only source of calcium, magnesium, and nepheline syenite. As well, there are deposits of lime, sand, stone, and gravel, which are used in the construction industry.

The minerals industry has been a major factor in Ontario's development. Canada leads the world in value of mineral exports. Alberta produces the most. Ontario contributes the second-largest share—14.2 percent of the total output of the country.

According to Statistics Canada, in 1986 (the most recent date for which figures are available) the province's mines generated a healthy $4.8 billion of metals. Nickel mining alone yielded around $815 million. Nickel, which is produced mainly in and around Sudbury, is a strong, stable, corrosion-resistant metal that has many domestic and industrial uses. Fifty percent of all refined nickel is made into stainless steel. Gold was the next most profitable metal, generating $765 million. Extensive research and development in recent years has boosted gold production even further. One of Ontario's newest (and Canada's richest) mines, in Hemlo, produced approximately 400,000 ounces of gold in 1990, worth an estimated $1.37 billion.

TRANSPORTATION

Technological development has kept Ontario's mining industry highly competitive. So has the province's transportation system. Ontario has a wide network of road, rail, and air links, capable of moving raw materials from the north to the south efficiently and quickly. Twenty-one thousand kilometres of highways and more than 160,000 kilometres of secondary roads give easy access to Ontario's prime market—the 100 million or so consumers who live in the eastern and central United States.

Ontario's road system is directly linked to the automobile industry. Until the turn of the century most of the province's roads were dirt tracks. In the 1800s people preferred to travel in winter when the earth was hard. In spring and fall, when the weather was damp and the highways turned to bogs, horses and buggies frequently got stuck. Toronto, when it was known as York, had such appalling roads that it earned the moniker "Muddy York." One joke going the rounds concerned a hat found on a street corner. It was said that this was all one could see of an unfortunate rider on horseback who had sunk into the quagmire.

With the coming of the automobile, the roads had to be improved. Canada's automobile industry was launched in 1904 in Windsor, Ontario, when a group of entrepreneurs formed the Ford Motor Company of Canada. Four years later Robert Samuel McLaughlin, an industrialist from Oshawa, began manufacturing car bodies for the Buick Motor Company in Flint, Michigan. His business quickly grew to the point where, in 1918, he decided to merge with the Chevrolet Motor Company of Canada. The new firm was known as General Motors of Canada Limited. By the mid-1920s the Oshawa plant had 3,000

A l'ombre des tours à bureaux du centre-ville, le traversier Toronto Island sillonne les eaux du lac Ontario. Photo Ron Watts/First Light

Dwarfed by downtown's office towers, the Toronto Island ferry plys the waters of Lake Ontario. Photo by Ron Watts/First Light

changements. Comme ce fut le cas un siècle plus tôt, des immigrants européens, fuyant les effets dévastateurs de la Première Guerre mondiale, affluèrent vers l'Ontario, à la recherche d'une vie meilleure. Ils étaient au moins assurés d'un emploi, particulièrement dans la province qui allait prendre la tête de l'économie canadienne.

La croissance de l'Ontario subit un revers avec le krach de 1929 et la dépression qui s'ensuivit. Le gouvernement tenta tant bien que mal de lancer des projets pour donner de l'emploi à des milliers de chômeurs mais, il fallut attendre le début de la Seconde Guerre mondiale pour que les choses se rétablissent. (L'un de ces projets vit la construction du Queen Elizabeth Way entre Toronto et l'état de New York. Avec ses quatre voies, on le comparait aux grandes routes de l'Europe, telles que les autobahns de Hitler et les autostradas de Mussolini.)

Après la guerre, l'économie ontarienne prit vraiment son essor. On développa et améliora le système de transport. Toronto entreprit la construction d'un métro afin de relier le centre-ville aux banlieues environnantes qui poussaient comme des champignons. On compléta aussi en 1959 la Voie maritime du Saint-Laurent, un projet gigantesque qui impliquait la construction de barrages et d'écluses permettant de relier les Grands Lacs au fleuve Saint-Laurent.

Ces grands travaux n'auraient pu être menés à bien sans le labeur de milliers d'immigrants. Les nouveaux arrivants, chassés encore une fois d'Europe par les horreurs de la guerre, affluaient au pays à un rythme inégalé et le taux de naissance se mit à grimper de façon telle que la population de l'Ontario passait à 4 millions de personnes en 1951, 3 millions de plus qu'en 1901.

La formation et l'acharnement à la tâche de ces immigrants, qui arrivaient de pays aussi divers que l'Italie, la Grande-Bretagne et l'U.R.S.S., allaient contribuer à la richesse de la province. Leurs langues et leurs coutumes ont ajouté de la couleur et un certain dynamisme à toutes les facettes de la société ontarienne: le monde des affaires, la politique, la restauration, jusque dans les rues qui résonnent des accents de tous les coins du monde.

Plus d'une soixantaine d'ethnies, Allemands, Portugais, Chinois, Ukrainiens, Flamands, Polonais et Grecs, pour n'en nommer que quelques-unes, se sont établies à demeure. Ces immigrants se sont joints aux quelque 500 000 Franco-Ontariens (le plus important groupe francophone à l'extérieur du Québec) et aux 77 000 autochtones, dont la majorité parle

assembler des châssis pour la Buick Motor Company de Flint, Michigan. Son entreprise crût à un tel rythme qu'en 1918 il fusionnait avec la Chevrolet Motor Company of Canada et formait la General Motors of Canada Limited. Au milieu des années 1920, l'usine d'Oshawa comptait 3 000 employés et produisait plus d'automobiles que ne le faisait le Canada tout entier. GM demeure aujourd'hui le plus grand fabricant de camions et d'automobiles au Canada. En 1986, la compagnie affichait des ventes de 18,5 milliards de dollars, détenait des actifs d'une valeur de 4,7 milliards de dollars et comptait 45 994 employés.

Les années 1920 amenèrent de grands

employees, and it was producing more cars than the rest of the country combined. Today GM is Canada's largest manufacturer and distributor of cars and trucks. In 1986 it had sales of $18.5 billion, assets of $4.7 billion, and 45,994 employees.

The 1920s were years of tremendous change. As had been the case a century earlier, immigrants flooded into Ontario. Driven from Europe by the devastation of the First World War, they sought a new life in Canada, where jobs were readily available—particularly in the province that was to turn into the country's powerhouse.

Ontario's economic upswing suffered a setback during the Wall Street Crash of 1929 and the Depression that followed. The government attempted to keep things on an even keel, devising "make work" schemes for the thousands who were unemployed, but the economy remained depressed until the beginning of World War II. (One such "make work" project was the building of the Queen Elizabeth Way, which links Toronto with New York State. Four lanes wide, the "super highway" was, at the time, compared to the great roads of Europe, such as Hitler's autobahns and Mussolini's autostradas.)

After the war Ontario's economy took off. Transportation systems were extended and improved. Toronto started building a subway to link the downtown core with the suburbs that had sprung up around the city. The St. Lawrence Seaway, a massive project involving the building of numerous dams and locks linking the Great Lakes with the St. Lawrence River, was completed in 1959.

These monumental engineering schemes could not have been built without the help of hundreds of immigrants. New Canadians, driven once more from Europe by the chaos of war, flooded into the country as never before. The birth rate soared. By 1951 Ontario's population had jumped to 4 million, 3 million more than in 1901.

The immigrants, who came from countries as diverse as Italy, Britain, and the U.S.S.R., brought with them much-needed skills and a commitment to hard work that has contributed greatly to the wealth of the province. Their languages and customs have added spice and energy to all aspects of Ontario society— business, politics, food, and even the languages heard on the street.

Ontario is home to people from more than 60 distinct cultures—German, Portuguese, Chinese, Ukrainian, Flemish, Polish, and Greek, to name a few. Not all of these cultures have come from overseas. The province has around 500,000 francophones (Canada's second-largest French-speaking population outside Québec) and 77,000 native people, some of whom speak Algonquian

Nighttime transforms downtown Toronto into a dazzling display of illuminated high rises. Photo by Ron Watts/First Light

Dès la tombée de la nuit, les gratte-ciel du centre-ville de Toronto brillent de tous leurs feux. Photo Ron Watts/First Light

Sur les rives du lac Ontario, au pied du « vieux » Toronto, le Harbourfront réunit de bonnes tables, des boutiques exclusives et des salles de spectacles. Photo Bill Brooks/Masterfile

Located on the water at the foot of Toronto's old downtown, Harbourfront features fine eateries, upscale shops, and a variety of entertainment. Photo by Bill Brooks/Masterfile

l'algonquien ou l'iroquoien, les deux principales langues autochtones de l'Ontario.

TORONTO, CHEF DE FILE DE LA FINANCE ET DE L'INDUSTRIE

La capitale ontarienne, Toronto, a été fondée en 1793 par le lieutenant-colonel John Graves Simcoe, premier gouverneur du Haut-Canada. Quoiqu'il ne s'agissait guère plus à l'époque que d'un campement amérindien (Toronto veut dire « lieu de rencontre » et fait référence au point de départ du sentier de portage entre les lacs Ontario et Huron), Simcoe y vit l'endroit idéal d'où défendre le lac Ontario, alors le centre de la colonie britannique.

S'il visitait Toronto de nos jours, Simcoe n'en reviendrait tout simplement pas! Toronto se compose maintenant de six centres urbains: Toronto, North York, Scarborough, Etobicoke, York et East York. Plus d'un tiers de la population de l'Ontario y est concentrée. Le campement d'hier foisonne de centres commerciaux, de tours d'habitation et d'édifices à bureaux de verre et de béton.

Toronto est devenu le principal centre financier et industriel du Canada. Sa population est riche. En 1987, les 3 427 168 Torontois avaient touché un salaire annuel total de 53,9 milliards de dollars. Les statistiques de cette même année pour la Région métropolitaine de recensement de Toronto indiquaient que Toronto venait en tête au pays en termes d'emploi, de nouvelle construction, de ventes au détail et de production. Ces mêmes données révélaient que Toronto comptait 7 500 entreprises de fabrication et que la valeur des permis de construction dépassait 7,5 milliards de dollars, soit plus de 34 pour cent de l'activité de construction au Canada.

L'économie torontoise est diversifiée mais, c'est le tourisme qui l'emporte en termes de revenu. En effet, Toronto est la première destination au pays: en 1987, 17,6 millions de visiteurs s'y sont rendus et y ont dépensé quelque 2,65 milliards de dollars, dont 460 millions de dollars dans le cadre de congrès. En 1988, la ville accueillait le Sommet économique, où se réunissaient des leaders financiers des quatre coins du monde. La même année, les 2 500 délégués des sociétés américaine et canadienne de gestionnaires d'associations tenaient une assemblée générale conjointe à Toronto. La force du secteur manufacturier torontois n'a d'égale que sa diversité: équipement de transport, aliments et boissons,

matériel électronique, produits chimiques, métaux. Un secteur des services dynamique, un système de transport achalandé et un commerce de gros et de détail florissant viennent compléter ce portrait économique. On retrouve à Toronto quelques-uns des centres commerciaux les plus grands et les plus modernes au Canada: Yorkdale, Fairview Mall, Queen's Quay

or Iroquoian, the two major Indian languages in Ontario.

TORONTO—FINANCIAL AND INDUSTRIAL LEADER

Toronto, Ontario's capital, was founded in 1793 by Lieutenant Colonel John Graves Simcoe, Upper Canada's first governor. Although it was little more than an Indian campsite at the time (Toronto means "place of meeting," referring to the start of a portage route between Lake Ontario and Lake Huron), Simcoe reckoned that it would be the ideal spot from which to defend Lake Ontario, then the heart of the British colony.

Simcoe would be astonished to see Metropolitan Toronto today. Metro is made up of

La ville d'Ottawa s'enorgueillit de ses nombreux espaces verts: plus de 80 kilomètres de pistes cyclables agrémentées de parcs, d'arbres, d'aires de pique-nique et de sentiers longent le canal Rideau et la rivière Outaouais. Photo Jessie Parker/First Light

Ottawa is blessed with abundant parkland, boasting more than 80 kilometres of bike trails, green space, trees, paths, and picnic areas that wind around the Rideau Canal and Ottawa River. Photo by Jessie Parker/First Light

Terminal, Sherway Gardens, le Hudsons's Bay Centre, Sheridan Mall et le Scarborough Town Centre. Le Centre Eaton, une galerie marchande à l'architecture audacieuse comprenant plus de 300 magasins, est devenu l'une des principales attractions touristiques de la ville et attire chaque année plus de 60 millions de personnes.

La ville souterraine offre plus de 1 000 magasins, restaurants et boutiques à l'intérieur d'un mail de 6 kilomètres s'étendant à plus de huit pâtés de rues. Ce dédale de couloirs relie 30 tours à bureaux, 3 hôtels et 5 stations de métro entre l'hôtel de ville et la station Union.

Derrière ses enseignes se profilent des entreprises nationales et internationales. Des noms comme Benetton, Christian Dior et Yves Saint-Laurent sont monnaie courante mais, c'est la petite entreprise qui l'emporte haut la main ces dernières années en termes de croissance. En 1986, les petites entreprises de 50 employés ou moins représentaient 94 pour cent des affaires torontoises.

Toronto a toujours été, bien entendu, une ville d'avenir mais le boom économique des dernières années a suscité une croissance phénoménale de la petite entreprise. En contrepartie, la mondialisation des grandes entreprises a provoqué d'importantes réductions de personnel. Les cadres ainsi licenciés ont choisi dans bien des cas de créer leur propre entreprise, profitant du fait que les grandes entreprises, afin de réduire leurs dépenses, préfèrent donner certaines tâches en sous-traitance à de petites entreprises. Les progrès de l'informatique et des technologies de bureau ont beaucoup aidé en ce sens. Grâce à un équipement des plus

sophistiqués et de plus en plus abordable, la petite entreprise peut maintenant concurrencer et compléter la grande entreprise, chose tout à fait inconcevable il y a dix ans à peine.

Témoin de ces changements, la Chambre de commerce de l'Ontario, de concert avec le gouvernement ontarien, Xerox et Price Waterhouse, a formé, en novembre 1986, COIN (Computerized Ontario Investment Network). Grâce à la collaboration d'autres chambres provinciales, ce programme prenait en 1989 une envergure nationale sous l'appellation Canadian Opportunities Investment Network. Offert par les chambres locales à travers le Canada, le

The Ottawa skyline sparkles in this view from Hull, Québec, across the Ottawa River. Located on the border of Ontario and Québec, Ottawa is the political touchstone of Canada. Photo by Bill Brooks/Masterfile

Vue de la ville d'Ottawa, depuis Hull, de l'autre côté de la rivière Outaouais, dans la province de Québec. Située en Ontario, tout près de la frontière québécoise, Ottawa est le centre politique du Canada. Photo Bill Brooks/Masterfile

six urban centres—Toronto, North York, Scarborough, Etobicoke, York, and the Borough of East York—and it is home to over one-third of Ontario's population. The region bristles with shopping centres, apartment blocks, and glass-and-concrete office towers—a far cry from Simcoe's fledgling settlement.

Toronto has evolved into Canada's leading financial and industrial centre. It has a wealthy population. In 1987 Metro's 3,427,168 residents earned a combined annual income of $53.9 billion. That year the CMA (Census Metropolitan Area) indicated that Toronto led the country in employment opportunities, new building activity, retail sales, and manufacturing. The CMA figures indicated that there were 7,500 manufacturing businesses in Metro, and that the total value of building permits was more than $7.5 billion, representing more than 34 percent of all construction activity in Canada.

Metro's economic activity is diverse. Its prime industry is tourism. Toronto is the number one destination in the country. In 1987, 17.6 million visitors came to the city, generating direct expenditures of $2.65 billion of which $460 million was earned by conventions. In 1988 the city hosted the prestigious Economic Summit that brought together financial leaders from

Le Parlement du Canada, un imposant édifice gothique, fait toute la fierté d'Ottawa. Des agences municipales, régionales, provinciales et fédérales fournissent de l'emploi à une bonne partie des habitants de la ville. Photo Devries Mikkelsen/ First Light

Ottawa's stately, Gothic-style Parliament Building (the east block of which is shown here) makes an imposing sight. City, regional, provincial, and federal government agencies employ a significant portion of the city's work force. Photo by Devries Mikkelsen/First Light

programme permet d'assortir entrepreneurs et investisseurs. Un entrepreneur peut ainsi trouver du capital de départ plus facilement et plus rapidement, ce qui n'est pas toujours évident lorsqu'il transige avec les grandes institutions financières.

Même ces piliers de la finance que sont les banques canadiennes ont dû repenser leurs pratiques. Avec la déréglementation, la concurrence se fait féroce. Le marché est maintenant ouvert aux investisseurs étrangers et la Bourse de Toronto (le TSE) grouille d'activité. Le TSE compte parmi les dix plus importantes bourses du monde pour la valeur de ses transactions; il occupe le troisième rang en Amérique du Nord. Seul Wall Street le surpasse en termes de volume transigé.

OTTAWA, CENTRE DE DÉCISIONS

Alors que Toronto tient le haut du pavé dans le monde de la finance, Ottawa détient le pouvoir politique. Centre du gouvernement, la capitale canadienne avec ses 600 000 habitants se situe dans la région métropolitaine d'Ottawa-Carleton, sur la frontière entre le Québec et l'Ontario. Les rues de la capitale résonnent des accents français et anglais mais aussi de ceux de douzaines d'autres langues. En plus d'être le siège du gouvernement, Ottawa abrite en effet plus de 90 ambassades et hauts commissariats et

de nombreux organismes nationaux et internationaux qui transigent avec le monde entier. Mentionnons, entre autres, la Société pour l'expansion des exportations et l'Agence canadienne de développement international.

Les premiers habitants d'Ottawa, pour la plupart des bûcherons et des durs à cuire peu renommés pour leur finesse, seraient bien étonnés du tour des événements. Il faut croire que la reine Victoria avait vu juste en choisissant Ottawa comme capitale du Canada pour son côté pittoresque et stratégique (Ottawa est situé sur la rivière Outaouais qui sépare le Québec et l'Ontario).

Ottawa devint capitale lors de la Confédération en 1867 mais, jusqu'à la Première Guerre mondiale, son économie demeura largement tributaire de la coupe du bois. Le secteur gouvernemental ne prit vraiment son essor qu'au lendemain de la Seconde Guerre mondiale: les agences municipales, régionales, provinciales et fédérales fournissent maintenant de l'emploi à des milliers de personnes qui s'avèrent à leur tour une ressource inestimable pour les organismes et les entreprises d'un bout à l'autre du pays.

Ottawa est reconnu comme le principal centre de décisions du pays. Les gens d'affaires y ont accès aux principaux preneurs de décisions et à l'expertise de diplomates, de politiciens et de

Ottawa's eight-kilometre Rideau Canal stretches from the city's Arts Centre to Dow's Lake and offers an ideal setting in which to ice skate during the winter season. Photo by Devries Mikkelsen/First Light

Le canal Rideau, à Ottawa, d'une longueur de huit kilomètres, se transforme en patinoire l'hiver. Il relie le Centre national des arts au lac Dow's. Photo Devries Mikkelsen/First Light

around the world. The same year the 2,500 delegates of the Canadian and American Societies of Association Executives also held a joint annual meeting in Metro.

Toronto's manufacturing sector is strong, and it produces all kinds of goods—transportation equipment, food and beverages, electronic products, chemicals, and metals. The manufacturing industry is balanced by an active service sector, a busy transportation system, and a thriving wholesale and retail trade. The Toronto area includes many of Canada's largest and most modern shopping centres—Yorkdale, Fairview Mall, Queen's Quay Terminal, Sherway Gardens, the Hudson's Bay Centre, Sheridan Mall, and the Scarborough Town Centre. The Eaton Centre, a glass-roofed galleria, has become one of the city's main tourist attractions. Encompassing more than 300 stores, it attracts over 60 million people annually.

Underneath the city is another maze of shops, restaurants, and boutiques. More than 1,000 retail outlets line 6 kilometres of underground shopping concourses that stretch for more than 8 blocks. This subterranean world links 30 office towers, 3 hotels, and 5 subway stations between city hall and Union Station.

Many of these businesses are owned by national and international corporations. Designer names, such as Benetton, Christian Dior, and Yves St. Laurent are as common here as on the streets of Paris or London. But the most phenomenal growth in recent years has been in the area of small business. In 1986 alone, small, entrepreneurial companies with 50 or fewer employees represented an astonishing 94 percent of all business conducted in Metro.

Toronto, of course, has long been a city of opportunity, but the economic boom of recent years has spurred the growth of small business beyond all expectations. Moreover, the rapid globalization of large companies has resulted in massive reductions in staff. Laid-off managers who have suddenly found themselves without jobs, have opted more and more to start their own companies. As well, large organizations, in an effort to cut costs, have subcontracted work previously done by staff, farming it out to small firms. The advances in computers and related technology have allowed entrepreneurs to step in. With the help of sophisticated, easily available tools, they can compete with and complement mega-corporations in a manner inconceivable a decade ago.

Recognizing these trends, the Ontario Chamber of Commerce, together with the government of Ontario, Xerox, and Price Waterhouse, established COIN (Computerized Ontario Investment Network) in November 1986, and, in 1989, turned it into a national venture

L'Université Queen's, fondée en 1841, fait partie de l'héritage écossais de la ville de Kingston; elle injecte en moyenne 150 millions de dollars par année dans l'économie de cette ville.
Photo Derek Caron/ Masterfile

Founded in 1841 in the Scottish tradition, Queen's University contributes an average of $150 million to the Kingston economy each year.
Photo by Derek Caron/ Masterfile

spécialistes des secteurs privé et public. Les tonnes de statistiques et de rapports produits dans les bureaux du gouvernement à Ottawa et à Hull, sa voisine, permettent aux entreprises et aux organismes de prendre des décisions plus éclairées.

Le poids politique d'Ottawa a aussi attiré nombre d'associations nationales (262 au dernier compte) ainsi que des organismes de recherche comme le Centre de recherches sur les communications, le Conseil national de la recherche du Canada et l'Institut de recherche Ottawa-Carleton, un organisme à but non lucratif qui collige les ressources du gouvernement, du secteur privé et de l'enseignement.

La Chambre de Commerce du Canada, la plus importante et la plus représentative association d'affaires canadienne, a pignon sur rue à Ottawa. De ses bureaux donnant sur la Colline parlementaire, la Chambre suit l'actualité fédérale et internationale, et transmet l'opinion de la communauté d'affaires canadienne aux hommes politiques.

À l'activité gouvernementale est venue se greffer récemment la haute technologie. La région d'Ottawa-Carleton, qui englobe les municipalités d'Ottawa, de Nepean, de Gloucester, de Kanata, de Cumberland, de Vanier, de Goulbourn, de West Carleton, de Osgoode, de Rideau et de Rockliffe Park, s'est mérité le titre de « Vallée canadienne du silicone »

pour le nombre d'entreprises d'informatique et de communications qui y ont élu domicile. Parmi celles-ci, mentionnons Bell Canada, Recherches Bell Northern, Northern Telecom et Digital Equipment du Canada. Les 124 fabricants de logiciels de la région emploient 4 500 personnes et, selon la Société d'expansion économique d'Ottawa-Carleton, les 136 manufacturiers de composantes informatiques de la région emploient quant à eux 24 000 personnes, niveau qui a augmenté de 8,4 pour cent par année au cours des cinq dernières années.

L'informatique et le gouvernement sont des activités non polluantes. Ottawa-Carleton possède des parcs en abondance: plus de 80 kilomètres d'espaces verts, arbres, fleurs, sentiers, endroits pour pique-niquer et pistes cyclables entourent le canal Rideau et la rivière Outaouais qui, avec les édifices parlementaires de style gothique et les lignes contemporaines du Musée des Beaux-Arts du Canada et du Musée canadien des civilisations, entre autres points d'intérêt, font d'Ottawa l'une des plus jolies villes du Canada.

KINGSTON, VILLE DOYENNE DE L'ONTARIO

Pour son apparence, Kingston, à mi-chemin entre Ottawa et Toronto, arrive bonne deuxième. Située sur le lac Ontario dans la région des Mille Iles, la ville compte au nombre de ses attractions un port, l'université Queen's, le collège militaire et une imposante garnison du 19e siècle, Old Fort Henry.

Reconnu pour ses édifices de pierre historiques, Kingston, fondé en 1838, est la plus ancienne ville de l'Ontario. Au début des années 1800, c'était l'agglomération la plus importante du Haut-Canada, le centre naval et militaire de la colonie britannique.

Lorsque le Haut-Canada (l'Ontario) et le Bas-Canada (le Québec) formèrent la province du Canada, Kingston en devint la capitale en 1841. À la fin du 19e siècle, elle avait cependant perdu beaucoup de son importance économique et militaire et, de nos jours, le tourisme, l'enseignement et les services correctionnels (on y retrouve plusieurs prisons) forment la base de son économie.

Les 116 000 travailleurs locaux trouvent à s'employer dans l'une des 150 entreprises de fabrication ou des 3 000 petites entreprises, à l'université Queen's, à la base des Forces armées canadiennes, au Collège militaire royal, au collège St. Lawrence ou au Service correctionnel

with the cooperation of the other provincial chambers. It is now known as the Canadian Opportunities Investment Network. COIN is a service operated through community chambers across the country that helps match up investors with would-be entrepreneurs. It enables entrepreneurs to find seed money easily and quickly—something that has not always been an easy task when dealing with large banks.

But even big banks are changing the way they do business. Competition in the financial world is fierce, thanks to recent deregulation. The money market is now open to foreign investors, and Toronto's stock exchange (the TSE) has become one of the busiest in North America. The TSE is ranked among the world's top 10 stock exchanges, and in terms of dollar value traded, it is the third-largest on the continent. In terms of volume traded, it is second only to Wall Street.

OTTAWA— "BRAIN CENTRE" OF CANADA

Toronto might be the financial capital of the country, but Ottawa is its political touchstone.

Home to some 600,000 people and the centre of government, Canada's capital lies within the metropolitan area of Ottawa-Carleton, on the border of Ontario and Québec. French and English are heard in equal measure on city streets, as are dozens of other languages. As well as being the seat of government, Ottawa is also the site of more than 90 embassies and high commissions and numerous national and international organizations that do business overseas, among them the Export Development Corporation and the Canadian International Development Agency.

Its international flavor would amaze the early residents of the town. They were mostly rough-and-tumble lumberjack types, not known for their political finesse. Queen Victoria, who chose Ottawa's site, however, knew what the city was about. Recognizing its picturesque and strategic setting (Ottawa is located on the Ottawa River, which divides Ontario from Québec), she proclaimed that it would make an ideal capital for the country.

Ottawa became the capital upon Confederation

Picturesque Kingston, situated on Lake Ontario halfway between Ottawa and Toronto, was once the capital of Canada. Photo by Barry Dursley/First Light

La pittoresque ville de Kingston, située sur le lac Ontario, à mi-chemin entre Ottawa et Toronto, fut à une époque la capitale du Canada. Photo Barry Dursley/First Light

Canada. Les principaux employeurs sont Du Pont Canada, Celanese Canada inc, Alcan et Urban Transportation Development Canadian Can Car de Kingston, qui fabrique des véhicules pour le ministère de la Défense nationale. La base des Forces armées et le Collège militaire royal, qui forme les officiers, emploient près de 5 000 personnes et contribuent plus de 250 millions de dollars chaque année à l'économie locale. Suit l'université Queen's, qui verse chaque année 151 millions de dollars dans les coffres de la ville.

Le tourisme est la troisième activité en importance. Il fournit plus de 8 000 emplois et, chaque année, les visiteurs dépensent plus de 100 millions de dollars à Kingston. La ville a en effet beaucoup à offrir: de bons hôtels et d'excellents restaurants ainsi que de nombreux musées qui relatent le rôle joué par Kingston dans le développement historique et économique de l'Ontario. Kingston est aussi un centre nautique: les épreuves de yachting des Jeux olympiques de 1976 s'y sont déroulées et, chaque été, les plaisanciers continuent d'affluer.

LE GOLDEN HORSESHOE

Entre Kingston et Toronto, au nord du lac Ontario, on trouve des villes prospères comme Belleville, Peterborough et Oshawa. L'industrie légère sous toutes ses formes constitue la base de l'économie de Belleville. Peterborough, pour sa part, dépend du tourisme, de l'agriculture et de l'université Trent. Oshawa, enfin, assemble des

automobiles. Tout comme Hamilton, Kitchener-Waterloo, Windsor et London, ces villes connaissent depuis quelques années un regain économique, le sud de l'Ontario, ou Golden Horseshoe comme on le surnomme, attirant depuis la fin de la récession du début des années 1980 des travailleurs qualifiés et des entrepreneurs provenant de tous les coins du pays.

LONDON

À deux heures d'automobile à l'ouest de Toronto, London (population 300 000) est sis en plein coeur de cette région prospère. Quoiqu'elle ait bénéficié, comme toutes les autres villes, de la reprise économique, son économie diversifiée et stable n'a pas autant souffert de la récession. London donne autant dans la transformation des aliments que l'assurance et compte de nombreux professionnels.

Bien des cadres et des dirigeants de grandes entreprises ont choisi de s'établir à London, appréciant sa stabilité, la régularité de sa croissance et la richesse de sa vie culturelle. (On y retrouve, entre autres, Orchestra London et le London Regional Art Gallery.) Les habitants de London sont riches et instruits; selon le *Financial Post,* leur pouvoir d'achat dépasserait de 14 pour cent la moyenne nationale et leur revenu disponible per capita serait de 5 pour cent supérieur à celui des Canadiens en général.

London poursuit sa croissance grâce à de grandes entreprises bien gérées qui ont établi

in 1867, but until the onset of World War I, its economy was still based on lumbering. The shift to government came after World War II. Municipal, regional, provincial, and federal government agencies provide employment for thousands of people, and their employees provide an invaluable resource for companies and organizations all over the country.

Ottawa is widely recognized as the "brain centre" of the land. Those wishing to do business have easy access to the country's top decision makers, and they can draw on the skills of diplomats, politicians, and government and industry specialists. Companies and corporations are able to make business decisions based on the reams of statistics and reports that pour forth daily from government offices in the city and from French-speaking Hull, just across the Ottawa River.

Because Ottawa is the political centre of the country, numerous national associations (262 at last count) have based themselves there, as have research organizations such as the Communications Research Centre, the National Research Council, and the Ottawa-Carleton

Research Institute, a non-profit co-operative that pools the resources of government, education, and industry.

Canada's largest and most representative business association, The Canadian Chamber of Commerce, is headquartered in the city. From offices overlooking Parliament Hill, the chamber monitors federal and international issues, solicits the views of the Canadian business community, and communicates them to policy makers in the government.

Ottawa's governmental activity has been augmented in recent years by high technology. The Ottawa-Carleton region, which comprises the municipalities of Ottawa, Nepean, Gloucester, Kanata, Cumberland, Vanier, Goulbourn, West Carleton, Osgoode, Rideau, and Rockcliffe Park, has been dubbed Canada's "Silicon Valley" because it is home to so many computer and communications companies, among them, Bell Canada, Bell Northern Research, Northern Telecom Limited, and Digital Equipment of Canada. The area's 124 computer software firms employ 4,500 people and, according to the Ottawa-Carleton Economic Development Corporation (OCEDCO), the 136

Located near historic Fort Henry, Royal Military College in Kingston trains officers of the Canadian Armed Forces. Photo by Derek Caron/Masterfile

Situé près de l'historique fort Henry, à Kingston, le Collège militaire royal du Canada forme les officiers des Forces armées canadiennes. Photo Derek Caron/Masterfile

leurs bureaux régionaux ou nationaux sur place, des entreprises du genre de la London Life, de Club House Foods, de Canada Trust, de Services financiers Avco, de Kellogg Salada et de la brasserie John Labatt. La plus ancienne entreprise de London, reconnue à travers l'Ontario pour ses bières et ses ales, John Labatt, compte année après année parmi les 40 compagnies les plus rentables du Canada.

Le collège Fanshawe, l'université de Western Ontario et les hôpitaux d'enseignement de London jouent aussi un rôle important dans l'économie locale. Les hôpitaux University, Victoria et Parkwood peuvent s'enorgueillir à juste titre de leurs équipements, de leurs centres de recherches et de leurs spécialistes, dont la renommée a fait le tour du monde médical. Les médecins et le personnel de l'hôpital University se sont mérité une réputation internationale pour leurs techniques avancées en greffes d'organes, en chirurgie des anévrismes cérébraux et dans le traitement des anomalies électriques du coeur.

Aux cols blancs de London, on peut opposer les cols bleus de Windsor et de Hamilton. Windsor, à la frontière du Michigan, est la capitale de l'industrie automobile, tandis que Hamilton est une ville d'aciéries.

WINDSOR
Windsor compte 251 000 habitants, dont 29 130 francophones. Il entretient des liens étroits avec la ville américaine de Detroit, dont les premiers

colons, suite à la Guerre de sécession américaine, ont émigré au Canada sur la rive sud de la rivière Detroit, à Windsor. À ces liens culturels, il faut ajouter des relations d'affaires qui ne peuvent manquer de se resserrer avec le libre-échange.

La région de Windsor-Essex tient déjà un rôle de premier plan dans les relations Canada-États-Unis. Cinquième plus grand centre manufacturier canadien, elle continue d'attirer des investissements majeurs; des compagnies comme Dieffenbacher, Siemens-Bendix, H. J. Heinz, Omstead Foods, Pillsbury, Chrysler et Ford investissant des millions de dollars dans l'expansion et la modernisation de leurs usines. Dix nouvelles compagnies, dont Research Plastic Inc. et Magnum Tool Limited, y ont ouvert des bureaux dans la seule année 1988.

Windsor se développe dans toutes les directions. De nouvelles copropriétés, des tours à bureaux et des hôtels se profilent au centre-ville et le long de la rivière Detroit. En 1988, la valeur des permis de construction industriels pour Windsor, le comté d'Essex et la municipalité de Tilbury passait à 46 millions de dollars, comparativement à 32 millions de dollars l'année précédente. Cette augmentation de 42 pour cent donne une bonne idée de l'ampleur des investissements de construction, de réparation et d'équipement et des sommes dépensées dans les bureaux d'ingénieurs, d'architectes et d'avocats. En 1989, Statistique Canada prédisait qu'à la fin

Les boutiques de la rue Dundas, à London, incitent aussi bien au magasinage sérieux qu'au lèche-vitrines. Selon le Financial Post, *le revenu disponible des habitants de London est de 5 pour cent supérieur à celui des autres Canadiens. Photo Jessie Parker/First Light*

Retail shops line London's Dundas Street, attracting both the serious consumer and the browsing window shopper. According to the Financial Post, *Londoners have 5 percent more disposable income than other Canadians. Photo by Jessie Parker/First Light*

London's University of Western Ontario, located on the shore of the Thames River, is one of Ontario's leading educational institutions. Pictured here is the university's Cancer Research Lab. Photo by Jessie Parker/First Light

L'Université Western Ontario, située sur les bords de la rivière Thames, à London, compte parmi les plus grandes institutions d'enseignement de l'Ontario. On voit ici le laboratoire de recherche en cancérologie de l'université. Photo Jessie Parker/First Light

companies now producing computer hardware are expected to employ more than 24,000 people by the end of this year, indicating an average 8.4 percent per annum growth over the past five years.

Computers and government are non-polluting industries. Ottawa-Carleton is blessed with an abundance of parkland. More than 80 kilometres of green spaces, trees, paths, picnic areas, and bike trails wind around the scenic Rideau Canal and Ottawa River, which, with the stately Gothic-style Parliament buildings and ultramodern National Gallery of Canada and Museum of Civilization (just two of many handsome landmarks), make the city one of the most attractive in Canada.

KINGSTON—ONTARIO'S OLDEST TOWN

As far as appearance goes, Kingston, halfway between Ottawa and Toronto, runs a close second. Like Ottawa, it was once a capital city. It is situated on Lake Ontario in the midst of the scenic Thousand Islands region, and it has a picturesque harbor, a university (Queen's), a military college, and an imposing nineteenth-century garrison—Old Fort Henry.

Nicknamed the "limestone city" because of its many historic buildings made from local stone, Kingston, which was incorporated in 1838, is Ontario's oldest town. In the early 1800s it was

the largest town in Upper Canada, and it was the naval, military, and shipping centre for the British colony. Upper Canada (Ontario) joined with Lower Canada (Québec) to become the Province of Canada, and, in 1841, Kingston became its capital. By the end of the nineteenth century, however, the city had lost its economic and military importance. Today tourism, educational institutions, and reform facilities (there are several prisons) form the basis of the local economy.

Kingston's 150 manufacturers and 3,000 small businesses, along with Queen's University, the Canadian Armed Forces Base, the Royal Military College, the St. Lawrence College, and the Correctional Service of Canada, provide employment for the working sector of the city's 116,000 residents. The largest industrial employers are Du Pont Canada, Celanese Canada Inc., Alcan Rolled Products Company, and the Urban Transportation Development Canadian Can Car Kingston Works (Rapid Transit Vehicles), which supplies vehicles to the Department of National Defence. The Canadian Forces Base and the Royal Military College of Canada, which trains officers, employ almost 5,000 people and contribute more than $250 million annually to the local economy. The military establishments are closely followed by Queen's University, which every year drops $151 million into Kingston's coffers.

Le pont Ambassador, important lien commercial entre le Canada et les États-Unis, relie la ville ontarienne de Windsor à celle de Détroit au Michigan. Photo Grant Black/First Light

The Ambassador Bridge, which links Windsor, Ontario, with Detroit, Michigan, is an important Canadian-American commercial link. Photo by Grant Black/First Light

de 1990 l'investissement industriel atteindrait les 471 millions de dollars. L'autre grande ville industrielle de l'Ontario, Hamilton, se situe à la pointe sud-ouest du lac Ontario, la courbe du fameux Golden Horseshoe. À l'est de cette courbe se trouvent St. Catharines et Niagara Falls.

ST. CATHARINES

Principale ville de la municipalité régionale de Niagara, St. Catharines (population 124 304) est surnommée la « ville-jardin » pour sa situation au coeur d'une des régions agricoles les plus riches de la province.

St. Catharines est reconnue pour ses entreprises de vinification mais, elle oeuvre aussi dans la fabrication des pièces automobiles et du papier et dans la transformation des aliments. Les vins de la péninsule du Niagara sont souvent primés dans le cadre de compétitions européennes; et la région s'anime au temps des vendanges avec des festivals du raisin et du vin qui attirent des touristes de toutes parts.

NIAGARA FALLS

Le tourisme est, bien entendu, la principale activité de Niagara Falls (population 72 107), qui accueille chaque année plus de 15 millions de visiteurs qui y dépensent plus de 400 millions de dollars. Si la principale attraction demeure les chutes du Niagara, la ville a d'autres cartes dans son jeu: Marineland, la tour Skylon, Ripley's Believe It or Not, le musée de cire Tussaud et le musée des records Guinness, sans oublier les balades à bord du Maid of the Mist ou le long de la rivière Niagara, sur le Niagara Parkway.

Derrière toute cette activité touristique se cache cependant un secteur de commerce international florissant. La frontière américaine étant à proximité, 19 courtiers en douane et 18 compagnies de transport ont pignon sur rue à Niagara Falls. À moins d'une journée en camion se trouvent en effet des villes comme Toronto, Montréal, Buffalo, Rochester, Detroit et New York, qui représentent un marché de 100 millions de personnes.

HAMILTON-WENTWORTH

Niagara Falls exporte ce que Hamilton produit. Depuis les années 1850, alors que le chemin de fer Great Western et le canal Welland assuraient la liaison entre le lac Erié et le reste du Canada, Hamilton a toujours été une force économique dans la région du Golden Horseshoe. Sa prospérité lui vient des fonderies et des ateliers d'usinage, puisque Hamilton produit 60 pour cent de l'acier canadien.

La région Hamilton-Wentworth, qui comprend Hamilton, Stoney Creek, le canton de Glanbrook et les villes de Dundas, Ancaster et Flamborough, compte une population de 423 700 personnes, dont 315 000 travailleurs. Près de 81 000 d'entre eux travaillent dans l'industrie lourde, les industries du fer représentant 33 pour cent de l'activité industrielle de Hamilton.

Un tel degré de concentration a durement affecté la ville lors de la récession du début des années 1980 et de nombreuses usines ont fermé leurs portes. On tâche donc depuis quelques années de diversifier la base économique de la ville, ce qui se fait sans trop de heurts, car nombre d'entrepreneurs torontois (Hamilton est à une heure de voiture de Toronto) quittent la capitale ontarienne, attirés par la disponibilité des espaces à bureaux et les loyers moins onéreux. Hamilton peut maintenant compter sur l'apport d'industries comme l'impression et l'édition, les aliments et boissons et les textiles.

Ces entreprises bénéficient d'un réseau de transport de qualité. L'aéroport de Hamilton permet d'éviter l'aéroport international de Pearson de Toronto, trop achalandé, et le Queen Elizabeth Way donne accès au réseau autoroutier de la province.

Non contente d'attirer les entreprises locales, Hamilton fait aussi de la prospection à l'étranger, multipliant les délégations en France, en Allemagne, en Suède et à Taiwan. Efforts qui ont porté fruits puisque Hamilton est devenu un important centre de congrès, un premier pas vers l'établissement de nouvelles entreprises. Ses

Tourism is Kingston's third most important economic activity. It provides more than 8,000 jobs, and each holiday season visitors spend over $100 million. The city has many attractions. It has good hotels and restaurants, and numerous museums document the role that it has played in the historic and economic development of Ontario. Kingston is also a major boating centre. During the 1976 Olympic Games, Kingston played host to the yachting events, and avid sailors have been coming here ever since.

THE GOLDEN HORSESHOE

Between Kingston and Toronto, to the north of Lake Ontario, lie prosperous communities like Belleville, Peterborough, and Oshawa. Belleville's economy is based on diversified light manufacturing. Peterborough's relies on tourism, agriculture, and Trent University. Oshawa has an automobile factory. Such cities, along with places like Hamilton, Kitchener-Waterloo, Windsor, and London have in recent years been experiencing an economic boom. Since the end of the recession of the early 1980s, the Golden Horseshoe, as southern Ontario is commonly known, has attracted skilled artisans and entrepreneurs from every corner of the country.

LONDON

London (population 300,000), a two-hour drive west of Toronto, is right in the middle of this rich region. Although like the other cities, it has benefitted from the boom, its economy hasn't suffered from the fluctuations that have beset less stable communities. Diversity is the key to London's success. Its industries include everything from food processing to insurance companies, and it has a large pool of professional people.

Managers and chief executive officers of many major corporations have made their homes here, attracted by London's stable business climate, steady growth, and its rich cultural life. (London is home to Orchestra London and the London Regional Art Gallery.) Londoners are a wealthy, well-educated lot. According to figures published by the *Financial Post*, their buying power tops the national average by 14 percent. A survey conducted by the publication found that on a per capita basis, Londoners have 5 percent more disposable income than other Canadians.

The economy clips along with the help of large, efficiently run corporations that have regional or national offices here—London Life Insurance Company, Club House Foods, Canada Trust, Avco Financial Services, Kellogg Salada, and John Labatt Limited (a brewing company), to name a few. Labatts is London's oldest business, known throughout Ontario for its lagers and ales, and it has consistently ranked among the top 40 profit-earning firms in the country.

Just as important to the local economy are Fanshawe College, the University of Western

Ontario, and London's renowned teaching hospitals. Establishments such as University Hospital, Victoria Hospital, and Parkwood Hospital have equipment and research facilities that are second to none, and their well-trained specialists have propelled London into the forefront of the medical world. The doctors and staff of University Hospital have gained an international reputation for their advanced techniques in organ transplants, brain aneurysm surgery, and treatment of electrical disturbances of the heart.

If London could generally be described as a white-collar town, then Windsor and Hamilton are its blue-collar equivalents. Windsor, on the Michigan border, is the capital of the auto industry. Hamilton is "steel town."

WINDSOR

Windsor is home to 251,000 people (of which 29,130 are French speaking), and it has close ties with Detroit ("straits" or "narrows" in French). Detroit was named by early settlers who came to Canada after the American War of Independence, many of whom ended up in Windsor on the south side of the Detroit River. The two cities have strong cultural and business links—connections that seem likely to increase with free trade.

The Windsor/Essex region (in which the city of Windsor lies) is already a major player in the Canada/United States economic arena. It is the fifth-largest manufacturing centre in Canada. In the past couple of years companies such as Dieffenbacher, Siemens-Bendix, H.J. Heinz, Omstead Foods, Pillsbury, Chrysler, and Ford have spent millions of dollars upgrading and expanding their plants. In 1988, 10 new companies, including Research Plastic Inc. and Magnum Tool Limited, opened offices in the area.

Windsor is expanding in every direction. Condominiums, offices, and hotels are springing up all over downtown and along the Detroit River. In 1988 the value of industrial building permits in Windsor, Essex County, and the Town of Tilbury leapt to $46 million from $32 million the year before. The whopping 42 percent increase was an indicator that the amount of capital spending on construction, repairs, machinery, and architectural, legal, and engineering fees would likely have risen as well. Capital and repair expenditure figures are used by statisticians as a barometer of economic growth, but because of fluctuations between predicted growth and actual growth exact

figures are hard to obtain until at least two years after the event. In 1989, however, Statistics Canada surmised that by the end of 1990 industrial investment in the area would top $471 million. Ontario's other major industrial city, Hamilton, is situated at the southwest end of Lake Ontario—the curve of the prosperous "Golden Horseshoe." To the east of the curve is St. Catharines and Niagara Falls.

ST. CATHARINES

St. Catharines (population 124,304) is the major city in the Regional Municipality of Niagara, and its location in the heart of some of Ontario's richest agricultural land has earned it the title of "Garden City."

St. Catharines' major industries include automotive parts manufacturing, papermaking, and food processing, but it is best known for its wineries. The produce of the Niagara Peninsula Vineyards wins awards as far afield as Europe, and the region's annual grape and wine festivals are lively social events that generate welcome tourism revenue.

NIAGARA FALLS

Tourism, of course, is the economic mainstay of Niagara Falls. Home to 72,107 people, the city attracts more than 15 million visitors annually, and they spend over $400 million. The main attraction is the famed waterfalls, but there are numerous other tourist draws as well—Marineland, the Skylon Tower, Ripley's Believe It or Not, Tussaud's Waxworks, and the Guinness Museum of World Records. Others

Facing page: The thundering and awe-inspiring falls attract millions of visitors to the city of Niagara Falls each year. Photo by Ron Watts/ First Light

Ci-contre: Les imposantes et majestueuses chutes Niagara attirent chaque année des millions de touristes à Niagara Falls. Photo Ron Watts/First Light

Above: The Hamilton area makes up the traditional heartland of the Canadian steel industry. Pictured here is the Hamilton Stelco plant, one of several Stelco facilities. Stelco produces about 35 percent of all Canada's steel. Photo by Ken Straiton/First Light

Ci-dessus: La ville de Hamilton et la région avoisinante, à l'extrémité ouest du lac Ontario, est depuis longtemps le centre de l'industrie sidérurgique canadienne. On voit ici une partie de l'usine Stelco de Hamilton. Les usines de la société Stelco produisent environ 35 pour cent de l'acier canadien. Photo Ken Straiton/First Light

Les scories à la fonderie INCO Limited de Sudbury. La fonderie Copper Cliff d'INCO Limited est un des plus grands complexes d'exploitation et de transformation de minerai au monde. Photo Grant Black/First Light

Slag drains from a smelter at INCO Limited in Sudbury are shown here. INCO Limited's Copper Cliff smelter is one of the largest integrated mining, milling, smelting, and refining complexes in the world. Photo by Grant Black/ First Light

hôtels peuvent accueillir 3 600 congressistes et, de mai à août, une fois les classes terminées, le Centre de conférences de l'université McMaster ajoute 3 200 chambres.

Cette université centenaire se distingue dans la recherche en génie et en sciences de la santé (le centre médical de l'université est l'un des meilleurs hôpitaux d'enseignement de la province). L'autre institution d'enseignement de la ville, le Mohawk College of Applied Arts and Technology, est renommé pour ses programmes d'apprentissage et de recyclage. Grâce à leurs programmes diversifiés, ces deux maisons d'enseignement fournissent une main-d'oeuvre hautement qualifiée à l'entreprise locale.

SUDBURY

À 395 kilomètres au nord de Toronto se trouve Sudbury (population 90 453), le géant industriel du nord. Tout comme Hamilton, cette ville a beaucoup souffert pendant la récession de la concentration de son activité économique dans l'exploitation et l'affinage du nickel. Entre 1976 et 1986, Sudbury a perdu 11 000 emplois miniers. Il mise donc aussi sur la diversification et, quoique le nickel occupe une place importante dans

l'économie locale, Sudbury est aussi devenu un centre de services, de santé, de tourisme et d'administration.

Sudbury est sis au coeur d'une région immensément riche en ressources naturelles, une région qui génère des revenus annuels de plus de 11 milliards de dollars. Le bassin de Sudbury, où se trouve la ville du même nom, a été formé par l'impact d'un météorite; le manque de verdure lui donne un aspect presque lunaire mais, ce sol est par contre richement veiné de minéraux. Le bassin de Sudbury produit 30 pour cent du cuivre canadien (4,2 pour cent de la production des pays industrialisés) et un quart de la production mondiale de nickel.

Le bassin de Sudbury est la plus grande source de nickel au monde et l'on y trouve aussi le plus grand complexe d'exploitation et de transformation au monde. Inco Limited et Falconbridge Limited produisent la majeure partie du minerai mais, une centaine d'autres entreprises sont impliquées dans le domaine, qu'il s'agisse de fabriquer de l'équipement hydraulique ou d'assurer la maintenance de ces équipements.

Parmi les efforts de diversification de la ville,

include the Maid of the Mist Boat Tours and the scenic Niagara Parkway, which runs along the Niagara River.

But there's more to Niagara Falls than tourist attractions. Because of its proximity to the U.S. border, the city is extensively involved with international trade. Nineteen customs brokers and 18 transportation companies with warehouses and truck terminal facilities are based here. The city is the gateway to Toronto, Montréal, Buffalo, Rochester, Detroit, and New York City, which, with their environs, represent a market of more than 100 million people, all of whom are less than a day's trucking distance from Niagara Falls.

HAMILTON-WENTWORTH

While Niagara Falls is the gateway for exporters, Hamilton is the centre for production. The city has been an economic force in the Golden Horseshoe ever since the 1850s, when the Great Western Railway and the Welland Canal provided transportation links to Lake Erie and other parts of Canada. Its economic prosperity came from iron foundries and machine shops. Today Hamilton manufactures 60 percent of Canada's steel.

The Hamilton-Wentworth Region, which comprises Hamilton, Stoney Creek, the Township of Glanbrook, and the towns of Dundas, Ancaster, and Flamborough, has a combined population of 423,700. The local work force is comprised of 315,000 people. Of those, at least 81,000 are employed in heavy manufacturing. Steel refining (and related industries) make up some 33 percent of Hamilton's total industrial activity.

In recent years, however, there have been moves to make the economy more diversified. Because of its reliance on one major industry, Hamilton was badly hit during the recession of the early 1980s. There were plant closures, and many people lost their jobs. But a new trend has emerged. Entrepreneurs from Toronto have started to move west (it takes only an hour to drive between the two cities), lured by lower rents and the availability of office space. Industries such as printing and publishing, food and beverage processing, and textile manufacturing are now making important contributions to the local economy.

Businesses can easily transport their goods to other parts of the country. Hamilton has its own airport—a boon to those wishing to avoid Toronto's crowded Pearson International—and it has excellent highway connections via the Queen Elizabeth Way.

Casting their eyes overseas as well as to domestic markets, the region's business community is actively engaged in sending trade delegations around the world. Recently, entrepreneurs met with delegates from France, Germany, Sweden, and Taiwan. Their efforts have paid off. Hamilton has become a major centre for conventions—often the first step toward attracting new businesses to an area. Its hotels can accommodate 3,600 conventioneers. Another 3,200 can be housed at McMaster University's Conference Centre from May to August, when classes are not in session.

The century-old university has a nationwide reputation for engineering research and the study of Health Sciences (McMaster University Medical Centre is one of the leading teaching hospitals in Ontario). Hamilton's other major educational centre—Mohawk College of Applied Arts and Technology—is known for its retraining and apprenticeship courses. Through a wide variety of programs, both schools keep local businesses supplied with skilled, educated labor.

SUDBURY

Sudbury (population 90,453), 395 kilometres north of Toronto, is the industrial giant of the north. Like Hamilton, it has suffered from an over-reliance on one major industry—in this case, the mining and refining of nickel—which has made it vulnerable during recessions. In the

Illustrating the importance of the region's nickel production is Sudbury's "Big Nickel." A city landmark and industrial symbol, it is also the world's largest nickel. Photo by Brian Milne/First Light

Cette monumentale pièce de cinq cents, le « Big Nickel », souligne l'importance du nickel pour la région de Sudbury. Attraction touristique et symbole industriel, le « Big Nickel » est aussi la plus grande pièce de cinq cents au monde. Photo Brian Milne/First Light

il faut compter l'ouverture en 1984 de Science North, un musée qui attire chaque année plus de 200 000 visiteurs avec ses expositions sur la faune, la flore et la géologie du nord; les visiteurs peuvent y observer, entre autres, un astroblème, la trace laissée par un météorite dans le roc.

Plusieurs organismes de recherche et développement en technologie minière se sont établis à Sudbury, dont le Centre de recherche en géomécanique et la Direction générale de la recherche minière. L'université Laurentienne a même une chaire en mécanique et contrôle des sols. Une toute nouvelle agence gouvernementale, le Centre ontarien de technologie minière et forestière, a déjà attiré des chercheurs finlandais, australiens, américains et autrichiens. Un autre bureau gouvernemental, la Commission géologique de l'Ontario, devrait bientôt s'installer à demeure.

SAULT-SAINTE-MARIE

Le bois et l'acier alimentent l'économie de Sault-Sainte-Marie, à 310 kilomètres à l'ouest de Sudbury à la frontière américaine. Surnommé le « Soo » localement, Sault-Sainte-Marie compte une population de 81 808 personnes. Grâce à un chenail muni d'une série d'écluses, le Soo assure le lien entre les lacs Supérieur et Huron, ce qui permet à un cargo chargé de grains des Prairies de naviguer vers le lac Ontario pour ensuite emprunter la Voie maritime du Saint-Laurent.

Ces écluses furent terminées dès 1895: en contournant les rapides de la rivière Sainte-Marie, un bateau pouvait alors naviguer de façon sûre, rapide et efficace du coeur du continent vers les marchés de Toronto, de Montréal et de New York. La même année, l'entrepreneur américain Francis Clergue, intéressé par le rôle de plaque tournante du transport et de la distribution de Sault-Sainte-Marie, y construisit une usine hydro-électrique et une pulperie, de même qu'un chemin de fer vers l'arrière-pays, riche de minerais. Quoique Francis Clergue ait connu des revers de fortune, les compagnies qu'il a fondées, Algoma Steel et le chemin de fer Algoma Central, existent toujours.

Algoma Steel transforme le minerai de l'intérieur; ses ventes annuelles dépassent le milliard de dollars et sa production n'est surpassée que par celle de Stelco à Hamilton. Les locomotives du Algoma Central roulent toujours vers Hearst, à 470 kilomètres au nord de Sault-Sainte-Marie, et transportent le minerai, la pulpe et le bois vers la ville, où ils seront transformés. Les wagons sont aussi utilisés pour des excursions d'une journée vers le canyon de l'Agawa, un endroit sauvage des plus ravissants.

THUNDER BAY

À 715 kilomètres de Sault Ste. Marie, Thunder Bay (population 122 217) se situe en plein centre du pays, à l'autre bout du lac Supérieur. Thunder Bay est le terminus occidental de la Voie maritime du Saint-Laurent, à 3 200 kilomètres de

decade following 1976, 11,000 mining jobs were lost. But it too has diversified its industries. Although nickel production still plays a major role in the local economy, the city has become a centre for services, medical treatment, tourism, and government offices.

Sudbury is at the hub of a region incredibly rich in natural resources, which, throughout northern Ontario, produce revenues in excess of $11 billion per annum. The Sudbury Basin, in which the city lies, was formed by the impact of a meteorite. It's a bleak-looking landscape that is practically bereft of greenery, but it is veined with valuable minerals. The basin yields 30 percent of Canada's copper (4.2 percent of the West's total output) and a quarter of the globe's output of nickel.

The Sudbury Basin is the single greatest source of nickel in the world, and it is home to the world's largest mining, milling, smelting, and refining complex. The major mineral producers are Inco Limited and Falconbridge Limited (the corporations also undertake extensive research) but there are more than 100 mining-related companies engaged in everything from hydraulic equipment production to the servicing of equipment.

The mining of metals has touched all aspects of economic life, but today's emphasis is not only on the extraction of minerals. At Science North, for example, tourists can examine a "shatter cone" (veining in the rocks, caused by the meteorite) and learn about northern flora and fauna. The museum, which opened in 1984, attracts more than 200,000 people annually, boosting northern tourism revenues to $80 billion.

Sudbury is a leading research and development centre for mining technology. The city is home to the Geomechanics Research Institute and a Mining Research Directorate, and a chair in Rock Mechanics and Ground Control has been established at Laurentian University. A new government agency—the Ontario Centre for Resource Machinery Technology—has recently been created, and already it is attracting mining personnel from Finland, Australia, the United States, and Austria. Within the next couple of

The glass-and-steel architecture of Sault Ste. Marie's Soo Civic Centre reflects the clouds overhead. The city is now home to more than 80,000 people. Photo by John de Visser/Masterfile

Les nuages se reflètent dans le verre et l'acier du Soo Civic Centre à Sault-Sainte-Marie, ville qui compte aujourd'hui plus de 80 000 habitants. Photo John de Visser/Masterfile

Le canal et les écluses de Sault-Sainte-Marie relient le lac Huron au lac Supérieur en contournant les rapides tumultueux de la rivière Sainte-Marie. Véritables merveilles d'ingénierie, ces écluses permettent aux transatlantiques de charger leur cargo en plein coeur du continent. En passant par le lac Ontario et la Voie maritime du Saint-Laurent, les navires pourront ensuite atteindre les ports du monde entier. Photo Lorraine C. Parow/First Light

To permit ships to bypass the turbulent St. Mary's River rapids, a canal and locks were constructed in Sault Ste. Marie. Leading from Lake Superior to Lake Huron, this engineering wonder allows ocean-going vessels to take on cargo in the heartland of Canada. The cargo can then sail into Lake Ontario and out along the St. Lawrence Seaway to worldwide markets. Photo by Lorraine C. Parow/First Light

la mer, et sert de chef-lieu pour la population disséminée de l'ouest de l'Ontario. Son économie se concentre dans la navigation, le tourisme, les pâtes et papiers et la fabrication d'équipements lourds pour l'industrie minière et forestière.

Thunder Bay tient sa richesse de la nature sauvage qui l'entoure. Au début des années 1800, les commerçants de fourrure et les voyageurs en rapportaient des pelleteries qui se vendaient à prix d'or en Europe. La Compagnie du Nord-Ouest, qui n'avait d'égale que la puissante Compagnie de la Baie d'Hudson, construisit un poste de traite dans la région, Fort William (le parc historique ouvert aux visiteurs en est une réplique). En 1869, on installa un camp minier tout près, à Prince Arthur. Ces deux communautés fusionnèrent en 1970 et devinrent la ville de Thunder Bay.

De nos jours, les principales activités sont reliées au transport et à la forêt. Thunder Bay servant de plaque tournante à tout le trafic transcanadien, le secteur des transports emploie à lui seul plus de 8 000 personnes. En plus de posséder un aéroport, Thunder Bay est desservi par les chemins de fer CN et CP. On y trouve de nombreux entrepôts (dont les plus grandes installations de manutention des céréales au monde) et des cales de radoub, ainsi que des entreprises de camionnage. Courtiers en douane, agents maritimes et fournisseurs d'équipement maritime sont légion à Thunder Bay.

Les produits de la forêt représentent 75 pour cent du cargo de la ville. Avec 15 scieries et usines dans la région immédiate, qui fabriquent de la pulpe, du papier journal, du bois d'oeuvre,

des panneaux, du contreplaqué et du panneau gaufré, Thunder Bay s'impose comme le principal centre forestier du Canada. Les industries de la forêt y emploient plus de 15 000 personnes et produisent chaque année pour plus de 2 milliards de dollars.

VERS LE 21e SIÈCLE

À l'aube du 21e siècle, l'économie ontarienne, basée sur les ressources naturelles, va connaître de profonds bouleversements. Le secteur des services a déjà supplanté l'industrie lourde et continue sur sa lancée, les grandes entreprises étendant de plus en plus leurs ramifications à force de fusions et de prises de contrôle étrangères. Les victimes d'un tel remue-ménage relèvent leurs manches et lancent leur propre entreprise afin de combler les besoins que ne peut combler la grande entreprise.

Un tel changement ne se fait pas sans heurts. Transformer la base de toute une économie n'est pas chose facile.

Le secteur primaire, les industries minière et forestière notamment, et l'industrie de l'automobile ont tenu le haut du pavé depuis si longtemps qu'il faudra faire preuve d'ingéniosité pour que l'Ontario aille de pair avec l'économie mondiale. S'il veut conserver sa position en Amérique du Nord, l'Ontario devra rationaliser et restructurer son économie et se spécialiser afin d'augmenter sa part du marché mondial. De nombreuses entreprises ont déjà suivi cette voie: Northern Telecom, par exemple, une importante multinationale canadienne, oeuvre dans un secteur de haute technologie à croissance rapide.

years it will be augmented by another government department—the Ontario Geological Survey Offices.

SAULT STE. MARIE

Sault Ste. Marie, 310 kilometres to the west, is fuelled by the lumber and steel industries. The "Soo" (as it is nicknamed locally) is home to 81,808 people. Situated on the U.S. border, it provides a link between Lake Superior and Lake Huron. A canal with a series of locks leads from one Great Lake to the other, allowing ocean-going vessels that load up with grain in Canada's prairie heartland to sail onward into Lake Ontario and along the St. Lawrence Seaway.

The locks were built so that ships could bypass the turbulent rapids of the St. Mary's River ("Sault" means waterfall in French), and when they were completed in 1895, cargo could, for the first time, pass safely, quickly, and efficiently from the interior to the markets of Toronto, Montréal, and New York. The same year, Francis Clergue, an American entrepreneur who was attracted by the Soo's strategic location as a pivotal point for transportation and distribution, built an electric power plant and pulp mill. He also constructed a railway, which ran into the ore-rich hinterland. Although he later fell upon hard times, the companies that he founded—the Algoma Steel Company and the Algoma Central Railway—are still in existence.

The Algoma Steel Company converts ore brought from the interior and, in production output, is second only to Hamilton's Stelco Incorporated. (Its annual sales are more than one billion dollars.) The Algoma Central Railway, which runs to Hearst, 470 kilometres north of the Soo, brings raw materials such as ore, pulp, and logs from the hinterland to the city, where they are processed. Its trains are also used to transport tourists into Agawa Canyon—an untamed, lovely wilderness where daytrippers can hike and picnic.

THUNDER BAY

Thunder Bay (population 122,217), at the other end of Lake Superior, is right in the middle of the

Strategically situated right in the middle of Canada on Lake Superior, Thunder Bay is the pivotal point for all trans-Canadian traffic. Photo by Bill Brooks/Masterfile

Stratégiquement située au coeur même du Canada, sur les rives du lac Supérieur, la ville de Thunder Bay est devenue la plaque tournante des transports transcanadiens. Photo Bill Brooks/Masterfile

country. Situated 715 kilometres from Sault Ste. Marie and 3,200 kilometres from the sea, it is the westernmost terminus of the ocean-going ships that travel the St. Lawrence Seaway. The city is the regional centre for the sparsely populated western corner of Ontario, and its major industries include shipping, tourism, pulp and paper, and the manufacturing of heavy equipment for mining and forestry.

The city's wealth was built on the wilderness that surrounds it. In the early 1800s fur traders and voyageurs gathered valuable animal pelts that fetched a fortune in Europe. The North West Company, rivalled only by the mighty Hudson Bay Company, built a trading post here—Fort William. (Old Fort William, a tourist attraction, is a replica.) In 1869 a mining camp was established in nearby Prince Arthur. With the coming of regional government in 1970, the two settlements merged to become the City of Thunder Bay.

Today transportation and forest products are the major industries. The transportation business alone employs more than 8,000 people. Thunder Bay is the pivotal point for all trans-Canadian traffic. It has a major airport, and it is served by both the Canadian Pacific and Canadian National railways. There are good warehouse facilities (including the largest grain-handling facility in the world), numerous customs brokers, shipping agents, vessel repair companies, ships' chandlers, and trucking firms.

Forest products constitute 75 percent of the city's total shipments. Thunder Bay is Canada's leading forestry centre, and the 15 mills and factories located in and around the city produce wood pulp, newsprint, construction lumber, panelling, plywood, and waferboard. They employ more than 15,000 people and account for more than $2 billion of shipments annually.

TOWARD THE TWENTY-FIRST CENTURY

As Ontario moves into the twenty-first century, its resource-based economy is destined to change. Already service industries have taken over where heavy manufacturing once was king, and major corporations, in their headlong gallop to become bigger still through amalgamations and international corporate takeovers, are spawning a lively entrepreneurial climate that is growing stronger daily. Those left behind in the corporate shuffles are picking themselves up and starting all over again, forming their own companies to fill the gaps left by their employers.

Change comes at a price. Altering an economic mindset won't be easy.

Ontario's resource-based industries, such as mining and pulp and paper, and the automobile and auto parts manufacturing businesses have been the backbone of the economy for so long that innovative steps will have to be taken to maintain a foothold in the fast-paced, global economy. To keep its economic position as a North American leader, Ontario will need to streamline and restructure its operations, concentrating on specialization and increasing its share of the global market. Some companies have already taken this approach. Northern Telecom, for example, is a large, indigenous, multinational corporation that operates in a high-growth, high technology field. It develops its products in Ontario and then exports them all over the world.

As Ontario streamlines its mega industries, the service sector will likely continue to expand. Service industries already provide 75 percent of the province's jobs. They employ a staggering 4 million people, almost half of Ontario's population. As this restructuring takes place, there will be a need for well-educated workers with specialized skills.

The government believes that one way to find such a labor force is to encourage foreign businesspeople to invest in Canada. Under a business immigration scheme launched in 1975, entrepreneurs who can bring a substantial amount of capital with them (currently $250,000) can immigrate to Canada with a minimum of formalities. The program was started to encourage foreign investors to start new businesses that would create jobs and, of course, economic wealth.

Facing page: A view of a Thunder Bay grain terminal and its reflection presents an interesting study of perspective. Thunder Bay boasts the largest grain-handling facility in the world. Photo by Thomas Kitchin/First Light

Ci-contre: Le reflet dans l'eau de cet entrepôt à céréales de Thunder Bay pourrait faire l'objet d'une intéressante étude de perspective. Thunder Bay possède les plus grandes installations de manutention de céréales au monde. Photo Thomas Kitchin/First Light

Below: Service industries such as banking are replacing heavy manufacturing and resource-based industries as the leading sector of the Ontario economy. Photo by Mike Dobel/Masterfile

Ci-dessous: Le secteur des services, dont le secteur bancaire par exemple, remplace graduellement l'industrie lourde et les industries basées sur les ressources naturelles dans l'économie ontarienne. Photo Mike Dobel/Masterfile

L'entreprise met ses produits au point en Ontario et les exporte à travers le monde entier.

Pendant que les géants de l'économie ontarienne rationalisent leurs opérations, le secteur des services continuera sans doute de prendre de l'expansion. Les entreprises de service fournissent déjà 75 pour cent de l'emploi dans la province. Près de la moitié de la population, soit 4 millions de personnes, travaillent dans ce secteur. De tels changements exigeront une main-d'oeuvre instruite et spécialisée.

Le gouvernement compte trouver cette main-d'oeuvre en encourageant les gens d'affaires étrangers à investir au Canada. Un programme lancé en 1975 permet aux entrepreneurs qui disposent de capitaux suffisants (250 000 $) d'immigrer au pays sans trop de formalités. Ce programme a été créé afin d'inciter les immigrants à lancer de nouvelles entreprises, à créer de l'emploi et ainsi continuer à faire tourner les rouages de l'économie.

Le programme a connu beaucoup de succès, particulièrement en Ontario. Soixante-dix pour cent des demandes proviennent d'entreprises désirant s'établir dans la région du Golden Horseshoe. Il faut quelques mois pour répondre aux demandes et peut-être une année ou deux avant qu'un projet d'entreprise ne voie le jour, mais le ministère ontarien de l'Industrie, du Commerce et de la Technologie estime que les 1 080 projets approuvés en 1987 créeront 6 700 emplois à temps plein et généreront quelque 231 millions de dollars.

Autre tendance qui devrait avoir un profond impact sur l'économie ontarienne: le libre-échange. Et pas seulement avec les États-Unis mais à l'échelle planétaire. On élimine de plus en plus les barrières tarifaires alors que se créent de puissants blocs économiques décidés à protéger leurs intérêts. Les pays en bordure du Pacifique, de même que l'Europe, se font de plus en plus protectionnistes. Dès 1992, la plupart des restrictions auront été levées, ce qui facilitera la tâche aux Européens mais obligera les étrangers à redoubler d'efforts.

L'Accord de libre-échange avec les États-Unis s'inscrit justement dans cette réorganisation de l'économie mondiale. Il n'a pas fait que des heureux. Il a d'ailleurs fait l'objet de vives discussions au sein du gouvernement, de la population et de la communauté d'affaires. Certains craignaient qu'en s'accrochant aux jupes des États-Unis, le Canada perdrait son identité. Il demeure que l'économie canadienne est déjà largement tributaire de nos voisins du Sud. Les tenants du libre-échange soulignent que le Canada doit s'adapter aux nouvelles réalités économiques que sont la concurrence mondiale et le changement technologique, qu'il signe ou non un accord de libre-échange avec les États-Unis.

Si le passé est le moindrement garant de l'avenir, l'Ontario continuera de jouer un rôle vital au sein de l'économie canadienne du 21e siècle. Comment pourrait-il en être autrement quand la province peut compter sur des ressources d'une telle abondance, le dynamisme de ses entrepreneurs et une main-d'oeuvre aussi qualifiée?

Les sociétés qui développent des technologies de pointe, comme IBM, sont en train de transformer l'économie de l'Ontario. Le siège social d'IBM Canada est situé à Markham. Photo Dawn Goss/First Light

High-technology enterprises such as IBM are transforming the Ontario economy. IBM Canada's head offices are located in Markham. Photo by Dawn Goss/First Light

The program has been a resounding success, especially for Ontario. Seventy percent of the business immigration enquiries received by the government are from companies wishing to move to the Golden Horseshoe. It takes several months for enquiries to be processed and, after approval, one or two years for a business proposal to come to fruition, but the Ontario MITT (Ministry of Industry, Trade and Technology) estimates that the 1,080 business ideas approved in 1987 could result in 6,700 full-time jobs, generating $231 million.

One factor that is likely to affect Ontario's economic future more than any other is free trade—not just with the United States, but also around the world. Everywhere tariff barriers are falling. At the same time, the globe is developing into a handful of large, economic blocks, each protecting its own areas of interest. The Pacific Rim countries are becoming increasingly more protectionist, as is Europe. By 1992 most of the remaining trade restrictions will have been removed, making it easy for Europeans to do business, but more difficult for outsiders.

The Free Trade Agreement with the United States is part of this reorganization of economic priorities. Not everybody has been for it. The agreement has fuelled lively debate in the government, among citizens, and within the business community. Some people feared that by hitching their star to the American economy, Canadians might lose their identity. But the fact is, Canada is already reliant for its economic well-being on the giant to the south. Those who support free trade point out that with or without an agreement, Canada has to operate in a global climate driven by accelerating technological change and fierce competition.

If its history is anything to go by, Ontario will continue to play a vital role in Canada's economy well into the twenty-first century. Given the province's rich resources, its innovative entrepreneurs, a well-trained work force, and a market of 260 million consumers practically on its doorstep, it could hardly be otherwise.

Ontario products and services reach markets worldwide. Photo by Walter Hodges/First Light

Les produits et les services de l'Ontario sont exportés à travers le monde. Photo Walter Hodges/First Light

A Canadian National freight train makes its way across the plains near the community of Rivers in the southwestern region of Manitoba. Photo by Brian Sytnyk/Masterfile

Un train de marchandises du Canadien National traverse la plaine près de Rivers, dans le sud-ouest du Manitoba. Photo Brian Sytnyk/Masterfile

MANITOBA
PROSPERITY IN THE HEARTLAND

LE MANITOBA
LA PROSPÉRITÉ AU COEUR DU CONTINENT

ANDREW ALLENTUCK

La voute bleue d'un ciel presque toujours clair et des terres fertiles arrosées par la fonte des neiges créent ces magnifiques panoramas du Manitoba, au coeur du continent. Photo Brian Milne/First Light

Clear blue skies and fertile land watered by the moisture of winter snow create magnificent rural vistas in the heartland that is Manitoba. Photo by Brian Milne/First Light

L'aspect étonnamment dépouillé que présente le Manitoba est trompeur. Cet espace est peut-être le plus plat de l'Amérique du Nord mais il possède de vastes ressources hydrauliques, plus de 100 000 lacs, un port de mer sur l'Atlantique, à la baie d'Hudson, et ses champs et forêts recèlent d'immenses ressources minières. Sur une population de 1,1 million d'habitants, 640 000 sont concentrés dans un seul centre urbain, Winnipeg. Le reste de la province compte donc seulement 460 000 habitants: une densité de population si faible que la province pourrait passer pour une région désertique. Et c'en est une en fait, malgré ses nombreux lacs et ses innombrables rivières. Il faut bien comprendre les contradictions du Manitoba pour en pénétrer tous les secrets.

Du point de vue statistique, le Manitoba est officiellement classé comme province « pauvre » par rapport à l'Ontario, au Québec, à l'Alberta ou à la Colombie-Britannique. Cependant, toute médaille a son revers: l'inexistence de congestion dans les transports, l'absence d'engorgement dans les services publics, la facilité avec laquelle on peut acquérir du terrain, autant d'éléments qui font du Manitoba « une bonne affaire » . La superficie de la province étant de 251 000 milles carrés (650 000 kilomètres carrés), la densité de la population est faible—seulement 4,3 habitants au mille carré (1,7 au kilomètre carré). C'est peu à comparer à la densité de 17 habitants au mille carré du Mali, en plein désert sahélien, au coeur de l'Afrique. Pour trouver une population aussi clairsemée qu'au Manitoba, il faut aller jusqu'en Mongolie, qui compte 3 habitants au mille carré. Même à Winnipeg, centre industriel de la province, les terrains disponibles pour la construction domiciliaire ou industrielle abondent, comme en témoignent les prix. Selon un sondage effectué durant l'été 1990 par la maison Royal LePage, la plus grande entreprise de services immobiliers au pays, une maison unifamiliale à deux étages située dans les meilleurs quartiers s'y vendait 170 000 $. Une maison semblable, dans un quartier comparable à Toronto, coûtait 600 000 $. Même situation du côté industriel: des terrains d'un acre avec tous les services publics se vendent 45 000 $ à 250 000 $ à Winnipeg, prix modique même pour le Canada. La location d'un bureau de première qualité à 14 $ le pied carré constitue une véritable aubaine.

À l'extérieur de Winnipeg, qui possède une solide base industrielle, l'activité économique

What is startling—and deceptive—about Manitoba is its apparent barrenness. Even though it's just about the flattest chunk of real estate in North America, it has massive water resources, more than 100,000 lakes, a seawater port to the Atlantic Ocean on Hudson Bay, and immense primary resources beneath its fields and forests. The population of approximately 1.1 million is concentrated in really just one urban centre—Winnipeg—with 640,000 people, so the remaining 460,000 people are spread out with a density so thin that the province could pass for a desert. Which, in fact, it is, in spite of its countless lakes and massive river systems. Understanding the contradictions of the place is the key to knowing how Manitoba works.

Statistically, Manitoba is officially regarded as a "have-not" province, poor by comparison to Ontario, Québec, Alberta, or British Columbia. The other side of the coin is that Manitoba is a bargain precisely because it does not have bottlenecks in land, transportation, or public utilities. With 251,000 square miles (650,000 square kilometres), provincial population density works out to 4.3 people per square mile (1.7 per square kilometre). Compare that to the population density of Mali, deep within Africa's sun-baked Sahel desert: it has 17 people per square mile. You have to go to windswept Outer Mongolia, which has 3 people per square mile, to find any place as sparsely settled as Manitoba. Even in Winnipeg land for housing or industrial development is abundant, and prices show it. According to a summer 1990 market survey by realtor Royal LePage, the largest in Canada, a so-called executive detached two-storey house can be bought in the best neighborhood for $170,000. Compare that to the price of an equivalent house in a similar neighborhood in Toronto: $600,000. For industrial land, the story is the same. Serviced one-acre sites can be bought for $45,000 to $250,000 in Winnipeg, moderate even by Canadian standards. Prime office rents in Winnipeg average $14 per square foot, again a bargain by any standard.

Beyond Winnipeg, which has an extensive industrial base, the business of Manitoba is farming and mining. The province produced $2.1 billion in agricultural products in 1989 on land that is fertile but arid. Near the town of Brandon is a sandy desert now used by NATO armies for military exercises. The remaining parts of the province are not quite as dry, but as meteorologists know, what moisture the crops get is substantially dependent on winter precipitation—in another word, snow.

The lack of rain gives Manitoba some of the clearest skies on the continent. The bitterly cold days of mid-winter are kept bearable by brilliant sunshine. In summer and winter, skies are dependably clear, which contributed to the growth of the aerospace industry from its beginnings in World War II. At that time Manitoba was a major training base for Commonwealth air forces that needed its clear skies for training. Having less can mean having more.

The absence of bottlenecks and the relatively low cost of such major consumer expenditures as housing means that the cost of labor in Manitoba is relatively low. In 1989 the labor force averaged 538,000 people 15 years of age and over. They earned wages that have grown 6.6 percent in the period 1984 to 1989. That's roughly the average

Manitoba boasts a skilled work force of more than 500,000 people who are able to meet the exciting challenges of the province's multifaceted economy. Photo by Ken Straiton/First Light

La population active du Manitoba—plus de 500 000 travailleuses et travailleurs qualifiés—est prête à relever les défis de la diversification économique. Photo Ken Straiton/First Light

rate of inflation in those years and a lower growth rate than the wage base of cities with higher costs of living than Winnipeg, the industrial centre of Manitoba.

As a result of a combination of low accommodation costs, moderate food costs, and very low electricity costs, Manitoba's cost of living is so low that it leaves a relatively large amount of disposable income after necessities have been purchased. Thus, Winnipeg and other towns have had a shopping centre boom in the 1980s. While much of the rest of Canada was over-retailed (as shopping mall landlords call the condition of too much space chasing too few shoppers), Manitoba was just beginning to be seen as a developable retail market.

Manitoba Hydro a exploité le vaste potentiel hydraulique des cours d'eau du bassin de la baie d'Hudson; ses 12 barrages produisent 4,78 millions de kilowatts d'électricité. Photo Dave Reede/First Light

With 12 dams generating an impressive 4.78 million kilowatts of power, Manitoba Hydro has harnessed the electric potential of the vast river systems draining into Hudson Bay. Photo by Dave Reede/First Light

de la province repose sur l'exploitation agricole et minière. La production agricole, sur des terres fertiles mais arides, s'élevait à 2,1 milliards de dollars en 1989. Un vrai désert de sable, près de la ville de Brandon, sert de terrain d'exercice aux armées de l'OTAN. Le reste de la province n'est pas aussi sec mais, les météorologistes le savent bien, les cultures sont nourries surtout par les précipitations hivernales, c'est-à-dire par la neige.

Les précipitations limitées ont aussi un avantage: le ciel manitobain est l'un des plus clairs de tout le continent. Au coeur de l'hiver, le soleil rend les journées de froid intense supportables. L'été aussi, on peut compter sur un ciel clair et cela a contribué au développement de l'industrie aérospatiale, surtout à ses débuts, durant la Seconde Guerre mondiale. À cette époque, le Manitoba devint une des principales bases des armées de l'air du Commonwealth qui cherchaient un ciel clair pour leur entraînement. Comme quoi certains désavantages peuvent parfois devenir des atouts!

L'absence de congestion et le prix relativement peu élevé de certains éléments de base, comme le logement, rendent la main-d'oeuvre abordable. En 1989, celle-ci comptait en moyenne 538 000 personnes de 15 ans et plus. Les salaires ont augmenté de 6,6 pour cent de 1984 à 1989—ce qui correspond à peu près au taux moyen d'inflation durant la même période et à un taux de croissance moindre que celui d'autres villes où le coût de la vie est plus élevé qu'à Winnipeg.

Comme on peut se loger et se nourrir à bon marché au Manitoba et que le coût de l'électricité est faible, le revenu net par habitant est relativement élevé. C'est pourquoi de nombreux centres commerciaux ont fait leur apparition à Winnipeg et ailleurs dans la province au cours des années 80 alors que presque partout au Canada, les propriétaires de centres commerciaux n'arrivaient pas à louer leurs mails.

Du terrain en abondance et à prix dérisoire, voilà ce qui constitue le principal atout du Manitoba. La vaste plaine qui s'étend jusqu'à la baie d'Hudson draine les régions centrales et ouest de la partie nord de l'Amérique du Nord. Manitoba Hydro, société d'état du gouvernement manitobain, exploite le potentiel hydro-électrique des rivières: actuellement, 12 barrages peuvent produire 4,78 millions de kilowatts. Les travaux en cours sur le fleuve Nelson génèreront 1,28 million de kilowatts et la province recèle encore un potentiel de 6 millions de kilowatts. Grâce à ces vastes ressources hydro-électriques, les Manitobains paient probablement les factures d'électricité les moins élevées de tous les pays développés. L'industrie, pour sa part, a droit à des tarifs étonnamment modestes. Une demande de 1 000 kilowatts et une consommation de 400 000 kilowatts-heure par mois coûtent à l'industrie moyenne environ 14 000 $, soit à peu près 28 pour cent du coût d'une consommation semblable à New York, 40 pour cent par rapport à Chicago. Même en alimentant de nombreuses industries énergivores, Manitoba Hydro peut encore exporter environ un tiers de sa production hydro-électrique aux provinces voisines et dans le nord des États-Unis.

LA PRODUCTION INDUSTRIELLE

Au fil des ans, la base économique du Manitoba s'est développée en fonction de sa géographie et de sa géologie. Bien qu'un peu arides, les statistiques sur le produit intérieur brut expliquent bien d'où proviennent les revenus du Manitoba.

Selon les données de 1989, l'agriculture rapporte annuellement 2,1 milliards de dollars. Le marché de la plus importante culture céréalière, le blé, est toujours en stagnation, mais grâce à la diversification agricole, l'économie rurale, sans être florissante, se porte bien.

Le sous-sol manitobain regorge de minerais. Au nord, l'agriculture cède la place à l'activité minière, qui rapportait 1,69 milliard de dollars en 1989. On exploite des gisements de cuivre, de zinc, d'or et d'argent, mais c'est le nickel qui génère le plus de revenus.

La plus importante exploitation minière, d'après la valeur de la production, est celle

Space—the abundance of the stuff and its resultant low cost—is Manitoba's great asset. Sloping gently toward Hudson Bay, Manitoba drains the vast watersheds of the central and western regions of northern North America. Manitoba Hydro, an electrical power utility owned as a Crown corporation by the Government of Manitoba, has developed the hydro-electric potential of the river systems and currently operates 12 dams which can generate 4.78 million kilowatts of power. At present, projects on the Nelson River are underway that will, when complete, produce 1.28 million kilowatts of power. Another 6 million kilowatts of hydro-electric power potential exist in the Manitoba watershed and river system. The abundance of power makes it possible for Manitobans to pay just about the lowest electric power bills in the developed world. And for industrial users, rates are startlingly modest. For 1,000-kilowatt demand and 400,000 kilowatt hours per month, average industrial users pay about $14,000, roughly 28 percent of what the same power would cost in New York City or 40 percent of the cost in Chicago. Even with the

province's many energy-intensive industries, Manitoba Hydro is able to export about one-third of its power to neighboring provinces and to northern American states.

INDUSTRIAL PRODUCTION

Today, the geography and geology of Manitoba have established its economic base. Gross domestic product statistics are dry stuff, but they show where Manitoba's money is made.

Agriculture is a $2-billion-a-year industry, according to 1989 data. Wheat, the largest crop, still sells at depressed prices. However, since the agricultural base of the province is diversified, the rural economy remains reasonably, if not robustly, healthy.

Beneath the surface lie many minerals. Where farming stops, mining begins. The total value of mining activity in Manitoba in 1989 was $1.69 billion. Nickel made up the largest share of the total. As well, copper, zinc, gold, and silver are mined in the province.

The largest mining activity, ranked by value of output, is Inco Limited's production of nickel at Thompson. At that site, Inco in 1989 produced

A healthy agriculture industry generates an average of $2 billion a year for the Manitoba economy. Photo by Brian Sytnyk/Masterfile

Au Manitoba, une vigoureuse industrie agricole injecte annuellement quelque 2 milliards de dollars dans l'économie. Photo Brian Sytnyk/Masterfile

La production minière du Manitoba s'élevait à 1,7 milliards de dollars en 1989, ce qui le place au deuxième rang après la production agricole. Photo Gary Fiegehen/First Light

The total value of Manitoba mineral production reached $1.7 billion in 1989, ranking second only to the province's agriculture industry. Photo by Gary Fiegehen/First Light

l'édition et 399 millions de dollars de la fabrication de meubles.

L'industrie manufacturière est généralement axée sur les matières premières disponibles. D'autres activités cependant, comme la production de missiles par Bristol Aerospace pour la NASA et de pièces de cellules aéronautiques de gros porteurs pour Boeing, se sont développées pour des raisons historiques et grâce à la présence de travailleurs spécialisés.

Certaines sociétés se sont établies au Manitoba pour des raisons surtout géographiques, pour profiter du site exceptionnel de Winnipeg, au coeur de l'Amérique du Nord, et de ses excellents liens de transport avec le reste du continent et le monde entier. Otto Bock Orthopedic Industries Ltd., le plus grand producteur de prothèses myoélectriques au monde, a doublé la superficie de son usine de Winnipeg en 1988. Dans plusieurs usines manitobaines, la production dépasse évidemment la demande du marché local. Environ 55 pour cent des produits fabriqués au Manitoba sont exportés aux États-Unis, tandis que 16 pour cent vont aux pays en bordure du Pacifique et 15 pour cent à l'Europe.

Les industries de service, y compris la fonction publique, donnent au Manitoba une base économique à l'abri des fluctuations de prix des marchandises et de la conjoncture économique. La Bourse des marchandises de Winnipeg, fondée en 1887, est le plus important marché à terme céréalier au Canada. Les bureaux de la Commission canadienne du blé, principal agent des ventes de céréales canadiennes, sont situés à Winnipeg. D'importantes sociétés de services financiers ont aussi leur siège social à Winnipeg, comme la Great-West Life, qui comptait 155 milliards de dollars d'affaires en cours en 1989, l'Investors Group, une société de fonds mutuels titulaire d'un actif sous gestion de 9,8 milliards de dollars en 1989, et Federal Industries, un conglomérat de sociétés de transport et de commerce de détail dont les ventes atteignaient 2,3 milliards de dollars en 1989. Winnipeg est aussi le centre régional de toutes les banques à charte canadiennes et, de plus en plus, les banques européennes et celles des pays en bordure du Pacifique s'y installent.

Le tourisme joue un rôle important dans l'économie du Manitoba, non seulement pour ce qu'il rapporte—environ 750 millions de dollars en 1989—mais aussi parce que l'activité touristique est florissante dans toute la province. Les camps de pêche du nord manitobain, les croisières sur les rivières, les hôtels cinq étoiles

d'Inco Limited, à Thompson. En 1989, la production s'élevait à plus de 600 millions de dollars, soit 30 pour cent du total de la production canadienne. C'est considérable, si l'on songe que 30 pour cent de la production mondiale de nickel vient du Canada.

L'industrie forestière, pour sa part, est principalement consacrée à la production de bois à pâte. En 1989, le bois à pâte et les autres produits de la forêt rapportaient plus de 302 millions de dollars.

L'industrie manufacturière manitobaine— 62 000 travailleurs et 1 800 entreprises— contribuait plus de 7,3 milliards de dollars à l'économie provinciale en 1989. De ce montant, 1,8 milliard de dollars venait du secteur de l'alimentation, 753 millions de dollars de la fabrication de matériel de transport, 514 millions de dollars du secteur de l'imprimerie et de

more than $600 million of nickel, 30 percent of Canada's total nickel output. That is no small amount since Canada accounts for 30 percent of world nickel production.

Above the mines, forest products operations produce mainly wood pulp for paper production. In 1989 pulp and other forest products amounted to more than $302 million.

Manufacturing in Manitoba contributed more than $7.3 billion to the provincial economy in 1989, and a total of 1,800 firms employed 62,000 people. Food products accounted for $1.8 billion of that output, transportation equipment for $753 million, printing and publishing for $514 million, and furniture for $399 million.

Much manufacturing is related to the availability of primary products for processing. But other work, such as Bristol Aerospace's production of rockets for NASA and Boeing's production of airframe components for commercial jetliners, exists for both historical reasons and the availability of skilled workers.

Some firms have chosen to locate in Manitoba for largely geographic reasons, to exploit Winnipeg's central location in North America and its excellent transportation links to the rest of the continent and the world. Otto Bock Orthopedic Industries of Canada Ltd., the world's leading manufacturer of myoelectric

prosthetic devices, doubled the size of its Winnipeg plant in 1988. Clearly, many plants in Manitoba produce beyond the needs of the province. About 55 percent of Manitoba's manufactured goods is, in fact, exported to the United States. Another 16 percent goes to Pacific Rim countries and 15 percent to Europe.

The service industry, including government, gives Manitoba a financial base independent of swings in commodity prices and business cycles. The Winnipeg Commodity Exchange, established in 1887, is Canada's senior futures market in grains. The Canadian Wheat Board, the principal selling agent for Canada's major grains, is based in Winnipeg. Large financial services firms are headquartered in Winnipeg, such as Great-West Life with insurance in force in 1989 of $155 billion; The Investors Group, a mutual fund vendor with assets under administration in 1989 of $9.8 billion; and Federal Industries, a transportation and retailing conglomerate with 1989 sales of $2.3 billion. Winnipeg is the regional headquarters for all of Canada's chartered banks and increasingly a base for European and Pacific Rim banks licensed in Canada.

Tourism is important to Manitoba not only because a good deal of money—about $750 million at annual rates in 1989—is involved, but also because it is distributed widely over the province. Northern fishing lodges, cruise ships on the river systems, five-star hotels in Winnipeg, and expeditions to watch whales and polar bears in Churchill on Hudson Bay are all part of the industry.

HUMAN RESOURCES

Manitoba's labor force is not exactly—not typically—Canadian. Four dozen ethnic groups make up the 535,000-person labor force. They have brought, in varying measure, preferences for agricultural work, for trade and commerce, connections in banking, and special skills. It is a cliche, but a truth as well, that Manitoba is an ethnic mosaic. That cultural diversity is also one of the province's greatest assets.

Employment by sector shows where the labor force works. For 1989, 48,000 worked in primary industries, 83,000 in manufacturing and construction, 43,000 in transportation, 88,000 in trade, 27,000 in financial services, 39,000 in government, and 163,000 in service industries, including health care.

What is significant about the labor force is that, at most levels, it is trained within the province. Except at the most advanced levels of

Winnipeg's Exchange District is a central hub of Manitoba's finance and trade sector. Photo by Ken Straiton/ First Light

Le quartier de la Bourse de Winnipeg, centre des activités commerciales et financières manitobaines. Photo Ken Straiton/First Light

de Winnipeg, les excursions à Churchill, sur la baie d'Hudson, pour observer les baleines et les ours polaires, autant d'attraits qui alimentent l'industrie touristique manitobaine.

LES RESSOURCES HUMAINES

La population active du Manitoba—535 000 personnes—n'est pas ce qu'on pourrait appeler une population typiquement canadienne car une cinquantaine d'ethnies la compose. Ces groupes ethniques ont des penchants plus ou moins marqués qui pour l'agriculture, qui pour le commerce; ils ont parfois des relations dans le monde bancaire ou possèdent des compétences spécialisées. Même si elle est passée depuis longtemps au rang des clichés, l'expression « mosaïque culturelle » décrit on ne peut mieux

Véritable refuge dans la nature, le parc provincial Whiteshell, le long de la frontière ontarienne, accueille les visiteurs de tout âge. Photo John Elk III

Located along the Ontario border, Whiteshell Provincial Park is a favorite haven of natural beauty for visitors of all ages. Photo by John Elk III

la population manitobaine. Les mille et une facettes de cette mosaïque constituent aussi l'un des atouts majeurs de la province.

En 1989, la population active se répartissait comme suit dans les divers secteurs de l'économie: 48 000 personnes travaillaient dans le secteur primaire, 83 000 dans la fabrication et la construction, 43 000 dans les transports, 88 000 dans le commerce, 27 000 dans les services financiers, 39 000 dans la fonction publique et 163 000 dans le secteur des services, y compris ceux de la santé.

La population active du Manitoba a ceci de particulier qu'elle est formée, à presque tous les niveaux, dans la province même. Exception faite des plus hautes sphères du savoir, les institutions d'enseignement manitobaines dispensent la formation en fonction des besoins de la province. Ainsi, 90 pour cent des diplômés des écoles et collèges techniques se trouvent un emploi dans leur discipline moins d'un an après l'obtention de leur diplôme.

Les trois institutions d'enseignement technique postsecondaire—Assiniboine Community College à Brandon, Keewatin Community College au Pas et Red River Community College à Winnipeg—reçoivent chaque année 33 700 étudiants. Ces institutions adaptent leurs programmes aux besoins des entreprises: les inscriptions sont contingentées et les cours modifiés de façon à obtenir le nombre et le type de diplômés que les entreprises peuvent employer.

L'Université du Manitoba, qui compte 23 000 étudiants, est la doyenne des institutions d'enseignement supérieur de l'Ouest canadien. L'Université de Winnipeg accueille, pour sa part, 7 400 étudiants et l'Université de Brandon, qui décerne surtout des diplômes de premier cycle, en accueille 3 100. Dans l'enseignement supérieur, on trouve des programmes dans presque toutes les disciplines: le droit, la médecine, les sciences, le génie et les arts. Bien que les cours de formation en danse du Ballet royal de Winnipeg ne mènent pas à un grade, ils sont reconnus à travers le monde entier; il en va de même pour les cours dispensés par plusieurs conservatoires.

RESSOURCES SCIENTIFIQUES

On peut juger de la contribution des ressources intellectuelles des universités manitobaines au monde des affaires en feuilletant un répertoire provincial des technologies de pointe. La liste qui suit, quoique brève et incomplète, n'en donne

scholarship and science, Manitoba institutions train for Manitoba needs. Thus 90 percent of the graduates of Manitoba technical colleges and institutions are employed in training-related work within a year of their graduation.

Three technical post-secondary institutions—Assiniboine Community College in Brandon, Keewatin Community College in The Pas, and Red River Community College in Winnipeg—enroll 33,700 students per year. Their programs are responsive to business requirements. Each institution adjusts its enrollment and courses to produce the numbers and types of graduates the job market needs and can employ.

The University of Manitoba, with 23,000 students, is western Canada's oldest institution of higher learning. The University of Winnipeg has 7,400 students. Brandon University, primarily an undergraduate institution, has 3,100 students. Within Manitoba's system of higher education exist virtually all professional degree programs in law, medicine, science, engineering, and the arts. As well, there are non-degree programs in world-class dance at the Royal

Winnipeg Ballet and at several music conservatories.

SCIENTIFIC RESOURCES

To see what business the intellectual resources of Manitoba universities have produced, it is useful to browse through a directory of high technology going on in the province. This is a brief list and hardly inclusive of all the activity, but it suggests the scope of what is done and what can be done.

Manitoba entered the business of space exploration early in the 1960s, when the Churchill Rocket Range offered NASA an obstacle-free shooting gallery across Hudson Bay for missiles that often, in those days, were likely to go off course or blow up in flight. As a result of that work, Bristol Aviation, a wholly owned subsidiary of Rolls Royce, developed sounding rockets. From rockets came remote sensing and communications technologies, computer interface and telemetry applications, and metals and composite materials fabrication businesses. Today the Churchill Rocket Range is moribund, used once every few years for some specialized

Tourism in Manitoba produced about one billion dollars for the provincial economy in 1990. Photo by Winston Fraser

Les recettes de l'industrie touristique manitobaine atteignaient environ un milliard de dollars en 1990. Photo Winston Fraser

L'Université du Manitoba est la plus ancienne institution d'enseignement supérieur de l'Ouest du Canada. Photo Thomas Kitchin/First Light

The University of Manitoba is western Canada's oldest institution of higher learning. Photo by Thomas Kitchin/First Light

pas moins une idée de l'envergure des réalisations courantes et du potentiel à exploiter.

La participation manitobaine à l'industrie de l'exploration spatiale remonte au début des années 60. La NASA cherchait des bases d'essai pour ses missiles, des engins qui étaient, à l'époque, très enclins à dévier de leur course ou à exploser en plein vol. Les grands espaces libres au-dessus de la baie d'Hudson convenaient parfaitement et on y installa la Base de lancement de fusées de recherche de Churchill. Cette expertise a mené au développement de fusées-sondes, par Bristol Aviation, une filiale à part entière de Rolls Royce. On passa ensuite aux domaines de la télédétection et des communications, aux applications informatiques et de télémesure; enfin, des entreprises de fabrication de métaux et de matériaux composites surgirent. Aujourd'hui, la base de lancement de Churchill est moribonde et, bien que servant à l'occasion à des travaux de recherche spécialisés de la NASA, ses installations périmées ne sont plus qu'un vestige de l'histoire. Elle survit cependant d'une certaine façon dans les travaux de sociétés comme Boeing Canada Ltd. (fabrication de composantes de missiles) ou de Quantic Laboratories (logiciels de télémesure).

L'existence de grands espaces libres, qui a mené au développement de l'industrie des missiles dans le nord du Manitoba et de l'industrie nucléaire (Énergie atomique du Canada) dans l'est de la province, rend aujourd'hui possible une nouvelle activité: l'entreposage au froid des déchets nucléaires et autres produits dangereux. Dans l'ouest de la province, la Corporation manitobaine de gestion des déchets dangereux doit bientôt commencer l'aménagement d'un site d'enfouissement permanent pour les déchets les plus dangereux du XXe siècle. Les grands espaces libres et le climat sibérien du Manitoba aidant, et en dépit d'une certaine opposition des localités environnantes, la géographie et les technologies de pointe s'uniront pour doter le Manitoba d'un autre grand ouvrage.

Winnipeg est un important centre de recherche en sciences de la santé. Une véritable industrie des sciences de la santé s'y est développée grâce aux deux hôpitaux d'enseignement, le Centre des sciences de la santé et l'Hôpital Général de Saint-Boniface, à l'École de Médecine de l'Université du Manitoba et aux nombreux laboratoires de médecine humaine et vétérinaire du gouvernement fédéral. Une étude du gouvernement révèle que les secteurs public et privé prévoient investir plus de 500 millions de dollars d'ici 1995 dans le domaine des sciences de la santé. Déjà, le Winnipeg Rh Institute Inc. est considéré comme un chef de file dans le recherche sur le sang et les produits de fractionnement du plasma. ABI Biotechnology Inc., pour sa part, se spécialise dans les hormones de croissance et les hormones et les médicaments spécialisés utilisés dans le traitement du cancer et les transplantations d'organes. On produit aussi d'autres médicaments au Manitoba, dont la Premarin, l'oestrogène naturel d'Ayerst Laboratories et la Lysosyme, un agent antibactérien d'Export Packers Ltd.

L'industrie manitobaine des sciences de la santé a déjà des projets d'avenir bien précis, dont la construction du Canadian Centre for Disease Control Virology Laboratory, qui doit être terminé en 1993, l'agrandissement du Centre d'imagerie Siemens/Hôpital Saint-Boniface, un ajout au Centre de Recherches de l'Hôpital Saint-Boniface, et un nouvel agrandissement du Otto Bock Canada Orthonic Research and Development Centre.

L'ESPRIT D'ENTREPRISE

Pour que les idées, les capitaux et la main-d'oeuvre soient productifs, il faut une saine gestion. Les entreprises manitobaines, quoique généralement petites, sont particulièrement innovatrices. La ville de Winnipeg a été le berceau de nombreux écrivains, musiciens, scientifiques et hommes d'affaires canadiens célèbres. C'est une ville d'immigrants, d'hommes et de femmes qui ont appris à se battre pour

research work by NASA, but in truth a rusting hulk of technologies now part of history. Yet the business it engendered remains in the work of Boeing of Canada Ltd. (missile component manufacture) and Quantic Laboratories (telemetry software), to name just two.

The availability of open spaces that prompted development of a rocket industry in northern Manitoba and Atomic Energy of Canada's nuclear-products industry in eastern Manitoba is today stimulating another kind of use of space—burying nuclear and other hazardous wastes in permanent cold storage. In western areas of the province the Manitoba Hazardous Waste Management Corporation is about to begin construction of containment facilities for the most difficult-to-handle garbage of the twentieth century. In spite of some local opposition, it appears that, with space to spare and a natural deep-freeze climate, technology and geography will put another mega development in Manitoba.

Winnipeg is a major centre for health science research. Stimulated by the presence of two large teaching hospitals, the Health Sciences Centre and St. Boniface General Hospital, the University of Manitoba Medical School, and extensive federal government health laboratories in human and veterinary medicine, a substantial health science industry has developed. According to Manitoba government surveys, government and

institutions have targeted more than $500 million of new investment in the health science sector in Manitoba through 1995. Already, the Winnipeg Rh Institute Inc. is a world leader in blood research and the production of plasma fractions. As well, ABI Biotechnology Inc. specializes in growth hormones and specialized drugs and hormones for use in treatment of cancer and in organ transplants. Other drugs produced in Manitoba include Ayerst Laboratories' natural estrogen, Premarin, and Export Packers Ltd.'s Lysosyme, an antibacterial agent.

New developments in the Manitoba health science industry will include construction of a Canadian Centre for Disease Control Virology Laboratory, due to be completed by 1993, development of the Siemens/St. Boniface Hospital Imaging Centre, additions to the St. Boniface General Hospital Research Centre, and further development of the Otto Bock Canada Orthotic Research and Development Centre.

ENTREPRENEURIAL INITIATIVE
To make labor, ideas, and capital work productively takes management. Manitoba industry is typically small scale and atypically innovative. Winnipeg is where many high-profile Canadian entrepreneurs, writers, musicians, and scientists were born and raised. It's a town of individuals with immigrant roots, each of whom had to scramble to survive. And

Manitoba's business community benefits from the well-trained work force educated at one of the province's many fine colleges and universities. Brandon University, pictured here, enrolls some 3,100 students. Photo by Brian Sytnyk/ Masterfile

Au Manitoba, le monde des affaires peut compter sur une main-d'oeuvre bien qualifée, formée dans les nombreux collèges et universités de la province. On voit ici l'Université de Brandon, où sont inscrits 3 100 étudiants. Photo Brian Sytnyk/Masterfile

En recherche et développement des technologies de pointe, dans le domaine de l'exploration spatiale et en informatique par exemple, le Manitoba est à l'avant-garde. Photo Chuck O'Rear/First Light

From space exploration to computer sciences, Manitoba stands at the forefront of high-technology research and development. Photo by Chuck O'Rear/First Light

survivre et qui ont su surmonter la pauvreté, la rigueur du climat, les grands deuils engendrés par la guerre et les difficultés d'apprentissage d'une nouvelle langue.

D'après les statistiques, la plupart des entreprises manitobaines demeurent relativement modestes. Bien qu'on y retrouve toute la gamme des entreprises, des petites aux plus grandes qui fabriquent des voitures de pompiers, des tracteurs pour la ferme, des autobus ou des transformateurs électriques, le chiffre d'affaires annuel moyen des entreprises manitobaines est de 3,34 millions de dollars.

C'est à la décision du Canadien Pacifique de traverser la rivière Rouge à Winnipeg il y a plus d'un siècle que l'on doit l'existence d'une main-d'oeuvre spécialisée au Manitoba. Le C.P. y établissait alors des ateliers de maintenance des locomotives, des fonderies pour couler des roues, des ateliers d'estampage et de fabrication de bielles pour les locomotives à vapeur, la fine pointe de la technologie de l'époque.

Des entrepreneurs immigrants arrivèrent à Winnipeg, attirés surtout par la publicité du C.P. qui promettait des terres fertiles et des villes dynamiques. En réalité, la terre était dure, elle leur faisait suer sang et eau et réclamait toujours plus de pluie. Et, au début de la colonie, Winnipeg était une ville du FarWest aux nombreux saloons, comparable à Dodge City ou à Abilene. Les affaires transformèrent Winnipeg: d'avant-poste de la civilisation, elle passa au rang de poste de ravitaillement, produisant et expédiant les biens nécessaires à l'expansion du Canada vers l'Ouest.

Quand les tenanciers des saloons eurent fermé boutique, transformé leurs établissements

en hôtels ou eurent tout simplement été chassés, les immigrants entrepreneurs arrivèrent et se mirent à exercer leurs métiers respectifs. C'est ainsi que les usines de confection de vêtements se multiplièrent, grâce aux nombreux tailleurs venus des pays de l'est de l'Europe, et que les vendeurs itinérants se transformèrent en marchands en gros. Des maçons venus du sud de l'Europe construisirent des banques à l'allure de temples grecs et romains et des édifices à bureaux aussi somptueux ou prétentieux que ceux de Londres ou de Paris.

Winnipeg demeure cependant, encore aujourd'hui, une ville de petites usines. Les entreprises du début du siècle survivent, en plus grand, dans des firmes comme Gendis Inc., un conglomérat de magasins à rayons et de distribution de produits électroniques, dont le chiffre d'affaires atteint les 748 millions de dollars. James Richardson & Sons, dont le siège social est à Winnipeg, est l'un des plus grands souscripteurs et courtiers en grains du Canada. L'entreprise, qui n'était au début qu'une petite maison de courtage en grains, a grandi avec l'Ouest.

WINNIPEG, PLAQUE TOURNANTE DES TRANSPORTS

Les chemins de fer ont fait de Winnipeg la plaque tournante du commerce en gros et de détail. Porte d'entrée de l'Ouest il y a 100 ans, Winnipeg le demeure encore aujourd'hui. Le commerce en gros et de détail atteignait 13,2 milliards de dollars en 1989, soit 57 pour cent du produit intérieur brut aux prix du marché du Manitoba.

Un tel volume commercial serait impensable sans le réseau des moyens de transport qui dessert Winnipeg. Air Canada et Canadien International passent par la capitale, de même que Northwest Airlines et d'autres lignes américaines. Plusieurs lignes aériennes relient Winnipeg au nord du Manitoba et aux Territoires du Nord-Ouest. Purolator, United Parcel, Federal Express et d'autres services de courrier international desservent Winnipeg, non seulement à cause de leur clientèle locale, mais aussi parce que l'Aéroport International de Winnipeg est ouvert 24 heures sur 24.

Les plus importantes compagnies ferroviaires relient Winnipeg au reste du pays et aux États-Unis. Une petite compagnie, la Greater Winnipeg Water District Railway, exploite une ligne de 156 kilomètres, de Winnipeg au lac Shoal, sur la frontière ontarienne. Construite à l'origine pour

it's a place where many triumphed over the adversities of poverty, harsh climate, loss of family in warfare, and a new language.

Official statistics show how relatively modest most Manitoba business remains. This is a province where, in spite of the presence of large firms with payrolls in the thousands, the representative firm and the majority of firms are really quite small. The average Manitoba manufacturing firm has annual sales of $3.34 million, though the range of firms goes from sole proprietorships to large firms making fire engines, farm tractors, buses, and large electrical transformers.

The skilled labor base of Manitoba manufacturing settled in Winnipeg a century ago with the decision of the Canadian Pacific Railway to cross the Red River at Winnipeg. The CPR established engine maintenance shops, foundries to cast wheels, stamping plants, and machine shops to produce connecting rods for the locomotives that were the advanced technology of the age of steam.

Immigrant entrepreneurs came to Winnipeg, often lured by CPR advertisements promising rich farmland and bustling cities. The land was, in fact, hard sod that needed toil and tears as much as rain. And Winnipeg, in its early days, was as much a saloon-filled frontier town as Dodge City or Abilene. But business turned Winnipeg from an outpost of civilization into a city that produced and shipped the goods Canada's westward expansion needed.

After the saloonkeepers had variously shut their doors, gone into the more respectable line of hotel keeping, or had just been run out of town, immigrant entrepreneurs arrived to do in Canada what they had learned in Europe. Garment factories flourished, making use of abundant skilled tailors from Eastern European villages. Peddlers began wholesale companies. Southern European stonemasons found work building banks in the style of Greek or Roman temples and office buildings as grand, or pretentious, as those in London or Paris.

Today Winnipeg remains a city of small factories. The early enterprises continue, though much larger in size, in such firms as Gendis Inc., a conglomerate of department stores and electronics distribution with annual sales of approximately $748 million. James Richardson & Sons, headquartered in Winnipeg, is one of Canada's largest investment bankers and a major grain broker. It began as a grain company and grew with the West.

WINNIPEG AS TRANSPORT HUB
With the railroads, Winnipeg developed as a major centre for wholesale and retail trade. A hundred years ago Winnipeg was the gateway to the West. It still is. The value of wholesale and retail trade combined was $13.2 billion in 1989, 57 percent of Manitoba's gross domestic product value at market prices.

Relié à un réseau de chemin de fer transcontinental, le port manitobain de Churchill est stratégiquement situé sur la côte sud-ouest de la baie d'Hudson. Photo John Elk III

Connected to transcontinental rail lines, Manitoba's Churchill port is strategically situated on the southwestern shore of Hudson Bay. Photo by John Elk III

septembre, sont passablement doux, mais certains avancent que Winnipeg est le poste diplomatique le plus froid au monde. À Winnipeg, les diplomates doivent, paraît-il, subir des hivers plus rigoureux que leurs collègues de Moscou ou même d'Oulan-Bator, capitale de la Mongolie. Par contre, les jours d'hiver, le soleil est généralement de la partie. La plupart du temps, la neige est peu abondante et les précipitations sont également réparties sur les mois d'hiver, de novembre à mars. Le long hiver permet d'ouvrir un réseau de 1 650 kilomètres de routes qui traversent bois, marécages, toundra, lacs et vastes étendues de pergélisol: on peut ainsi ravitailler les villages éloignés qui, l'été, ne sont accessibles qu'à grand frais, par avion.

LA VIE AU MANITOBA

Malgré l'hiver au froid intense qui peut devenir littéralement fatal si on ne s'habille pas convenablement, et malgré quelques journées d'été où la chaleur est à vous couper le souffle, la vie au Manitoba est supportable. Pas juste un peu ou presque supportable, mais agréablement et même très très supportable. Des pâturages des collines de l'Ouest, où vivent les ours noirs de la forêt boréale, à la vaste plaine de la vallée Pembina, entre Winnipeg et la frontière américaine, jusqu'aux régions nordiques où la population est clairsemée, partout, on retrouve des attractions naturelles et des installations qui contribuent à rendre la vie agréable, peu importe la saison.

Winnipeg offre évidemment un grand choix d'activités culturelles mais d'un bout à l'autre de la province, les petites villes offrent aussi à la population des activités culturelles populaires— les cinémas, les rencontres sportives, etc.—et même des « raffinements » inattendus, comme des tournées de troupes de théâtre ou de danse et des expositions itinérantes.

Brandon, par exemple, ville de 39 000 habitants au centre des terres à blé, propose un choix étonnant de loisirs et d'activités culturelles, notamment du théâtre, des galeries d'art, et du hockey professionnel. Même à Churchill, ville la plus au nord, le centre de loisirs municipal présente des films et des concerts tout au long de l'année en plus d'abriter une piscine et une bibliothèque.

C'est quand même Winnipeg qui offre la plus grande variété d'événements culturels. Le Ballet royal de Winnipeg, l'Orchestre symphonique de Winnipeg, des dizaines de cinémas, le Centre d'art dramatique du Manitoba et plusieurs

desservir l'aqueduc qui alimente la ville en eau potable, elle sert aussi à transporter le gravier des carrières de l'est de Winnipeg.

Le Manitoba a aussi son port de mer, à Churchill, petite localité de 900 habitants sur la côte sud-ouest de la baie d'Hudson. Fermé par les glaces presque toute l'année, le port de Churchill n'est cependant qu'à 4 800 kilomètres de Liverpool. Relié au transport ferroviaire transcontinental depuis 1931, il offre une alternative pour le transport des céréales outre-Atlantique et sert de poste de ravitaillement aux petits villages de la baie d'Hudson.

LE CLIMAT

Le Manitoba est pays de froidure, de froid intense, de froid sibérien. Les étés, de mai à

That trade would not exist in its volume were it not for the network of transportation systems based in or passing through Winnipeg. Air Canada and Canadian Airlines International serve the city, as do Northwest Airlines and other American scheduled airlines. Several scheduled airlines connect Winnipeg to northern Manitoba and the Northwest Territories. Purolator, United Parcel, Federal Express, and other international courier firms serve Winnipeg, attracted not only by business to be done in the city but also by the curfew-free, 24-hour-a-day flight schedule available at Winnipeg International Airport.

Winnipeg has major rail freight service to all Canadian and U.S. locations. A small railroad, the Greater Winnipeg Water District Railway, operates a 156-kilometre line from the city to Shoal Lake on the Ontario border. Built to serve the aqueduct that brings Winnipeg's fresh water supply, it also carries gravel from commercial pits east of Winnipeg.

Manitoba also has a seaport at Churchill, a town of 900 or so permanent residents on the southwestern shore of Hudson Bay. Though frozen most of the year, the port is only 4,800 kilometres from Liverpool. Connected to transcontinental rail lines in 1931, Churchill today is an alternate port for grain shipped via the Atlantic Ocean and is the restocking base for communities on Hudson Bay.

CLIMATE

Manitoba is cold, awfully cold, even bitterly cold. Though summers are pleasantly warm from May to the end of September, according to some surveys Winnipeg is the coldest diplomatic posting in the world. Consular officials assigned to Winnipeg have to endure worse conditions in winter than do their colleagues in Moscow or even Ulan Bator, capital of Outer Mongolia. But winter days are typically sunny. Snowfall is actually moderate in most years, fairly evenly distributed over the long winter months from November to March. During those months Manitoba operates a 1,650-kilometre system of winter roads across bush, bogs, tundra, permafrost, frozen lakes, and mudflats. The ice roads make possible resupply missions by truck to remote villages, which, in summer, can only be reached at high cost by plane.

LIVING IN MANITOBA

In spite of winter weather that can literally be lethal if one is not properly dressed and occasional summer days that are hot enough to take one's breath away, most of the province is livable. Manitoba is, not marginally, not barely, but pleasantly and even richly livable. From western ranchlands on rolling hills, where black bears dwell in the boreal forest, to the flat-as-a-board Pembina Valley between Winnipeg and the American border, to northern areas where people are few and far between, there are natural attractions and man-made facilities to make life enjoyable no matter what the season.

Winnipeg, of course, has the broadest range of cultural opportunities. Yet even towns across the province have popular culture—movies, spectator sports, etc.—as well as what is often termed "high" culture—visiting dance troupes, stage performances, and touring art exhibits.

Brandon, for example, a town of 39,000 people in the centre of the wheat belt, offers a surprisingly large selection of entertainments, including theatre, art galleries, and professional hockey. Even in Churchill, the most northerly of Manitoba's urban centres, a civic centre provides year-round movies, swimming, concerts, and a library.

It's in Winnipeg that the greatest variety of cultural amenities can be found. The Royal Winnipeg Ballet, the Winnipeg Symphony Orchestra, professional hockey and football teams, dozens of movie theatres, the Manitoba Theatre Centre, other legitimate performing stage companies, 26 golf courses, chamber music societies, opera, and a score of folk dance ensembles make up part of the formal entertainment industry.

For spectator and professional sports, Winnipeg offers the Blue Bombers, a Canadian Football League team; the Jets, a National Hockey League team; the Winnipeg Fury, a soccer team; and thoroughbred and harness racing.

Winnipeg's cultural diversity comes from a heterogeneous mix of people. One suburb, St. Boniface, is officially and sometimes even trenchantly French in language and custom. Some neighborhoods are filled with people of German origin, others with those of Ukrainian backgrounds. An hour's drive north of Winnipeg, the town of Gimli is the second-largest Icelandic centre in the world after Reykjavik.

In its physical appearance, Winnipeg is framed by its major rivers: the Red, a north-south waterway, and the Assiniboine, an east-west river smaller in size. Along the rivers fine

autres troupes de théâtre, des ensembles de musique de chambre, de l'opéra et une multitude de troupes de danse folklorique, tout cela fait partie de l'industrie culturelle de la capitale provinciale.

Du côté des sports, Winnipeg se défend bien et compte trois équipes professionnelles: les Blue Bombers, de la Ligue canadienne de football, les Jets, de la Ligue nationale de hockey, et l'équipe de soccer Winnipeg Fury. De plus, les amateurs de courses de pur-sang et de courses attelées ont leur hippodrome et les golfeurs, un choix de 26 parcours.

La diversité culturelle de Winnipeg est enracinée dans une population hétérogène. La banlieue de Saint-Boniface est officiellement et parfois même obstinément française dans ses coutumes et sa langue. Dans certains quartiers, la majorité des habitants sont de descendance allemande, ailleurs, ils sont d'origine ukrainienne. À une heure de route au nord de Winnipeg, Gimli est la deuxième localité islandaise en importance au monde, après Reykjavik.

Au confluent des deux principales rivières qui l'arrosent, la Rouge et l'Assiniboine, Winnipeg est bien située au point de vue géographique: la première de ces rivières coule du sud au nord, la seconde, plus petite, d'ouest en est. Le long de

ces deux cours d'eau s'élèvent de magnifiques demeures, dont plusieurs ont été construites par les commerçants et les marchands de céréales du début du siècle. Les parcs de la ville, 2 830 hectares d'espaces verts, tantôt vastes, tantôt plus intimes, sont dotés de jardins, de serres, de terrains de jeux, d'un zoo et d'étangs qui se transforment en patinoires l'hiver.

Au centre-ville, les gratte-ciel s'élèvent au-dessus d'anciens entrepôts rénovés qui abritent aujourd'hui des galeries d'art, des restaurants, des discothèques et des boutiques de mode dernier cri. Les bons restaurants sont légion de même que les petits bistrots où les cuisines nationales sont à l'honneur: italienne, française, yougoslave ou roumaine.

Fort Garry Place, un des plus extraordinaires monuments à la gloire de la diversité culturelle de Winnipeg, est un grand complexe formé de trois tours qui abritent trois fonctions: appartements, bureaux, centre commercial. Sa façade est ornée de statues grecques entre lesquelles se trouvent des reliefs représentant la chasse au bison et des colons traversant les plaines en charrettes à boeufs. Au-dessus de cette brochette de styles, un restaurant pivotant dont les deux étages tournent en sens contraire. La décoration du centre commercial de l'édifice ressemble à celle des palais d'Europe centrale: plafonds à caissons, colonnes ornées de feuille d'or, miroirs omniprésents. La salle des congrès de l'édifice, fastueusement tapissée de grandes peintures murales aux thèmes héroïques et décorée de boiseries enjolivées de feuille d'or, peut accueillir au moins 2 000 personnes.

Tout à côté, l'hôtel Fort Garry, réplique d'un château de la Loire, offre de magnifiques chambres à moins de 100 $ par jour et une table réputée parmi les meilleures de l'Ouest canadien. Bien que cet ensemble de bâtiments ne risque guère de se retrouver en page couverture d'une revue spécialisée en architecture, le tout demeure fort amusant et caractéristique de Winnipeg: ici, on refuse de se prendre trop au sérieux.

Chaque année au mois d'août, les communautés culturelles de Winnipeg organisent un Festival des nations, Folklorama. Des pavillons répartis à travers la ville proposent les spécialités culinaires, les vins et les bières d'un pays en particulier et donnent des spectacles de danse folklorique. Les touristes viennent en très grand nombre durant la semaine du festival et les chambres d'hôtel se font rares.

La dure réalité, c'est que l'hiver est vite

houses stand, many built by grain and merchant families around 1900. Parks, 2,830 hectares of greenland varying from vast to intimate, dot the city, providing playgrounds, a zoo, skating ponds, gardens, and greenhouses.

The centre of the city is a mix of skyscrapers of restored old warehouses that now house art galleries, restaurants, discos, and trendy design shops. Several very good restaurants can be found in the downtown area, including bistros specializing in northern Italian food, French fare, and Yugoslav and Romanian cuisine.

One of the most extraordinary monuments to Winnipeg's cultural diversity is a three-tower apartment/office/shopping centre complex. Called Fort Garry Place, it has a facade of Greek statues interspersed with reliefs of, among other things, hunters slaying buffalo and settlers drawing oxcarts across the plains. On top of this buffet of styles is a two-storey revolving restaurant, each level moving in an opposite direction. A shopping arcade within the complex is decorated in a sort of Central European palace style, complete with coffered ceilings, gold-leafed columns, and an abundance of mirrors. The complex has a convention hall with a minimum seating capacity of 2,000, the whole shebang festooned with heroic murals and gold-leafed woodwork.

Next door to this building is the Fort Garry

Hotel, a replica of a French Loire Valley chateau, with fine rooms for well under $100 per night and a cuisine considered among the best in western Canada. None of this is likely to make the cover of the kinds of architectural magazines that decorate coffee tables, but it is fun and certainly distinctively Winnipeg. It's a town that really doesn't take itself too seriously.

Once a year, in August, the ethnic groups of the city stage Folkorama, a combination of scores of pavilions, each providing the distinctive food of countries around the world, as well as folk dancing and a sampling of the national wines and beers. It's a major tourist draw, a week when it's almost impossible to get a hotel room.

The reality of the place, however, is winter weather that is either grim or brisk, depending on the size of your parka. Yet even in the coldest months, there are outdoor celebrations, such as the winter carnival staged in the French suburb of St. Boniface, the Festival du Voyageur. From October to April the schedules of performing arts groups are densely packed. There *is* life at 40 degrees below zero. Winnipeg shows it can be done.

LIFE UNDER FREE TRADE
The Free Trade Agreement with the United States will change Manitoba, mostly for the better. Fundamentally, since Manitoba produces

During the long winter months in which stunning vistas of snow and ice transform the land into a sparkling wilderness, Manitoba operates a 1,650-kilometre system of winter roads that provides access to remote villages. Photo by Brian Sytnyk/Masterfile

Pendant les longs mois d'hiver, lorsque la neige et la glace créent des panoramas à couper le souffle, un réseau de 1 650 kilomètres de routes donnent accès à des villages isolés. Photo Brian Sytnyk/ Masterfile

revenu, tantôt rude, tantôt frisquet, selon l'épaisseur de votre parka. Pourtant, même au coeur de l'hiver, de nombreuses fêtes populaires se déroulent à l'extérieur, comme le Festival du Voyageur, le carnaval d'hiver de Saint-Boniface. Le calendrier culturel, d'octobre à avril, est très chargé. Même à 40 degrés sous zéro, la vie continue; Winnipeg en témoigne éloquemment.

VIVRE AVEC LE LIBRE-ÉCHANGE

L'Accord de libre-échange avec les États-Unis aura un effet considérable, surtout positif, sur le Manitoba. Essentiellement, puisque le Manitoba est producteur de céréales vendues sur un marché libre et que, par ailleurs, il achète la machinerie agricole, les produits finis et autres biens de consommation sur un marché protégé, l'élimination des barrières tarifaires devrait lui être avantageuse.

Les principaux hommes d'affaires manitobains ont majoritairement, sinon unanimement, favorisé le libre-échange avec les États-Unis. Reconnaissant les avantages fondamentaux de la libéralisation du commerce pour les entreprises existantes et comptant sur les atouts particuliers du Manitoba—terrains à bon marché, énergie pas chère, main-d'oeuvre qualifiée abondante, coopération gouvernementale assurée—pour attirer de nouveaux investissements, les Chambres de commerce de Winnipeg et du Manitoba et diverses associations du monde commercial se sont prononcées en faveur du libre-échange.

D'autres, pourtant, s'y sont opposés haut et clair. Les critiques les plus sévères prédisent que le Canada, et le Manitoba bien sûr, deviendra une sorte de Sibérie, parsemée de villages abandonnés ensevelis sous la neige. Les capitaux, prétendent ces critiques, prendront la route des États-Unis, où les taux de rendement sont parfois plus élevés. La main-d'oeuvre spécialisée suivra, à la recherche de meilleures salaires et d'impôts moins élevés. Seuls les incompétents et les inadaptés demeureront, blottis dans des chaumières mal chauffées pendant que les turbines des grands barrages détourneront leur électricité vers les marchés plus lucratifs des États-Unis.

Les tours à bureaux vitrées du centre-ville de Winnipeg côtoient des édifices qui font partie du patrimoine manitobain. Photo Thomas Kitchin/First Light

Glass-adorned office towers stand side by side with historic treasures of the past in Winnipeg's city centre. Photo by Thomas Kitchin/First Light

An impressive complex of housing, office, and retail space, Fort Garry Place in Winnipeg includes a 2,000-seat convention hall adorned with murals and intricate woodwork. Photo by Winston Fraser

Fort Garry Place, un imposant complexe résidentiel et commercial, comprend une salle de congrès de 2 000 places ornée de peintures murales et de boiseries ouvragées. Photo Winston Fraser

grains sold in world markets without tariff protection and buys its machinery, finished manufactured goods, wines, and so forth subject to tariffs, tariff reduction should be a good thing.

Manitoba business leaders have generally, if not unanimously, favored freer trade with the United States. Recognizing the fundamental advantages to existing business and reasoning that new business should come to a place of inexpensive land, downright cheap energy costs, a skilled and available work force, and co-operative government, such bodies as the Winnipeg Chamber of Commerce, the Manitoba Chamber of Commerce, and various trade associations have spoken in favor of the agreement.

Nevertheless, there are highly vocal critics of the agreement. The strongest critics predict that Canada, including Manitoba, will be left a sort of Siberia of frozen fields and abandoned villages. Capital, the critics allege, will flow to the United States, where rates of return on equity are sometimes higher. Skilled labor will move in search of higher salaries and lower income taxes. Only misfits and unfits will remain, huddled in shacks, freezing as the turbines of the great dams divert their power to more profitable U.S. markets.

It is all very dramatic, and probably quite wrong, for the skills, resources, resourcefulness, and even toughness of Manitobans will continue to make the province a good place to earn a living and not a bad place at all to live. In the sciences, in heavy industry, in light manufacturing like the garment trade, in the professions, and in government, Manitoba remains a growing market with a decent, if cold, lifestyle and a very low cost of living.

It would, in fact, be hard to find another urban centre in North America, or in Europe, for that matter, that offers executive-level suburban housing for less than $200,000, luxury condominiums for $150,000, and decent starter homes for $70,000. The best restaurants in Winnipeg charge no more than $20 for any entree on their menus; $14 is more common. A fine lunch is still $5 to $7, automobile insurance is affordable, if not quite cheap, and utility rates for gas, electricity, and water are negligible by the standards of, say, the U.S. Northeast or the Sunbelt.

Profit, to an investor on the outside looking in, will probably continue to lie in making use of the land and the people that make up Manitoba. It remains a land little known outside of Canada, even not very well known to other Canadians.

Three of the more than 100,000 lakes that cover the province are very large. The largest, Lake Winnipeg, is the fifth-largest lake in North America, 25 percent larger than Lake Ontario, the smallest of the Great Lakes. As a fishery and as an alluvial lake with mineral resources beneath its cold waters, it and the countless other lakes of Manitoba are barely known.

Manitoba's forests are currently exploited mainly for pulp. In fact, 51 percent of Manitoba's total land mass is officially classified as forest. The forest products industry in Manitoba

Une fête populaire francophone, le Festival du Voyageur, se déroule chaque hiver à Saint-Boniface, en banlieue de Winnipeg. Photo Dave Reede/First Light

Held in the French suburb of St. Boniface, the Festival du Voyageur is a favorite wintertime celebration. Photo by Dave Reede/First Light

Cette vision plutôt sombre est fort probablement erronée. En effet, le talent, la débrouillardise et la ténacité des Manitobains continueront de faire de cette province un bon endroit où gagner sa vie et un lieu agréable à vivre. Dans le secteur des sciences, de l'industrie lourde ou de l'industrie légère, comme celui du vêtement, dans les professions et dans la fonction publique, le Manitoba est en croissance et demeure un pays où il fait bon vivre (malgré le froid) et où le coût de la vie est plus qu'abordable.

En effet, où trouver en Amérique du Nord, voire en Europe, un centre urbain où l'on peut acheter une résidence de banlieue de première classe à moins de 200 000 $, une copropriété de luxe à 150 000 $ ou une première maison tout à fait convenable à 70 000 $? Dans les meilleurs restaurants de Winnipeg, on paie le plat principal 20 $ au maximum, plus souvent 14 $, et un bon déjeuner entre 5 $ et 7 $. L'assurance automobile est à prix raisonnable, sinon très modique, et le coût des services publics— électricité, gaz, eau—insignifiant par rapport à la norme, par exemple, des états américains du Nord-Est ou du Sud-Ouest.

L'investisseur étranger au Manitoba continuera probablement d'y trouver son compte en sachant profiter de ses vastes espaces et de sa main-d'oeuvre. La province est peu connue à l'extérieur du Canada et mal connue des Canadiens eux-mêmes.

Le Manitoba compte plus de 100 000 lacs dont trois de grande taille. Le plus grand, le lac Winnipeg, est le cinquième en importance en Amérique du Nord: sa superficie dépasse de 25 pour cent celle du lac Ontario, le plus petit des Grands Lacs. Son potentiel pour la pêche et les ressources minérales qu'il dissimule sous ses eaux glacées sont à peine connus, comme, du reste, celui des nombreux autres lacs du Manitoba.

Les forêts manitobaines—51 pour cent des terres manitobaines sont classées comme forêts—sont présentement exploitées surtout pour le bois à pâte. Le chiffre d'affaires de l'industrie forestière dépasse les 500 millions de dollars et les forêts ont à peine été touchées.

La principale ressource de la province, cependant, se trouve dans sa population. Le Manitoba continue à recruter les immigrants de toutes les parties du monde. Attirés par la culture polyglotte de Winnipeg, les nouveaux immigrants sont prêts à travailler à des salaires que d'autres, installés depuis plus longtemps, trouvent modestes. Leur apport à la société est considérable: leur labeur, une langue et des valeurs qui leur sont propres, des spécialités culinaires, des goûts particuliers pour la musique et la mode, tout cela dans une ville où, il faut bien l'avouer, se garder au chaud est en soi tout un exploit.

Les vagues d'immigrants au Manitoba se sont peut-être succédé parce qu'un trop grand nombre d'entre eux sont passés outre, en quête de terres plus riches. Ceux qui restent à demeure ont tôt fait de se rendre compte que le Manitoba a encore beaucoup de richesses à offrir, presque pour une chanson...

The Royal Canadian Mint in Winnipeg allows interested visitors to view the fascinating money-making process. Photo by Dave Reede/First Light

A la Monnaie royale canadienne, à Winnipeg, la visite guidée et le procédé de fabrication de la monnaie fascinent toujours les visiteurs. Photo Dave Reede/First Light

currently has annual sales of more than $500 million. Yet the forests have barely been touched by commercial uses.

Perhaps the greatest resource in the province, however, is the people. Manitoba continues to draw immigrants from around the world. Attracted to the polyglot culture of Winnipeg, immigrants arrive ready to work for what may seem like modest wages to others resident longer in Canada. They contribute their work, their cuisines, their tastes in music, clothing, language, and values to a city where, it must be admitted, just keeping warm can be a challenge. Perhaps Manitoba's waves of immigrants have come because others passed the province by in their quest for what they thought were richer lands. What the newcomers find is that much of the best is still available, almost for the asking.

*Agriculture maintains its status as Saskatchewan's major economic force, accounting
for about 25 percent of the province's gross domestic product.
Photo by Todd Korol/First Light*

*L'agriculture demeure encore le principal moteur économique de la Saskatchewan; elle
rapporte environ 25 pour cent du produit intérieur brut de la province.
Photo Todd Korol/First Light*

SASKATCHEWAN
"THE SWIFT-FLOWING RIVER"

LA SASKATCHEWAN
« LA RIVIERE AU COURS RAPIDE »

CAROL M. BENTLEY

La Saskatchewan est pays de richesses naturelles et de splendeurs panoramiques, tant dans les plaines fertiles du sud que dans l'austère Bouclier canadien. Photo Todd Korol/First Light

From the fertile prairie in the south to the rugged Canadian Shield in the north, Saskatchewan is a land of scenic beauty and abundant natural resources. Photo by Todd Korol/First Light

Du point de vue géographique, la Saskatchewan est une région très diversifiée où l'on passe du désert semi-aride aux forêts luxuriantes, des badlands aux terres basses, de vallées verdoyantes à des pics escarpés. Deux fois plus grande que la Grande-Bretagne, la Saskatchewan forme un rectangle irrégulier de 651 903 kilomètres carrés (251 700 milles carrés) et de 1 224 kilomètres (761 milles) de long, de sa frontière avec les États-Unis à sa limite nordique. Dans l'extrême sud, on trouve de vastes plaines, vers le centre, des régions de collines ondulantes et dans l'extrême nord, le rébarbatif Bouclier canadien, qui cache de grandes richesses sous ses forêts et ses lacs.

La Saskatchewan compte presque un million d'habitants, des femmes et des hommes d'acier

disent certains, façonnés par les rigueurs du climat et les vastes écarts de température qui sévissent en Saskatchewan: de 20 à 40 degrés Celsius (68 à 104 Fahrenheit) en été, à moins 35 ou 40 degrés Celsius (moins 31 ou 40 Fahrenheit) en hiver.

La force de caractère des habitants n'a d'égal que l'âpreté de leurs terres et, malgré les apparences, ils constituent tous deux les principaux atouts du développement économique de la province. Vivant au coeur des Prairies canadiennes, loin des centres financiers de l'Est et des ports de mer de la côte Ouest, les habitants, depuis les premiers colons jusqu'aux entrepreneurs d'aujourd'hui, ont toujours été de ceux qui ne comptent que sur eux-mêmes. Non seulement ont-ils su tirer le maximum des ressources disponibles, mais leur conviction de n'être jamais si bien servis que par eux-mêmes les a amenés à chercher sans cesse de meilleures façons de faire les choses, qu'il s'agisse de moissonner le blé, pierre angulaire de l'économie, ou de développer des systèmes électroniques pour les satellites.

Ce sens inné de l'autonomie des habitants, combiné à la richesse naturelle de la terre arable et du sous-sol, à la force du mouvement coopératif et à l'influence de gouvernements progressistes, a largement contribué à la croissance et à la diversification de l'économie de la province.

Cependant, en dépit des nombreux efforts de diversification entrepris ces dernières années, l'économie de la Saskatchewan repose encore principalement sur l'agriculture et les ressources naturelles, le pétrole, le gaz, la potasse et l'uranium en particulier. Malgré le cycle sans cesse renouvelé des années de vaches grasses et de vaches maigres, l'agriculture demeure la principale force économique de la province, générant habituellement près du quart du produit intérieur brut de la Saskatchewan, qui atteignait près de 19 milliards de dollars en 1988.

C'est une triste ironie de l'histoire que, dans une province dont le nom signifie « la rivière au cours rapide » , du mot cri « Kisiskatchewan » , une bonne partie des terres les plus productives soient si souvent privées d'eau. Pourtant, les lacs et les rivières comptent pour un huitième de la superficie totale de la province, mais ils sont concentrés au nord, un atout pour le tourisme de ces régions certes, mais une bien piètre consolation pour les agriculteurs du sud qui doivent compter sur la pluie, ou, plus souvent sur la neige, pour apporter suffisamment

The soil of Saskatchewan's
southern plains provides an
ideal environment in which to
grow a wide variety of grain
products. Photo by Douglas
E. Walker/Masterfile

Le sol des plaines du sud de
la Saskatchewan se prête bien
à une variété de cultures
céréalières. Photo Douglas E.
Walker/Masterfile

Parfois appelée « le grenier du monde » , la Saskatchewan récolte chaque année plus de la moitié de la production canadienne de blé. Photo Brian Sytnyk/Masterfile

Known as the "Breadbasket of the World," Saskatchewan produces more than half of Canada's total wheat crop each year. Photo by Brian Sytnyk/Masterfile

d'humidité au sol. D'ailleurs, des années de vaches maigres, dues à des périodes de sécheresse successives, ont engendré un déclin sérieux des revenus des agriculteurs qui s'en remettent à peine, même après deux bonnes années. Ce déclin dans le domaine de l'agriculture est cependant compensé par les gains d'autres secteurs de l'économie, notamment celui du gaz naturel. Certains prédisent que la nature aidant, la Saskatchewan pourrait devenir le chef de file de la croissance économique du Canada pendant les années 1990: la croissance ralentirait dans les autres provinces alors que les recettes de l'agriculture et de l'exploitation des richesses naturelles augmenteraient en Saskatchewan.

« LE GRENIER DU MONDE »

L'économie de la province repose sur l'agriculture et celle-ci dépend en grande partie des récoltes de blé, surtout du blé dur de printemps à haute teneur protéique, dont la demande à l'exportation est très forte. La Saskatchewan produit généralement plus de la moitié de la récolte annuelle canadienne de blé; aussi l'appelle-t-on parfois « le grenier du monde » . La culture du blé se fait surtout dans les vastes plaines du sud, créées par le retrait vers le sud de la mer Cannonball, il y a 65 millions d'années. Le sol convient particulièrement aux cultures céréalières et retient bien l'humidité, qualité importante pour une région classée, en bonne partie, comme désert semi-aride à cause des faibles précipitations annuelles.

Cependant, lorsque ces précipitations sont suffisantes, la région devient tout-à-fait propice à l'exploitation agricole extensive. La principale culture est celle du blé roux de printemps, renommé dans le monde entier pour la fabrication du pain. La majeure partie des 8 millions d'hectares (20 millions d'acres) consacrés chaque année au blé sont réservés à cette variété. D'autres variétés, comme le blé dur, qui entre dans la fabrication des pâtes alimentaires, et le blé d'hiver, sont aussi cultivées, quoique de façon plus restreinte. Presque tout le blé est vendu sur les marchés internationaux, une bonne part étant expédiée outre-mer, au Japon, en Chine et en Union soviétique, par exemple.

Les agriculteurs de la région centrale des

Saskatchewan's geography ranges from semi-arid desert to lush forests; from badlands to lowlands; from green valleys to pine-topped heights. More than twice the size of Britain, the province is an irregular rectangle encompassing 651,903 square kilometres (251,700 square miles), stretching 1,224 kilometres (761 miles) north from its base along the United States border. Along the way it changes from the flat prairie of the extreme south to rolling parkland and, finally, in the far north, to the rugged Canadian Shield, where trees and lakes hide the bounty that lies beneath the rocky ground.

The province's almost one million residents are as diverse as its geography and, some say, as tough as steel, forged in the extreme temperatures of the climate, which range from 20 to 40 degrees Celsius (68 to 104 degrees Fahrenheit) in the summer to minus 35 or 40 degrees Celsius (31 and 40 degrees below zero Fahrenheit) in the winter.

Both land and people are tough and productive. They remain the two driving factors in the economic development of the province. Living in the middle of the Canadian Prairies, far from the financial centres of the East and the ports of the West Coast, the people, from the early settlers to today's entrepreneurs, have maintained an attitude of self-reliance. They've not only used the available resources to their best advantage, but that sense of "doing for themselves" has led them to also continually strive to develop better, more efficient methods of doing things, from harvesting the grain upon which the economy is built to developing electronic systems for satellites.

That sense of self-reliance, combined with the bounty of the earth both above and below the ground, the strength of the co-operative movement, and the influence of progressive government, has contributed to the province's growth and increasing economic diversity.

While there have been major efforts in recent years to diversify, Saskatchewan's economy remains chiefly resource based, fuelled by oil and gas, agriculture, potash, and uranium. Despite the boom and bust cycles of agriculture, it remains the province's major economic force, generally accounting for nearly one-quarter of Saskatchewan's gross domestic product, which totalled close to $19 billion in 1988.

It is a sad irony that much of the most productive land in a province whose name is derived from the Cree Indian word "Kisiskatchewan," meaning "fast flowing river,"

must so often go without the precious resource of water. While one-eighth of the province's surface is covered by water, most of it lies in northern lakes, an incentive for northern tourism, but not much help for the southern grain-producing regions that must rely on rain and, more often, snow, to provide needed moisture. The recent "bust" cycle in agriculture, brought on by successive years of drought, led to a severe decline in farm income from which farmers, after two good years, are only now beginning to recover. Yet the decline in agriculture is offset by gains in other sectors of the economy, most notably natural gas. There are predictions that, weather permitting, Saskatchewan could lead the nation in economic growth through the 1990s, as growth in other provinces slows and agriculture and resource production in Saskatchewan improves.

"BREADBASKET OF THE WORLD"

The province's economy rides on agriculture, and agriculture, for the most part, rides on wheat, especially the high protein, hard spring wheat so valued for export. Saskatchewan has been called the "Breadbasket of the World," generally producing more than half of Canada's total wheat production each year. Most of that grain is grown on the southern plains: the vast, flat land that was left behind when the Cannonball Sea retreated southward 65 million years ago. The soil is well suited for growing cereal crops and holds onto its moisture, a valuable attribute in an area that receives so little annual precipitation that much of it is classified as semi-arid desert.

Given adequate precipitation, the area is ideal for intensive cereal grain production, with its reliance on huge machines and even larger fields. The province's principal crop is red spring wheat, which is valued internationally for its bread-making properties. Most of the more than 8 million hectares (20 million acres) of land seeded to wheat each year is seeded to red spring wheat. Durum wheat, used for pasta products such as macaroni and spaghetti, accounts for a much smaller percentage of the seeded land, and small amounts of winter wheat and other wheat varieties are also grown. Most of the wheat grown is sold on the international market, with much of it going to overseas markets such as Japan, China, and the Soviet Union.

Farmers in the lush, rolling countryside of the parkland region have adapted to the slightly shorter growing season and greater abundance

A young Saskatchewan rancher takes a break from his busy day on the farm. Photo by Brian Milne/First Light

Dans un ranch de la Saskatchewan, un jeune travailleur prend un moment de repos bien mérité. Photo Brian Milne/First Light

of water by producing crops such as barley for animal feed and canola, the modern descendent of rapeseed, which has become popular for margarine and cooking oil. Saskatchewan farmers also produce oats, used mainly for animal feed; rye, for specialty foods and liquor; and flaxseed, for industrial use. An increasing number of farmers are becoming involved in the production of specialty crops, such as lentils, mustard, field peas, and sunflower seeds.

One of the newest initiatives in the north involves the production of wild rice. Grown in shallow lakes across the area, it is highly prized by gourmets and efforts are being made to introduce it to a wide segment of the North American market. Saskatchewan Indians have taken the lead in the development and marketing of wild rice, as they have in a number of other ventures, particularly in the northern part of the province. The Lac La Ronge Band, for example, and its Kitsake Development Corp. are not only involved in wild rice production, but have also invested in insurance, a marina, a general store, and trucking. The band's efforts encourage employment in the north and help provide a solid economic base for the band itself.

While the majority of Saskatchewan farmers are grain producers, many are also involved in the livestock business. The hog industry, in particular, has grown over the past few years, spurred by government incentives to producers and packers. A record one million pigs were

marketed in 1988. The numbers of cattle raised on Saskatchewan farms is also on the rise, with roughly twice as many cattle as hogs being produced each year. The sheep and lamb industry, while still relatively small, is also growing. The livestock industry as a whole has become increasingly reliant on technological advances and Saskatchewan breeders are taking advantage of techniques such as artificial insemination and embryo implantation to improve their herds.

One of the best places to get a good look at the prime examples of those herds is at Canadian Western Agribition, one of the province's major

Below: Although most Saskatchewan farmers concentrate on grain production, the cattle industry is on the rise. Photo by John Foster/ Masterfile

Ci-dessous: La plupart des fermiers de la Saskatchewan s'adonnent à la culture céréalière mais l'élevage prend aussi plus d'importance qu'autrefois. Photo John Foster/Masterfile

Left: Today's Saskatchewan livestock breeders have the benefits of technological breakthroughs and advances in techniques such as artificial insemination and embryo implantation. Photo by Brian Milne/First Light

À gauche: De nos jours, les éleveurs de la Saskatchewan ont recours aux plus récentes techniques d'insémination artificielle et de transplantation d'embryons. Photo Brian Milne/First Light

Le lin, une des nombreuses cultures de la Saskatchewan, sert plutôt à la fabrication d'huile pour la peinture et le vernis qu'à la fabrication de fibres textiles. Photo Brian Milne/First Light

One of the many crops grown in Saskatchewan, flaxseed is more often used as a source of linseed oil, which is then used in paints, varnishes, and various other products, rather than as a source of fiber. Photo by Brian Milne/First Light

parcs, moins aride et plus ondulée, se sont adaptés à un nombre de jours sans gel moins élevé et à une plus grande abondance d'eau en cultivant d'autres céréales comme l'orge, destinée au fourrage, et le canola, une variété de colza communément utilisée dans la margarine et l'huile végétale. Ils cultivent aussi l'avoine, surtout destinée au fourrage, le seigle, qui entre dans la confection d'aliments spécialisés et de boissons alcooliques, et le lin, dont la graine est utilisée industriellement. De plus en plus d'agriculteurs se consacrent maintenant aux cultures spécialisées, comme les lentilles, la moutarde, les pois secs et le tournesol.

Dans le nord de la province, on s'adonne depuis peu à la culture du riz sauvage. Cultivé dans des lacs peu profonds dans toute la région, le riz sauvage fait déjà la convoitise des fins gourmets et on s'efforce maintenant de le populariser sur le marché nord-américain. Les Indiens de la Saskatchewan ont été les instigateurs du développement de cette culture et de sa mise en marché ainsi que de plusieurs autres projets, surtout dans le nord de la province. Par exemple, la Kitsake Development Corp., qui appartient à la Bande du lac La Ronge, a investi non seulement dans la culture du riz sauvage mais aussi dans une marina et un magasin général; elle a aussi fait des placements en assurance et dans le camionnage. Ces initiatives favorisent la création d'emplois dans le nord et contribuent à raffermir la situation économique de la Bande.

La plupart des agriculteurs de la Saskatchewan font de la culture céréalière mais plusieurs pratiquent l'élevage. La croissance de l'industrie porcine a été particulièrement intéressante ces dernières années, grâce aux mesures incitatives du gouvernement en faveur des éleveurs et de l'industrie du conditionnement. En 1988, le nombre de porcs mis en marché a atteint le chiffre record d'un million. Le nombre de bestiaux envoyés chaque année au marché est aussi à la hausse et présentement deux fois plus élevé que pour le porc. L'élevage du mouton et de l'agneau, quoique relativement peu développé, prend de l'importance au fil des ans. Dans l'ensemble, l'industrie de l'élevage dépend de plus en plus des techniques modernes; les éleveurs de la Saskatchewan font appel à l'insémination artificielle et à la transplantation d'embryons pour améliorer leurs cheptels.

Le Canadian Western Agribition est l'occasion idéale pour admirer les plus beaux spécimens de ces troupeaux. Attraction majeure de la province et carrefour commercial des éleveurs, cette foire agricole est devenue l'une des plus grandes expositions d'élevage en Amérique du Nord.

L'intérêt manifesté par les agriculteurs pour l'élevage et les cultures spécialisées reflète une volonté de trouver des solutions qui pourront pallier les incertitudes du climat et les fluctuations des marchés internationaux. La tendance à la baisse de l'économie agricole a également encouragé les agriculteurs à diversifier leurs activités, principalement dans des domaines reliés à l'agriculture. Plusieurs d'entre eux se tournent maintenant vers des activités du secteur secondaire.

La coopérative Saskatchewan Wheat Pool, géant du commerce des céréales dont les silos à grain caractérisent si bien les Prairies, a investi dans une chaîne de comptoirs de beignes et une usine de maltage de l'orge pour écouler les marchandises de ses membres. Un groupe d'agriculteurs veut miser sur les bienfaits de l'irrigation pour produire des salades, grâce à une association avec une firme hollandaise qui prépare des condiments. D'autres agriculteurs essaient des cultures plus exotiques, comme le ginseng, ou tâchent de transformer certaines habiletés, comme la ferronnerie, en travail rémunérateur. Ces initiatives sont encouragées directement ou sous forme de crédits d'impôt par les gouvernements provincial et fédéral.

Les deux niveaux de gouvernement apportent aussi une aide à l'irrigation. On en rêve depuis la création de la province, mais il a fallu attendre les années 1960 pour concrétiser ce vieil espoir: un barrage sur la rivière Saskatchewan Sud a créé un vaste réservoir de 150 milles de long, le lac Diefenbaker. Malgré tout, les vastes possibilités d'irrigation de la province restent inexploitées.

attractions and a key trading forum for livestock producers. The annual trade and livestock show has grown into one of North America's premier showcases for livestock.

Farmers' increasing interest in specialty crops and livestock production reflects their desire to find alternatives that can provide a buffer against the vagaries of the weather and the international grain market. The downturn in the agricultural economy has also encouraged increased efforts toward economic diversification, especially into areas related to agriculture. Many producers are exploring the options of secondary, or value-added, production.

The Saskatchewan Wheat Pool, the grain handling giant whose elevators dot the landscape, has bought into a string of doughnut shops and a barley malting facility to provide markets for its members' products. A group of producers plan to take advantage of the opportunities brought about by irrigation and have joined forces with a Dutch condiment manufacturer to produce salads. Other farmers try their hand at growing exotic crops such as ginseng, or expanding their metalworking or other skills into marketable forms. Such efforts are being encouraged by the provincial or federal governments through direct financial aid or tax credits.

Both levels of government are also aiding

irrigation efforts to help reduce the effects of drought where possible. While attempts at irrigation are as old as the province itself, no concentrated effort was made until the 1960s, when the South Saskatchewan River was dammed, forming the 150-mile-long Lake Diefenbaker. Yet, even then, much of the province's irrigation potential was left untapped.

A more recent effort, which began operating in the spring of 1989, is expected to go further toward the potential of 4.2 million irrigated acres while, at the same time, aiding the goal of increased diversification. The $20-million Luck Lake irrigation project, a joint effort by the federal and provincial governments, is the largest pressurized pipeline irrigation project in Canada. In a departure from the traditional open canal system of irrigation, state-of-the-art technology pumps up to 37,800 litres of water a minute to more than 3,200 hectares of farmland. The system is expected to encourage diversification into crops such as animal forage, specialty crops, and vegetables and, it is hoped, spur some secondary processing of those crops.

Although agriculture has become increasingly complex, with larger, more expensive equipment, computer programs for everything from inventory control to livestock breeding charts, and grain prices influenced by events half a world away, the Saskatchewan farm remains,

Brightly colored grain elevators are a familiar site throughout Saskatchewan's scenic farmland. Photo by Mary Ellen McQuay/First Light

Une vue panoramique des régions agricoles de la Saskatchewan ne serait pas complète sans les couleurs vives des silos à grain. Photo Mary Ellen McQuay/First Light

Une installation plus récente, mise en exploitation au printemps 1989, devrait permettre d'atteindre l'objectif de 4,2 millions d'acres en irrigation, et encourager en même temps une diversification plus poussée. La centrale d'irrigation de Luck Lake, construite par les gouvernements fédéral et provincial au coût de 20 millions de dollars, est le plus grand système d'irrigation par pipeline pressurisée du Canada. Au lieu d'employer la méthode traditionnelle des canaux à ciel ouvert, on a fait appel à des techniques de pointe pour pomper jusqu'à 37 800 litres d'eau par minute vers plus de 3 200 hectares de terres agricoles. On compte ainsi encourager les agriculteurs à diversifier leurs cultures, à produire du fourrage, des cultures spécialisées et des légumes, et même, on l'espère, à transformer une partie de ces cultures.

L'agriculture est devenue une entreprise complexe: la machinerie est plus lourde et plus chère, les ordinateurs sont devenus monnaie courante tant pour les contrôles d'inventaire que pour la planification de la reproduction des animaux, et le marché des céréales subit les contrecoups d'événements à l'autre bout du monde, mais malgré tout, l'entreprise agricole de la Saskatchewan demeure de type familial. En dépit de la modernisation, ou peut-être à cause d'elle, la ferme familiale conserve les anciennes traditions paysannes d'amour de la terre et

Le mouvement coopératif exerce une influence considérable sur toute l'économie de la Saskatchewan grâce à de grandes coopératives comme le Saskatchewan Wheat Pool et Federated Co-operatives Ltd. Photo Brian Milne/ First Light

With major co-operatives such as the Saskatchewan Wheat Pool and Federated Co-operatives, Ltd., the co-op presence is felt throughout the Saskatchewan economy. Photo by Brian Milne/First Light

demeure l'une des formes d'exploitation agricole les plus efficaces et les plus productives. À tel point que le Gouvernement soviétique a subventionné un cinéaste de Regina pour produire un film illustrant les mérites de la ferme familiale comme alternative à l'exploitation collective.

Une bonne partie de l'industrie de fabrication de la province, dont celles des produits chimiques et des petits instruments aratoires, est directement tributaire de l'activité agricole. La société Flexi-coil de Saskatoon, par exemple, a commencé par fabriquer une seule machine agricole en 1952. Cette entreprise familiale est aujourd'hui l'un des plus importants fabricants de ce secteur au Canada et elle s'attaque maintenant aux marchés d'outre-mer.

On tâche, tant que faire se peut, de transformer les produits agricoles, et d'ainsi développer le secteur secondaire, comme le fait présentement le Saskatchewan Wheat Pool. À ce jour, les efforts ont été concentrés sur la transformation de denrées alimentaires comme la farine et les huiles et le conditionnement des viandes.

On commence aussi à produire des articles destinés spécifiquement au secteur agricole. La province et la société Cargill Grain Ltd., une des plus grandes entreprises céréalières au monde, ont formé une entreprise conjointe, Saferco, pour construire une usine d'engrais près de Regina, au coût de 430 millions de dollars. La province y sera deux fois gagnante, car l'usine consommera une ressource naturelle locale, le gaz naturel, et les agriculteurs pourront s'approvisionner en engrais sur le marché intérieur.

LE MOUVEMENT COOPÉRATIF

La force et la vitalité des habitants de la Saskatchewan s'appuient traditionnellement sur les valeurs familiales et communautaires, certes, mais aussi sur la vigueur du mouvement coopératif. La Saskatchewan ne compte que 4 pour cent de la population du Canada; pourtant, les revenus des coopératives de la province représentent 40 pour cent des revenus de toutes les coopératives au pays. Soixante pour cent des habitants sont membres d'une coopérative ou d'une caisse de crédit et les entreprises coopératives, dont les membres sont propriétaires, emploient 14 000 personnes.

Il y a des milliers de coopératives en Saskatchewan: aussi bien de petites garderies que de véritables géants, comme le Saskatchewan Wheat Pool, la plus grande

almost exclusively, a family operation. Despite these rapid changes, or perhaps, because of them, the family farm, with its time-honored tradition of pride in the land, continues to be one of the most efficient farming units. Its efficiency and productivity is so evident, in fact, that the Soviet government is sponsoring a Regina filmmaker to produce a film on the family farm as a example of the productive alternatives to communal agriculture.

Much of the province's manufacturing derives directly from the agricultural base, including the production of agriculture chemicals and short-line (small farm) equipment. Saskatoon's Flexi-coil, for example, started out offering a single piece of farm equipment in 1952. The family-owned business is now one of the largest manufacturers of such equipment in the country and is expanding into overseas sales.

Secondary processing of agricultural commodities, the so-called "value-added" production like that being investigated by the Saskatchewan Wheat Pool, is being actively pursued wherever possible. So far, most of it involves the processing of foodstuffs, such as flour and oils, and meat processing and packaging.

Items directly aimed at serving the agricultural sector are also coming on-line. The province and Cargill Grain Ltd., one of the world's largest grain companies, have formed a joint-venture company, Saferco, to build a fertilizer plant near Regina. The $430-million project will not only supply Saskatchewan farmers with fertilizer, but will also use Saskatchewan-produced natural gas to meet its energy needs.

THE CO-OPERATIVE MOVEMENT

Along with family and community, the vibrant co-operative presence in the province is a traditional source of strength for Saskatchewan people. With only 4 percent of the country's population, Saskatchewan residents generate 40 percent of the total revenue from co-operatives in Canada. Sixty percent of the population belongs to a credit union or co-operative and the member-owned companies employ 14,000 of the province's work force.

There are thousands of co-operatives in Saskatchewan, ranging from tiny day-care centres to giants like the Saskatchewan Wheat Pool, Canada's largest grain handling company. The Pool and Federated Co-operatives Ltd., a retail co-op involved in everything from oil

refining to clothing sales, regularly tops the list of Saskatchewan's largest companies. Close to one-quarter of the province's TOP 100 businesses, as ranked by *Saskatchewan Business Magazine,* are co-ops or credit unions. Credit Union Central, the umbrella organization for the province's more than 200 credit unions, has more than one billion dollars in total assets.

Not only is their presence felt in virtually every sector of the economy, co-ops are also among the province's leaders in innovation. The Saskatchewan Wheat Pool, for example, was a major force in the development of canola, an oilseed developed from rapeseed, now widely favored for margarines and cooking oil. The Pool, with more than 60,000 farmer-members across the province, is also involved in the development of biological aids for farming and is leading the way in the increasing diversification of agriculture with its forays into value-added enterprises.

Regina's Sherwood Credit Union was the first banking institution in Saskatchewan to use instant-teller machines. A Swift Current co-op was one of the first companies in North America to use automatic debit for sales transactions. In addition, Canada's first heavy oil upgrader is a joint project by a co-operative and the federal and provincial governments.

The $700-million NewGrade heavy oil upgrader in Regina is a prime example of co-operative innovation. The first such facility in the country, it is owned by a Federated Co-operatives Ltd. subsidiary, Consumers' Co-operative Refineries, and the government of Saskatchewan, with loans guaranteed by the

Comprising just 4 percent of the country's population, Saskatchewan residents generate some 40 percent of the total co-operative revenue in Canada. Photo by Brian Milne/First Light

La Saskatchewan compte seulement 4 pour cent de la population canadienne mais les revenus de ses coopératives atteignent 40 pour cent des revenus de toutes les coopératives du pays. Photo Brian Milne/First Light

La coopérative Saskatchewan Wheat Pool a joué un rôle de premier plan dans le développement d'une variété de colza appelée canola, dont l'huile est largement utilisée dans la margarine et les huiles végétales. Photo Mary Ellen McQuay/First Light

The Saskatchewan Wheat Pool was a major force in the development of canola, an oil developed from rapeseed that is now widely used for margarines and cooking oils. Photo by Mary Ellen McQuay/First Light

entreprise de manutention des céréales au Canada. Le Wheat Pool et Federated Co-operatives Ltd., commerce de détail impliqué dans une multitude d'activités allant du raffinage de l'huile à la vente de vêtements, se classent régulièrement comme les deux plus grandes entreprises de la Saskatchewan. D'après la revue *Saskatchewan Business Magazine*, près du quart des 100 plus grandes entreprises de la Saskatchewan sont des coopératives ou des caisses de crédit. L'actif de Credit Union Central, l'organisme qui chapeaute les plus de 200 caisses de crédit de la province, dépasse le milliard de dollars.

Présentes dans presque tous les secteurs de l'économie, les coopératives sont aussi parmi les chefs de file de l'innovation dans la province. Le Wheat Pool, par exemple, a joué un rôle de premier plan dans le développement du canola, une plante oléagineuse qui vient du colza, dont

l'huile est aujourd'hui largement préférée pour la fabrication de margarines et d'huiles végétales. Le Wheat Pool, dont sont membres plus de 60 000 agriculteurs à travers la province, travaille également au développement de produits biologiques agricoles et dirige les efforts de diversification de l'agriculture en établissant des entreprises de transformation.

Du côté des caisses de crédit, le Sherwood Credit Union de Regina a été la première institution bancaire de la province à installer des guichets automatiques. Une coopérative de Swift Current a été la première entreprise nord-américaine à faire usage de la carte de débit. De plus, la première usine canadienne de valorisation du pétrole lourd est une réalisation conjointe d'une coopérative et des gouvernements provincial et fédéral.

Une usine de valorisation du pétrole de 700 millions de dollars, l'usine NewGrade de Regina, illustre bien l'esprit innovateur des coopératives. Première usine du genre au Canada, elle appartient à Consumers' Co-operative Refineries, une filiale de Federated Co-operatives Ltd., et au gouvernement de la Saskatchewan; ses prêts sont garantis par le gouvernement fédéral. Cette usine constitue l'aboutissement naturel d'une démarche entreprise il y a longtemps par un groupe d'agriculteurs de la région de Regina qui, en fondant le Consumers' Co-operative Refineries en 1934, avaient bien compris qu'on est jamais si bien servi que par soi-même. L'usine de valorisation doit aider le pays, et la province, à utiliser des ressources en pétrole lourd largement inexploitées. On corrige actuellement certaines difficultés survenues au début des opérations en 1989 et on espère transformer 50 000 barils de pétrole lourd par jour en produits de raffinerie légers de première qualité, qui seront écoulés par le réseau de détail de Federated Co-operatives Ltd.

La seule raffinerie d'importance en Saskatchewan, celle de Consumers' Co-operative Refineries, est située près de l'usine de valorisation de Regina. Même si les dépôts pétrolifères les plus proches sont à 100 milles de la ville, Regina est un important centre de distribution. Plusieurs gazoducs et oléoducs transportant du pétrole brut, la pipeline transcanadienne entre autres, convergent près de Regina et certaines grandes sociétés pétrolières y ont leur siège social.

On prévoit construire une deuxième usine de valorisation à Lloydminster, petite ville située sur la frontière albertaine. Il s'agit d'une

Oil wells dot the winter landscape near Midale in the southeast region of Saskatchewan. Photo by Masterfile

Les puits de pétrole tranchent contre la neige de ce paysage hivernal près de Midale, dans le sud-est de la Saskatchewan. Photo Masterfile

federal government. A logical extension of the "let's do it ourselves" approach that led to the formation of the Consumers' refinery by a group of Regina-area farmers in 1934, the upgrader is intended to help the country, and the province, make use of largely untapped heavy oil resources. Difficulties encountered when it first began operations in 1989 are being overcome, and it is expected to convert 50,000 barrels of heavy crude oil a day into high-quality, light-refined products for Federated's retail system.

The Consumers' refinery adjacent to the upgrader is the only major oil refining facility in the province. Although Regina is about 100 miles away from the nearest oil producing area of the province, it is a major distribution centre. A number of crude oil and natural gas pipelines, including the TransCanada pipeline, converge near the city, and a number of major oil companies maintain head offices there.

The province's second heavy oil upgrader is planned for Lloydminster, straddling the Alberta border, and is a joint effort of the federal and provincial governments and Husky Oil. The $1.3-billion project is slated for completion in 1993 and is expected to produce 46,000 barrels of light oil per day.

NATURAL RESOURCES

Saskatchewan ranks second behind Alberta in terms of Canadian oil production, pumping out more than 12 million cubic metres of oil in 1988.

Oil is found throughout southern and western Saskatchewan. Nearly two-thirds of it is heavy viscous crude, pooled in sand deposits along the Alberta border from Cold Lake in the north to Kindersley in the south. While making up nearly two-thirds of the province's oil resources, the deposits account for only about one-quarter of current production. The nature of these deposits necessitates special recovery techniques, an area where companies like SaskOil, a former Crown corporation, is an acknowledged leader. Once the oil is recovered, it must be upgraded to make it suitable for general use, hence the need for the upgrader projects.

One of the benefactors of the province's involvement with oil production, and one of the stars of its manufacturing industry, is Regina's IPSCO Inc. The company not only produces pipe for the provincial petroleum industry, but its nearly 900 employees also produce steel products and pipe for the entire North American market. It's shown steady growth and is undertaking a multimillion-dollar expansion.

The natural gas industry in Saskatchewan is experiencing a boom, and forecasts call for even brighter times ahead. The industry was deregulated in 1987, and a system of price-sensitive royalties was introduced. The result was record drilling and production, putting the

entreprise conjointe de Husky Oil et des gouvernements provincial et fédéral. L'installation de 1,3 milliard de dollars devrait être terminée en 1993 et produire 46 000 barils de pétrole léger par jour.

LES RESSOURCES NATURELLES

La Saskatchewan se classe au deuxième rang des provinces canadiennes, juste derrière l'Alberta, pour sa production de pétrole, dépassant les 12 millions de mètres cubes en 1988.

Les gisements pétrolifères de la Saskatchewan sont répartis à travers le sud et l'ouest de la province. Certains gisements qui s'étendent le long de la frontière albertaine, de Cold Lake au nord jusqu'à Kindersley au sud, contiennent du brut lourd et visqueux concentré dans des dépôts de sable. Environ un quart seulement de la production de pétrole actuelle vient de ces gisements même s'ils constituent les deux tiers des réserves de la province. En effet, pour les exploiter, il faut faire appel à des techniques de récupération spécialisées, un domaine où se distinguent des sociétés comme SaskOil, ancienne société de la couronne. Une fois récupéré, le pétrole doit être valorisé pour devenir utilisable, d'où la nécessité des usines de valorisation.

La société IPSCO Inc. de Regina, une des vedettes de l'industrie manufacturière de la province, a su tirer avantage de l'importante industrie pétrolière en devenant son fournisseur de tuyaux. La société, qui compte 900 employés, expédie aussi des pièces d'acier et des tuyaux à la grandeur de l'Amérique du Nord; elle affiche une croissance soutenue et projette une expansion de plusieurs millions de dollars.

L'industrie du gaz naturel de la Saskatchewan est en plein boom et les prévisions laissent entrevoir un avenir encore plus prospère. L'industrie a été déréglementée en 1987 et un système de redevances axées sur les prix a été instauré. Depuis, les forages se sont multipliés et la production s'est accrue au point de rendre l'exportation possible. L'avènement du traité de libre-échange avec les États-Unis et l'accès au

On estime que 35 milliards de tonnes de lignite sont encore enfouies sous la terre en Saskatchewan. Les gisements de meilleure qualité sont dans le sud-est de la province, dans la région d'Estevan, qu'on voit ici. Photo Mike Dobel/Masterfile

An estimated 35 billion tonnes of lignite coal lie beneath Saskatchewan. The finest quality coal is mined in the Estevan region (pictured here) in the southeast area of the province. Photo by Mike Dobel/Masterfile

province in a position to export gas. With the Canada-U.S. Free Trade Agreement and the opportunities it presents in the lucrative United States market, producers are confident the good times will continue. Most of the exploration activity is centred in the province's southwest corner, but there is also work being done along the Alberta border and in the north-central part of the province.

Oil and natural gas are not the only bounties beneath the Saskatchewan soil. The province holds an estimated two-thirds of the world potash supply. The salts left behind by the massive inland sea that once covered the prairies today are valued by farmers around the world as fertilizer. Potash is also finding new uses in the food-processing field, as detergents, and as home water softeners. Virtually all of the potash produced in Saskatchewan each year is exported because the soil here is already rich in potassium. The markets for potash range from the United States to Asia. The Potash Corp. of Saskatchewan, a Crown corporation recently taken public, works in concert with a number of private producers to market the product around the world.

Sodium sulphate, another type of salt, is mined in the southern part of the province for use in the pulp and paper and detergent industries.

Another ancient legacy lies in a strip within 100 kilometres of the U.S. border. Huge coal

deposits, remnants of an era when the province was part of a massive primeval tropical forest, are mined from several locations. The highest qualities come from the Estevan area in the southeastern part of the province, but the deposits stretch right across the south almost to the Alberta border. An estimated 35 billion tonnes of lignite coal lie beneath the ground, more than one-fifth of it readily accessible. In all, it's forecast that there is a more than 750-year supply at present production levels. The coal pulled from the ground in Saskatchewan has the added advantage of being low in sulphur content, meaning it burns cleanly without producing the chemicals that lead to acid rain. While much of the production is earmarked for use in the province's coal-fired power plants, it is also exported for use in Manitoba and Ontario.

Research is also under way on producing synthetic crude oil and natural gas by means of coal liquification and gasification technologies.

Even some of the distinctive clays that form the soil over much of the south are finding new uses. Not only are they being used in the manufacture of brick and pipe, but recent discoveries have also uncovered deposits of kaolin, a sandy clay valued by the paper and ceramic industries. A pilot recovery and upgrading project is under way to test the feasibility of larger-scale operations.

While work continues in the populous south, it's the north where the province's huge resource

Some two-thirds of the world's potash supply can be found in Saskatchewan. Photo by Masterfile

Environ les deux tiers des réserves mondiales de potasse se trouvent en Saskatchewan. Photo Masterfile

Les gisements d'uranium de Cigar Lake, considérés parmi les plus vastes et les plus accessibles au monde, sont exploités par la Corporation canadienne d'énergie et d'exploitation minière, la plus grande société d'extraction et de traitement de l'uranium au monde. Photo Todd Korol/First Light

The largest uranium mining and processing company in the world today, the Canadian Mining and Energy Corporation's Cigar Lake deposit is reputed to be among the world's biggest and most accessible body of ore. Photo by Todd Korol/ First Light

vaste marché américain qu'il entraîne laisse croire aux producteurs que la prospérité sera de longue durée. Presque toute l'exploration en cours est concentrée dans le sud-ouest de la province, mais il s'en fait également le long de la frontière albertaine et dans le centre-nord.

Le pétrole et le gaz ne sont pas les seules richesses de la terre en Saskatchewan. On estime qu'elle contient également les deux tiers de toutes le réserves de potasse au monde. Les dépôts de sel laissés par le retrait de la vaste mer intérieure qui recouvrait autrefois les prairies sont devenus un engrais recherché par les agriculteurs du monde entier. On a récemment découvert d'autres usages à la potasse, dans le conditionnement des aliments, comme détergent et comme adoucisseur d'eau dans les résidences. La quasi-totalité de la production annuelle de potasse est exportée puisque le sol de la Saskatchewan en contient déjà amplement. Le marché est vaste: des États-Unis jusqu'en Asie. La Potash Corp. of Saskatchewan, société de la couronne passée récemment au domaine public, s'occupe, avec certains producteurs, de la mise en marché de la potasse sur les marchés mondiaux.

Dans le sud de la province, on exploite également des gisements de sulfate de sodium, un autre type de sel utilisé dans l'industrie des pâtes et papiers et dans les détergents.

Un autre héritage des temps anciens repose dans le sol à moins de 100 kilomètres de la frontière américaine. De vastes gisements de charbon, vestiges d'une époque où la province était recouverte d'une dense forêt tropicale, sont exploités à maints endroits. Les gisements de meilleure qualité se trouvent dans le sud-est de la province, près d'Estevan, mais d'autres traversent tout le sud de la province, presque jusqu'à la frontière albertaine. On estime que ces gisements contiennent 35 milliards de tonnes de lignite, dont plus d'un cinquième est facilement accessible, et que, au rythme de l'exploitation actuelle, ils ne seront pas épuisés avant 750 ans. Le charbon de ces vastes gisements a le grand avantage de contenir peu de soufre et de se consumer proprement sans dégager les produits chimiques qui sont à l'origine des pluies acides. Une bonne partie de la production est destinée aux centrales thermiques à charbon de la province mais, on en exporte aussi au Manitoba et en Ontario.

Des recherches se poursuivent pour trouver des techniques de liquéfaction et de gazéification du charbon pour le transformer en pétrole brut et en gaz naturel synthétique.

Le type particulier de sol argileux qui recouvre une bonne partie du sud de la province est aussi mis à contribution. L'argile sert déjà à la fabrication de tuyaux et de briques, mais on a découvert récemment des dépôts de kaolin, une argile sablonneuse fort prisée dans l'industrie papetière et la fabrication de la céramique. Une technique de récupération et de valorisation du kaolin est actuellement mise à l'essai en vue d'une exploitation à grande échelle.

Le sud de la province, plus peuplé, fourmille d'activité, mais le plus grand potentiel à exploiter se trouve dans les ressources naturelles du nord. De précieux trésors restent encore enfouis sous la surface rocheuse du bouclier précambrien et sous de vastes étendues d'eau.

La Canadian Mining and Energy Corp. (Cameco), la plus grande société d'extraction et de traitement de l'uranium au monde, exploite de nombreux gisements dans le nord. Née en 1988 de la fusion de deux sociétés d'état, l'une fédérale (Eldorado nucléaire ltée) et l'autre provinciale (Saskatchewan Mining and Development Corp.), la société a entrepris la mise en oeuvre d'un projet d'exploitation de 300 millions de dollars à Cigar Lake, où les gisements d'uranium à haute teneur sont considérés comme les plus vastes et les plus accessibles au monde.

Les prospecteurs poursuivent leurs activités dans tout le nord, à la recherche d'autres minéraux. Quelques gisements d'or sont déjà exploités et d'autres le seront bientôt. L'argent, le

base has its greatest potential. Beneath this vast expanse of lakes and forests lie untold riches buried in the ancient rocks of the Precambrian Shield and under the water itself.

The Canadian Mining and Energy Corp. (Cameco), the world's largest uranium mining and processing firm, is active at a number of sites in the north. The company, formed in 1988 by the merger of the federally owned Eldorado Nuclear Ltd. and the provincially owned Saskatchewan Mining and Development Corp., has undertaken a $300-million project to develop its Cigar Lake deposit, which is touted to be the world's largest and most accessible high-grade ore body.

The search goes on for a variety of other minerals in the north. Gold is mined at a couple of sites, and several more are in the development stage. In addition, silver, zinc, and copper are all mined in the north. Recently, several firms added the lure of diamonds to northerners' quest for riches beneath the earth and early results look promising.

The forestry industry is experiencing a boom of its own. There are an estimated 350,000 square kilometres of forest in the north, and the arrival of Weyerhauser Canada and its construction of a major pulp and paper mill in Prince Albert point to continued growth in this sector. As well, plans call for a new major pulp mill at Meadow Lake, in the province's northwest.

RESEARCH AND DEVELOPMENT

A large portion of the research and development (R & D) work being done in the province focuses on agriculture, leading to advances in biotechnology, computer software, and electronic and mechanical systems. Many of these advances, though developed solely for agricultural use, have been found to have applications in other areas.

The provincial government's Crown corporations play a leading role in R & D in a number of fields. SaskTel, the government-owned telecommunications company, has put the province at the forefront of fibre-optics technology. In 1984 it completed what was then the world's longest fibre-optic network.

The private sector is also heavily involved in telecommunications. Northern Telecom maintains its Optical Systems Division in the province, producing fibre-optic products for the entire North American market.

The Saskatchewan Power Corporation, which supplies electricity and natural gas to Saskatchewan residents, was instrumental in

developing advanced processes for environmental control systems for coal-fired power plants. The technology, developed for the corporation's newest facility, the $450-million Shand power station, is similar to that which the United States government is currently investigating.

The province's two universities are the focal points for much of the R & D conducted in the province. Often, they work with government or with private sector companies on projects that could benefit all parties.

In Saskatoon, Innovation Place, an R & D enclave adjacent to the University of Saskatchewan campus, is home to a number of

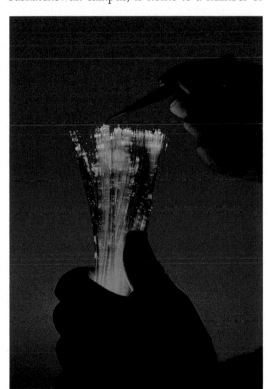

Technological advances have been realized in the fields of electronics, telecommunications, biotechnology, and computers as the result of Saskatchewan's committed research and development efforts. Photo by Lawrence Manning/ First Light

En Saskatchewan, les appuis accordés aux activités de recherche et développement ont permis des percées dans les domaines de l'électronique, des télécommunications, de la biotechnologie et de l'informatique. Photo Lawrence Manning/First Light

Canadian leaders in R & D, especially in the areas of electronics and communications systems. Research focuses on information systems, aerospace instrumentation, and industrial control systems.

One of the cornerstones of Innovation Place and high-tech efforts in Saskatchewan is SED Systems Inc. The company began as the Space Exploration Division of the University of Saskatchewan in 1965. Now owned by Fleet Aerospace, it is one of six leading Canadian companies involved in developing the servicing systems for the American space station to be launched in 1997. It is also a major subcontractor for the RADARSAT earth observation satellite project, the Canadian Space Program's

zinc et le cuivre font également partie des exploitations minières du nord. Dernièrement, un certain nombre de firmes ont fait miroiter un nouvel espoir aux yeux des habitants du nord, toujours en quête de richesses souterraines: les diamants, et les premiers résultats sont prometteurs.

L'industrie forestière, de son côté, connaît aussi une forte expansion. Les forêts du nord s'étendent sur 350 000 kilomètres carrés et la construction d'une usine de pâtes et papiers à Prince Albert par la société Weyerhauser Canada laisse présager une croissance continue de ce secteur. On prévoit construire une importante usine de pâte à Meadow Lake, dans le nord-ouest de la province.

RECHERCHE ET DÉVELOPPEMENT

Une bonne partie des travaux en recherche et développement de la province sont axés sur l'agriculture mais, leurs effets se sont font sentir dans les domaines de la biotechnologie, de l'informatique et des systèmes électroniques et mécaniques. Les résultats de ces recherches, d'abord destinés au domaine de l'agriculture, se sont avérés utiles dans d'autres secteurs.

Les sociétés de la couronne du gouvernement provincial jouent un rôle primordial en recherche et développement dans certains domaines. Par exemple, la société de télécommunications provinciale SaskTel a pris les devants dans le domaine des fibres optiques; en 1984, elle complétait un réseau à fibres optiques reconnu comme le plus grand au monde.

Le secteur privé est lui aussi très actif dans les télécommunications. L'Optical Systems Division de Northern Telecom fabrique des produits à fibres optiques distribués sur tout le marché nord-américain.

La Saskatchewan Power Corporation, qui fournit l'électricité et le gaz naturel aux habitants de la province, a contribué au développement de techniques perfectionnées pour la mise au point de systèmes de contrôle environnementaux dans les centrales thermiques à charbon. Elaborées pour la centrale Shand, une installation de 450 millions de dollars que la société vient de construire, ces techniques sont semblables à celles que le gouvernement américain étudie à l'heure actuelle.

Une bonne partie des travaux en recherche et développement s'appuient sur les deux universités de la province. Souvent les recherches se font de concert avec les secteurs public et privé, sur des projets dont les deux parties bénéficient.

Près de l'Université de la Saskatchewan à Saskatoon, un parc consacré aux installations en recherche et développement—Innovation Place—regroupe quelques sommités canadiennes en recherche et développement, surtout dans les domaines des communications et des systèmes électroniques. La recherche est axée sur les systèmes d'information, l'instrumentation aérospatiale et les systèmes de contrôle industriels.

La société SED Systems Inc., l'un des piliers d'Innovation Place, est à la fine pointe des recherches technologiques en Saskatchewan. À l'origine un groupe de recherche (Space Exploration Division) créé en 1965 par l'Université de la Saskatchewan, SED Systems a été acquise par Fleet Aerospace pour ensuite devenir une des six sociétés canadiennes qui participent au développement des systèmes d'entretien de la station spatiale américaine dont la mise en orbite est prévue pour 1997. La société est aussi un des principaux sous-contractants au projet d'observation terrestre par satellite RADARSAT, un projet de 441 millions de dollars de l'Agence spatiale canadienne qui comprend la conception, la construction et l'exploitation du premier satellite d'observation de la terre au radar du Canada.

L'Université de la Saskatchewan, dont le campus est situé sur les bords de la rivière

Ces étudiants du niveau secondaire pourront bientôt poursuivre leurs études dans l'une des deux universités de la province: l'Université de Régina ou l'Université de la Saskatchewan. Photo Dawn Goss/First Light

These Saskatchewan high school seniors are fortunate in knowing that they may continue their education at one of the province's two fine universities—the University of Regina and the University of Saskatchewan. Photo by Dawn Goss/First Light

$441-million project to design, build, and operate the country's first radar earth-observation satellite system.

The University of Saskatchewan is, itself, at the forefront of research in a number of areas. The only institution in Canada to offer training in all five life sciences, it has achieved worldwide recognition for its work in the arts, medicine, engineering, and agriculture. The agriculture sector, especially research in the area of animal medicine, is expected to grow with the construction of a new college of agriculture building at the campus along the South Saskatchewan River.

Two hundred and fifty kilometres to the south, the University of Regina is breaking its own new ground. Among the wide range of studies being conducted is research in computer graphics (sponsored by Apple Computer, Inc.), which is considered at the leading edge of North American technology. Work on computer-controlled environment, communication, and security systems, the so-called "Intelligent Buildings," has attracted attention from the U.S. and Japan. U of R scientists are also at the forefront of research into geothermal heating technology and are investigating more efficient and environmentally acceptable ways of using the province's coal resources.

The university campus is also the home of Saskatchewan's Westbridge Computer Corp., the second-largest computer centre in the country and a prime example of co-operation between the university and private sectors. The university hopes the new Westbridge facility will form the anchor for an R & D park adjacent to the main campus.

WORLD TRADE

With a market of only one million people in Saskatchewan, the provincial government and private entrepreneurs are constantly seeking markets and investment dollars. Increasingly, their search takes them overseas. But they aren't looking to export just raw materials anymore. The province is exporting farm machinery, computer software for health care systems, advanced technology in a number of sectors, and numerous other finished products.

The provincial government has established trade offices around the world, including Minneapolis, New York, Hong Kong, and Geneva, and has a full-time agent general in London.

The new office in Minneapolis is aimed at exploring the possibilities of the midwestern United States, especially the six-state area along the border. This area is responsible for $8 billion in trade between Canada and the United States annually. The largest part of that figure comes from Canadian exports, which total some $5 billion a year, more than the country exports

Home to Innovation Place, the growing city of Saskatoon is a major centre for research and development. Photo by Todd Korol/First Light

Innovation Place a élu domicile à Saskatoon, ville en pleine croissance et important centre de recherche et développement. Photo Todd Korol/First Light

Saskatchewan Sud, est elle-même à l'avant-garde de la recherche dans plusieurs domaines. Seule institution canadienne à donner une formation dans les cinq sciences reliées à la santé, elle est reconnue mondialement pour ses travaux dans les arts, la médecine, le génie et l'agriculture. La construction d'un nouvel édifice pour le collège d'agriculture de l'Université laisse présager un élargissement des recherches dans le secteur agricole, particulièrement en sciences vétérinaires.

Deux cent cinquante kilomètres plus au sud, à l'Université de Regina, les chercheurs ont d'autres préoccupations. L'infographie est l'une de leurs spécialités: leurs études, appuyées par Apple Computer Inc., sont réputées être à la fine pointe de la technologie nord-américaine. Des travaux en cours sur des systèmes de contrôle par ordinateur de l'environnement, des communications et de la sécurité dans les grands immeubles, dits « immeubles intelligents » , ont retenu l'attention aux États-Unis et au Japon. L'Université de Regina est également à l'avant-garde de la recherche en techniques de chauffage géothermique, et des études s'y poursuivent pour trouver des façons plus efficaces et plus écologiques d'exploiter les ressources en charbon de la province.

La société Westbridge Computer Corp. de Saskatchewan a aussi élu domicile sur le campus de l'université; deuxième centre informatique en importance au pays, elle constitue un bon exemple de la coopération entre les secteurs public et privé.

LE COMMERCE INTERNATIONAL

La Saskatchewan ne comptant qu'un million d'habitants, le gouvernement et l'entreprise privée sont constamment à la recherche d'investissements et de nouveaux marchés. Ils se tournent de plus en plus vers les marchés d'outre-mer et cherchent de moins en moins à vendre uniquement des matières premières. La Saskatchewan exporte aujourd'hui de la machinerie agricole, des logiciels dans le domaine de la santé, des techniques de pointe dans bon nombre de secteurs et une vaste gamme de produits finis.

Le gouvernement a ouvert des bureaux de commerce à travers le monde, à Minneapolis, New York, Hong Kong et Genève, entre autres villes, et un délégué commercial est en poste à Londres.

Le nouveau bureau de Minneapolis s'efforce de développer le marché du Middle West américain, surtout dans la région des six états situés le long de la frontière avec le Canada. Le commerce entre cette région et le Canada atteint 8 milliards de dollars par année, dont 5 milliards sont attribuables aux exportations canadiennes. C'est la région du monde qui, après le Japon, importe le plus de produits canadiens.

La Saskatchewan a de nombreux partenaires commerciaux. L'Inde lui achète de grandes quantités de potasse tandis que le Japon et l'Union soviétique sont parmi ses meilleurs clients pour les céréales. Ces deux derniers pays n'importent cependant pas beaucoup d'autres produits de la Saskatchewan. Au contraire, pour équilibrer sa balance commerciale, l'Union soviétique essaie, mais sans grand succès, de vendre ses tracteurs Belarus dans la province.

Le gouvernement de la Saskatchewan redouble d'efforts pour percer sur le marché d'Europe de l'Est. Ses représentants se sont rendus à Moscou et dans ce qui était l'Allemagne de l'Est pour discuter des possibilités d'augmenter le commerce et les exportations dans cette région du monde. De son côté, le bureau commercial de Genève entretient d'étroites relations avec la Communauté économique européenne, un autre marché riche de potentiel.

Autre joueur important sur l'échiquier commercial, la Chine, pays auquel la Saskatchewan fournit depuis longtemps de grandes quantités de potasse et de blé. La province a conclu un accord de jumelage économique et culturel avec la province chinoise de Jilin. Les bonnes relations qui en ont résulté ont aussi servi le commerce; en effet, les exportations vers la Chine atteignaient 1,28 milliard de dollars en 1988, un volume

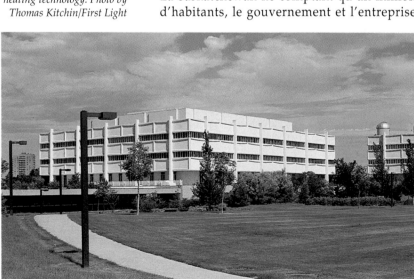

to any other place in the world except Japan.

The list of Saskatchewan trade partners is long. India is a major potash customer, and Japan and the Soviet Union are among the province's best grain customers. Neither Japan nor the U.S.S.R., however, has developed into big customers for other Saskatchewan products. As a matter of fact, the Soviet Union, in a continuing attempt to improve its trade balance, tries to sell its Belarus tractors in the province, with only limited success.

The Saskatchewan government is stepping up efforts to reach the Eastern European market. Government officials have travelled to Moscow and East Germany for talks with senior government officials about increasing trade and exports. The Geneva office maintains close ties with the European Economic Community, another area with large potential.

Another major player in the market is China, long a large customer for the province's potash and wheat. Saskatchewan has an economic and cultural "twinning" agreement with the province of Jilin in China, a relationship that has encouraged increased trade. Exports to China reached $1.28 billion worth of goods in 1988. In all, Saskatchewan products accounted for one-third of total Canadian exports to China, far more than any other province.

Concerted efforts to attract Pacific Rim investment capital into Saskatchewan have been under way for a number of years. A number of private development companies have already benefitted from those efforts. In addition, the province is actively seeking investment capital through its Saskatchewan Government Growth Fund. The program, announced in 1989, is the country's first immigrant investment fund. It is aimed at taking advantage of the federal immigration investment program, whereby foreign nationals with a net worth of $500,000 and business experience can obtain a Canadian visa by investing in a Canadian business through the immigrant investment fund. The investor can then apply for landed immigrant status.

In all, between April 1988 and October 1989, 46 proposals were approved from companies promising to invest a minimum of $59.2 million in Saskatchewan, the highest number of proposals received by any province. Many of the

Above: Boasting a population of more than 175,000, Regina is a hub of finance and world trade. Photo by John de Visser/Masterfile

Ci-dessus: Régina, qui compte plus de 175 000 habitants, est un centre de commerce international et de finance. Photo John de Visser/Masterfile

L'édifice vitré qu'on voit ici s'élever dans le ciel bleu de la Saskatchewan, le McCallum Hill Centre, abrite les bureaux de la Banque de Hong Kong. Photo Thomas Kitchin/Tom Stack & Associates

Home of the Bank of Hong Kong, the glass-adorned McCallum Hill Centre in Regina rises into the blue Saskatchewan sky. Photo by Thomas Kitchin/Tom Stack & Associates

dans le domaine des affaires d'obtenir un visa en investissant dans une entreprise canadienne. Le programme de la Saskatchewan sert de véhicule de placement aux étrangers et leur permet de faire une demande pour obtenir le statut d'immigrant reçu.

Cette initiative du gouvernement de la Saskatchewan a déjà porté fruits: d'avril 1988 à octobre 1989, on a accepté les offres de 46 sociétés promettant d'investir un total d'au moins 59,2 millions de dollars dans la province, ce qui place la Saskatchewan en tête des provinces canadiennes pour le nombre d'offres acceptées. Plusieurs de ces offres viennent d'investisseurs de Hong Kong qui cherchent à quitter la colonie avant qu'elle ne retourne sous la tutelle chinoise en 1997.

BIENVENUE AUX VISITEURS

Les habitants de lointains pays sont non seulement disposés à acheter les produits d'exportation de la Saskatchewan; ils viennent aussi y faire de nombreux séjours. Pas seulement pour investir, mais aussi pour assister à des congrès ou tout simplement pour visiter. D'ailleurs, ces activités engendrent chaque année des revenus de plusieurs millions de dollars.

L'Exhibition Park de Regina, une vaste installation de 680 000 pieds carrés pour les foires commerciales, se classe deuxième en importance au pays pour sa superficie, après celle de Toronto. La ville s'est aussi dotée d'un nouveau centre des congrès, le Saskatchewan Trade and Convention Centre, qui compte 40 000 pieds carrés de locaux pour des réunions. Il fait partie d'un complexe de 35 millions de dollars qui comprend un hôtel Ramada Renaissance de 24 étages, le plus haut édifice de la province.

La ville de Saskatoon a également des atouts, dont Saskatchewan Place Arena, un complexe polyvalent de 25 millions de dollars qui a déjà accueilli des congrès de tous genres, des événements sportifs, comme le Brier, le championnat national canadien de curling, des spectacles comme celui du Grand Cirque de Chine et des concerts rock. Il s'agit en fait du plus grand centre sportif de la province et, depuis son ouverture en 1988, on a déjà dû augmenter le nombre de places pour le porter à 14 000.

C'est aussi en Saskatchewan que se tiennent deux des foires agricoles les plus prestigieuses au monde, le Western Canada Agribition et le Farm Progress Show. Malgré une forte concurrence venant d'autres villes, Regina a su retenir chez

d'exportations beaucoup plus élevé que pour toute autre province et qui représente, à lui seul, le tiers des exportations canadiennes en Chine.

Depuis un certain nombre d'années, on déploie des efforts concertés pour encourager les investissements des pays en bordure du Pacifique, et certains promoteurs en ont déjà bénéficié. De plus, le gouvernement a récemment mis sur pied un programme, le Saskatchewan Government Growth Fund, pour attirer les capitaux étrangers. Lancé en 1989, le programme est le premier fonds d'investissement canadien pour immigrants et il a été conçu pour tirer parti du programme fédéral d'immigration des investisseurs. Celui-ci permet aux étrangers qui ont un avoir net de 500 000 $ et de l'expérience

proposals come from Hong Kong investors anxious to leave the colony before it reverts to Chinese control in 1997.

WELCOME, VISITORS

As Saskatchewan products head out across the world, so too do the people of the world come to the province. Investors aren't the only ones who are welcomed here, though. Conventions and tourism have become a multimillion-dollar industry in the province.

Regina's Exhibition Park houses the second-largest trade show facility in the country. With 680,000 square feet of space, it is second only to that of Toronto in terms of size. The city also boasts the new Saskatchewan Trade and Convention Centre, with 40,000 square feet of meeting space. It was built as part of a $35-million complex that includes a 24-storey Ramada Renaissance hotel, the province's tallest building.

Saskatoon has the new Saskatchewan Place

arena, a multi-use facility that draws conventions, major sporting events, and some of the biggest names in entertainment. The $25-million complex, the largest indoor arena in the province, has hosted events ranging from rock concerts to Bob Hope and from the Great Circus of China to the Canadian National Curling Championships, the Brier. Opened in 1988, the facility has been expanded to seat 11,000 to 14,000 people.

The province is also home to two of the world's most prestigious agricultural events, Western Canada Agribition and the Farm Progress Show. Despite being wooed by other cities, Agribition, one of North America's largest livestock shows and sales, has made Regina its permanent home. The 10-day show and sale attracts more than 140,000 visitors to the city, including many from the United States and from 20 countries around the world. It adds an estimated $15 million to the province's economy each year. Contacts made at Agribition lead to

Saskatchewan's provincial government has established a number of offices throughout the world and is currently pursuing the Eastern European markets. Pictured here during the colorful summer months is the Legislature Building in Regina. Photo by Thomas Kitchin/First Light

Le gouvernement de la Saskatchewan a des délégations commerciales dans de nombreux pays et il s'intéresse particulièrement au marché de l'Europe de l'Est. On voit ici l'édifice de la législature provinciale à Régina, au milieu des couleurs vives de l'été. Photo Thomas Kitchin/First Light

La population de la Saskatchewan possède un riche héritage ethnique et culturel. Ce danseur autochtone de North Battleford évoque une époque révolue. Photo Todd Korol/First Light

Saskatchewan is a land of varied cultures and rich ethnic heritage. Here, a native dancer in North Battleford conjures up images of days gone by. Photo by Todd Korol/ First Light

elle le Western Canada Agribition, une des plus grandes expositions commerciales de bestiaux en Amérique du Nord. La foire s'étale sur 10 jours et attire chaque année plus de 140 000 visiteurs à Regina, dont plusieurs viennent des États-Unis et d'une vingtaine d'autres pays. On estime qu'elle injecte 15 millions de dollars dans l'économie de la province chaque année. Les contacts qui s'y établissent mènent souvent à des ventes et à des propositions d'affaires à travers le monde.

Le Farm Progress Show, considéré comme la plus grande exposition de techniques de culture en région aride au monde, attire lui aussi des milliers de visiteurs de tous les coins du monde, qui viennent se familiariser avec ce qu'il y a de plus récent dans le domaine des techniques et de la machinerie agricoles.

Ceux qui s'intéressent davantage aux loisirs qu'aux affaires trouveront aussi leur compte en Saskatchewan. Les sites historiques abondent et la Gendarmerie royale du Canada, le corps policier le plus célèbre du monde—selon certains—y tient son quartier général.

La Saskatchewan est une terre d'immigrants et son riche héritage ethnique et culturel lui donne une couleur particulière. Les habitants sont chaleureux, les paysages inégalés.

Les deux parcs nationaux de la province diffèrent tellement l'un de l'autre qu'ils pourraient se trouver dans des pays différents. Dans le sud-ouest, le tout nouveau parc national des Prairies est l'une des dernières enclaves de prairie vierge, inchangée depuis l'époque où le bison la parcourait. Plus au nord, le parc national de Prince Albert couvre une superficie de plus d'un million d'acres, dont le tiers est composé de lacs. Situé à la limite du bouclier précambrien, la formation rocheuse qui s'étend jusqu'au cercle polaire arctique, le parc abrite une faune variée.

Le réseau des parcs provinciaux et des zones de conservation de la flore et de la faune s'étend sur 2,3 millions d'acres et on y trouve parmi les plus beaux sites de pêche et de camping au monde. Au sud, où les prairies s'étirent jusqu'à l'horizon, certains agriculteurs reçoivent les citadins en vacances et les prés subalpins qui s'étendent au pied des collines Cyprès attirent aussi les vacanciers. En allant vers le nord, on passe parmi les collines boisées et les lacs de la région des parcs. Un plus loin, près du lac La Ronge, on atteint une zone de conservation quatre fois plus grande que la ville de New York.

L'extrême nord de la province est comme un lieu de pèlerinage pour les visiteurs du monde entier. Des lacs profonds aux eaux claires, de vastes forêts et une faune abondante y attirent chaque année les amateurs de chasse et de pêche des États-Unis et d'Europe. Ils savent tous apprécier la saveur inégalée d'une truite arc-en-ciel fraîchement pêchée d'une rivière du nord de la Saskatchewan.

La Saskatchewan est une province aux mille paysages derrière lesquels se dissimulent d'innombrables richesses. Une véritable terre promise. Ses habitants et la vigueur de son développement agricole demeureront toujours sa plus grande force. Les efforts consentis à la diversification de l'économie par le gouvernement, le secteur privé et les coopératives sont le gage d'une croissance continue, que viennent solidement appuyer les acquis du passé.

sales and business ventures around the world.

The Farm Progress Show, considered the world's largest dryland farming exhibition, also draws thousands of visitors from around the world to look at the latest in farm equipment, techniques, and technology.

For those more interested in pleasure than business, the province offers numerous opportunities. History is everywhere and the province is home to the Royal Canadian Mounted Police—the Mounties—considered the world's most famous police force.

As a land of immigrants, Saskatchewan's rich cultural and ethnic heritage give it a unique flavor. The people are warm and friendly and the landscape is unmatched.

The province's two national parks are so varied that they could almost be in different countries. The new Grasslands National Park in the southwest is one of the last remaining stands of virgin prairie, unchanged from the days when huge herds of buffalo ranged across it. Prince Albert National Park covers more than one million acres, one-third of which is open water. Home to many types of wildlife, it lies on the edge of the Precambrian Shield, the rocky geological formation that extends north to the Arctic Circle.

More than 2.3 million acres have been set aside in provincial parks and wilderness areas, providing some of the best fishing and camping to be found anywhere in the world. The south's attractions range from wide-open prairies, with their vacation farms, to the sub-alpine meadows of the Cypress Hills. Moving north in the province, you pass through wooded hills and blue lakes of the parkland region. Farther north lies Lac La Ronge, a wilderness area four times the size of New York City.

Saskatchewan's far north is a mecca for visitors from around the world. The deep, clear lakes, huge forests, and abundant wildlife draw sportsmen from the United States and Europe. A rainbow trout from the cold, clear waters of a northern Saskatchewan river is a treat appreciated by many.

A land of varied landscapes, with riches both above and below the ground, Saskatchewan offers a wealth of opportunity. Its strengths will always remain its people and its strong agricultural foundation. The efforts of the government, the private sector, and the province's co-operatives to diversify the province's economy can only ensure that it continues to grow, branching out from those strong roots.

Encompassing more than one million acres in northern Saskatchewan, Prince Albert National Park is a haven of pristine wilderness and natural beauty. Photo by Hans Blohm/Masterfile

Véritable refuge au coeur d'une nature encore vierge, le parc national de Prince Albert, dans le nord de la Saskatchewan, s'étend sur plus d'un million d'acres. Photo Hans Blohm/Masterfile

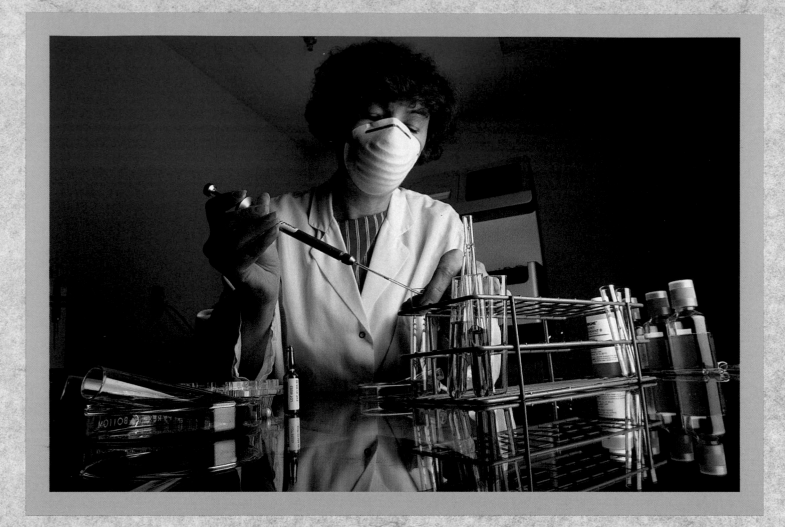

*Breakthroughs in the fields of biotechnology and pharmaceuticals have resulted in
the formation of Alberta companies that produce and market health-care products
throughout the world. Photo by Ron Watts/First Light*

*Créées suite à des découvertes en biotechnologie et en pharmacologie, des entreprises
albertaines fabriquent des produits de santé qui sont vendus à travers le monde.
Photo Ron Watts/First Light*

7

ALBERTA
STRENGTH IN DIVERSITY

L'ALBERTA
LA FORCE DANS LA DIVERSITÉ

WILLIAM PASNAK

Des ressources humaines abondantes, un secteur industriel développé et de vastes richesses naturelles alimentent la croissance économique de l'Alberta et permettent les plus grands espoirs pour son avenir. Calgary compte 600 000 habitants, soit quelques centaines seulement de plus qu'Edmonton. Photo R. Hartmier/First Light

A province rich in people, industry, and natural resources, Alberta enjoys a diverse and growing economy and promising hopes for the future. Boasting a population of more than 600,000, Calgary is the province's largest city— surpassing Edmonton by only a few hundred citizens. Photo by R. Hartmier/ First Light

Comparez ces instantanés . . . Sur la plate-forme d'un derrick, deux ou trois durs à cuire en parkas extraient une tige de forage. L'haleine de leur respiration et la boue chaude du forage forment un brouillard de glace qui les enveloppe de blanc . . . Un jeune amérindien se tient devant une falaise de grès rouge-or inondée de soleil, sur laquelle des sillons à peine visibles d'inscriptions rupestres témoignent qu'un autre jeune homme est venu il y a bien longtemps en cet endroit à la recherche d'une orientation spirituelle . . . Deux femmes revêtues de blanc dans un laboratoire. L'une étudie une souris tandis que l'autre tient à la main un porte-bloc sur lequel on peut lire: « Projet de vaccin contre le cancer » . La souris, elle, semble en bonne santé . . . Trois hommes d'affaires qui semblent avoir terminé leur travail se détendent dans un vaste bureau de cadre supérieur. L'un d'eux est en train d'essayer un stetson tandis que les deux autres l'encouragent en souriant. À travers la fenêtre qui est derrière eux, on voit le soleil se coucher sur la ligne bleue et blanche des Rocheuses . . . Un père et sa fille font du canoë sur la surface lisse d'un lac d'où monte la brume légère de l'aube. L'homme a posé sa pagaie et indique du doigt quelque

Compare these snapshots: a pair of roughnecks pulling pipe on the floor of a drilling rig. They are wearing parkas, and the steam from their breath and the warm drilling mud has turned to ice fog, wreathing them in white . . . a young native man in front of a sun-blasted, reddish-gold sandstone cliff. There are faint scratches of petroglyphs on the stone, ancient records of other young men who came to this spot looking for spiritual guidance . . . two white-coated women in a laboratory. One is studying a mouse; the other holds a clipboard. On the clipboard is the heading, "Cancer vaccine project." The

mouse appears to be healthy . . . three businessmen in a large executive office, relaxing, as if their work was done. One is trying on a white stetson while the other two smile encouragement. Through the window behind them, the blue and white line of the Rockies is visible in the setting sun. . . a father and daughter in a canoe, on a glass-smooth lake breathing out the faint mist of dawn. The man has rested his paddle and is pointing. The girl is following the direction of his finger, gazing at a pair of northern loons perhaps 30 metres away . . . a man in a nightclub, playing a saxophone. The air is smoky, and there is a blur of neon behind him. His cheeks bulge, his forehead glistening with effort.

The list could go on and on. What ties these images together is simply that they were all taken in Alberta, and they all show some of the amazing diversity to be found in this province. Because of its history and its patterns of development, and partly just because of its size, Alberta has a rich assortment of people, industries, and resources that make this one of the strongest provinces in the country.

It is, first of all, a very large place. If you were making a swap, kilometre for square kilometre, you could trade the huge stock of Alberta real estate for *all* of the British Isles, including the Irish Republic, the Isle of Man and the Channel Islands, *and* the Kingdom of Norway, and still have enough left over to make a substantial down payment on, say, Denmark. Canadians, used to this sort of scale, may not be impressed by this; Alberta is, after all, only the fourth-largest province. Nevertheless, there is lots of space in which to live and play and do business. Total area is 661,188 square kilometres (255,285 square miles).

Politically, Alberta's neighbors are few. To the south, across the 49th parallel, is the sagebrush and rangeland of Montana; to the east, Saskatchewan shares more than 1,200 kilometres of the 110th meridian; north, there is the rock and boreal forest of the Northwest Territories; west, the mountains and forests of British Columbia.

In other ways, Alberta reaches much further. Its rivers, for example, flow to three sides of the continent. The northern half of the province is drained by the Hay River and the massive Peace-Athabasca system, ultimately to the Arctic Ocean. The central and southern areas are drained by the North and South Saskatchewan rivers and their tributaries, through Lake Winnipeg to Hudson Bay. The extreme south, in

chose. La jeune fille regarde dans cette direction deux huarts arctiques qui sont à une trentaine de mètres plus loin . . . Un homme joue du saxophone dans une boîte de nuit. Dans cet endroit plein de fumée, les reflets bleutés du néon font ressortir en contrejour sa silhouette, ses joues gonflées et son front luisant crispé par l'effort.

On pourrait ainsi regarder bien d'autres photographies comme celles-ci, prises sur le vif. Leur point commun? C'est d'avoir toutes été prises en Alberta et de nous révéler chacune un aspect de la surprenante diversité qu'on trouve dans cette province. À cause de son histoire, des caractéristiques propres à son développement et, en partie aussi, à cause de son étendue, l'Alberta nous offre une riche palette de gens, d'industries et de ressources qui font d'elle l'une des provinces les plus solides du Canada.

L'Alberta est d'abord et avant tout une immense province. On pourrait échanger, au kilomètre carré près, sa formidable étendue de terres contre toutes les îles Britanniques, y compris la république d'Irlande, l'île de Man, les îles Anglo-normandes, plus le royaume de Norvège et il lui resterait encore assez de terres pour obtenir, disons, le Danemark. Ce genre de comparaison n'impressionne pas les Canadiens, car ils sont habitués à les faire et, quand on parle superficie, l'Alberta n'est après tout que la quatrième province du pays. Mais il faut quand même reconnaître qu'il y a là d'immenses étendues pour vivre, se distraire ou faire des affaires. La superficie totale de la province est de 661 188 km2.

Strictement parlant, l'Alberta a peu de voisins. Au sud, au-delà du 49e parallèle, on trouve le Montana, ses prairies et ses ranchs; à l'est, l'Alberta partage avec la Saskatchewan plus de 1 200 kilomètres du 110e parallèle; au nord s'étendent les forêts rocheuses et boréales des Territoires du Nord-Ouest; et à l'ouest, les montagnes et les forêts de la Colombie-Britannique.

Mais l'Alberta étend son influence de bien des manières au-delà de ses frontières. Ses rivières, par exemple, se jettent dans les mers des trois côtés du continent. Les eaux de la moitié nord de la province sont entraînées par la rivière Hay et le formidable système d'irrigation Peace-Athabasca jusque vers l'océan Arctique. Les régions centrales sont drainées par les fleuves du nord et du sud de la Saskatchewan et leurs affluents, à travers le lac Winnipeg, jusqu'à la baie d'Hudson. Quant aux eaux de l'extrême sud, celles du bassin de la rivière Milk, elles s'écoulent jusque dans le Mississippi et le golfe du Mexique.

LES MERVEILLES DE LA NATURE

On peut diviser à peu près tout l'Alberta en trois grandes régions écologiques: les Prairies, la forêt-parc et les forêts nordiques ou boréales. Chacune de ces régions a son cachet d'originalité, ses paysages, sa flore et sa faune typiques.

Les Prairies sont l'un des paysages les plus classiques de l'Ouest. Pour la grande majorité des gens, elles évoquent un horizon sans bornes et des fermes grandes comme la Pologne. La réalité est bien différente: le pays est jalonné de moraines et de vallées de rivières qui lui donnent du relief et on y trouve, à certains endroits, des kilomètres de dunes de sable, derniers vestiges des lacs de l'époque glaciaire depuis longtemps disparus. Au cours des siècles, un dépôt de limon calcaire très fin déposé par le vent a adouci ces reliefs et donné aux lieux un aspect qui rappelle la peau luisante d'un animal.

Asseyez-vous un jour d'été sur le bord d'une coulée, et vous y découvrirez peu à peu le vrai visage des Prairies. Sous le ciel d'un bleu profond, peut-être verrez-vous planer la silhouette noire du faucon des Prairies ou de la buse pattue. Sur l'herbe parsemée de figuiers et de cactus qui lui donnent l'air d'une pelote à

the Milk River Basin, drains into the Mississippi River and the Gulf of Mexico.

NATURE'S WONDERS

Most of Alberta can be divided into three large ecological regions: the true prairie, the aspen parkland, and the northern or boreal forest. Each has a distinct personality, with its own landscape, flora, and fauna.

One of the classic western landscapes is the prairie. To most, it means a ruler-straight horizon and ranches the size of Poland. In fact, though, it is marked and rumpled by moraines, river valleys, and, in places, miles of sand dunes left from long-vanished glacial lakes. Over the centuries these features had been softened by a deposit of fine, wind-blown loess, so that the prairie is reminiscent of the sleek pelt of an animal stretched over the taut architecture of muscle and bone.

Sit down on the edge of a coulee on a summer's day, and the true quality of the prairie will begin to appear. Under the deep blue sky, you may see the black silhouette of a sailing prairie falcon or rough-legged hawk. Amid the grass, unobtrusively studded with prickly pear and pincushion cacti, you might glimpse the furtive dart of a deer mouse, or the surveillance

of a Richardson's ground squirrel, ramrod straight with curiosity. You may see the black and yellow-grey head of a badger or the deceptively slow lollop and hop of a cottontail rabbit browsing at leisure. Where there are rabbits, sooner or later you will also see a grinning coyote or two. The largest wild animals to be found here are the mild and wary white-tail deer and the pronghorn antelope.

In Alberta, though, the true prairie region is smaller than many people think. Total grassland area is around 12.1 million hectares, or about one-fifth of the province.

Alberta's aspen parkland is probably better known, although it is even smaller than the prairie region, accounting for only one-tenth of the province's area. This region is really a transition zone between the dry grassland to the south and east and the boreal forest to the north and west. The result is a rich interpenetration of open fields and stands of aspen, birch, and spruce, with dense thickets of willow, chokecherry, saskatoon, and, of course, wherever there is good exposure to the sun, Alberta's floral emblem, the wild rose.

Aspen parkland is rich in birds and other wildlife, although, like the prairies, some of the largest animal species have been pushed out by

A dusting of snow transforms the foothills of the Rocky Mountains into a winter wonderland. Photo by Winston Fraser

La neige fraîche a transformé ce paysage des avant-monts des Rocheuses en un panorama féérique. Photo Winston Fraser

Un majestueux mouflon des Rocheuses scrute le paysage montagneux du parc national de Jasper. Photo Thomas Kitchin/First Light

A majestic bighorn sheep surveys the mountainous landscape of Jasper National Park. Photo by Thomas Kitchin/First Light

épingles, qui sait si vous ne serez pas surpris par le bond furtif d'un chevrotain? À moins que vous n'aperceviez un écureuil fouisseur que la curiosité et l'attention ont comme figé dans l'immobilité, ou encore la tête noire et gris-jaune d'un blaireau, ou un lapin à la queue veloutée qui donne l'impression de flâner sans crainte dans le coin. Fausse impresssion, car là où il y a des lapins, tôt ou tard un ou deux coyotes viennent montrer leurs dents. Les plus grands animaux sauvages de ces steppes sont le tranquille et si méfiant cerf de Virginie et l'antilope d'Amérique.

Mais les Prairies n'occupent en fait qu'une partie de l'Alberta beaucoup moins grande que bien des gens ne le pensent: elles ne s'étendent que sur environ 12,1 millions d'hectares, soit à peu près un cinquième de la province.

Bien que la forêt-parc de l'Alberta soit encore moins vaste, puisqu'elle ne couvre qu'un dixième de la province, on la connaît probablement mieux. C'est une zone de transition entre les steppes sèches du sud et de l'est et les forêts boréales du nord et de l'ouest. On y trouve donc une alternance très riche de vastes champs et de terres boisées de trembles, de bouleaux et d'épinettes ainsi que des bosquets très denses de saules, de cerisiers de Virginie, d'amélanchiers à feuilles d'aulnes; et, cela va de soi, dans tous les lieux bien exposés au soleil fleurissent les roses sauvages, l'emblème floral de l'Alberta.

Dans la forêt-parc, les oiseaux et les animaux

settlement. The beaver is still thriving, as are the jack rabbit, lynx, coyote, fox, mink, white-tail deer, and numerous smaller mammals such as the squirrel, chipmunk, and mouse.

The largest habitat in Alberta is the northern or boreal forest, which covers over half the province. It is principally a mixture of aspen, birch, and conifers—spruce, pine, and that beautiful oddity, the larch, a needle-bearing tree that turns a luminous yellow-orange in the autumn.

Wildlife in the northern forest is much as it was before settlement. There are still moose, elk, deer, many black bears, and even timber wolves. In the vast stretches of Wood Buffalo National Park, there are free-roaming herds of Wood

bison. There are also lynx, coyotes, otter, and the slow-moving porcupine.

One other habitat in Alberta that deserves mention is the Rocky Mountains, a unique and beautiful region. The mountains exert an influence on the weather, the waterways, the ecology, and the psyche far beyond their size. The Rockies cover a relatively narrow strip across the southwest corner of the province, rising up in parallel layers like a stony fence. In most places there is a range of foothills between the mountains and the plains, although this is not so in the south. Around Pincher Creek, the plains run smooth to the foot of the front range, which towers dramatically 1,000 metres and more above the flat land below.

Vivid autumn foliage highlights the banks of the Kananaskis River. Photo by Thomas Kitchin/First Light

Les rives de la Kananaskis revêtues des teintes vives de l'automne. Photo Thomas Kitchin/First Light

sauvages abondent, bien que le peuplement des terres en ait chassé, comme dans les Prairies, quelques-unes des espèces animales les plus courantes. Le castor est encore très répandu, de même que le gros lièvre, le lynx, le coyote, le renard, le vison, le cerf de Virginie, et un grand nombre de petits mammifères comme l'écureuil, le suisse et la souris.

Toutefois, le plus vaste habitat de la faune en Alberta, ce sont les forêts nordiques ou boréales. Elles recouvrent plus de la moitié de la province et sont composées d'un mélange de trembles, de bouleau et de conifères—épinettes, pins, et mélèzes, ces arbres étranges, à cônes dressés, qui prennent à l'automne une couleur jaune-orange lumineuse.

La faune des forêts nordiques est demeurée sensiblement la même qu'avant la colonisation.

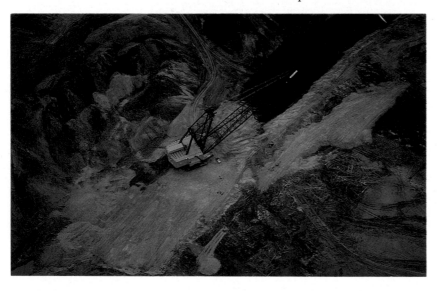

Le charbon, le sel, le calcaire et le gravier figurent parmi les nombreuses richesses minières exploitées en Alberta. Photo J.A. Kraulis/Masterfile

Coal, salt, limestone, and gravel are just some of the many mineral resources being mined in Alberta today. Photo by J.A. Kraulis/ Masterfile

On y trouve encore des orignaux, des élans, des cerfs, beaucoup d'ours et même des loups gris et, dans les vastes étendues du Wood Buffalo National Park, des troupeaux de bisons des bois errent en toute liberté. On y rencontre aussi des lynx, des coyotes, des loutres et des porcs-épics.

Les montagnes Rocheuses, cette région unique et si belle, sont un autre habitat de la faune qu'on ne peut passer sous silence. Elles influencent la température, les cours d'eau, l'écologie et le caractère des gens bien au-delà de leur superficie. Les Rocheuses recouvrent une bande relativement étroite du sud-ouest de la province, où elles se dressent en plissements parallèles comme une muraille de pierre. En bien des endroits, une rangée de contreforts sépare les montagnes de la plaine, mais, dans le sud, notamment aux alentours de Pincher Creek, les plaines se déploient d'une façon régulière

jusqu'à la ligne de front, qui surplombe spectaculairement de 1 000 mètres et plus les terres plates qui sont au-dessous d'elles.

Dans les habitats variés des montagnes, on peut voir paître des troupeaux d'élans et, à l'automne, entendre les bramements de défi des mâles en rut. On peut également y observer un troupeau de moutons des Rocheuses, aux cornes puissantes rejetées en arrière, qui se déplace le long du versant argileux d'un mont ou qui se tient majestueusement sur le bord de la route. Mais il est plus difficile d'y voir les chèvres de montagne au pelage blanc et au pied sûr.

Dans les montagnes, il y a bien sûr des ours: des ours noirs, mais aussi le plus grand, le plus dangereux—et beaucoup plus rare—grizzly. Des excursionnistes attentifs en aperçoivent parfois; mais grâce à un effort concerté du service des parcs de montagne pour faire l'éducation des gens et pour améliorer la gestion des déchets, il est rare aujourd'hui que les ours viennent fureter dans les parages des villes et des terrains de camping.

LES RICHESSES DE LA TERRE

L'Alberta est riche: ressources naturelles renouvelables et non renouvelables se retrouvent dans tous ses habitats. L'une des plus considérables vient du sol lui-même, qui est à la base des deux grandes industries, l'industrie forestière et l'agriculture. Dans l'extrême sud-est de la province, le sol des Prairies ne se prête pas à toutes les activités agricoles, mais on peut y faire avec succès la culture du blé, et il fournit d'excellents pâturages pour les troupeaux. À mesure que l'on monte vers le nord-ouest, le sol est davantage propice à la culture jusqu'à ce qu'on arrive au croissant fertile de l'Alberta, une région qui forme vaguement un triangle de terres riches dont la couleur varie du noir au brun sombre. Comme, à cet endroit, la saison de croissance des plantes dure plus de 100 jours, bien des produits peuvent y pousser, et c'est vraiment là la région céréalière de l'Alberta. Au nord et à l'ouest, au-delà de cette ceinture de terres noires, se trouvent des terres boisées, plutôt médiocres pour l'exploitation agricole, mais excellentes pour la croissance des arbres. Quand on en connaît l'étendue, on n'est plus surpris que la province ait une florissante industrie forestière.

Sous le sol se cache une autre source de richesse de l'Alberta: ses roches et ses minéraux. Presque toute la province est recouverte par un épais bassin sédimentaire, laissé par les eaux de la mer qui ont envahi plusieurs fois la région.

In the varied habitats of the mountains, you may see herds of grazing elk, or, in the fall, hear the squealing challenge of the rutting males. You may see a herd of Rocky Mountain sheep, with massive swept back horns, drifting across the face of a shale slope or posed majestically by the side of the road. More rarely seen are the sure-footed, white-coated mountain goats.

There are, of course, bears in the mountains, both black bears and the larger, more dangerous (but much rarer) grizzly. Watchful hikers may catch a glimpse of them, but thanks to a concerted effort in education and waste management by the mountain parks service, bears are now seldom seen around townsites and campgrounds.

EARTH'S RICHES
Spread through the habitats of Alberta, there is a great richness of renewable and non-renewable resources. One of the most significant of these is soil, the foundation for the two large industries of forestry and agriculture. In the extreme southeast of the province, the soil of the grasslands has some limitation, but it can be planted successfully with wheat or provide good grazing for cattle. Travelling northwest, the soil improves steadily until one reaches Alberta's own fertile crescent, a roughly triangular area of rich, dark-brown to black soil. With a growing season in excess of 100 days, many different crops can grow here, and this is the heartland of Alberta's mixed farming. Continuing north and west beyond the black soil belt, we encounter the wooded soils. These are not really suitable for agriculture, but they are good for trees, and so it is no surprise that Alberta has a healthy forest industry.

Below the soil we find another source of Alberta's wealth—its rocks and minerals. Almost all of the province is covered by a deep sedimentary basin, laid down by frequent invasions of the sea. Within this are locked thick seams of coal, countless pools of natural gas and conventional crude oil, and vast deposits of sand saturated with heavy oil, known as tar sands. Alberta's reserves of conventional crude are substantial, but they are little more than a drop when compared to the 48.8 billion cubic metres of oil locked up in the tar sands. Not surprisingly, Alberta's sedimentary rocks also contain some of the richest fossil beds in the world for the late Mesozoic era.

The seas also left salt under Alberta. There are two very large salt deposits in the northern part of the province. This salt is mined commercially and accounted for more than 10 percent of Canada's salt production in 1985.

Alberta has a wealth of mineral resources, the most profitable so far being the hydrocarbons—oil, gas, and coal. Other resources are worth mentioning, however. As well as salt, there is the sulphur extracted from some pools of natural gas, gypsum, bentonite, potter's clay, building-quality limestone and sandstone, and large quantities of sand and gravel. There are also significant quantities of vanadium, nickel, titanium, and zirconium in the tar sands, although these have not yet been exploited. In the Clear Hills, west of Peace River, there is an undeveloped iron formation. Small quantities of

Ever since oil was discovered near Leduc in 1947, the energy industry has helped transform Alberta from an agricultural to an industrial economy. Photo by Wilhelm Schmidt/Masterfile

Depuis la découverte du pétrole près de Leduc en 1947, l'industrie pétrolière a contribué à transformer l'Alberta de province agricole en province industrielle. Photo Wilhelm Schmidt/Masterfile

Deuxième industrie du secteur manufacturier de l'Alberta, l'industrie des produits chimiques et de ses dérivés emploie plus de 6 000 personnes. Photo Thomas Kitchin/First Light

Alberta's chemicals and chemical products processing is the second-largest manufacturing industry in the province, employing more than 6,000 people. Photo by Thomas Kitchin/First Light

C'est là qu'on trouve les épais filons de charbon, les nappes de gaz et de pétrole brut, ainsi que les vastes gisements de sable contenant de l'huile lourde, communément appelés sables bitumineux. En Alberta, les réserves de pétrole conventionnel sont importantes certes, mais elles ne sont qu'une goutte d'eau comparée aux 48,8 milliards de mètres cubes de pétrole que renferment les sables bitumineux. Il n'est pas non plus surprenant que ces roches sédimentaires contiennent quelques-unes des plus riches strates fossilifères au monde de la fin du mésozoïque.

Les mers ont également laissé des sels dans le sous-sol de la province, et on en exploite deux vastes dépôts dans le nord. En 1985, plus de 10 pour cent de la production de sel du Canada venait de l'Alberta.

L'Alberta est très riche en ressources minérales. Si celles qui rapportent le plus sont les hydrocarbures—le pétrole, le gaz, le charbon, on ne peut passer sous silence d'autres ressources, comme le sel, dont on a déjà parlé, le soufre, qui est extrait de certaines nappes de gaz

naturel, le gypse, la bentonite, la terre glaise, le calcaire et le grès qui peuvent servir pour la construction, sans oublier de grandes quantités de sable et de gravier. Les sables bitumineux contiennent aussi d'importantes quantités de vanadium, de nickel, de titane et de zirconium, dont on n'a pas encore commencé l'exploitation. À Clear Hills, à l'ouest de la rivière de la Paix, se trouve également un gisement de fer non exploité. Enfin, on lave encore à la batée le gravier de quelques rivières, comme la Nord-Saskatchewan, pour en extraire de petites quantités d'or, mais il n'y a pas à proprement parler de mines d'or dans la province, pas plus que de dépôts appréciables de minéraux de roche dure comme le cuivre et le zinc.

L'HISTOIRE EN MARCHE

Quand on regarde l'histoire du développement de l'Alberta, on constate qu'il s'est effectué parallèlement à celui des autres régions de l'Amérique du Nord. Après une période initiale d'exploration et de découvertes que le commerce

gold are panned from some of the rivers, such as the North Saskatchewan, but there is no gold mining, nor any known quantities of the "hard rock" minerals such as copper and zinc.

A WORKING HISTORY

Alberta's historical development parallels that of other parts of North America. Following an initial period of exploration and discovery stimulated by the fur trade, successive waves of settlers began to open the country up to such activities as farming, ranching, logging, and mining. Cattle ranching was first tried in the Calgary region in the 1870s, and by 1905 Alberta was sufficiently developed to become a province. The province remained mostly agricultural, though, until the 1940s, when the war effort to supply Alaska made Alberta an important transportation corridor.

In 1947, Leduc No. 1 blew in with a roar and a plume of sticky black oil, and Alberta's modern age of petroleum rumbled into life. There had been persistent interest in oil in Alberta for years, but the Leduc find was the biggest yet. It spurred an oil boom that lasted, with minor ups and downs, into the 1980s. Of course, the oil stimulated other development, and the province began to shift from a rural to an urban, industrialized economy.

By 1970, though, reserves of conventional crude began to shrink as production surpassed discovery, and Alberta began to develop its gigantic reserves of oil sands, sources of what is called synthetic crude. The first synthetic crude began to flow in 1967, and the large Syncrude plant at Fort McMurray came onstream 10 years later. This was the beginning of Alberta's "mega-project" industrialization.

Alberta's fortunes took a sharp turn upward in 1973 when the formation of OPEC, the Arab oil cartel, sent the price of oil on a long climb. Recognizing that oil revenues were not going to last forever, the Alberta government set up a special account, called the Alberta Heritage Trust Fund, into which it funnelled up to 30 percent of the oil royalties. In spite of a two-price system instituted by the federal government, the fund accumulated $12.7 billion by the time it was capped in 1986.

The recession of the early 1980s hit Alberta hard, partly because of the coincidental drop in the price of oil, and partly because of the National Energy Program implemented by the federal government. This was meant to ensure Canadian ownership of the energy sector, but it

put many obstacles in the path of the oil companies that made Alberta grow, and also encouraged oil exploration outside of Alberta. Further exploration in the province was stifled until the program was dismantled in 1987.

The energy industry has played a major role in the development of present-day Alberta, but hydrocarbons are a non-renewable resource, and there have been vigorous efforts to diversify the province's economy. In particular, the Heritage Savings Trust Fund has been instrumental in stimulating high-technology research and manufacturing. There is still a strong reliance on oil and gas, but Alberta is definitely preparing for a changing future.

Trade and commerce are not new to Alberta. Long before Europeans came looking for furs, there were established trade lines among native tribes. Although the quantities were small, and the turnaround was measured in seasons rather than days, it was barter and bargain that took such valued commodities as pipe stone and shell long distances from their point of origin.

Of course, things have changed since then. Now Alberta ships not by the dog-powered travois and the pony, but, rather, by the flat bed and the hopper car and the unit train. The variety of goods and services has increased as well. With a generous resource base and a well-educated, enterprising population, Alberta has developed strongly in a number of sectors, now doing well in everything from dirt farming to biomedical engineering.

Measured in dollars, there is no doubt that the largest single portion of Alberta's economy deals with minerals—finding, digging up, and processing everything from peat moss to

Alberta is responsible for nearly two-thirds of all mineral production value in Canada, most of which comes from oil, gas, and gas by-products. Photo by Robert Semeniuk/First Light

Près des deux tiers de la valeur de la production minière canadienne vient de l'Alberta, presque entièrement sous forme de pétrole, de gaz et de sous-produits du gaz. Photo Robert Semeniuk/First Light

de la fourrure a encouragée, des vagues successives de colons ont commencé à ouvrir le pays à l'agriculture, l'élevage, l'exploitation minière et forestière. C'est dans les années 1870 qu'on a entrepris pour la première fois l'élevage dans la région de Calgary et, dès 1905, l'Alberta était suffisamment développée pour devenir une province. Celle-ci est toutefois demeurée un pays principalement agricole jusque dans les années 1940, où l'effort de guerre pour approvisionner l'Alaska a fait d'elle un important corridor de transport.

En 1947, le puits Leduc no 1 rugit et envoie dans le ciel un panache d'huile noire épaisse, l'Alberta entre dans l'ère moderne du pétrole. Cela faisait des années que l'on s'intéressait au pétrole dans la province, mais Leduc no1 est réellement la découverte la plus importante, celle qui provoque un boom du pétrole qui se prolonge avec quelques hauts et quelques bas jusque dans les années 1980. L'industrie pétrolière stimule en fait le développement dans d'autres secteurs de l'économie, et la province passe progressivement d'une économie rurale à une économie urbaine et industrialisée.

En 1970, à cause d'une surexploitation des gisements découverts, les réserves de pétrole conventionnel commencent à diminuer. L'Alberta se tourne alors vers ses gigantesques réserves de sables bitumineux, qui donnent ce qu'on appelle le pétrole synthétique. On avait commencé à produire du pétrole synthétique brut en 1967, mais la grande usine Syncrude de Fort McMurray n'entrera en service que dix ans plus tard. C'est le début du mégaprojet d'industrialisation de l'Alberta.

La formation de l'OPEP, le cartel des pays arabes producteurs de pétrole, en faisant considérablement monter les prix du pétrole, fit la fortune de l'Alberta. Le gouvernement de la province, sachant fort bien que les revenus du pétrole n'allaient pas toujours durer, créa un compte spécial, l'Alberta Heritage Savings Trust Fund, dans lequel il déposa jusqu'à 30 pour cent des redevances des compagnies qui exploitaient les gisements. Malgré le système de la double tarification mis en place par le gouvernement fédéral, les avoirs financiers du fonds eurent le temps d'atteindre les 12,7 milliards de dollars avant qu'on cesse officiellement, en 1986, de l'alimenter.

La récession du début des années 1980 se fit durement sentir en Alberta, en partie à cause de la chute du prix du pétrole qui coïncida avec elle, et en partie à cause du Programme énergétique national mis en place par le gouvernement fédéral. Ce programme avait pour but de s'assurer que le Canada conserverait bien la propriété de son secteur énergétique, mais les compagnies pétrolières qui avaient assuré la croissance de l'Alberta y virent un obstacle sérieux à leur expansion et une incitation à

The Exshaw Cement plant is nestled at the foot of the Rocky Mountains in Bow Valley. Photo by Patrick Morrow/First Light

La cimenterie Exshaw, dans la vallée de la rivière Bow, au pied des montagnes Rocheuses. Photo Patrick Morrow/First Light

petroleum. In fact, Alberta accounts for two-thirds of the value of mineral production in all of Canada. Most of that comes from oil, gas, and gas by-products, but there is also a healthy production of such essentials as sand and gravel, cement, sulphur, coal, and salt. And, of course, Alberta doesn't just export minerals—it also exports refined and processed materials, not to mention related technology and expertise. Alberta is a world supplier of marine seismic equipment, for example, even though the province is landlocked.

Alberta's greatest wealth has come from hydrocarbons—oil, gas, synthetic crude, and coal. Coal was being mined as early as 1870, while the first show of gas, apart from the spontaneous seeps in the Athabasca Valley, was a gas well drilled at Medicine Hat in 1890. Since then, there has been steady exploration and development, marked by periodic surges and falls. The coal market, for example, fell during the late 1940s and 1950s, but has now rebounded. Notable oil rushes took place in 1914, when the first oil was found in Turner Valley, and again in 1947, when the Leduc field blew in. Exploration activity was very strong through the 1970s, but slowed when the National Energy Program made it more profitable for oil companies to explore elsewhere. The recession of 1986 left many drill rigs idle, but economic recovery and a generally stable market have restored much activity to the oil patch.

Nationally, Alberta remains the leader in production and reserves of hydrocarbons. In 1987 the provincial government's Energy Resources Conservation Board (ERCB) estimated that the province held more than 76 percent of Canada's known reserves of oil, gas, bitumen, synthetic crude, and coal—about 830830 petajoules of energy. Well over half of this was in coal, mostly sub-bituminous and bituminous. The next largest category, about 18 percent of Alberta's fossil fuel energy resources, is bitumen and synthetic crude, as the substance reclaimed from tar sands is called. Next comes natural gas, about 8 percent, with conventional crude bringing up the rear at close to 3 percent.

These are reserve figures, though. Exploration and production still strongly favor conventional crude and natural gas. In 1987 close to 5,000 oil and gas wells were drilled, in comparison with only 600 oil sands wells. It is worth noting that as exploration techniques have improved over the years, so has the success rate. About 50 percent of the exploration wells were successful. That same year, an average of 23,550 wells were in production throughout the province. Of that total, about half were in primary depletion, relying on the natural pressure of the formation to extract oil, while the remainder were using enhanced recovery techniques.

Although conventional oil and gas production

prospecter des gisements hors de la province. Le fait est qu'on étouffa dans l'oeuf tout nouveau projet de prospection dans la province jusqu'à ce qu'on mette fin au programme en 1987.

L'industrie de l'énergie a joué un rôle de premier plan dans le développement de l'Alberta d'aujourd'hui, mais les hydrocarbures sont une ressource non renouvelable, aussi de sérieux efforts ont-ils été faits pour diversifier l'économie. L'Alberta Heritage Savings Trust Fund, en particulier, a permis de stimuler la recherche-développement et la mise sur pied d'entreprises de haute technologie. Si la province dépend encore énormément du pétrole et du gaz naturel, elle se prépare un avenir différent.

Le commerce, lui non plus, ne date pas d'hier en Alberta. Bien avant que les Européens ne viennent y chercher des fourrures, des échanges commerciaux se faisaient entre les tribus. À plus petite échelle bien sûr, et l'on parlait de saisons plutôt que de jours quand on évoquait le temps nécessaire pour les voyages; mais c'est grâce à ces échanges qu'on a retrouvé loin de leurs lieux d'origine des objets de valeur comme les pipes en argile et les coquillages.

Autres temps, autres moeurs. Ce ne sont plus ni les traîneaux tirés par des chiens ni les poneys qui transportent les marchandises, mais les camions-remorques, les wagons-trémies et les trains-blocs. Et la diversité des biens et services a

elle aussi augmenté. L'Alberta, qui a d'énormes ressources et une population instruite et entreprenante, a développé fortement certains secteurs, maintenant en pleine croissance, qui vont de l'exploitation agricole à la fabrication et l'ajustage des appareils de prothèse.

Chiffré en dollars, le secteur des minerais—exploration, excavation et forage, transformation de la sphaigne en pétrole—est incontestablement le plus important de l'économie albertaine. La valeur totale des minerais extraits en Alberta représente les deux tiers de celle de l'ensemble du Canada. Il s'agit surtout de pétrole, de gaz naturel et de sous-produits du gaz, mais l'Alberta produit aussi une quantité importante de minéraux essentiels comme le sable et le gravier, le ciment, le soufre, le charbon et le sel. Ce qui ne veut pas dire que l'Alberta n'exporte que des minéraux: elle exporte aussi des matières premières raffinées et traitées, sans parler de la technologie et de l'expertise en rapport avec leur exploitation. Ainsi, alors que cette province est totalement à l'intérieur des terres, elle est un fournisseur international d'équipement sismique de marine.

La plus grande richesse de l'Alberta lui vient des hydrocarbures: le pétrole, le gaz, le pétrole synthétique et le charbon. Si les gisements de charbon étaient déjà exploités en 1870, mis à part les émissions naturelles dans la vallée

De vastes gisements de charbon sont enfouis sous les montagnes, les avant-monts et les plaines de l'Alberta, dans un enclave de 300 000 kilomètres carrés. Ces gisements représentent 56 pour cent des réserves de charbon du Canada. Photo Dave Walters/First Light

Vast coal deposits underlie about 300,000 square kilometres in the mountain, foothill, and plains regions of Alberta. The province accounts for some 56 percent of Canada's total coal reserves. Photo by Dave Walters/First Light

Alberta's telecommunications industry stands at the forefront of technology and innovative advancements and is one of the most important elements of the province's economic growth. Photo by Patrick Morrow/ First Light

Le secteur des télécommunications de l'Alberta, à l'avant-garde de l'innovation technologique, compte parmi les importants facteurs de croissance économique de la province. Photo Patrick Morrow/First Light

has remained fairly constant over the last decade, and exploration activity has continued, established reserves have inevitably declined. Over the same period, however, production of bitumen and synthetic crude increased, and it is likely that heavy oil will play an increasing role in Alberta's energy future. In 1987 crude bitumen production amounted to 4.6 million cubic metres. That same year, the mining of oil sands at the Syncrude and Suncor plants at Fort McMurray produced 10.5 million cubic metres of synthetic crude.

All together, Alberta's production of oil in 1987 came to nearly 78 million cubic metres. Of this, about 50 million cubic metres stayed in Canada, fuelling industry in this and other provinces. The remainder was exported, bringing in nearly $3 billion, and making oil Alberta's number one export.

But as reserves of oil and gas slowly shrink, established coal reserves have grown over the last decade, in spite of declining exploration and steadily increasing production. In 1987 coal production reached 28.8 million tonnes, an increase of 4 percent over the previous year. Meanwhile, reserves expanded by more than 4 billion tonnes.

Alberta's bituminous coal accounts for about one-third of production and is mostly shipped offshore to Europe, Japan, and South Korea. Sub-bituminous coal is mined for use in thermal power stations, typically built near the coal deposit. The Highvale mine at Lake Wabamun, the largest coal mine in the country, is an example of this.

The only natural energy source Alberta has not developed to any great extent is hydro-electric power, but it is not because of a lack of potential. The province's ultimately developable hydro-electric power potential is an estimated 62,000 gigawatt hours a year. This compares with a total of 34,000 gigawatts actually generated by all sources in 1987, more than 90 percent of which came from coal. Hydro power has been developed on the Bow and North Saskatchewan river systems, but there is still a very large, untapped potential in the large, swift-flowing Peace, Athabasca, and Slave rivers.

A valuable by-product of oil and gas production is sulphur, and in 1987, 5.5 million tonnes of the bright yellow element were reclaimed. Sulphur is used in many industrial processes and products, and it ranks third in value in Alberta's list of exports.

MADE IN ALBERTA
The province's second-strongest industry is manufacturing, and there is ample evidence to suggest that Alberta has the capital, equipment, and drive to produce just about anything. In the decade from 1975 to 1984, national manufacturing as a proportion of gross domestic product grew by 7.4 percent, while Alberta manufacturing grew by 27.4 percent. In

de l'Athabasca, on ne commença à parler sérieusement du gaz qu'en 1890, lors du forage du premier puits à Medicine Hat. Depuis lors, la prospection et l'exploitation se sont poursuivies de façon régulière, avec des périodes de hauts et de bas. Le marché du charbon, par exemple, qui avait chuté vers la fin des années 1940, était resté bas durant les années 1950, il a maintenant repris de la vigueur. Il y eut de grandes ruées vers le pétrole, comme en 1914, quand on découvrit le premier gisement pétrolifère à Turner Valley, ou en 1947, à la découverte du gisement Leduc. Les travaux de prospection se succédèrent tout au long des années 1970, avant de ralentir lorsque, à cause du Programme énergétique national, les compagnies pétrolières jugèrent qu'elles feraient plus de profit en allant prospecter ailleurs. Plusieurs plates-formes de forage restèrent inutilisées durant la récession de 1986, mais, depuis, la reprise économique et un marché relativement stable ont redonné une vigueur nouvelle au secteur pétrolier.

L'Alberta est la première province canadienne, tant pour la production que pour les réserves d'hydrocarbures. En 1987, l'Energy Resources Conservation Board (ERCB) du gouvernement provincial estimait que la province détenait plus de 76 pour cent des réserves connues du Canada en pétrole, gaz, bitume et charbon—environ 830 pétajoules d'énergie. De ces réserves, plus de 50 pour cent sont du charbon, subbitumineux et bitumineux, environ 18 pour cent viennent du bitume et du pétrole synthétique, 8 pour cent du gaz naturel et enfin près de 3 pour cent, du pétrole conventionnel.

Ce ne sont là toutefois que les chiffres des réserves connues. La prospection et la production se font encore davantage dans le secteur du pétrole conventionnel et du gaz naturel. En 1987, on a foré près de 5 000 puits de pétrole et de gaz, et seulement 600 pour les sables bitumineux. Notons d'ailleurs que le succès des forages de prospection a nettement augmenté à mesure que les techniques s'amélioraient au cours des ans. Environ 50 pour cent des forages de puits de prospection se sont révélés productifs. Toujours

1985 factory shipments in the province had grown past the $16-billion mark.

This growth has been accompanied by a shift in concentration from the once-dominant food and beverage industry to the chemical, petroleum refining, and plastics processing sectors. Food processing is still strong, and continues to export such commodities as beef and canola oil around the world, but is no longer the number one manufacturing industry. With ample and stable supplies of energy and feedstocks available through a well-integrated pipeline system, the petrochemical industry has surged into the front.

Another significant part of Alberta's manufacturing industry is in primary metals, metal fabricating, machinery, and transportation equipment, an area that has developed in step with the petroleum industry. Many of the companies involved in metal fabrication, for example, are small, innovative firms providing specialized products for oil exploration and other uses in Canada and around the world. In 1987 the Alberta Oil and Gas Equipment Manufacturers and Exporters Index listed 561 companies manufacturing everything from instrumentation and control systems to shale shakers and pipe wipers. Some of these firms supply local and regional markets, but others sell further afield. The giant Atco Industries sells collapsible portable buildings and relocatable structures to many countries, and rugged all-terrain vehicles from Canadian Foremost have been used as far away as the Antarctic.

Special mention should be made of the electronics manufacturing industry, which has become nationally and internationally competitive because of the development of industrial products aimed at specific market niches. DATAP Systems, for example, specializes in network management systems for the telecommunications industry, while NovAtel Communications Ltd. is a world leader in the research, development, and marketing of cellular radio telephones. Northern Telecom Canada manufactures a line of sophisticated small-business telephone systems and digital multiplex switches that have been installed in telephone systems from Europe to the Pacific Rim. The electronics division of EDO Canada Ltd. makes integrated navigation systems for navy surface vessels, as well as satellite positioning and navigation instrumentation. Pelorus Navigation Systems Inc. makes electronic distance-measuring equipment for airports, and the

Automated Weather Observation and Reporting System (AWORS) for remote, untended airports, which takes continuous weather observations and transmits them to incoming aircraft using a microchip voice processor. CSI Communications Systems Ltd., of Morinville, makes advanced, high-frequency radio communication systems and was recently awarded a three-year contract by the Chinese Ministry of Foreign Affairs. The Canadian-made systems will be installed in Chinese embassies around the world, allowing them to communicate directly with Beijing. And Westronic Inc. of Calgary recently established a subsidiary in Texas to tap the American market for alarm surveillance and remote control terminals. This seems a natural step for a company that already exported 95 percent of sales.

Compared with other parts of the Alberta economy, the electronics industry is still wrapped in swaddling clothes, but its accomplishments are already impressive. More than one-third of the 130 electronics firms are less than five years old, and more than half were established in the 1980s. Nevertheless, one-fourth of these companies earn at least 75 percent of their revenues from shipments outside the province—to the United States, Europe, the Caribbean, the Pacific Rim, and other parts of Canada.

Forest products have been a significant part of Alberta's economy since the days of the earliest settlers, and recent efforts by the provincial government seem likely to make Alberta a major supplier of pulp and paper in the future. About 55 percent of the province is covered by publicly owned forest with a very large volume of

Total lumber production in Alberta amounted to more than 1.5 billion board feet in 1988 at an estimated value of $330 million. Here, a logging truck hauls its load near Grande Prairie. Photo by Al Harvey/Masterfile

La production de bois de l'Alberta dépassait en 1988 1,5 milliards de pieds-planches, soit une valeur estimée à 330 millions de dollars. On voit ici un camion chargé de bois près de Grande Prairie. Photo Al Harvey/Masterfile

en 1987, dans la province, on extrayait du pétrole d'environ 23 550 puits. Sur ce nombre, la moitié en était à l'étape de l'épuisement primaire, c'est-à-dire que la pression naturelle à l'intérieur du gisement suffisait pour qu'on puisse en extraire le pétrole, tandis qu'il fallait employer pour les autres des techniques de récupération perfectionnées.

Bien que la production de pétrole et de gaz soit demeurée à peu près constante tout au long de la dernière décennie, et qu'on ait poursuivi les travaux de prospection, on constate une baisse inévitable des réserves prouvées. Comme, au cours de la même période, la production de bitume et de pétrole synthétique a augmenté, il est donc vraisemblable que le pétrole synthétique lourd tiendra une place de plus en plus importante dans l'avenir énergétique de l'Alberta. En 1987, la production de bitume brut s'élevait à 4,6 millions de mètres cubes. Cette même année, l'exploitation des sables bitumineux des usines Syncrude et Suncor de Fort McMurray produisait 10,5 millions de mètres cubes de pétrole synthétique.

La production totale de pétrole de l'Alberta approchait, en 1987, les 78 millions de mètres cubes. Environ 50 millions étaient consommés au Canada, où ils servaient de combustible pour l'industrie tant en Alberta que dans les autres provinces, et le reste, exporté, rapportait près de 3 milliards de dollars et faisait ainsi du pétrole le premier produit d'exportation de l'Alberta.

Si les réserves de pétrole et de gaz baissent lentement, les réserves prouvées de charbon ont augmenté durant la dernière décennie, et cela malgré une diminution de la prospection et une augmentation régulière de la production. En 1987, la production de charbon a atteint les 28,8 millions de tonnes, une augmentation de 4 pour cent par rapport à l'année précédente. Entre-temps, les réserves prouvées ont augmenté de plus de 4 milliards de tonnes.

Le charbon bitumineux de l'Alberta, environ un tiers de la production de charbon, est principalement exporté en Europe, au Japon et en Corée du Sud. Quant au charbon subbitumineux, il est utilisé sur place dans les centrales thermiques, construites près des gisements. La mine Highvale, près du lac Wabamun, la plus grande mine de charbon du Canada, est un exemple de cette utilisation sur place des ressources.

L'unique source d'énergie que l'Alberta n'a pas mise en valeur sur une grande échelle est l'énergie hydraulique, mais on ne peut pas dire pour autant que la province manque de houille blanche. On estime en effet à 62 000 gigawatts/heure par année le potentiel exploitable d'énergie hydraulique de la province. Pour donner une idée de ce que cela représente, on peut comparer ce chiffre aux 34 000 gigawatts produits par toutes les sources d'énergie en 1987, et dont plus de 90 pour cent venaient du charbon. Si l'on a harnaché le réseau hydrographique des rivières Bow et Nord-Saskastchewan, il reste encore un énorme potentiel non exploité comme les grandes rivières au courant rapide, Peace, Athabasca et Slave.

Quelques mots sur le soufre, ce sous-produit jaune clair de grande valeur du pétrole et du gaz. En 1987, on en récupérait 5,5 millions de tonnes. Utilisé dans un grand nombre de procédés et de produits industriels, le soufre vient au troisième rang des exportations de l'Alberta.

« FABRIQUÉ EN ALBERTA »

La seconde industrie de la province est celle de la fabrication, et tout tend à prouver que l'Alberta a le capital, l'équipement et le dynamisme pour produire quasi n'importe quoi. De 1975 à 1984, alors que l'industrie de fabrication du Canada a montré un taux de croissance de 7,4 pour cent, celle de l'Alberta, elle, a augmenté de 27,4 pour cent. En 1985, les revenus des produits manufacturés de la province ont dépassé les 16 milliards de dollars.

Avec la croissance, l'économie a pris un virage: l'industrie dominante est passée de l'agro-alimentaire à la chimie, au raffinage du pétrole et au traitement des plastiques. Le secteur de la transformation des aliments est encore très actif et continue d'exporter des produits comme le boeuf et l'huile de canola dans le monde entier, mais il ne tient plus la première place dans l'industrie de fabrication. Bien alimentée et de façon régulière en énergie et en produits de base qui lui arrivent par un réseau de pipelines parfaitement intégré, l'industrie pétrochimique s'est frayé un chemin jusqu'au premier rang.

Mais l'industrie de fabrication est aussi florissante dans un autre domaine important, celui des métaux bruts, de la métallurgie, de la machinerie et de l'équipement de transport, un secteur qui s'est développé au même rythme que l'industrie pétrolière. Ainsi, bon nombre des compagnies travaillant dans la métallurgie sont de petites entreprises innovatrices qui fabriquent des produits spécialisés, entre autres pour la prospection du pétrole, qu'elles vendent au Canada et dans le monde entier. En 1987,

available timber. In 1985-1986 nearly 7 million cubic metres of timber were harvested for such uses as lumber, plywood, woodchips for particle and oriented strand boards, and pulp. However, government estimates of the maximum sustainable cut are nearly four times this, in the region of 27 million cubic metres. In an effort to expand the use of this resource and further diversify the economy, the Alberta government has committed nearly $3 billion toward new facilities. One example is a pulp and paper plant to be built by Alberta-Pacific Forest Industries Inc. near the town of Athabasca. The province has given the company a $75-million grant for necessary road, rail, and bridge construction and is contributing up to $300 million in debenture funding. This project alone is expected to create 1,300 direct jobs.

Private industry evidently shares the government enthusiasm for Alberta's forest potential. Procter and Gamble recently announced an allocation of $400 million to double the capacity of its pulp mill in Grande Prairie, to enlarge a sawmill there, and to build a new one at the town of Manning.

After the fur trade faded in the middle of the nineteenth century, agriculture became Alberta's first industry and, therefore, food-and-beverage processing has always been important. Alberta packs meat—beef, pork, poultry, and lamb—for its own use and shipment across Canada and into the United States. Naturally, Albertans turn their grain into cereal, pasta, and bread. They also take first-class malting barley and turn it into beer, both in high volume, national-brand plants and in small, specialty breweries like Calgary's Big Rock, which produces a line of non-pasteurized brew for the regional market. Several Alberta distilleries take advantage of the province's grain belt to produce vodka, whiskey, rye, and other spirits.

The dairy industry is strong, producing a full range of milk, butter, yogurt, and cheeses such as cheddar, gouda, Camembert, and quark. It is also inventive. When the Calgary Zoo was host to a pair of giant pandas from China, a local dairy came up with "panda" ice cream—a brick that showed a picture of a panda when sliced. For months it was absolutely mandatory at every pre-teen birthday party in the city.

ON THE FARM

Of course, food processing depends on agriculture, and while the economy has been opening up new areas of enterprise, Albertans have never stopped raising livestock and plowing the soil. With only 9 percent of the country's population, Albertans produce fully one-fifth of the total agricultural output, fairly evenly split between crops and livestock production. The southern part of the province is well suited to cattle ranching and wheat farming. Farther north there is a greater reliance on crops such as canola and barley and mixed farming including pigs and

l'Alberta Oil and Gas Equipment Manufacturers and Exporters Index a dressé la liste de 561 compagnies qui fabriquaient un peu de tout, de l'instrumentation et des systèmes de contrôle aux tamis vibrants et aux essuie-tiges. Certaines de ces entreprises sont les fournisseurs des marchés locaux et régionaux, tandis que d'autres vendent bien plus loin. Le géant Atco Industries vend des constructions démontables et transportables et des structures amovibles à de nombreux pays, et les véhicules tout-terrain de Cananian Foremost sont utilisés jusque dans l'Antarctique.

Il faut mentionner tout particulièrement l'industrie de fabrication de produits électroniques, maintenant concurrentielle tant sur le marché canadien que sur les marchés internationaux parce qu'elle a su mettre au point des produits conçus pour des créneaux spécifiques. DATAP Systems, par exemple, se spécialise dans les systèmes de gestion de réseaux pour les télécommunications, tandis que NovAtel Communications Ltd. est un chef de file international dans le domaine de la recherche-développement et dans la mise en marché de téléphones cellulaires. Northern Telecom Canada, pour sa part, fabrique des systèmes téléphoniques sophistiqués pour petites entreprises et des autocommutateurs numériques, que l'on a installés partout, des réseaux téléphoniques d'Europe aux pays en bordure du Pacifique. La division d'électronique de EDO Canada Ltd. conçoit et met au point aussi bien des systèmes de navigation intégrés pour les navires de surface de la marine nationale que des instruments pour positionner les satellites et des instruments de navigation. Pelorus Navigation Systems Inc. fabrique, pour les aéroports, des appareils électroniques pour mesurer les distances et des stations automatiques d'observation et de transmission des données météorologiques (AWORS) pour aéroports éloignés et non surveillés, qui captent de façon continue des observations sur les conditions atmosphériques et les transmettent à l'appareil qui approche au moyen d'un système de traitement de la voix à micropuces. GSI Communications Systems Ltd., de Morinville, fabrique des systèmes de communication par radio de haute fréquence et s'est vue récemment offrir un contrat de trois ans par le ministère des Affaires étrangères de la république de Chine. Les systèmes fabriqués au Canada seront installés dans les ambassades chinoises du monde entier afin de permettre à celles-ci de communiquer directement avec Pékin. Westronic Inc., de Calgary, a récemment établi une filiale au Texas pour trouver de nouveaux débouchés sur le marché américain pour des terminaux de commande à distance et de contrôle des alarmes. Cette nouvelle étape semble s'imposer à la compagnie dont les ventes sont, pour 95 pour cent, des exportations.

Ci-dessous: Grâce à la fertilité du sol, à l'abondance des réserves d'eau et au progrès de la technologie, plus de 32 millions d'acres sont en culture en Alberta. Le blé, le canola et l'orge sont les principales cultures, suivies des pommes de terre, des légumes et d'autres cultures spécialisées comme le tournesol. Photo Thomas Kitchin/First Light

Below: An abundance of water resources, rich and fertile soil, and technological advances have resulted in the cultivation of nearly 32 million acres of land for agricultural output in Alberta. Wheat, canola, and barley are the province's main crops, followed by potatoes, vegetables, and other specialty items such as sunflowers. Photo by Thomas Kitchin/First Light

dairy cattle. Over all, the biggest crops are wheat, canola, and barley, but there are also potatoes and other vegetables, nursery and horticulture crops, and specialty items such as sunflowers. Of the livestock, the largest portion is cattle and calves. There is also a steady market for hogs, poultry, and eggs, and a small but growing market for sheep and lambs. Among the more exotic specialty items, there are pheasant, reindeer, and buffalo. Also, although little is consumed in Alberta, the province exports substantial quantities of horse meat to countries such as France, where it is considered a delicacy. Not all of the livestock are sold for slaughter, however. Alberta exports prize-winning breeding stock and frozen cattle semen as far away as South America and the Pacific Rim.

A BEAUTIFUL DESTINATION

Alberta works hard, but looking good is an asset, too, especially in the tourism industry. The province has a wide range of "destinations," ranging from splendid wilderness to urban sophistication, so that almost any traveller can find satisfaction here. Some of the most beautiful

mountains in Canada are found in the national parks; these and the provincial government's development of Kananaskis Country, southwest of Calgary, have made a variety of outdoor recreation opportunities accessible even to the handicapped. There are also scores of isolated hiking and camping sites outside of the parks, many prime hunting and fishing spots, and endless rivers to canoe or kayak. For a more cosmopolitan experience, or perhaps a convention, Edmonton or Calgary are perfect; both cities have hosted many world-class events, among them the Commonwealth Games in Edmonton in 1978 and the Winter Olympics in Calgary in 1988. It is estimated that tourist visits annually generate well over $2 billion in revenues, and significantly, over half of that comes from non-Alberta residents. Obviously, the message that Alberta is a place worth visiting is getting out to the world.

ON THE CUTTING EDGE

Alberta has been blessed with an abundance of natural resources, but great effort has been made to take its economy beyond the primary resource industry stage, particularly in the last two decades. Of great importance in this endeavor is public and private research and development, which has given the province a competitive edge in certain technologies.

It is impossible to speak of research in Alberta without mentioning the work of the Alberta Research Council (ARC), a crown corporation with scientific, engineering, and technological research and testing capabilities. The ARC has been active for nearly 40 years, and it was in Alberta that the puzzle of the oil sands was first unlocked. Work continues on oil sands and hydrocarbon recovery, but the ARC also is working on a number of other fronts, including artificial intelligence, robotics, space research, and biotechnology. In some areas, the ARC's expertise has attracted attention, and contracts, from around the world.

One such area is in biotechnology. The ARC operates one of the finest biotechnology pilot plants in the world. Clients have included Biosis Inc. of Palo Alto, a biological pest-control firm; Microtek Research and Development Ltd. of Victoria, which needed help in scaling up vaccines for netpen salmon; Vetrepharm Inc. of London, Ontario, interested in vaccines for pigs and other livestock; PhilomBios of Saskatoon, needing scale up of a biological herbicide; and Automedix Inc. of California, which came to the

Left: With the largest livestock population in Canada, Alberta ranchers produced nearly 50 percent of all beef in the country in the late 1980s. Photo by Thomas Kitchin/First Light

À gauche: L'Alberta compte le plus grand nombre de bêtes d'élevage au Canada; à la fin des années 1980, les ranchs albertains produisaient près de 50 pour cent de tout le boeuf au pays. Photo Thomas Kitchin/First Light

Des grands espaces en pleine nature aux activités plus cosmopolites, l'Alberta offre des destinations touristiques nombreuses et des attractions de réputation internationale. Photo Thomas Kitchin/ First Light

From pristine wilderness to cosmopolitan pursuits, Alberta offers a wealth of tourist destinations and world-class events. Photo by Thomas Kitchin/First Light

Comparée aux autres secteurs de l'économie de l'Alberta, l'industrie de l'électronique en est encore à ses tout premiers pas: plus d'un tiers de ses 130 entreprises ont moins de cinq ans et plus de la moitié ont été fondées dans les années 1980. Ses réalisations n'en sont pas moins déjà impressionnantes et, pour 25 pour cent de ces compagnies, 75 pour cent des revenus viennent de l'exportation—aux États-Unis, en Europe, dans les Caraïbes, les pays en bordure du Pacifique, sans oublier les autres provinces canadiennes.

Depuis l'époque des premiers colons, les produits forestiers eux aussi tiennent une place considérable dans l'économie de l'Alberta, et les récents efforts du gouvernement provincial semblent devoir faire de la province un des grands fournisseurs de pâtes et papiers. Cinquante-cinq pour cent du sol environ est recouvert de terres boisées qui sont la propriété de la province et sur lesquelles on trouve en très grande quantité des arbres propres à faire du bois de charpente. En 1985-1986, près de 7 millions de mètres cubes de bois de charpente ont été abattus pour servir de bois de construction, de contreplaqué, de gaufrettes pour des panneaux gaufrés orientés et de pâte à papier. Selon le gouvernement provincial, on pourrait quadrupler sans problèmes les coupes de bois, qui seraient alors d'à peu près 27 millions de mètres cubes. Pour donner un nouvel essor à l'industrie et diversifier encore davantage l'économie de la province, le gouvernement de l'Alberta a attribué près de 3 milliards de dollars à de nouvelles installations. L'usine de pâtes et papiers que doit construire Alberta-Pacific Forest Industries Inc. près d'Athabasca en est un exemple. La province a accordé une subvention de 75 millions de dollars à la compagnie pour la construction de routes, de voies de chemin de fer et de ponts et a, en outre, contribué à ce projet grâce à un financement de 300 millions de débentures. Le projet lui-même devrait entraîner la création de 1 300 emplois directs.

Le secteur privé partage évidemment l'optimisme du gouvernement au sujet du potentiel des forêts de l'Alberta. Procter and Gamble a récemment rendu publique l'affectation de 400 millions de dollars pour doubler la capacité de l'usine de pâte à papier de Grande Prairie, agrandir la scierie actuellement en exploitation et en construire une nouvelle à Manning.

Après la baisse du commerce de la fourrure au milieu du 19e siècle, l'agriculture est devenue la première des industries de l'Alberta et, conséquence logique de cette évolution, la transformation des aliments et des boissons a toujours tenu une place importante. L'Alberta met sa viande en conserve—boeuf, porc, volaille, agneau—pour la consommation locale et l'exportation dans tout le Canada et les États-Unis. Les Albertains transforment leurs récoltes de grains en céréales, pâtes alimentaires et pain. Ils font aussi de la bière avec leur orge de première qualité, tant sur une échelle industrielle, comme dans les usines de marque nationale, qu'à l'échelle quasi artisanale, dans les brasseries comme Big Rock à Calgary, qui produit une bière non pasteurisée pour le marché régional.

ARC for fermentation and purification of an intracellular enzyme. Most exciting of all the ARC's biotechnology, perhaps, is its work with the National Research Council, Space Division, and SED Systems Inc. of Saskatoon, which could lead to the development of a new fermentor for use in space.

The ARC's efforts in biotechnology have been paralleled by investment and research in the private sector. Raylo Chemicals of Edmonton, founded in 1963, is the largest manufacturer of modified nucleosides in the world and has been a supplier of commercial quantities of a number of experimental anti-AIDS drugs to the National Institute of Health in the United States. Also in Edmonton, SynPhar laboratories is a joint venture between Taiho Pharmaceutical Company of Japan and Dr. Ronald Micetich, interested in designing, synthesizing, and testing antibiotics, antiviral, anticancer, and antifungal agents. Meanwhile, in Calgary, Biotechnica Canada Inc. is concerned with agricultural applications of biotechnology. The company presently markets a microbially-based, mold-inhibiting forage preservative and a silage innoculant that promotes lactic acid production to prevent spoilage. It has also developed an edible flaxseed oil and has formed a research partnership with RJR Nabisco to develop new food products.

Plusieurs distilleries profitent de ce que la province est une région de céréales pour distiller de la vodka, du whisky, du rye et autres spiritueux.

L'industrie laitière est florissante. Elle offre une vaste gamme de produits—lait, beurre, yaourts et fromages comme le cheddar, le gouda, le camembert et le quark. Elle sait aussi se montrer pleine d'imagination. Quand le zoo de Calgary a reçu deux pandas géants de Chine, une laiterie a mis sur le marché des pains de crème glacée « panda » qui, lorsqu'on les coupait, laissaient voir la silhouette d'un panda. Pendant des mois, pas une fête d'anniversaire d'enfant ne put se faire sans qu'il y ait au menu de la crème glacée « panda » !

À LA FERME

Pas d'industrie alimentaire sans agriculture bien sûr, et même si l'économie a offert de nouveaux champs d'activité aux entreprises, les Albertains n'ont jamais cessé de faire l'élevage du bétail et de labourer la terre. Alors qu'ils ne représentent que 9 pour cent de la population du Canada, c'est de chez ces fermiers que vient un bon cinquième de toute la production agricole de notre pays, assez également répartie entre les produits de la terre et l'élevage du bétail. Le sud de la province convient particulièrement à l'élevage et à la culture du blé. Quand on s'éloigne vers le nord, on trouve davantage de polyculture, entre autres la culture du canola et de l'orge, ainsi que l'élevage de porcs et de vaches laitières. Si on y récolte surtout du blé, du canola et de l'orge, on y plante aussi des pommes de terre et d'autres légumes, on y entretient des

pépinières et on y pratique l'horticulture; on y cultive, entre autres, le tournesol. Quant à l'élevage, il s'agit surtout de bétail et notamment de veaux, mais il y a également un marché stable pour les porcs, la volaille et les oeufs, ainsi qu'un marché de peu d'importance mais en pleine croissance pour les moutons et les agneaux. On peut également mentionner des animaux moins communs comme le faisan, le renne et le bison. Bien qu'on consomme peu de viande de cheval en Alberta, la province en exporte d'importantes quantités dans des pays comme la France, où elle est particulièrement appréciée. Mais tout le cheptel n'est pas vendu pour servir de viande de boucherie. L'Alberta exporte des animaux reproducteurs primés dans des concours et du sperme surgelé de bétail dans des régions aussi éloignées que l'Amérique du Sud et les pays en bordure du Pacifique.

UNE SPLENDIDE DESTINATION

L'Alberta, dans tous les domaines, est en pleine activité, mais pour une industrie comme le tourisme, ce qui compte c'est ce que la province peut offrir. Des superbes régions sauvages aux agglomérations urbaines les plus modernes, comment compter les endroits à visiter? L'Alberta a vraiment de quoi satisfaire les plus difficiles. Dans ses parcs nationaux se dressent quelques-unes des plus belles montagnes du Canada. Le gouvernement provincial en a rendu l'accès facile, surtout dans le comté de Kananaskis, au sud-ouest de Calgary, où des centres de plein air ont été rendus accessibles même aux personnes handicapées. Mais en dehors des parcs, des milliers de coins merveilleux attendent le sportif, le touriste, ou tout simplement l'amoureux de la nature pour la marche et le camping, la chasse et la pêche, sans parler des kilomètres de rivière pour faire du canoë ou du kayac. Veut-on rencontrer des gens d'un peu partout, ou tenir un congrès? Edmonton et Calgary sont les endroits tout choisis. Ces deux villes ont déjà accueilli bien des événements internationaux, entre autres: Edmonton, les Jeux du Commonwealth de 1978, et Calgary, les Jeux olympiques d'hiver de 1988. On estime que le tourisme génère, chaque année, des revenus de plus de 2 milliards de dollars et, fait significatif, plus de la moitié de ces revenus sont apportés par des personnes venues de l'extérieur de la province. Il est évident que l'excellente réputation de la province est de plus en plus connue dans le monde entier: l'Alberta vaut la peine d'être visitée.

Dans les dernières années, les entreprises informatiques de l'Alberta ont mis au point plus de 900 systèmes de logiciels destinés aux marchés intérieur et extérieur. Photo Steve Chenn/First Light

Alberta computer companies have developed more than 900 types of software packages for national and international markets in recent years. Photo by Steve Chenn/First Light

Perhaps the most exciting biotechnology story in recent years, though, is that of Biomira. In the fall of 1988 this Edmonton-based company announced that it had developed a cancer vaccine and was awaiting approval to start clinical trials. This could be used as a therapy for patients whose cancers are not active or as a preventive measure for people such as smokers or people who work with hazardous chemicals, who might be at risk. If the vaccine is successful, it could be on the market within the next decade. The vaccine is principally the work of immunologist Dr. Michael Longenecker and his pharmacist colleague, Tony Noujaim. Their investigations led first to in vitro diagnostic kits for gastrointestinal and ovarian cancer. These kits are now being sold internationally.

Alberta is also active in the interrelated fields of robotics, artificial intelligence, and software development, and again the Alberta Research Council has taken an important role. For example, the ARC has developed several expert systems, including a severe weather forecasting system, known as METEOR, which was subsequently integrated with an artificial intelligence system for weather analysis developed by MacDonald, Dettwiler and Associates of Richmond, B.C. The result of this marriage was the Severe Weather Intelligent Forecast Terminal (SWIFT), intended to give forecasters a better idea of storm location, intensity, and movement. Another expert system, developed this time in conjunction with Alberta Public Safety Services, is HERMES, meant to help teams of emergency workers dealing with hazardous materials.

The ARC is also working on the application of robots to a number of tasks, including a unit to handle hot steel in a spring factory, and one to prepare drugs in a hospital setting.

There is welcome private investment in computer-related research and development. The

The Space Sciences Centre in Edmonton attracts thousands of visitors each year to gaze at the heavens and to experience one of Canada's largest IMAX theatres. Photo by Ron Watts/First Light

Le Space Sciences Centre d'Edmonton attire chaque année des milliers de visiteurs qui viennent contempler le ciel et faire l'expérience d'une des plus grandes salles de cinéma IMAX au Canada. Photo Ron Watts/First Light

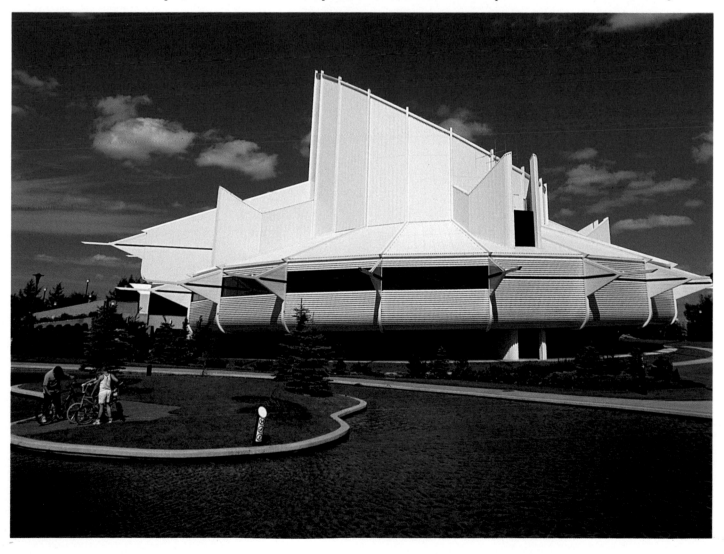

Les tours à bureaux modernes de Calgary reflètent la croissance et le dynamisme de l'économie albertaine. Photo Paul von Baich/First Light

The modern office towers of Calgary reflect the spirited economy and commercial growth of Alberta. Photo by Paul von Baich/First Light

À LA POINTE DU PROGRÈS

L'Alberta a la chance d'être une province où les ressources naturelles sont abondantes, elle en est parfaitement consciente, mais, depuis une vingtaine d'années notamment, elle fait de grands efforts pour que son économie ne repose pas uniquement sur ces ressources. Dans cette optique, l'investissement en recherche et développement, tant privé que public, lui a assuré un solide atout concurrentiel dans certaines technologies.

Comment parler de ce sujet sans mentionner le travail du Conseil de Recherches de l'Alberta, une société de la Couronne qui, depuis 40 ans environ, poursuit ses travaux dans les domaines scientifiques, de l'ingénierie et de la technologie, et ses centres de recherche et d'essai. C'est en Alberta qu'on a résolu pour la première fois le casse-tête des sables bitumineux. Les travaux sur les sables bitumineux et la récupération des hydrocarbures se poursuivent, mais le Conseil de Recherches se concentre également sur d'autres domaines, entre autres l'intelligence artificielle, la robotique, la recherche spatiale et la biotechnologie. Dans certains secteurs, son expertise a retenu l'attention de la communauté internationale et permis à la province d'obtenir d'intéressants contrats.

La biologie est l'un de ces secteurs. Le Conseil de Recherches gère l'une des meilleures usines-pilotes de biologie au monde. Parmi ses clients, on compte Biosis Inc., de Palo Alto, une entreprise spécialisée dans la lutte contre les insectes et les animaux nuisibles; Microtek Research and Development Ltd., de Victoria, qui avait besoin d'aide pour améliorer des vaccins contre les maladies du saumon; Vetrepharm Inc., de London, en Ontario, qui s'intéresse aux vaccins pour les porcs et le bétail en général; PhilomBios, de Saskatoon, qui cherche à améliorer un herbicide biologique; et Automedix Inc., de Californie, qui s'est adressée au Conseil de Recherches pour la fermentation et la purification d'une enzyme intracellulaire. Le défi le plus passionnant des recherches en biologie du Conseil de Recherches de l'Alberta est, peut-être, celui qu'il accomplit en collaboration avec le Conseil National de Recherches, Division de l'espace, et SED Systems Inc., de Saskatoon, car ces recherches pourraient mener à la mise au point d'un nouveau fermenteur dont on se servirait dans l'espace.

Ces efforts du Conseil de Recherches de l'Alberta ont été menés parallèlement aux investissements et à la recherche du secteur privé en biotechnologie. Raylo Chemicals, d'Edmonton, fondée en 1963, est le plus grand fabricant au monde de nucléosides modifiés; elle a déjà fourni au National Institute of Health des États-Unis un certain nombre de médicaments expérimentaux contre le sida qui ont été commercialisés. Toujours à Edmonton, SynPhar Laboratories est une entreprise dans laquelle travaillent conjointement Taiho Pharmaceutical Company, du Japon, et le Dr Ronald Micetich, et qui se consacre à l'élaboration et la synthèse d'agents antibiotiques, antiviraux, anticancéreux et antifungiques et à des essais sur ces agents. Pendant ce temps, à Calgary, Biotechnica Canada Inc. étudie de nouvelles applications de la

1986-1987 *Alberta Software Industry Directory* estimated there were about 300 firms directly involved in software development and production. Total revenue from sales of software was estimated at between $45 million and $81 million, of which about half was from sales outside the province.

Alberta's software developers range from the very small to the very large, each aiming for a specific market niche. In the small town of Brooks, Southern Computer Services specializes in custom and packaged accounting software for livestock auctions. In Calgary, Link Hospitality makes custom software for restaurants and hotels, keeping track of everything from butter pats to bed sheets. Keyword Office Technologies of Calgary, with more than a dozen branch offices from Montréal to Dallas and Los Angeles, makes a hardware and software system that allows document exchange between incompatible word processors.

These specialized applications are innovative and profitable, but cannot compare with the far-reaching possibilities of work done by Myrias Research Corporation of Edmonton. It is possible that the next computer revolution will originate here. Myrias makes supercomputers, and so is in direct competition with Cray and Control Data Corporation, among others. The Myrias SPS-2 can indeed match the speed of a Cray-2, presently the world's largest computer, but only costs one-tenth as much. Myrias has achieved this through the use of parallel processing, the challenging approach of breaking problems up and handling segments of them simultaneously through a number of processing chips. They are not the first firm to try this kind of architecture, but they have also developed software that solves the problem of parallel processing information control. If the Myrias solution is widely accepted, it could ultimately mean the end of single-processor computers—and there is strong interest in the marketplace. One of the first sales of an SPS-2 was to the Pentagon.

Alberta research in electronics is supported by an impressive array of specialized institutes. The

Edmonton is a pivotal center of high technology, electronics, and research and development. Photo by Ron Watts/First Light

La ville d'Edmonton est un grand centre de technologies de pointe, d'électronique et de recherche et développement. Photo Ron Watts/First Light

biotechnologie à l'agriculture. La compagnie met actuellement sur le marché un agent de préservation produit par voie microbienne pour lutter contre la moisissure dans le fourrage et un inoculum pour ensilage qui entraîne la production d'acide lactique et prévient ainsi la pourriture. Elle a également mis au point une huile de lin comestible et s'est associée à RJR Nabisco pour la recherche et la mise au point de nouveaux produits alimentaires.

Mais l'aventure la plus passionnante de ces dernières années en matière de biotechnologie est sans nul doute celle de Biomira. Automne 1988: cette compagnie, dont le siège social est à Edmonton, annonce publiquement qu'elle a mis au point un vaccin contre le cancer et qu'elle attend l'autorisation pour entreprendre les essais cliniques. Ce vaccin est destiné aux cancéreux en période de rémission ainsi qu'aux personnes qui courent des risques, comme les fumeurs ou celles qui travaillent avec des produits chimiques dangereux. S'il s'avère efficace, ce vaccin pourrait être mis sur le marché au cours de la prochaine décennie. Il a été mis au point par le Dr Michael Longenecker, spécialiste en immunologie, et son collègue pharmacien, Tony Noujaim. Leurs recherches ont d'abord conduit à la fabrication de trousses de diagnostic in vitro

pour le cancer gastro-intestinal et le cancer des ovaires, trousses qui sont maintenant vendues partout dans le monde.

L'Alberta est aussi présente dans les domaines intimement liés de la robotique, de l'intelligence artificielle et de la conception de logiciels; et là encore, le Conseil de Recherches a joué un rôle capital. C'est ainsi qu'il a conçu plusieurs systèmes très sophistiqués, entre autres un système de prévision de très mauvais temps, connu sous le nom de METEOR, qui a été par la suite intégré à un système d'intelligence artificielle pour l'analyse des conditions météorologiques développé par MacDonald, Dettwiler and Associates de Richmond, en Colombie-Britannique. Cette combinaison a donné le Severe Weather Intelligent Forecast Terminal (SWIFT), qui permet aux prévisionnistes de mieux situer l'endroit où se forment les tempêtes et de connaître avec plus de précision leur intensité et la façon dont elles se déplacent. Autre exemple de succès en technologie de pointe en ce domaine, HERMES, en collaboration cette fois avec les Alberta Public Safety Services, pour les équipes d'urgence des travailleurs ayant à manipuler des produits dangereux.

Le Conseil de Recherches de l'Alberta travaille aussi à la mise au point de robots

Electronics Test Centre (ETC), for example, is a $10-million testing facility run by the Alberta Research Council to offer evaluation, testing, and consultation services to industry. The ETC is a member of the Electronics Network of Alberta, a group of 14 centres and institutes, each focused on a particular aspect of the electronics technology. Some other members of the group are the Alberta Microelectronics Centre, the Alberta Laser Institute, and the Alberta Telecommunications Research Centre. The University of Alberta maintains a Centre for Machine Intelligence and Robotics, and for those without sufficient capital to purchase even a Myrias supercomputer, the University of Calgary runs its own Supercomputer Centre, where it makes $10 million worth of time on a CDC 205 available to Alberta-based industry.

GLAMOUR AND GLITZ

Alberta is also growing in two other "glamour" industries—fashion and film. There are more than 230 designers and manufacturers of men's and women's wear, fashion accessories, and specialized apparel. Lusso, Purple Cat, Sprung, Sun Ice, and Dolphin are some of the labels making names for themselves and for the people who wear them. As for films, Alberta's great locations have attracted filmmakers for years, but in the last decade, favorable exchange rates and experienced local crews have increased studio interest.

THE HERITAGE TRUST FUND

Alberta is a business-friendly province and has been for decades. In fact, flashes of the entrepreneurial spirit can be glimpsed in the province's earliest history, when Anthony Henday hauled 60 canoes of furs out of the North Saskatchewan wilderness, or when the cattle barons of the 1880s set up ranches with six-figure acreages. However, the first 30 years of this century were dominated by agriculture, because of good land, hard-working farmers, and only limited financial and industrial infrastructure. As time went on, though, Albertans began to develop their own supplies of capital and expertise. Today Alberta's economy is strongly industrialized and rapidly diversifying.

In the mid-1970s booming oil production and rising prices prompted the provincial government to set up the Alberta Heritage Trust Fund. This gigantic piggy bank took up to 30 percent of all oil and gas royalties until 1983,

when the rate was reduced to 15 percent. By the time the fund was capped in 1986, it had accumulated $12.7 billion.

The effect of this fund on the provincial economy and the business climate has been very beneficial. For one thing, net revenues from the fund's investments are transferred to general revenues, therefore helping to keep taxes down. In fiscal year 1987-1988 this amounted to $1.4 billion. The investments of the fund fall into five categories, ranging from straightforward, low-interest loans to other provinces to a number of capital investments within the province. These include a $300-million endowment for medical research, the Walter C. Mackenzie Health Sciences Centre in Edmonton, the Tom Baker Cancer Centre and the Alberta Children's

Low personal income tax, no provincial sales tax, and a per capita personal income that ranks above the national average all help to maintain a solid retail market in Alberta. Photo by Patrick Morrow/ First Light

Un taux d'imposition sur les revenus des particuliers, aucune taxe de vente provinciale, et un revenu personnel au-dessus de la moyenne canadienne, tout cela contribue à maintenir le secteur du détail de l'Alberta en bonne santé. Photo Patrick Morrow/First Light

capables de remplir toutes sortes de tâches: entre autres, un robot qui se chargerait de la manipulation de l'acier brûlant dans les usines de fabrication de ressorts, et un autre, de la préparation des médicaments dans les établissements hospitaliers.

Dans le domaine de la recherche et développement en informatique, on accueille avec plaisir les investissements du secteur privé. Selon l'Alberta Software Industry Directory, plus de 300 entreprises se consacraient, en 1986-1987, au développement et à la production de logiciels. On estime que les ventes de logiciels rapportaient alors entre 45 et 81 millions de dollars, dont la moitié viendrait des ventes hors de la province.

Les fabricants de logiciels vont des toutes petites entreprises aux très grosses compagnies; chacune vise un créneau bien précis du marché. Dans la petite ville de Brooks, Southern Computer Services se spécialise dans les logiciels de comptabilité générale pour les ventes aux enchères de bétail. À Calgary, Link Hospitality fabrique des logiciels spécialement adaptés aux restaurants et aux hôtels, qui gardent trace de tout, depuis les portions individuelles de beurre jusqu'aux draps de lit! Keyword Office Technologies, de Calgary, qui a plus d'une douzaine de succursales de Montréal à Los Angeles, fabrique un système d'ordinateurs et de logiciels qui permet l'échange de documents entre des machines de traitement de textes incompatibles.

Ce sont là de véritables innovations et qui rapportent, mais qu'on ne peut comparer aux fascinantes perspectives que les recherches de Myrias Research Corporation, d'Edmonton, laissent entrevoir. La prochaine révolution du monde des ordinateurs sera peut-être le fruit de ces travaux. Myrias fabrique des superordinateurs et se trouve ainsi en concurrence directe avec, entre autres, Cray et Control Data Corporation. La vitesse du Myrias SPS-2 égale bien sûr celle du Cray-2, actuellement le plus gros ordinateur au monde, mais son prix est dix fois moins élevé. Myrias a réalisé cet exploit en utilisant le traitement parallèle des données, une véritable gageure qui consiste à décomposer les problèmes en fragments, que des puces de traitement solutionnent simultanément. Ce n'est pas la première entreprise à essayer ce genre d'architecture, mais Myrias a réussi à mettre au point le logiciel qui résoud le problème du contrôle de l'information par le traitement parallèle des données. Si la solution de Myrias est largement acceptée, ce pourrait être la fin des ordinateurs à processeur unique. Nul besoin de dire que, sur le marché, on suit cette évolution avec beaucoup d'intérêt. Le Pentagone a d'ailleurs été l'un des premiers à acheter un SPS-2.

Une impressionnante collection d'instituts spécialisés soutient la recherche en Alberta. L'Electronics Test Centre (ETC), par exemple, est un centre d'essai de 10 millions de dollars dirigé par le Conseil de Recherches de l'Alberta, qui offre à l'industrie des services d'évaluation, d'essai et de consultation. L'ETC est membre de l'Electronics Network d'Alberta, un groupe de 14 centres et instituts, dont chacun se concentre sur un aspect particulier de la technologie de l'électronique. Parmi les autres membres, on peut nommer l'Alberta Microelectronics Centre, l'Alberta Laser Institute, et l'Alberta Telecommunications Research Centre. L'Université de l'Alberta a son propre centre d'intelligence artificielle et de robotique. Et à ceux qui n'ont pas le capital nécessaire pour acheter ne serait-ce qu'un superordinateur Myrias, l'Université de Calgary offre, à tous les secteurs de l'industrie albertaine, les services de son propre Supercomputer Centre—des services qui lui auraient rapporté 10 millions de dollars en temps de traitement sur son CDC 205.

L'UNIVERS DE LA MODE ET DU CINÉMA

Deux autres industries de pointe sont également en plein essor en Alberta: la mode et le cinéma. On y trouve plus de 230 dessinateurs de mode et fabricants de vêtements pour hommes et pour femmes, et d'accessoires de mode, etc. Lusso, Purple Cat, Sprung, Sun Ice et Dolphin ne sont que quelques-unes des marques qui, tout en soignant leur nom, font parler de ceux qui les portent. Quant aux films, si les cinéastes sont attirés depuis toujours par les magnifiques paysages de l'Alberta, ces dix dernières années, grâce aux taux de change et à l'expérience acquise par les équipes de la province, ils s'intéressent de plus en plus au tournage en studio.

L'ALBERTA HERITAGE SAVINGS TRUST FUND

L'Alberta est une province où l'on aime les affaires, et cela depuis des décennies. On peut se faire une certaine idée de cet esprit d'entreprise, qui existait déjà dans la province dès les tout débuts de son histoire, en pensant à Anthony Henday qui ramena 60 canoës de fourrures des

Hospital in Calgary, 18 new airport terminals around the province, a number of research facilities, including the Alberta Oil Sands Technology and Research Authority, the Electronics Test Centre, and funding for applied cardiac and cancer research.

Contributions to the Heritage Trust Fund were capped because of the recession of 1984, followed in 1986 by a drastic fall in the price of oil. Naturally, this hit Alberta hard, but recent figures show that the province has come back quickly. In 1988, for example, private investment in industry reached over $16 billion, up more than $2 billion from the year before.

MAKING A COMEBACK

Another sign of better times is higher employment. In 1984 the unemployment rate was 11.1 percent, slightly less than the national average. In February 1987, when the loss of oil revenues began to bite into the economy, unemployment rose to 11.6 percent. By the end of 1988, however, it had fallen as low as 7.5 percent.

At the same time, the value of shipments of manufactured goods was increasing. Shipments in the period January to November 1988 were up 11.7 percent over the same period a year earlier, even though shipments of refined petroleum were down by more than $350 million.

Yet another indicator of a healthy economy is in dwelling starts. In the boom of the late 1970s houses were appearing as fast as dandelions in an Alberta field—38,075 in 1977 alone. By 1984 this had wilted to 7,295. Since then, though, dwelling starts have slowly climbed. The first three quarters of 1988 saw 8,153 new homes begun, up 5.5 percent from the same period the year before.

THE LOCAL MARKET

When times are good, Albertans are glad to spend their money. Statistics Canada reports that in November 1988, retail sales per capita across Canada averaged $557, while in Alberta, the figure was $602, the highest of any province. Not surprising, really, since Alberta's 1987 per capita

A major component of Alberta's economy, exports account for more than 20 percent of the province's gross domestic product. Photo by Thomas Kitchin/ Tom Stack & Associates

Les exportations, important secteur de l'économie albertaine, comptent pour plus de 20 pour cent du produit intérieur brut de la province. Photo Thomas Kitchin/Tom Stack & Associates

Chaque année, 400 millions d'actions sont transigées sur la Bourse de l'Alberta, fondée en 1924, à Calgary. Photo Wilhelm Schmidt/Masterfile

Established in 1924, the Alberta Stock Exchange in Calgary handles some 400 million shares in trade each year. Photo by Wilhelm Schmidt/Masterfile

régions sauvages du nord de la Saskastchewan, ou aux barons du bétail des années 1880 qui se bâtirent des ranchs de 100 000 acres et plus. Au cours des 30 premières années de ce siècle, parce que les terres étaient fertiles et les fermiers courageux, et que l'infrastructure tant financière qu'industrielle était réduite, le rôle de l'agriculture est demeuré prépondérant. Avec le temps, toutefois, les Albertains ont fini par acquérir leurs propres capitaux et leur propre expertise, si bien que l'Alberta est de nos jours fortement industrialisée et que son économie se diversifie rapidement.

Au milieu des années 1970, le formidable essor de la production pétrolière et la hausse des prix du pétrole ont incité le gouvernement provincial à créer l'Alberta Heritage Savings Trust Fund. Cette gigantesque « tirelire » a recueilli jusqu'à 30 pour cent des redevances d'exploitation du pétrole et du gaz jusqu'en 1983, date à laquelle le taux de ces droits d'exploitation fut ramené à 15 pour cent. En 1986, quand on a cessé officiellement d'alimenter le fonds, ses avoirs financiers atteignaient les 12,7 milliards de dollars.

Ce fonds a été particulièrement utile à l'économie de la province et a eu un effet positif sur le monde des affaires. D'abord, parce que les revenus nets des investissements du fonds sont venus s'ajouter à ceux de la province et lui ont permis de continuer à garder le niveau de taxation très bas. Pour l'exercice financier 1987-1988, ces revenus étaient de 1,4 milliard de dollars. Ensuite, parce qu'ils ont permis à la province d'intervenir de bien des façons dans l'économie, allant des prêts directs à faible taux d'intérêt à d'autres provinces à un certain nombre d'injections de capitaux dans la province elle-même, entre autres 300 millions de dollars en fonds de dotation à la recherche médicale, au Walter C. Mackenzie Health Sciences Centre à Edmonton, au Tom Baker Cancer Centre et à l'Alberta Children's Hospital à Calgary, à la construction de 18 terminaux d'aéroport dans la province, d'un certain nombre de centres de recherches, dont l'Alberta Oil Sands Technology and Research Authority et l'Electronics Test Centre, sans oublier l'attribution de fonds à la recherche appliquée en maladies cardiaques et en recherches sur le cancer.

La récession de 1984 et la chute radicale des prix du pétrole qui l'a suivie en 1986 ont obligé à mettre fin aux versements dans l'Alberta Heritage Savings Trust Fund. Inutile de dire que l'Alberta a été durement touchée par cette crise, mais des chiffres récents montrent que la province a rapidement récupéré. En 1988, par exemple, les investissements privés dans l'industrie se sont élevés à plus de 16 milliards de dollars, soit deux milliards de plus que l'année précédente.

UN BRILLANT RETOUR À LA PROSPÉRITÉ

Une baisse du taux de chômâge est, elle aussi, un signe du retour à des temps meilleurs. Ce taux de chômage était, en 1984, de 11,1 pour cent, c'est-à-dire légèrement inférieur à la moyenne nationale. En février 1987, quand la perte des revenus du pétrole a commencé à se faire sentir dans l'économie, il est monté jusqu'à 11,6 pour cent, mais il était déjà

A highly educated and well-trained population, combined with a vibrant entrepreneurial spirit, has created a rich and diverse business community in Alberta. Photo by J. Cochrane/First Light

Un haut niveau d'éducation et de formation et un grand esprit d'entreprise ont donné à l'Alberta une classe de femmes et d'hommes d'affaires dynamique et diversifiée. Photo J. Cochrane/First Light

personal income of $18,176 was above the national average, and second only to that of Ontario. Furthermore, it is likely that more of that income is available to the individual in Alberta than in Ontario. There is no provincial sales tax, for one thing. For another, the consumer price indices (CPI) are lower. At the end of 1988 the CPI in Toronto was 152.9 (1981=100), while in Edmonton and Calgary, it was 138.5 and 135.8, respectively, the lowest of any major Canadian city. The CPI cannot be used reliably to compare the cost of living between cities, but it does show that prices have been climbing more slowly in Alberta than elsewhere.

If the labor force has a little money to spend, it may be because they are well trained. In 1986, 9.8 percent of the population 15 years and older had some university training, and another 10.7 percent had at least one university degree.

INVESTING AND TRADING

If you like Alberta's potential, and think you would like a piece of the action, or if you have an idea and want to raise the capital to try it out, then maybe the place for you is the Alberta Stock Exchange. Located in Calgary, the ASE has been trading continuously since 1924. In the mid-1970s, aided by new government policy, President Harold Milliken made the exchange a place where unproven companies could raise needed venture capital through junior capital pools. Listings mushroomed, reaching about 700 issues in 1986, including some 120 new ones. That year, more than 369 million shares were traded, for a dollar volume of $476 million, or about $1.29 per share. Of all stocks traded, oil and gas issues accounted for only 25 percent, evidence that the exchange is indeed serving Alberta's efforts to diversify.

Le gouvernement de l'Alberta est fiduciaire des ressources naturelles de la province mais il encourage le commerce et le développement. L'édifice de la législature provinciale, à Edmonton, symbolise en quelque sorte les réussites du partenariat entre le gouvernement et le secteur industriel. Photo Ron Watts/First Light

The Alberta Government holds the natural resources of the province in trust, while encouraging trade and development. The Legislative Building in Edmonton stands as a testament to the successful partnership between government and industry. Photo by Ron Watts/First Light

redescendu à 7,5 pour cent vers la fin de 1988.

À la même époque, le revenu des expéditions de produits manufacturés augmentait. Pour la période de janvier à novembre 1988, il était supérieur de 11,7 pour cent à celui de l'année précédente, même en tenant compte du fait que le revenu tiré du pétrole raffiné avait diminué de 350 millions de dollars.

Les mises en chantier de logements sont encore un autre signe de bonne santé de l'économie. Durant le boom de l'économie de la fin des années 1970, les maisons poussaient comme des champignons dans les champs de l'Alberta—38 075 en 1977 seulement. Dès 1984, le chiffre était tombé à 7 295. Mais depuis lors, les mises en chantier de logements augmentent lentement. Au cours des trois premiers trimestres de 1988, on a mis en chantier 8 153 nouvelles maisons, 5,5 pour cent de plus que l'année précédente à la même période.

UN SOLIDE MARCHÉ LOCAL

En période de prospérité, les Albertains sont d'excellents consommateurs. Statistique Canada rapporte que, en novembre 1988, la moyenne des ventes au détail était, au Canada, de 557 dollars per capita, alors qu'en Alberta, la province canadienne où elle était la plus élevée, elle montait à 602 dollars. Rien de surprenant à cela, puisque le revenu personnel per capita était, en 1987, de 18 176 dollars—au-dessus donc de la moyenne nationale, et le second après celui de l'Ontario. Les Albertains ont en outre la chance de pouvoir profiter d'une plus grande part de leur revenu que les Ontariens, d'abord parce qu'ils n'ont pas de taxe de vente provinciale, et ensuite parce que l'indice des prix à la consommation est plus bas dans leur province. Fin 1988, l'indice des prix à la consommation était, à Toronto, de 152,9 (100 en 1981), tandis que ceux d'Edmonton et de Calgary étaient respectivement de 138,5 et de 135,8, ce dernier étant le plus bas de toutes les grandes villes du Canada. L'indice des prix à la consommation ne suffit pas pour comparer, d'une ville à l'autre, le coût de la vie, mais c'est un indice certain que la hausse des prix a été plus lente en Alberta que n'importe où ailleurs.

Si les travailleurs ont un peu plus d'argent à dépenser, c'est peut-être aussi parce qu'ils ont une solide formation. En 1986, 9,8 pour cent de la population de 15 ans et plus avait reçu une certaine formation universitaire, et un autre 10,7 pour cent avait au moins un diplôme universitaire.

LES INVESTISSEMENTS ET LE COMMERCE

Si le potentiel de l'Alberta vous attire, si comme tant d'autres vous rêvez d'une vie active, ou encore si vous mûrissez un projet intéressant et qu'il vous manque le capital pour tenter votre chance, vous êtes peut-être de ceux que la Bourse de l'Alberta peut aider à démarrer. On négocie sur le parquet de la Bourse de l'Alberta, établie à Calgary, depuis 1924. Au milieu des années 1970, aidé par une nouvelle politique du gouvernement, le président Harold Milliken en a fait un endroit où les entreprises qui n'avaient pas encore fait leurs preuves pouvaient emprunter le capital de risque dont elles avaient

The business climate is always closely related to the tax structure, and in Alberta, business taxes compare favorably with the rest of the country. Small businesses face a basic rate of 5 percent, and large corporations, a rate of 15 percent. However, the rate on manufacturing and processing income for large corporations is only 9 percent, and small manufacturers and processors pay no provincial business tax.

Alberta has always depended on trade beyond its borders. In the early part of the century, it was largely trade with central and eastern Canada, but now the province ships goods all over the world. Exports slumped in 1986, because of the recession and the fall in energy prices, but they have been recovering since then. In 1987 exports totalled $11.8 billion, and external trade in the first three quarters of 1988 was up 13 percent over the same period the year before. In any case, Alberta's balance of trade remains very healthy, with a ratio of exports over imports of better than three to one. The ratio of exports to gross domestic product is also favorable—Alberta exported 19.3 percent of its GDP in 1986, while Japan exported only 13.1 percent and the United States 7 percent. The Alberta percentage would be even higher if Statistics Canada measured all exports by province of origin. As it is, some of Alberta's exports are now attributed to British Columbia

besoin par le biais des caisses en gestion commune de capitaux de rang inférieur. Les inscriptions à la cote se sont multipliées, et on a dénombré jusqu'à 700 émissions d'actions en 1986, dont environ 120 nouvelles. Cette année-là, il s'est vendu et acheté pour plus de 369 millions d'actions, pour une valeur de 476 millions de dollars, soit environ 1,29 $ l'action. De toutes ces actions négociées, celles du pétrole et du gaz ne comptaient que pour 25 pour cent, ce qui prouve bien que la Bourse soutient les efforts de diversification de l'Alberta.

Le climat des affaires est toujours intimement lié au régime fiscal et, en Alberta, la taxe d'affaires ne craint pas la comparaison avec celle des autres provinces canadiennes. L'impôt sur le bénéfice des petites entreprises est de 5 pour cent, et celui des grandes de 15 pour cent. Toutefois, l'impôt sur le bénéfice des grandes entreprises de fabrication et de transformation n'est que de 9 pour cent; quant aux petites, elles ne paient pas de taxe d'affaires provinciale.

L'Alberta a toujours dépendu de son commerce extérieur. Au début du siècle, ce commerce se faisait en grande partie avec le centre et l'est du Canada, mais la province expédie actuellement des marchandises partout dans le monde. Si, à cause de la récession et de la baisse des prix de l'énergie, ses exportations ont brutalement chuté en 1986, elles ont depuis retrouvé toute leur vigueur. En 1987, elles étaient de 11,8 milliards de dollars et, au cours des trois premiers trimestres de 1988, le commerce extérieur avait augmenté de plus de 13 pour cent par rapport à l'année précédente. De toute évidence, la balance du commerce de l'Alberta est très saine avec un ratio exportations-importations de plus de trois pour un. Le ratio exportations-produit provincial brut est lui aussi positif: en 1986, l'Alberta a exporté 19,3 pour cent de son produit provincial brut, alors que le Japon n'exportait que 13,1 pour cent de son P.N.B., et les États-Unis 7 pour cent du leur. Le ratio de l'Alberta serait même plus élevé si Statistique Canada faisait ses calculs en tenant compte uniquement de la province d'origine des exportations. Tels que les calculs sont actuellement faits, certaines exportations de l'Alberta sont attribuées à la Colombie-Britannique et à l'Ontario parce qu'elles sont expédiées de leurs ports.

Le plus gros client de l'Alberta est de loin les États-Unis. En 1986, l'Alberta envoyait au sud près de 72 pour cent de ses exportations. Viennent ensuite l'Asie et les pays en bordure du Pacifique (13,8 pour cent), notamment le Japon, la Corée du Sud, la République populaire de Chine et Taiwan, suivis par l'Europe (7,3 pour cent), surtout l'U.R.S.S., le Royaume-Uni et les Pays-Bas, puis par le Moyen-Orient et l'Afrique du Nord (3,2 pour cent), l'Amérique latine (2,9 pour cent) et enfin l'Afrique (0,7 pour cent).

Si l'on s'arrête à la ventilation des exportations par produit, on constate que les plus importantes sont le pétrole brut et le gaz naturel, suivies par le soufre, le blé et le charbon. Les matières premières comme le pétrole, le gaz et le charbon constituaient 60,9 pour cent des exportations en 1986, chiffre inférieur à celui de l'année précédente, où elles étaient de 66,2 pour cent. Les produits agricoles ont représenté jusqu'à 14,7 pour cent des exportations en 1986, malgré une baisse du dollar, et encore 11,3 pour cent en 1987. Par ailleurs, l'exportation de produits manufacturés et finis, des produits pétrochimiques et des fertilisants aux fleurets de marteaux-perforateurs et au matériel de télécommunication, a progressé de façon régulière. Alors que ces produits constituaient, en 1985, 21,4 pour cent des exportations, ils en représentaient 24 pour cent en 1986 et 25 pour cent en 1987.

On dénombre actuellement plus de 1 000 entreprises d'exportation en Alberta dont le rôle est essentiel à l'économie de la province. Selon certaines estimations, pour chaque milliard d'exportations, on compterait environ 19 000 emplois dans la province, ce qui peut expliquer la raison pour laquelle le gouvernement cherche activement, autant que les compagnies privées, à étendre les marchés de l'Alberta. Au cours des discussions qui ont précédé la signature de l'Accord de libre-échange entre le Canada et les États-Unis, le gouvernement de l'Alberta a été un défenseur acharné du libre-échange. Il apporte un soutien concret à l'exportation par le biais de ses bureaux à New York, Los Angeles, Houston, Londres, Hong Kong et Tokyo et au moyen d'un certain nombre de programmes procurant conseils et aide financière dans les domaines de l'identification et du développement des marchés, de la promotion du commerce, des transports, des garanties d'emprunts pour l'exportation et du soutien des services à l'exportation. Le message des bureaux de commerce et de développement économique de l'Alberta: il y a des possibilités d'exportation pour tous les secteurs de l'économie de l'Alberta, partout dans le monde; c'est à l'Alberta de les saisir!

and Ontario, because they are shipped from ports there.

Alberta's biggest customer by far is the United States. In 1986 Alberta sent nearly 72 percent of its exports south. The next largest destinations are Asia and the Pacific Rim (13.8 percent), notably Japan, South Korea, the People's Republic of China, and Taiwan; Europe (7.3 percent), especially the U.S.S.R., the U.K., and the Netherlands; the Middle East and North Africa (3.2 percent); Latin America (2.9 percent); and Africa (0.7 percent).

Breaking the exports down by commodity, the largest exports are crude petroleum and natural gas, followed by sulphur, wheat, and coal. Crude materials such as oil, gas, and coal accounted for 60.9 percent of 1986 exports, but this was in fact a drop from 66.2 percent the year before. Agriculture rose in 1986 to 14.7 percent of exports, although the dollar value dropped, as it did again in 1987, when agriculture accounted for 11.3 percent. On the other hand, fabricated materials and end products, everything from petrochemicals and fertilizers to drill bits and telecommunications equipment, has been rising steadily. In 1985 these commodities totalled 21.4 percent of exports; in 1986, 24 percent, and in 1987, 25 percent.

There are now more than 1,000 exporting firms in Alberta, forming a vital part of the economy. It has been estimated that every billion dollars of exports accounts for some 19,000 jobs here, which may explain why government is as committed as private industry to enlarging Alberta's markets. During the debate prior to the signing of the Free Trade Agreement between Canada and the United States, the Alberta government was a strong advocate of an open trading environment. The government also lends practical support through international offices in New York, Los Angeles, Houston, London, Hong Kong, and Tokyo, and through a number of programs providing advice and financial assistance in the realms of market identification and development, trade promotion, transportation, export loan guarantees, and export services support. The message that Alberta's Economic Development and Trade offices want to spread is that export opportunities exist in every sector, all over the world.

Alberta has been particularly blessed with an abundance of natural resources, but it is good management and a willingness to do business with the world that have prepared the province for the future. At the end of the twentieth

century, the global economy is shifting and complex, and no one industry, no one strategy, will have the answer to every contingency. That's why Albertans have worked hard to open as many options as possible for the future—and that diversity is the strength of the province.

ETHNIC MOSAIC

Just as its rocks were laid down by successive invasions of the sea, so has Alberta's human population been laid down by successive invasions of settlers. The result is a rich mixture of backgrounds, with lingering pockets of ethnic culture scattered throughout the province. There are Icelanders around Markerville, for example, where Stephan G. Stephansson, farmer and the

A rich and diverse ethnic culture enhances the fabric of Alberta. Photo by Paul von Baich/First Light

De nombreuses communautés culturelles enrichissent le tissu social de l'Alberta. Photo Paul von Baich/First Light

L'Alberta a été particulièrement comblée en ressources naturelles, mais elle a su préparer son avenir par une gestion efficace et une volonté de faire des affaires avec le monde entier. À la fin du 20e siècle, l'économie internationale, de plus en plus complexe, évolue rapidement et, pour parer à toute éventualité, il ne suffira pas de mettre l'accent sur une seule industrie, ni de choisir une seule stratégie. C'est pourquoi les Albertains se sont battus pour se préparer autant de choix que possible pour l'avenir—et c'est cette diversité qui fait la force de la province.

UNE MOSAÏQUE ETHNIQUE

De même qu'au cours des temps la mer, inondation après inondation, a sculpté le relief de l'Alberta, de même les vagues successives de colons ont lentement modelé le visage de sa population. Résultat: un riche mélange d'origines et de cultures différentes avec, disséminés dans la province, des noyaux de cultures ethniques. Ainsi, par exemple, on trouve des Islandais aux environs de Markerville où, en 1888, Stephan G. Stephansson, le plus grand poète islandais depuis le Moyen-Age, a bâti sa ferme. Les immigrants se sont parfois regroupés par nationalités: les Suédois, à l'est de Red Deer; les Ukrainiens, autour de Vegreville; les

Canadiens français aux environs de St. Paul, et les Arabes au lac La Biche.

De tous les pays, c'est des îles Britanniques que sont venus ceux qui forment le groupe le plus important, c'est-à-dire à peu près la moitié de ceux qui disent descendre d'une seule origine ethnique. La nation la plus largement représentée ensuite est l'Allemagne: environ un Albertain sur dix est d'origine allemande. Notons aussi qu'un quart de tous les Ukraino-Canadiens vivent en Alberta. Quant aux Franco-Albertains, ils sont en nombre suffisant pour avoir des émissions de radio et de télévision ainsi que des journaux en langue française. À Edmonton et à Calgary, il y a aussi des communautés chinoises et italiennes très vivantes, bien connues des gourmets qui fréquentent leurs restaurants et leurs boutiques spécialisées. De nombreuses familles canadiennes d'origine japonaise sont regroupées près de Lethbridge et de Medicine Hat, mais elles, elles ont été déportées là pendant la Deuxième Guerre mondiale. Leur culture fait maintenant partie du patrimoine de la province, qui s'en est trouvée enrichie. Parmi les derniers arrivés, on compte des Vietnamiens, des Philippins, des Pakistanais, des Sikhs, des Sud-Africains et même des Tibétains.

Le Calgary Stampede, attraction annuelle palpitante et toujours populaire. Photo Thomas Kitchin/First Light

The thrilling Calgary Stampede is a favorite annual event. Photo by Thomas Kitchin/First Light

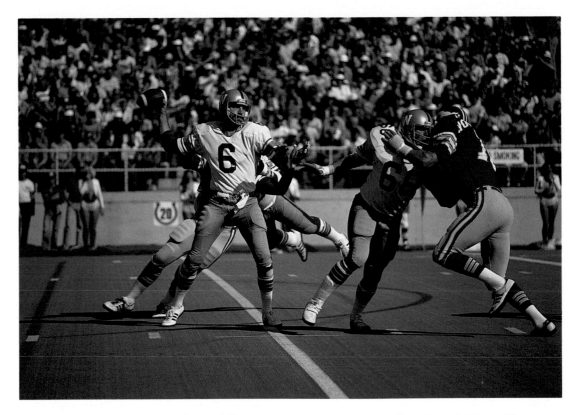

The Calgary Stampeders battle Winnipeg to the roar of enthusiastic fans. Photo by Patrick Morrow/First Light

Une rencontre des Calgary Stampeders et de l'équipe de Winnipeg soulève l'enthousiasme des amateurs de football. Photo Patrick Morrow/First Light

greatest Icelandic poet since the Middle Ages, homesteaded in 1888. In other parts of the province other nationalities are clustered: Swedes east of Red Deer, Ukrainians around Vegreville, French around St. Paul, and Arabs in Lac La Biche.

Of all nations, the British Isles has contributed the largest number of people, accounting for about half of everyone who claims a single ethnic origin. The next-largest nation represented is Germany. About one Albertan in 10 is of German origin. Also, one-quarter of all Ukrainian-Canadians live in the province. There are enough *Franco-Albertains* to support French-language radio, television, and newspapers. In Edmonton and Calgary there are healthy communities of Chinese and Italians, their specialty food stores a gourmet's delight. On a more sober note, there are many Japanese-Canadian families around Lethbridge and Medicine Hat, forcibly relocated there during the Second World War. Although they did not choose to come, their heritage has now been added to the fabric of Alberta, and the province is richer for it. More recent arrivals include Vietnamese, Filipino, Pakistani, Sikh, South African, and even Tibetan.

CULTURAL SCENE
All these ethnic groups bring their own culture with them, but there is also a wide variety of mainstream cultural activities. There are numerous choirs and orchestras, including the Edmonton Symphony Orchestra and the Calgary Philharmonic, both of which have made critically acclaimed recordings. There is theatre, ranging from mainstage productions down to small-town amateur shows that help to brighten winter nights. In the summer Edmonton is host to the Fringe Theatre Festival, which attracts productions from all over the world. The province has locally produced opera and dance companies that range from classical ballet to modern experimental. There is also a growing film industry. Not only does Alberta have award-winning filmmakers like Anne Wheeler (*Loyalties,*) but it also attracts American film companies with its locations and facilities. The *Superman* movies, starring Christopher Reeve, were shot on location in Calgary, for example.

Alberta is also a literate province, with a respectable number of writers and publishers. Novelists W.O. Mitchell and Rudy Wiebe, children's writers Martyn Godfrey and Mary Blakeslee, and playwright Frank Moher are all well known across Canada; the list could be much longer. Publishers range from the small but award-winning Treefrog Press, specializing in children's and experimental fiction, to the large, non-fiction Hurtig Publishers, best known for the *Canadian Encyclopedia.*

SUR LA SCÈNE CULTURELLE

Tous ces groupes ethniques ont bien sûr apporté avec eux leurs traditions et leur culture, mais il existe aussi une intense vie culturelle albertaine. On ne compte plus les choeurs et les orchestres, entre autres l'Edmonton Symphony Orchestra et le Calgary Philharmonic, dont les enregistrements ont reçu les louanges de la critique. Le théâtre va des grands spectacles aux représentations d'amateurs dans les petites villes qui mettent un peu d'ambiance pendant les nuits d'hiver. En été, Edmonton accueille le Fringe Theatre Festival, durant lequel on peut assister à des spectacles du monde entier. La province elle-même a ses propres troupes d'opéra et de danse, qui vont du ballet classique à la danse moderne expérimentale. L'industrie cinématographique est en plein essor. Non seulement l'Alberta a des cinéastes qui remportent des prix comme Anne Wheeler pour son film Loyalties, mais ses extérieurs et ses studios attirent les entreprises cinématographiques américaines. C'est ainsi que les films de Superman, qui ont pour vedette Christopher Reeve, ont été tournés en extérieur à Calgary.

L'Alberta est aussi une province où l'écriture et la littérature tiennent une place importante, comme en témoigne le nombre respectable de ses écrivains et de ses éditeurs. Les romanciers W.O. Mitchell et Rudy Wiebe, les écrivains pour enfants Martyn Godfrey et Mary Blakeslee, ainsi que l'auteur dramatique Frank Moher, sont célèbres dans tout le Canada, et on pourrait citer bien d'autres noms. Les éditeurs vont de la petite maison spécialisée dans les livres pour enfants et la fiction expérimentale, qui a remporté le prix de la Treefrog Press, à la grande maison d'édition Hurtig Publishers, très connue pour sa publication de la Canadian Encyclopedia.

Le public encourage les arts visuels et plastiques et les galeries d'art qui existent dans toutes les villes de la province, ainsi que les centres d'enseignement de l'art comme l'Alberta College of Art à Calgary, le Banff Centre et les facultés d'art des quatre universités. On trouve aussi dans la province d'excellents musées, comme le Glenbow à Calgary et le Royal Tyrrell Museum of Paleontology à Drumheller.

Les Albertains sont des passionnés du sport. Les équipes professionnelles sont de haut niveau, comme les Flames de Calgary et les Oilers d'Edmonton, toutes deux membres de la Ligue nationale de hockey et rivales de longue date. Dans le football, qui ne connaît les Eskimos d'Edmonton et les Stampeders de Calgary! Au baseball AAA, on retrouve les Trappers d'Edmonton et les Cannons de Calgary, qui jouent dans la Ligue de la Côte du Pacifique.

Les compétitions sportives internationales qui se sont déroulées en Alberta ont permis à la province de se doter d'excellentes installations, ce dont elle s'enorgueillit. Le Commonwealth Stadium d'Edmonton a été construit pour les Jeux du Commonwealth de 1978, tandis qu'à Calgary la piste ovale de patinage de vitesse est un héritage des Jeux olympiques d'hiver de 1988.

On peut se demander dans quelle catégorie classer les foires et les expositions de l'été, sans doute quelque part entre les compétitions sportives et le nombre sans fin des diverses festivités. Quasi chaque communauté a ses propres fêtes, mais la plus célèbre de toutes est le Stampede de Calgary, avec ses rodéos où l'on joue de gros sous, ses courses de charrettes toutes bringuebalantes, et ses petits-déjeuners gratuits de crêpes dans toute la ville.

LES JOIES DU PLEIN AIR

Pour les loisirs de plein air, l'Alberta est insurpassable. Ses cinq parcs nationaux et sa multitude de parcs provinciaux offrent de fantastiques sites pour la randonnée, le camping et l'escalade, et on y trouve des stations de ski de descente et de randonnée. En été, ses lacs font la joie des pêcheurs et des amateurs de surf et de ski nautique, tandis que ses rivières attirent ceux qui aiment le canoë ou la pêche à la ligne. En saison, la chasse est un vrai plaisir, petit et gros gibier foisonne. Les campeurs en vacances n'ont que l'embarras du choix, emplacements pour familles, proches de la route et faciles d'accès, ou sites isolés en pleine nature et que seule une longue randonnée permet d'atteindre. Les montagnes attirent naturellement une foule de gens, mais il y a bien d'autres choses à voir, comme les étranges cheminées des fées couleur ocre du Writing dans le parc Stone situé au sud, les ciels du nord de la région de Peace River, ou encore les baies et les eaux miroitantes du lac North Buck, pour n'en nommer que quelques-uns.

Bref, l'Alberta offre un choix considérable d'activités de loisirs ou de plein air, de spectacles et de vie culturelle, qui peut se comparer avantageusement avec celui de n'importe quel autre pays du monde. Mais ce n'est là qu'un autre de ces points forts qui font de l'Alberta un endroit privilégié, où il fait bon vivre, travailler et profiter au maximum de tous les plaisirs que la vie veut bien nous offrir.

The visual and plastic arts are well supported by public and private galleries in all cities of the province, as well as by teaching facilities such as the Alberta College of Art in Calgary, the Banff Centre, and four universities. There are also excellent museums, such as the Glenbow in Calgary and the Royal Tyrrell Museum of Paleontology in Drumheller.

Physical culture is also popular. There are top-class professional teams, such as the Calgary Flames and the Edmonton Oilers, members of the National Hockey League and long-time rivals, while in football, there are the Edmonton Eskimos and the Calgary Stampeders. Triple A baseball has the Edmonton Trappers and the Calgary Cannons, playing in the Pacific Coast League.

Alberta has also hosted some world-class athletic events and now boasts excellent facilities as a result. Edmonton's Commonwealth Stadium was built for the Commonwealth Games of 1978. In Calgary the speed skating oval is a legacy of the winter Olympics of 1988.

More difficult to classify, falling somewhere between athletic events and non-stop parties, are the summer fairs and exhibitions. Just about every community has its own distinctive celebration, but probably the most famous of them all is the Calgary Stampede, with high-stakes rodeo events, bone-rattling chuckwagon races, and free flapjack breakfasts all over town.

OUTFOOR FUN

As for outdoor recreation, Alberta is second to none, with five national parks and countless provincial parks offering outstanding hiking, camping, climbing, and both downhill and cross-country skiing facilities. In summer its lakes make fishermen, windsurfers, and waterskiers happy, while its rivers attract canoers and fly fishermen. In season, there is also good bird and big game hunting. Vacationing campers can choose from easily reached roadside sites good for families, or from isolated backcountry locations, well worth a long hike. The mountains are, naturally, a popular destination, but there are other places to see: the strange, ochre-colored hoodoos of Writing on Stone Park in the south, the vast, northern skies of the Peace River country, or the bays and sparkling waters of North Buck Lake, to mention just a few.

In short, Alberta has a diversity of recreational and cultural amenities equal to any place in the world. It's just another one of the strengths that put Alberta at the top of the list as a place to live, work, and enjoy all the pleasant things that life has to offer.

Lake Louise offers an idyllic setting for rest and relaxation in the heart of the Alberta Rockies. Photo by R. Hartmier/First Light

Lake Louise, refuge idyllique de repos et de détente au coeur des Rocheuses de l'Alberta. Photo R. Hartmier/First Light

The multicolored hues of the downtown Vancouver skyline paint a vibrant reflection on the waters of Vancouver Harbour. Photo by Thomas Kitchin/Tom Stack & Associates

La silhouette multicolore du centre-ville de Vancouver se reflète dans les eaux de son port. Photo Thomas Kitchin/Tom Stack & Associates

BRITISH COLUMBIA
SPLENDOR WITHOUT DIMINISHMENT

LA COLOMBIE-BRITANNIQUE
D'UNE SPLEUNDER SANS FIN

G A R T H   H O P K I N S

Pour parvenir à décrire la Colombie-Britannique, les écrivains contemporains font souvent appel aux bons mots d'illustres auteurs. Rudyard Kipling, par exemple, considérait que la Colombie-Britannique convenait aux hommes énergiques. L'humoriste canadien Stephen Leacock, pour sa part, se lamentait d'avoir à se contenter d'une visite; il aurait préféré y naître.

Les hommages du genre n'en finissent plus. Mais aucun autre que sa devise ne rend pleinement justice à cette remarquable province canadienne: « Splendor Sine Occasu—D'une splendeur sans fin » .

Un peu fort? Sur papier, peut-être, mais sûrement pas dans la réalité.

Les voyageurs d'affaires chevronnés vous le confirmeront: ils sont peut-être en Colombie-Britannique par affaires mais ils ne peuvent ignorer les montagnes, l'océan et le ciel de cette province, la chaleur de ses habitants, sa table internationale et la propreté des lieux.

Ils viennent ainsi de tous les coins du monde par affaires. Et la Colombie-Britannique a de quoi les tenir occupés.

LE GÉNIE DES LIEUX
Peu de pays ou de régions sont aussi bien situés que la Colombie-Britannique pour transiger avec le monde. Vers l'ouest, de l'autre côté de l'océan Pacifique, se trouvent les pays les plus populeux et les plus dynamiques du monde, le Japon, la Corée et les autres pays en bordure du Pacifique, de même que la Chine. Vers le sud, on retrouve les marchés presque insatiables et maintenant libres des États-Unis, de même que certaines régions d'Amérique du Sud. Vers l'est se profilent les marchés riches et prometteurs du reste du Canada, et plus loin le Moyen-Orient et l'Europe du sud. Et finalement au nord, au-delà de richesses encore largement inconnues, se dessine une route polaire vers les marchés bien établis de la Grande-Bretagne, du centre et du nord de l'Europe.

Certes, la localisation joue en faveur de la Colombie-Britannique mais, elle n'est pas forcément garante de succès dans l'arène farouchement compétitive du commerce international. Encore faut-il avoir ce que le client désire, et au bon moment. Sur ces deux points, la province révèle sa véritable nature.

Il y a plus de 100 ans, ces trois facteurs ont présidé à la réussite des premiers entrepreneurs de la Colombie-Britannique, qui ont bâti des usines de conserve de saumon et des scieries dont la production se retrouvait déjà aux États-

Unis et dans les pays en bordure du Pacifique.

Ces mêmes facteurs et ce même esprit d'entreprise ont vu la création de l'industrie électronique: ce secteur, encore peu développé à l'aube des années 1980, exportera d'ici quelques annés la moitié de sa production s'élevant à 5 milliards de dollars et emploiera plus de 50 000 personnes.

LA TERRE ET L'EAU: RICHESSES INÉPUISABLES?
La Colombie-Britannique recèle pratiquement toutes les richesses naturelles connues de l'homme. L'étendue, l'âge et la qualité de ses forêts sont légendaires. On ne saura peut-être jamais toute l'ampleur de ses ressources minières et pétrolières. On a peine à mesurer la richesse de son océan et de ses eaux intérieures. On vient de tous les coins du monde admirer ses paysages. La Colombie-Britannique est en effet bénie des dieux.

UNE NATURE GÉNÉREUSE
La raison d'être de l'économie de la Colombie-Britannique réside dans ses ressources naturelles dont elle tirera une bonne partie de sa puissance économique pour des années à venir encore.

La forêt s'impose à ce chapitre. Une dominance assurée pour bien des années encore puisqu'il s'agit d'une ressource renouvelable (quelque

Contemporary writers trying to describe British Columbia often turn to earlier word crafters for inspiration.

"Such a land is good for an energetic man," Rudyard Kipling said. Canada's beloved humorist Stephen Leacock lamented: "British Columbia . . . if I had known what it was like, I wouldn't have been content with a mere visit. I'd have been born here."

So the tributes go. And none quite captures the full essence of this remarkable province of Canada, except perhaps its official motto. It reads: "Splendor Sine Occasu . . . Splendor without diminishment."

Extravagant? In printed word, perhaps. In reality, no.

Much-travelled businesspeople will be among the first to confirm that. They are in British Columbia to do business, but they are by no means immune to the mountains, the ocean, and the sky, and the people-warmth, the cosmopolitan food, and the cleanliness.

From all over the world they come to do business. There is much to do.

LOCATION, LOCATION, LOCATION

Few countries or regions of countries anywhere are as strategically located as British Columbia to develop and serve world trade markets. To the west, across a benevolent Pacific Ocean, lie the world's most populous, economically aggressive nations—Japan, Korea, other Pacific Rim nations,

and, eventually, China. To the south are the almost insatiable and now freely accessible markets of the United States, and parts of South America. To the east lie the wealthy and growing markets of the rest of Canada and beyond to the Middle East and southern Europe. And to the north, over the still-untold riches there, is a polar route shortcut to the solid markets of the U.K. and central and northern Europe.

Location helps, but location alone does not guarantee success in the toughly competitive arena of world trade. You must also have what trading partners want, when they want it. Perhaps it is the abundance of those two additional factors that has made B.C. so special.

Those three factors certainly sparked B.C.'s earliest entrepreneurs, who, more than 100 years ago, built salmon canning plants and sawmills and began selling their products to the U.S. and Pacific Rim countries.

The same spirit and factors did much to help create an electronics manufacturing industry that by the mid-1990s will be exporting at least half of $5 billion worth of production and employing more than 50,000 people. Electronic manufacturing was scarcely known in the province as the 1980s began.

LAND AND WATER—UNENDING WEALTH?

British Columbia possesses virtually every kind of natural resource known to man. The vastness,

Bute Inlet and the Homathko Icefield are an awe-inspiring sight as seen from Mount Bute of the Coast Mountains range. Photo by Patrick Morrow/First Light

Le panorama grandiose de Bute Inlet et du champ de glace Homathko, vu du mont Bute dans la chaîne Côtière. Photo Patrick Morrow/First Light

deux milliards de plants seront mis en terre avant 1995).

Bien que les autres secteurs aient pris de l'importance, la forêt représente toujours, à l'aube des années 1990, plus de 45 pour cent du produit manufacturé de la province. La forêt continuera au cours de la présente décennie à fournir de l'emploi direct et indirect à 20 pour cent de la main-d'oeuvre provinciale.

Comme les écologistes se plaisent constamment à le souligner à l'industrie, la forêt, c'est plus qu'une force économique. Elle abrite aussi la majeure partie de la faune de la province; elle affecte la rétention de la neige, l'écoulement des eaux et même le climat; elle sert chaque année de refuge et de terrain de jeux à des centaines de milliers d'habitants et de visiteurs.

Une telle attitude explique sans doute que l'on ait conservé certains des arbres les plus remarquables du Canada: 200 épinettes de Sitka géantes situées dans la vallée de Carmanah sur la côte sud-ouest de l'île de Vancouver. L'une de ces épinettes fait 315 pieds de haut (l'équivalent d'un édifice de 25 étages) et serait le plus grand arbre du Canada.

MINES, MINÉRAUX ET MÉTAUX

L'industrie minière de la Colombie-Britannique a débuté en trombe dans les années 1860 avec la découverte d'or dans la région centrale des Cariboo. En quelques années, les principaux dépôts furent épuisés et les vrais mineurs se tournèrent vers les minerais et les métaux non précieux comme le charbon dont on connaissait déjà l'existence. Du charbon, il y en avait en abondance; le charbon de la province continuera d'ailleurs bien après l'an 2000 à alimenter les hauts fourneaux du Japon et d'autres pays du monde.

Au fur et à mesure des découvertes—dépôts de cuivre, de plomb et de molybdène—de nouvelles communautés s'installèrent pour exploiter ces ressources.

L'industrie minière devint rapidement le deuxième secteur en importance dans la province, après l'industrie forestière. Une position qu'elle conservera sans doute au cours des prochaines années, et jusque dans les années 2000.

Grâce au raffinement des méthodes de détection et de traitement, l'or reprend droit de cité avec la découverte de nouveaux filons ou l'exploitation de dépôts à faible teneur maintenant rentables. On s'attend à ce qu'au moins six nouveaux dépôts soient exploités d'ici 1995.

Les prospecteurs, ces incurables optimistes, continuent d'arpenter l'arrière-pays et poursuivront sans doute leur patiente recherche tant qu'il y aura de nouvelles régions à fouiller. L'époque de la ruée vers l'or est-elle vraiment révolue? « Qui sait? » , vous répondra un prospecteur à la barbe en broussaille, le regard enfoui sous un chapeau à larges bords. « Sait-on jamais? »

L'ÉNERGIE EN QUESTION

Le sol renferme d'autres trésors comme le pétrole et le gaz naturel, enfouis beaucoup plus profondément que les minéraux. Les recherches à ce jour laissent croire que la Colombie-Britannique n'a pas été aussi favorisée à ce chapitre que sa voisine l'Alberta. On a cependant localisé d'immenses réserves de gaz naturel,

age, and quality of its forests are legendary. The full extent of its mineral and petroleum resources may never be known. The bounty of ocean and endless inland waters is beyond measure. People come from every corner of the world to wonder at its startling scenic beauty. It is indeed a place blessed.

THE BOUNTIES OF NATURE

B.C.'s economic *raison d'etre* lies in its natural resources. A good portion of its economic strength will be generated there for years to come.

Forestry continues to rule the natural kingdom. Because it is a long-term, renewable resource—an estimated 2 billion seedlings will be planted before 1995—forestry's natural rule will be lengthy.

As the 1990s began, forestry still contributed more than 45 percent of B.C.'s manufactured output, despite large gains in other non-resource sectors. Directly and indirectly, the forest industries will continue throughout the decade to provide a source of livelihood for some 20 percent of the province's total labor force.

The forests are, as environmental activists

This faller is hard at work in a Prince Rupert forest. Not only do British Columbia's forests contribute more than 45 percent of the province's manufactured output, but they also house much of its animal life, influence the climate, and provide the setting for various recreational pursuits. Photo by Sherman Hines/Masterfile

Un bûcheron à l'oeuvre dans la forêt de Prince Rupert. En Colombie-Britannique, les produits de la forêt comptent pour environ 45 pour cent de la production manufacturière. De plus, la forêt abrite une bonne partie de la faune, influence le climat et sert à de nombreux loisirs. Photo Sherman Hines/Masterfile

commerciaux au début des années 1990.

Plusieurs grandes compagnies pétrolières s'intéressent depuis un bon moment déjà à l'exploration aux larges des côtes de la Colombie-Britannique. Mais, suite à des consultations publiques, le gouvernement leur a toujours opposé une fin de non-recevoir. Il est peu probable qu'il change d'avis au cours des prochaines décennies. La Colombie-Britannique est trop tributaire de ses eaux et de ses milliers de miles de littoral (et bien trop attachée à eux) pour risquer le genre de catastrophe écologique que causerait un accident sur une plate-forme.

DE L'EAU, DE L'EAU EN ABONDANCE

Un simple coup d'oeil à une carte de la Colombie-Britannique et on est en droit de se demander comment on peut s'y déplacer ou faire quoi que ce soit qui ne soit pas relié à l'eau.

Chaque vallée semble receler une rivière ou un lac, ou bien les deux. Et là où les montagnes font place à la plaine ou à un relief de collines ondulantes, vous trouverez encore des lacs et des rivières.

Certains des plus grands systèmes hydrographiques d'Amérique du Nord se trouvent en Colombie-Britannique: le Fraser, le Thompson, le Columbia, la rivière de la Paix, le Kootenay et la rivière aux Liards. Et nombre de cours d'eau secondaires se jettent dans ces systèmes qui constituent l'un des principaux atouts de la province. On trouve aussi en

principalement dans le nord-est de la province.

Toujours en quête de sources d'énergie bon marché, certains secteurs de l'économie se montrent très intéressés par le développement de nouvelles utilisations pour le gaz naturel, notamment comme carburant automobile. Les camions des mines à ciel ouvert engloutissent plus d'un million de litres de diesel par année; même une économie de quelques cents du litre représenterait en bout de ligne plusieurs millions de dollars si l'on convertissait ces véhicules au gaz naturel. Des recherches entreprises à la fin des années 1980 pourraient ainsi mener à la conversion de véhicules industriels et

Natural gas produces thermal electricity at this Vancouver power plant. Photo by Thomas Kitchin/ First Light

Le gaz alimente cette centrale thermique de Vancouver. Photo Thomas Kitchin/First Light

constantly remind the industry, much more than an economic boon. They are also home and habitat for much of the province's fauna; they affect snow pack, water run-off, and even climate; and they are playground and refuge for hundreds of thousands of residents and visitors each year.

Such reminders undoubtedly helped preserve some of the most remarkable trees in Canada—200 giant Sitka spruce in the Carmanah Valley on the southwest coast of Vancouver Island. One of the spruce is 315 feet high (equal to a 25-storey building) and is reputedly the tallest tree in Canada.

MINING, MINERALS, AND METALS

Gold discoveries in the central interior Cariboo region in the 1860s jump-started B.C.'s mining industry. In a few years the major deposits petered out and serious miners turned their attention to developing non-precious metals and minerals known to exist in various parts of the province, such as coal. There were literally mountains of it. B.C. coal will continue to fuel steel furnaces in Japan and other countries well into the twenty-first century.

Entire new communities sprouted on-site as major deposits of copper, lead, zinc, and molybdenum were identified and developed.

Les cours d'eau de la Colombie-Britannique sont parmi ses plus grandes richesses naturelles. On voit ici la rivière Yoho qui se jette dans la rivière Kicking Horse. Photo R. Hartmier/ First Light

British Columbia's waterways are some of its richest resources. Here, the Yoho River pours into the Kicking Horse River. Photo by R. Hartmier/First Light

Colombie-Britannique d'immenses lacs comme l'Okanagan, l'Arrow, le Shuswap et le Kootenay au sud. Véritables mers intérieures, ils sont renommées dans le monde entier pour leur incomparable beauté.

Plus au nord et donc relativement peu accessibles, des lacs comme le Ootsa, le Babine et le Williston prennent d'immenses dimensions. On compte aussi, dans le centre et le nord de la province, une multitude de petits lacs, à la source d'une rivière ou l'alimentant sur son cours.

Ces grands cours d'eau contribuent à la santé économique de la région de deux façons: le saumon du Pacifique fraie à la source des rivières et la hauteur de chute de ces cours d'eau et de leurs affluents permet de produire de l'hydro-électricité.

La Colombie-Britannique occupe le second rang, après le Québec, pour son potentiel hydro-électrique. La société d'état B.C. Hydro compte

investir quelque 4 milliards de dollars au cours des années 1990 pour exploiter cette ressource.

À LA FERME

Si l'on s'en tient aux chiffres, il ne devrait y avoir que très peu d'agriculture en Colombie-Britannique: 3 pour cent des sols sont considérés propices à l'agriculture et 55 pour cent du territoire est recouvert de forêts.

Les fermiers de la Colombie-Britannique n'en produisent pas moins 5 pour cent de la récolte canadienne: du blé de première qualité dans la partie septentrionale de la rivière de la Paix, du boeuf de choix provenant d'énormes ranches dans le chaînon des Cariboo ou sur le plateau du Chilcotin, des fruits renommés dans le monde entier dans la vallée de l'Okanagan, des produits laitiers et des petits fruits dans la vallée du Fraser.

Malgré sa taille modeste, sa diversité et son éparpillement géographique, l'agriculture de la

Mining and processing quickly became the province's second-most important resource industry, behind forestry. It will retain that position for the foreseeable future, certainly well into the 2000s.

Gold is making something of a comeback, as more sophisticated detection and processing methods find new deposits or make viable low-grade deposits that were not commercially viable a few years ago. A half-dozen or more new gold operations are expected to be established in the first half of the 1990s, unless, of course, major new deposits are found.

Prospectors, those ultimate optimists, still roam the back country, and will as long as there is back country to roam. Are the glory days of gold gone? "You never know," smiled a bearded, be-hatted rock hound. "You just never know."

QUESTIONS OF ENERGY

The earth holds other treasures, like petroleum and natural gas, that are usually found at much greater depths than most mineral deposits.

Exploration so far indicates that B.C. has not been as bountifully blessed with oil as neighboring Alberta. But enormous pools of natural gas have been found, primarily in the relatively accessible northeast areas of the province.

Various sectors of industry, ever searching for lower-cost fuel sources, are keenly interested in broadening natural gas uses, especially in vehicle fuelling. Open-pit mining trucks, for example, gulp more than one million litres of diesel fuel a year. Saving even a few cents a litre by converting to natural gas would translate into millions of dollars very quickly. Research initiated in the late 1980s could lead to a significant number of commercial and industrial vehicle conversions in the early 1990s.

Offshore exploration for oil in B.C.'s coastal waters has long been a target of a number of Canada's major oil exploration companies. After completing duly convened public hearings, the government's answer has always been a resolute "no." That position is unlikely to change during the next decade—or the next. B.C. is too dependent on (and too enamored with) its coastal waters and thousands of miles of shoreline to risk the environmental havoc that an offshore oil well blowout could bring.

WATER, WATER EVERYWHERE

The more you study a map of British Columbia, the more you wonder how anyone gets anywhere or how it is possible to do anything that isn't water-related.

Move inland from the Pacific and every mountain valley seems to hold a river, a lake, or both. Move farther inland to where the mountains give way to flatland or rolling hills and the same holds true.

Some of North America's greatest river systems are found in British Columbia: the Fraser, Thompson, Columbia, Peace, Kootenay, and Liard. Of its countless lesser systems, most feed into the larger arteries that constitute one of B.C.'s strongest assets.

And there are lakes, such as Okanagan, Arrow, Shuswap, and Kootenay in the south. Akin to small inland seas, they are known to visitors from around the world, each for its own unique beauty.

Farther north, and less accessible, are truly enormous lakes seen by relatively few people, such as Ootsa, Babine, and Williston. There are countless smaller lakes, most spawning or feeding river systems that flow, like so many neat seams, across the central and northern regions of B.C.

The major rivers provide two primary economic benefits: Pacific salmon spawn in the headwaters of the coastal and interior rivers that flow to the ocean, and the steep fall of many rivers and their tributaries gives perfect conditions for generating hydro-electric power.

B.C. is second only to Québec in hydro-generating potential, and B.C. Hydro, the government agency responsible, will spend some $4 billion to develop the resource during the 1990s.

ON THE FARM

According to the numbers, British Columbia should have no land-based farming. Only 3 percent of total soils are considered suitable for agricultural production, while 55 percent of the province is forested.

Yet, somehow, B.C.'s farmers produce more than 5 percent of the total food output in Canada: top-grade wheat in the northern Peace River area, choice beef on enormous ranches in the Cariboo and Chilcotin, world-renowned tree fruits in the Okanagan, and dairy products and berries in the Fraser Valley.

Though small, diverse, and geographically scattered, the province's land-based agricultural industry is confident about its prospects in the 1990s. Steadily rising population and demand within British Columbia, and the potential for

province envisage l'avenir avec confiance. L'accroissement de la population, et donc l'augmentation de la demande domestique, de même que l'ouverture de nouveaux marchés aux États-Unis et ailleurs dans le monde laissent présager de bonnes ventes et des prix stables ou légèrement à la hausse. Une seule ombre au tableau: l'industrie vinicole de l'Okanagan, l'une des premières victimes de l'Accord de libre-échange entre le Canada et les États-Unis.

Malgré l'utilisation de techniques de production et de transformation raffinées, bien des vignerons se sont vite rendu compte qu'ils ne pouvaient faire face à la compétition sur le marché libre. Le gouvernement a donc offert des compensations aux viticulteurs déplacés par la nouvelle donne économique et la rationalisation de ce secteur devrait être complétée au milieu des années 1990.

La pisciculture, l'élevage de poissons et de crustacés, constitue un secteur beaucoup plus prometteur. On cultive l'huître sur la côte sud de la Colombie-Britannique depuis plus de 50 ans déjà mais il s'agit, somme toute, d'une industrie plutôt marginale comparativement au potentiel de croissance de l'élevage du saumon, plus particulièrement les variétés chinook et coho. On ne comptait que deux ou trois opérations du genre au début des années 1980 mais dix ans plus tard, il y en avait quelque 150 et une douzaine d'alevinières privées ainsi que des usines de traitement du poisson ont vu le jour.

Les principaux marchés pour le saumon d'élevage frais sont les États-Unis, le Japon et les autres pays en bordure du Pacifique, marchés que les producteurs de la Colombie-Britannique doivent disputer, entre autres, à ceux de la Norvège, de l'Écosse, du Chili et de la Nouvelle-Zélande.

On estime que la pisciculture de la Colombie-Britannique, qui produit du saumon, de la truite, des huîtres, des ormeaux, des moules, des palourdes et des plantes aquatiques, atteindra le milliard de dollars en 1999.

Très peu de gens savent que la pisciculture contribue à la qualité de l'eau. Les opposants à l'industrie ont dit craindre que les poissons d'élevage ne contaminent les eaux environnantes et ne transmettent des maladies aux poissons en liberté. Or il n'en est rien puisqu'un producteur doit avant tout s'assurer que l'eau qui entoure ses cages et qui y circule soit propre et ne porte pas de maladies sinon ses poissons en souffriront les premiers. Comme le soulignait le Dr Patrick Moore, ex-président du B.C. Salmon Farmers Association et fondateur de Greenpeace: « Une industrie de la pisciculture de 1 milliard de dollars, c'est un peu comme un contrat d'assurance de 1 milliard de dollars sur la qualité des eaux des côtes de la Colombie-Britannique. »

L'industrie de la pêche, qui demeura pendant longtemps une des forces économiques de la province, compte opérer un rapprochement avec la pisciculture au cours des années 1990. Les pêcheurs de saumon se sont vivement opposés au développement de la pisciculture craignant d'y perdre leur gagne-pain.

Des attitudes plus conciliantes et certaines inquiétudes quant à l'avenir de l'industrie de la pêche, comme l'utilisation de filets dérivants et

new markets in the U.S. and elsewhere, point to ready sales and stable, or rising, prices. The one exception is a good portion of the Okanagan-based wine industry—an early victim of the Canada-U.S. Free Trade Agreement.

Although sophisticated in production and processing, many grower/producers could not compete in an unprotected, free trade arena. Governments compensated growers forced out by economic realities, and rationalization of the grape-growing sector should be complete by the mid-1990s.

A far brighter constellation rising is that of aquaculture, the water-based farming of shellfish and finfish. Oysters have been farmed on B.C.'s southern coast for more than 50 years, although the industry was not large by any standards. The big growth has been, and will continue to be, in salmon farming, using mainly chinook and coho species. As the 1980s began, salmon farming was a curiosity, with only two or three small farms operating. By the beginning of the 1990s perhaps 150 farms were operating, a dozen or more

private hatcheries had been started, and fish processing plants were popping up in various strategic locations.

Primary markets for the fresh farmed salmon are the U.S., Japan, and other Pacific Rim countries, and B.C. farmers are in a head-on battle for markets with producers in Norway, Scotland, Chile, New Zealand, and elsewhere.

Conservative estimates place the value of B.C.'s aquaculture industry, which includes salmon, trout, oysters, abalone, clams, mussels, and some marine plants, at close to one billion dollars by 1999.

A little-noted spinoff benefit of aquaculture is its contribution to water quality. Opponents of the industry voice fears that fish in pens will contaminate surrounding ocean waters and spread disease to wild-stock fish. The fact is that the fish farmer must ensure that the waters around and flowing through his farm are clean and disease-free, because his stock would suffer first from poor water quality. As Dr. Patrick Moore, a past president of the B.C.

Agriculture is British Columbia's third-largest resource industry. On Fraser Valley farms, such as the one pictured here, large dairy herds are found in abundance. Mixed livestock and crop farming are prevalent throughout the province. Photo by Brian Milne/First Light

En Colombie-Britannique, l'agriculture se place au troisième rang des industries axées sur les matières premières. Les exploitations agricoles sont très diversifiées et partout dans la province on trouve des fermiers qui font à la fois de l'élevage et de la culture. Sur les fermes de la vallée du Fraser, comme celle que l'on voit ici, les grands troupeaux laitiers sont nombreux. Photo Brian Milne/First Light

la fluctuation des retours de fraie, mèneront à une meilleure coordination de la production du saumon de la Colombie-Britannique au cours de la prochaine décennie.

LES FRUITS DE L'INGÉNIOSITÉ

Au début des années 1990, l'économie de la Colombie-Britannique est encore largement tributaire des ressources primaires et ce, en dépit de la croissance rapide de l'industrie de l'électronique et d'autres secteurs de la fabrication et de l'essor du tourisme, de la finance et des services-conseils.

On commence enfin à récolter les fruits d'efforts consentis pour le développement de nouveaux produits et l'accroissement de la plus-value d'autres produits. La Colombie-Britannique vend, par exemple, des appareils électroniques et de télécommunication aux États-Unis, au Japon, à la Corée et à d'autres pays avancés au point de vue technologique, tandis que certains produits du bois, des cadres de portes et de fenêtres par exemple, se vendent au Moyen-Orient, en Europe et dans plusieurs autres pays. On a exporté une machine à vagues aux États-Unis, des baguettes au Japon et un système de contrôle des vides à fibre optique au Venezuela, système qui sera installé sur la plus grande centrale d'énergie hydro-électrique au monde, sur le fleuve Caroni.

Les signes ne trompaient pas: la marche vers une économie plus diversifiée était clairement enclenchée. À la fin de 1988, le Science Council of British Columbia, formé dix ans plus tôt par le gouvernement provincial, complétait une série d'études portant sur l'avenir et les besoins en recherche et développement de secteurs clés de l'économie. Le Council donnait les lignes directrices de l'économie dans un rapport intitulé *Science and Technology: Its Impact on the B.C. Economy. A Twelve Year Plan.* Le rapport prédisait:

D'ici 12 ans, soit en l'an 2000, la richesse de la province pourrait provenir à parts à peu près égales des ressources naturelles, des produits dérivés des ressources naturelles, des systèmes et des produits de haute technologie, des services-conseils internationaux et du tourisme. Une économie aussi diversifiée dans un cadre aussi enchanteur devrait apporter une qualité de vie exceptionnelle à nos habitants, leurs enfants et nos personnes âgées.

Salmon Farmers Association and a founder of Greenpeace, put it: "A billion-dollar aquaculture industry is a billion-dollar insurance policy on the quality of B.C.'s coastal waters."

The commercial fishing industry, long a mainstay of the province's economy, views the 1990s as a time of rapprochement with the aquaculture industry. Misunderstandings, fear for their own economic well-being, and other factors all contributed to commercial salmon fishermen mounting vehement and vocal opposition to early aquaculture developers.

Mellowing attitudes and very real uncertainties about the future of the wild salmon fishery—uncertainties brought about by the still unknown impact of mammoth drift net use, fluctuating spawning returns, and other factors—will mean a more coordinated approach to B.C. salmon production over the next decade and beyond.

THE FRUITS OF INGENUITY

As British Columbia entered the 1990s, its economy, in macro terms, was still heavily dependent on resource-based, commodity-type products. This was true despite rapid growth in the electronics and other manufacturing industries and steady growth from a solid base in tourism and financial and specialty consulting services.

Energetic efforts to manufacture new products and to add value to existing products were beginning to pay off. A variety of electronic and telecommunication products were being sold into the U.S., Japan, Korea, and other technologically sophisticated markets, while value-added finished lumber products, such as window and door frames, were selling into the Middle East, Europe, and a host of other countries. A wave-making machine went to the U.S., chop sticks to Japan, and a fibre optic air gap monitoring system to Venezuela to be installed on the world's largest hydro power generating plant on the Caroni River.

The signs were unmistakable and the move to a broadly based, diversified economy were undoubtedly irreversible. In late 1988 the Science Council of British Columbia, established 10 years earlier by the provincial government, completed a series of studies to assess economic outlook and research and development needs of key sectors of the economy. B.C.'s economy of the near future was succinctly described in the report "Science and Technology: Its Impact on the B.C. Economy. A Twelve Year Plan." The report said:

Twelve years from now, in the year 2000, the wealth generators in the provincial economy can be, in about equal parts: commodity resource products, value-added resource products, high technology systems and products, international consulting, tourism. Such a diversified economy, in a province that cares for its superb natural endowments, will provide an outstanding quality of life for ourselves, our children and our senior citizens.

Above: Television and film crews have become a common sight in British Columbia in recent years. Photo by Pete Ryan/First Light

Ci-dessus: Au cours des dernières années, la Colombie-Britannique a accueilli un nombre croissant d'équipes de tournage pour la télévision et le cinéma. Photo Pete Ryan/First Light

Left: British Columbia's rapidly growing business services sector employs more than 80,000 people. Photo by Adamsmith Productions/First Light

À gauche: Le secteur des services aux entreprises, en pleine croissance en Colombie-Britannique, emploie plus de 80 000 personnes. Photo Adamsmith Productions/First Light

Quelque 38 000 étudiants de la Colombie-Britannique poursuivent des études à temps plein dans les trois universités du secteur publique; 20 000 d'entre eux fréquentent l'Université de la Colombie-Britannique à Vancouver. Photo Al Harvey/Masterfile

Of the approximately 38,000 full-time university students in British Columbia, more than 20,000 attend Vancouver's University of British Columbia, one of three publicly funded universities in the province. Photo by Al Harvey/ Masterfile

AUCUNE VOIX DISCORDANTE

Les universités, le gouvernement et l'industrie ont mis sur pied un important secteur de recherche dans la province: certains programmes des universités de Colombie-Britannique, de Victoria et Simon Fraser; le laboratoire de Pêches et Océans Canada à Nanaimo; des installations industrielles comme celles de Forintek et des programmes privés. Mais le nec plus ultra de la recherche dans la province c'est le TRIUMF, le laboratoire national de recherche en physique subatomique. TRIUMF signifie « Tri-university meson facility » quoique quatre universités—les universités de Colombie-Britannique, de Victoria, d'Alberta et Simon Fraser—y participent. Dans un coin boisé du campus de l'Université de Colombie-Britannique, à proximité du centre-ville de Vancouver, TRIUMF possède les trois cyclotrons les plus grands et les plus complexes

au monde. Pour s'y retrouver: un meson (pion) est une particule plus petite que l'atome, que TRIUMF produit en quantités astronomiques, soit des milliards à la seconde. Les muons sont de même nature. TRIUMF produit aussi des protons et des neutrons.

Le cyclotron, qui est en fait un accélérateur, fait tourner les protons aux deux tiers de la vitesse de la lumière et les projette vers différents matériaux. Cette collision libère des pions, des muons et autres particules dont on tâche de mesurer les propriétés pendant leur très bref cycle de vie (un milliardième de seconde).

Ces faisceaux sont utilisés dans diverses expériences de physique des particules, de physique nucléaire et de physique de la matière condensée et ont servi à la mise au point du nouveau tomographe à émission de positrons pour les radiographies du cerveau. TRIUMF a

NO DISSENTING VOICES WERE HEARD

Universities, governments, and industry have in total created a massive research capability in British Columbia: various programs at the University of British Columbia, Simon Fraser, and the University of Victoria; the Department of Fisheries and Oceans' major laboratory at Nanaimo; industry facilities such as Forintek; and private company programs, to name only a few. But the crowning jewel of them all is TRIUMF, Canada's national laboratory for subatomic physics research. TRIUMF is "Tri-university meson facility," although four universities—the University of British Columbia, Simon Fraser, the University of Victoria, and the University of Alberta—now operate it.

Tucked away in a wooded corner of the UBC campus not far from downtown Vancouver, TRIUMF houses the largest and most complex of three cyclotrons in the world—and much more. In lay terms, a meson (pion) is a smaller-than-atom particle that TRIUMF produces in unimaginable quantities—literally billions per second. Muons are in the same category. TRIUMF also produces lower-energy protons and neutrons.

The cyclotron, basically an accelerator, builds the proton stream speed to about two-thirds the speed of light and fires it at various materials. Pions, muons, and different other particles are freed by the collision and their properties measured during their extremely brief (billionth of a second) life. The various beams are used for unique experiments in particle physics, nuclear physics, and condensed matter physics, and were used to develop the new positron-emission tomograph (PET) for brain scans. TRIUMF also pioneered the use of mesons in cancer therapy and in production and sale of medical isotopes.

Other things being equal, the facility will, by the early 1990s, be known as TRIUMF-KAON. The KAON is an extremely short-lived subatomic particle, the lightest carrier in nature of the "quark," one of the basic building blocks of matter. The plan is to build a KAON "factory," a new accelerator complex that would encircle the present TRIUMF and produce a wide variety of subatomic particles in unprecedented numbers. It would also increase acceleration of particles by up to 60-fold above present capability, to 99.8 percent of the speed of light. That would enable an entire new "generation" of experiments and would create salable technology to international customers in microelectronics, nuclear physics and chemistry, measurement systems, software,

control systems, electro-magnetic systems, and cryogenics and vacuum systems.

Knowledgeable scientists estimate that with the KAON Factory, Canada would be a world leader in research in the aforementioned fields for at least the next two decades.

THE LEARNING CURVE

An often unstated benefit of TRIUMF is its ongoing contribution to higher education: up to 100 graduate students a year increase their knowledge and experience by participating in projects at the facility.

Post-secondary education is a high and continuing priority in British Columbia. The three principal universities—the University of British Columbia, Simon Fraser, and the University of Victoria—rank among the best in Canada.

A senior ministry of the provincial government—Advanced Education and Job Training—takes over where the Ministry of Education's jurisdiction ends, at the end of the secondary school level. It is a busy portfolio. Early in 1989 the Advanced Education Ministry announced a major expansion in post-secondary capacity, to be implemented in a six-year plan to 1995. University enrolment would be increased by 15,000—more new spaces than the 12,700 enrolment at SFU, the province's second-largest university after UBC (27,000). In addition, colleges in Kelowna, Kamloops, and Nanaimo would be given full degree-granting programs, and a new degree-granting institution would be built to serve northern B.C.

The new facility will be in addition to the three major universities, 15 community and

Simon Fraser University in Burnaby provides an education to nearly 8,000 full-time students and more than 6,000 part-time students. Photo by John de Visser/Masterfile

Près de 8 000 étudiants sont inscrits à temps plein à l'Université Simon Fraser de Burnaby et plus de 6 000 autres y poursuivent des études à temps partiel. Photo John de Visser/Masterfile

été l'un des premiers à utiliser les mesons dans le traitement du cancer et à produire et vendre des isotopes médicaux.

Au début des années 1990, TRIUMF deviendra TRIUMF-KAON. Le KAON est une particule subatomique au cycle de vie extrêmement court et le plus léger porteur de « quark », l'un des matériaux de base de la matière. On envisage la construction d'une usine de KAON et d'un nouveau complexe d'accélération autour du présent TRIUMF qui produirait alors en nombre incalculable toute une gamme de particules subatomiques. On pourrait aussi accélérer la vitesse des particules à 99,8 pour cent de la vitesse de la lumière, soit 60 fois la vitesse actuelle. Ces nouvelles installations susciteraient une nouvelle génération d'expériences et produiraient des technologies recherchées par une clientèle internationale dans les secteurs de la micro-électronique, de la physique et de la chimie nucléaires, dans les systèmes de mesure, les logiciels, les systèmes de contrôle, les systèmes électromagnétiques, le froid artificiel et les systèmes sous vide.

Des hommes de science en vue considèrent qu'avec de telles installations, le Canada serait à l'avant-garde de la recherche dans ces domaines pour au moins une vingtaine d'années.

LA COURBE D'APPRENTISSAGE

Une autre contribution de TRIUMF qui passe souvent inaperçue: près d'une centaine de diplômés y participent chaque année à divers projets, améliorant leurs connaissances et acquérant de plus en plus d'expérience.

L'éducation postsecondaire vient en tête de liste des priorités de la Colombie-Britannique. Les trois principales universités, les universités de Colombie-Britannique, de Victoria et Simon Fraser, comptent parmi les plus réputées au Canada.

Un ministère provincial, Advanced Education and Job Training, prend la relève du ministère de l'Education à la fin des études secondaires. Il s'agit d'un portefeuille exigeant. Au début de 1989, le ministère annonçait en effet un programme d'expansion de six ans des installations postsecondaires: 15 000 nouvelles places seraient créées au niveau universitaire, soit plus que la population étudiante de l'université Simon Fraser (12 700 étudiants), la seconde plus grande université de la province après l'université de Colombie-Britannique (27 000 étudiants). De plus, les collèges de Kelowna, Kamloops et Nanaimo dispenseraient les programmes menant au certificat et un nouveau collège serait construit pour desservir le nord de la province.

Ce nouveau collège s'ajouterait aux 3 universités et 15 collèges de la province (collèges communautaires, de niveau universitaire, collèges spécialisés en arts et en sciences maritimes, instituts techniques). Des programmes spéciaux ont été mis sur pied pour faciliter aux autochtones et aux personnes handicapées l'accès aux études postsecondaires. Le Advanced Education Ministry considère que, dans une province aussi vaste que la Colombie-Britannique, il ne suffit pas d'offrir de bons programmes en divers endroits. Il a créé un programme d'enseignement à distance où c'est le professeur qui se déplace grâce à la télévision par satellite, à l'ordinateur et à d'autres technologies qui permettent d'enseigner dans des régions éloignées. Ce programme a tellement impressionné les délégués à la conférence du Commonwealth à Vancouver en 1987 que les premiers ministres réunis ont approuvé la formation du Commonwealth of Learning, un organisme voué à la création de programmes d'enseignement à distance dans les pays en voie de développement du Commonwealth. Le gouvernement de la Colombie-Britannique a offert des bureaux et avancé des fonds au nouvel organisme. Le Commonwealth of Learning, seul organisme du Commonwealth en dehors de la Grande-Bretagne, a ouvert ses bureaux à Vancouver à la fin de 1988.

LA RECHERCHE DE CAPITAUX

Le milieu des affaires de la province a longtemps rêvé d'un genre de programme d'enseignement à distance qui puisse franchir les Rocheuses et faire comprendre aux institutions financières de l'est du Canada les besoins particuliers de l'ouest du pays. Quoique les grandes banques et les compagnies de fiducie fussent bien représentées dans la province, il semblait toujours qu'il n'y avait personne au niveau local qui puisse prendre des décisions d'importance. Toute transaction un tant soit peu importante devait passer par Montréal ou Toronto. L'approche prudente et conservatrice de ces institutions financières n'allait certes pas de pair avec l'esprit d'entreprise et le style pressé typique des gens d'affaires de la Colombie-Britannique.

Petit à petit les choses se sont améliorées. La Banque de Colombie-Britannique, devenue depuis lors la Banque Hongkong du Canada, fut créée afin de mieux répondre aux besoins locaux.

Ci-dessus: Depuis sa création en 1907, la Bourse de Vancouver a connu des transformations radicales apportées par la technologie moderne. Photo Al Harvey/Masterfile

Above: The Vancouver Stock Exchange has undergone radical technological changes since its inception in 1907. Photo by Al Harvey/ Masterfile

Les grandes banques et les compagnies de fiducie ont donné plus d'autorité à leurs représentants locaux qui furent alors à même de prendre des décisions sur place. Des amendements à la Loi des banques ont aussi permis aux banques de l'Annexe B d'offrir des services d'affaires compétitifs.

Les gens d'affaires de Colombie-Britannique ne se plaignent pratiquement plus de l'ampleur et de la flexibilité des services bancaires offerts dans la province. Les compagnies étrangères, de plus en plus nombreuses en Colombie-Britannique, considèrent son système bancaire efficace et accommodant.

Bien sûr, il y a (depuis toujours semblerait-il) la Bourse de Vancouver, cette vénérable institution qui s'est attiré louanges et quolibets au cours de son histoire. Fondée en 1907, cette manifestation de l'esprit d'entrepreneurship déjà bien vivant à l'époque, a été tour à tour calomniée, louangée, maudite, applaudie, ridiculisée et a suscité à peu près toutes les émotions et réactions imaginables. La Bourse de Vancouver a stoïquement traversé toutes ces tempêtes, continuant à faire ce qu'elle fait de mieux: lever des capitaux de risque pour de nouvelles entreprises—109 millions de dollars en 1988, pas trop mal pour une année quelconque sur les marchés nord-américains . . .

La Bourse a pris une envergure internationale et des compagnies d'Europe et des pays en bordure du Pacifique y sont dorénavant cotées. À la fin de 1989, certains signes semblaient indiquer que la Bourse de Vancouver et celle de Hong Kong seraient reliées de façon formelle.

Selon certains observateurs, il s'agirait d'une première étape vers la création d'une bourse du Pacifique.

Vancouver s'est vue confirmer dans son rôle de centre financier de calibre mondial en étant désigné avec Montréal à la fin de 1988 Centre financier international canadien (CFI). Les institutions financières étrangères qui choisissent de s'établir à Vancouver se voient ainsi accorder certains privilèges fiscaux et autres droits et avantages similaires. On cherche ainsi à stimuler

university-level colleges, specialty colleges in art and marine science, and various technical institutes. Special programs in the new six-year plan will increase access to post-secondary education for native Indians and for the disabled.

The Advanced Education Ministry takes the view that in a province the size of B.C., more is required than good facilities in various locations. It takes teaching to the people, operating a "distance learning" program that utilizes satellite television, computers, and other technology to teach students in remote locations. The program so impressed delegates to the Commonwealth Conference in Vancouver in 1987 that the collected prime ministers approved formation of "The Commonwealth of Learning," a new organization dedicated to implementing distance learning programs in developing Commonwealth countries. The B.C. government provided office space and operating funds, and the Commonwealth of Learning, the first Commonwealth organization located outside of the U.K., opened for business in Vancouver in late 1988.

FINDING THE FUNDS
B.C.'s business community long yearned for some kind of distance learning program that would leap the Rocky Mountains and teach eastern Canada's sober financial institutions just how different and how special funding needs are in Canada's westernmost province. The major banks and trust companies were well enough represented in the province in physical terms, but no one at the local level seemed able to make any decisions that mattered. Any transaction of size had to be submitted to the head office in Toronto or Montréal. The slow and conservative approach to decisions there simply was not in tune with the entrepreneurial, hurry-up style of the typical B.C. businessperson.

Gradually conditions improved. The Bank of British Columbia, later to become the aggressive Hongkong Bank of Canada, was created to provide a local bank more sensitive to local needs. The major banks and trust companies broadened regional and local authority, so that fewer decisions went to the head office. Changes to the federal Bank Act enabled so-called Schedule B banks to offer certain competitive business services.

Few complaints are heard today from resident businesspeople about the range and flexibility of B.C.'s banking services. The growing number of offshore enterprises doing business in British Columbia rate the banking community as efficient and accommodating.

Above: A cruise ship passes under one of the world's classic suspension bridges—Vancouver's Lions Gate Bridge. Photo by R. Hamaguchi/First Light

Ci-dessus: Un navire de croisière passe sous le pont Lions Gate, un des grands ponts suspendus au monde. Photo R. Hamaguchi/First Light

Facing page, right column: Raising venture capital for new enterprises is one of the strengths of the Vancouver Stock Exchange. Photo by FBM Photo/First Light

Ci-contre, à droite: Une des principales forces de la Bourse de Vancouver est d'aider les nouvelles entreprises à obtenir du capital de risque. Photo FBM/First Light

Un skieur solitaire fait une descente dans l'arrière-pays des montagnes Rocheuses. Photo Patrick Morrow/First Light

A lone skier makes his descent in the Rocky Mountain back country. Photo by Patrick Morrow/First Light

And of course there has been, forever it seems, the Vancouver Stock Exchange, that venerable institution with possibly the longest, strongest love-hate record of any financial organization in Canadian history. Since its inception in 1907 as a manifestation of the entrepreneurial currents swirling even then, the VSE has been maligned, praised, cursed, applauded, laughed at, and the target of about every emotion and reaction known to humankind.

Through it all, the VSE has stoically, for the most part, chugged along doing what it does best: raising venture capital for venturesome new enterprises—$109 million in 1988, not a great year for North American stock markets.

The exchange has become truly international in scope, with European and Pacific Rim companies acquiring listings. As 1989 came to an end, signs were mounting that some kind of formal link could develop between the VSE and the Hong Kong Stock Exchange. That, in the view of some observers, could be the first step toward a coordinated Pacific Rim exchange.

Vancouver's stature as a world-class financial centre received a significant boost in late 1988 when it was designated one of two (with Montréal) International Financial Centres in Canada. Offshore financial institutions establishing in Vancouver under the aegis of the IFC receive certain tax and other concessions. The objective is to develop, over time, a broadly international financial community providing the widest possible range of services available to companies anywhere in the world. In mid-1989, with the membership list growing, the president of the Vancouver Stock Exchange was given the additional responsibility of chairing the IFC. A full-time executive director was also appointed.

Y'ALL COME!

It's rather a pity that a couple of counter-gates couldn't have been installed when Vancouver's Lions Gate Bridge was completed in 1938—one counter below, for shipboard people passing underneath, and one above, for those crossing the span. The numbers on both would surely register in the millions today. Water-borne traffic alone is beyond measure. On the people side, one of the first major vessels to sail under the almost complete Lions Gate in June 1938 was the *Empress of Russia*, with a full passenger load.

The cruise ships still come—more and more every year—and now use the futuristic cruise ship terminal "beside the sails" of the former

Canada pavilion, a legacy of Expo '86.

Lions Gate Bridge, one of the world's classic suspension bridges, and Stanley Park, which anchors the bridge's south end, are by no means the only points of interest to visitors to British Columbia. But they somehow typify the province, for tourist and resident alike. Whether skiing the world-class slopes of Whistler Mountain, risking a gut-wrenching raft ride through Hell's Gate on the Fraser River, patiently fly-casting a calm trout-filled lake, riding a horse over rolling Cariboo ranch country, or marvelling at the replicated gold rush lifestyle in the restored frontier town of Barkerville, "the difference" is palpable. It's the B.C. difference, still defying description but definitely there. That, and the climate, the scenery, the services,

Silent Pass surrounds a camper with the awesome beauty of British Columbia's natural landscape. Photo by Patrick Morrow/First Light

Un campeur se retrouve au milieu d'un grandiose paysage de la Colombie-Britannique, dans le col Silent Pass. Photo Patrick Morrow/First Light

la création d'une communauté financière internationale qui puisse offrir aux entreprises du monde entier le plus vaste éventail de services possible. En 1989, afin de servir un nombre croissant de membres, le président de la Bourse de Vancouver était nommé à la tête du CFI et un directeur général entrait aussi en service.

ON VOUS ATTEND!

Comme c'est malheureux que l'on n'ait pas eu l'idée d'installer des péages sur le pont Lions Gate lors de son parachèvement en 1938! Un premier péage aurait pu indiquer le nombre de passagers qui ont passé sous le pont; un second, ceux qui l'ont emprunté. À coup sûr, ils iraient tous deux chercher dans les millions! Le trafic maritime à lui seul défie l'imagination. L'un des premiers vaisseaux à passer sous le pont en juin 1938 fut l'Empress of Russia rempli à pleine capacité.

Les navires de croisière continuent d'affluer année après année et accostent maintenant sous les voiles de l'ancien pavillon du Canada, héritage d'Expo 86.

Véritables symboles de la province, tant aux yeux des habitants que des visiteurs, le pont suspendu Lions Gate et le parc Stanley, à la sortie sud du pont, ne sont que deux des innombrables attractions de la Colombie-Britannique. Qu'il s'agisse de ski de calibre international à Whistler, de la descente du Fraser à travers les portes de l'Enfer, de pêche à la mouche sur un lac tranquille, d'équitation dans les vastes domaines des Cariboo ou encore de revivre la ruée vers l'or à Barkerville, la province affiche fièrement sa différence. Ce petit je-ne-sais-quoi si difficile à décrire, le climat, les paysages, les services et les gens—les gens surtout—attire de plus en plus de visiteurs en Colombie-Britannique.

Les revenus touristiques approchaient les 4 milliards de dollars par an au début des années 1990, ce qui fait du tourisme la seconde industrie en importance dans la province après la forêt. Comme vous le diront les gens de l'industrie touristique, leurs meilleurs clients, ce sont les habitants de la Colombie-Britannique eux-mêmes. Sans farce. En 1988, par exemple, 57 pour cent des 13 millions de visiteurs de la province venaient de Colombie-Britannique et généraient 43,5 pour cent des revenus.

LA VIE SUR LA COTE OUEST

Ce petit trait de la population, du genre pourquoi aller voir ailleurs quand nous avons tout ici, fait partie intégrante du style particulier à l'endroit, le « West Coast cool » , dont on retrouve diverses variantes dans les villes et les

and the people—perhaps above all, the
people—keep attracting more and more visitors.
And more and more of them keep coming back.

Tourism/hospitality revenues were
approaching $4 billion annually at the beginning
of the 1990s, firmly entrenching the industry as
second only to forestry as a revenue generator. A
popular saying in the hospitality industry is that
local residents are the province's best tourists.
This is no joke. In 1988 for example, 57 percent of
the 13 million people who travelled within the
province for one or more nights were B.C.
residents; they generated 43.5 percent of total
revenue.

WEST COAST LIVING

That "why go away when we've got it all here"
attitude is an integral part of what has come to
be widely—and sometimes enviably—known as
"B.C. style" or, more regionally, "West Coast
cool." It is evident in varying degrees in virtually
every community, coastal and inland. Its
components are essentially the same
everywhere, though the weight and mix differ.

The "style" is, for example, heavily skewed to
outdoor activities of all kinds, both land- and
water-based. It is frequently oriented to large
groups: capacity-straining crowds are the norm
at such events as the Abbotsford International
Air Show, the Okanagan Peach Festival, Williams
Lake Rodeo, Vancouver's Sea Festival and
attendant Bath Tub Race, and even at the bone-

chilling Polar Bear Swim every New Year's Day.

Culture is a substantial element of the "style."
And like so many other aspects of British
Columbia, its cultural mosaic is unlike any other
in Canada, for two primary reasons. The first is
that West Coast Indian tribes had a rich, deeply
entrenched cultural life. Overlooked or ignored
for years, many aspects of that culture have been
enthusiastically revived over the past 30 years or
so and are now an integral part of B.C. culture
and "style." The second factor is the distinctive
cultural influences imported by the large number
of immigrating Asians from China, Japan, India,
Pakistan, Malaysia, and other countries. Many of
their cultural attributes have been assimilated

Ci-dessus: Les 38 vaisseaux de la société B.C. Ferries font le transport du fret, des véhicules et des passagers sur 27 itinéraires. Ceux que l'on voit ici naviguent dans la baie Horseshoe, près de West Vancouver. Photo Bill Brooks/Masterfile

Above: B.C. Ferries operates 38 vessels and carries freight, vehicles, and passengers on 27 routes. These vessels navigate the waters of Horseshoe Bay in West Vancouver. Photo by Bill Brooks/Masterfile

La culture fait partie intégrante de ce style de vie. Avec ceci de particulier que la mosaïque culturelle de la Colombie-Britannique ne ressemble en rien à celle des autres provinces. On y perçoit en premier lieu l'apport des tribus amérindiennes de la Côte ouest, une culture riche et profondément enracinée qui, bien qu'ignorée pendant des années, a fait un retour en force depuis les 30 dernières années. Une deuxième influence s'y mêle, celle de l'Asie: la Colombie-Britannique a tout naturellement intégré au fond anglo-saxon les traditions d'immigrants chinois, japonais, indiens, pakistanais, malais et autres. Ajoutez à cela une touche de culture rurale des Prairies, un peu de Western américain, du français, de l'australien, de l'américain et jusqu'à une note des îles Fiji, et vous avez une culture pour le moins éclectique.

villages de la Côte et de l'intérieur. Ces composantes sont essentiellement les mêmes d'un endroit à l'autre; seules les proportions varient.

Le West Coast cool affiche un fort penchant pour les activités extérieures de toutes natures, aquatiques ou terrestres. Il aime les foules et court des événements comme le spectacle aérien international d'Abbotsford, le festival de la pêche de l'Okanagan, le rodéo de Williams Lake, le festival de la mer de Vancouver avec sa course de baignoires ou encore la trempette du Nouvel An dans les eaux glacées du Pacifique, le bien nommé Polar Bear Swim.

SE DÉPLACER

« Transport et communications » , tel était le thème de l'exposition universelle de Vancouver, Expo 86. Thème on ne peut plus approprié dans une province qui a forgé tout au long du 20e siècle un réseau de transport et de communications qui relie les régions les plus reculées.

Il n'y avait pas d'autoroute à l'intérieur jusqu'à la fin des années 1950; complétée en 1962, l'autoroute transcanadienne traversa la première la province de part en part. Seule l'autoroute de l'Alaska parcourt le nord-est de la province et il n'y a qu'une route entre Prince Rupert et Cassiar dans le nord-ouest. Il n'existe

almost unconsciously into the B.C. mix. There they have melded with traditional British, Prairie country and western, some French, a little Australian, a touch of Fiji, and some American to produce a culture that is eclectic, to say the least.

GETTING AROUND

The theme of Expo '86, the international exposition hosted that year by B.C. at Vancouver, was "Transportation and Communication." It was an exceptionally fitting theme for a province that has spent the better part of the twentieth century forging a communication/transportation network to bind itself together.

The interior regions had no interconnected highway system until the late 1950s; the Trans-Canada Highway, completed in 1962, was the first paved road to cross the entire province. The Alaska Highway is the only road across northeastern B.C., and only one road links Prince Rupert and Cassiar in the northwest. No roads exist along the mainland coast section between Prince Rupert and Powell River, since construction costs reach several million dollars per mile in some areas.

But the growing highway network now operating is stoutly built and meticulously maintained and is being expanded as budgets permit. All major regions and communities now have some highway and/or rail link with the rest of the province.

In all other areas of communication/transportation, B.C. residents are uncommonly well served. Telephone service everywhere is state-of-the-art, including radiophone nets, so vital to remote coastal, inter-island, and deep forest operations. Facsimile machines are as common in Prince George and Prince Rupert as they are in Victoria and Vancouver.

Air travel—local and international—has been a way of life since the early 1930s, with the first international flights commencing in 1937 to Honolulu. Today, Vancouver International is Canada's second-busiest airport, after Toronto, with flights to and from more cities and countries than one cares to count.

Regional carriers link every community of any size within the province and float planes, scheduled and chartered, buzz like overworked hornets along the coast, among the islands, and on inland lakes.

The two transcontinental railways link the province with central and eastern Canada. The government's B.C. Rail serves the area north from Vancouver to Prince George, and regular rail freight service is available between Vancouver and the U.S. west coast.

On the water, government-owned B.C. Ferries, which operates more vessels than the Royal Canadian Navy, carries freight, vehicles, and foot passengers between Vancouver Island and the Lower Mainland, among the Gulf Islands, and up the mainland coast to Prince Rupert and the Queen Charlotte Islands. Already one of the world's largest ferry operations, and constantly striving to keep up with growing demand, B.C. Ferries will bring four new vessels into service in 1994. They are a major component

Vancouver International, British Columbia's largest airport, serves both domestic and foreign air carriers. Photo by Bob Clarke/First Light

L'aéroport international de Vancouver, le plus grand aéroport de la Colombie-Britannique, accueille les avions des lignes canadiennes et étrangères. Photo Bob Clarke/First Light

Le majestueux mont Stephen surplombe la voie ferrée du Canadien Pacifique, près de Field. Le C. P. est l'un des deux chemins de fer nationaux qui desservent la Colombie-Britannique. Photo Wilhelm Schmidt/Masterfile

Majestic Mount Stephen towers over a Canadian Pacific Railway train near Field. CPR is one of two national railways serving the province. Photo by Wilhelm Schmidt/Masterfile

est aussi répandu à Prince George et à Prince Rupert qu'à Victoria et à Vancouver.

Le transport aérien, tant local qu'international, fait partie des moeurs depuis le début des années 1930: le premier vol international vers Honolulu eut lieu en 1937. De nos jours, l'aéroport international de Vancouver est le second en importance au Canada, après Toronto, et offre des vols vers une multitude de villes et de pays.

Des transporteurs régionaux font la navette dans toute la province, services complétés par des vols réguliers et nolisés d'hydravions le long de la côte, dans les îles et sur les lacs intérieurs.

Les deux compagnies de chemin de fer nationales relient la province au centre et à l'est du Canada. La société d'état B.C. Rail dessert la région au nord de Vancouver jusqu'à Prince George tandis que des trains de marchandises partent régulièrement pour la Côte ouest américaine.

Une autre société d'état, B.C. Ferries, qui possède plus de vaisseaux que la Marine canadienne, transporte le cargo, les véhicules et les passagers entre l'île de Vancouver et le continent, dans les îles Gulf et le long de la côte jusqu'à Prince Rupert et à l'archipel de la Reine-Charlotte. B.C. Ferries compte parmi les plus grandes entreprises du genre au monde; pour répondre à une demande toujours croissante, elle ajoutera en 1994 quatre nouveaux vaisseaux à sa flotte, dans le cadre d'un programme décennal d'expansion de 550 millions de dollars.

Autre composante majeure du service maritime de la province: le Port de Vancouver, le plus important et le plus achalandé au Canada, et sans doute l'un des plus beaux au monde.

On a profondément transformé la facade maritime du centre-ville de Vancouver depuis la tenue d'Expo 86. Le pavillon du Canada, devenu le Vancouver Trade and Convention Centre, sert de débarcadère aux bateaux de croisière et comprend en outre un grand hôtel. La deuxième étape de cette revitalisation verra d'ici le milieu des années 1990 la construction d'un hôtel, d'espaces commerciaux et résidentiels là où il n'y avait pendant des années que des cours de triage et des installations de transbordement entre le rail et les services maritimes.

Cette progression constante vers un avenir meilleur, c'est en fait le propre de ce style que l'on essaie à grand-peine de définir succinctement. Peut-être au fond est-ce peine perdue et vaut-il mieux vivre pleinement cette merveilleuse province et ses gens pour en apprécier pleinement la spécificité.

toujours pas de route le long de la côte entre Prince Rupert et Powell River, car les coûts de construction atteindraient plusieurs millions de dollars du mille à certains endroits.

Les budgets le permettant, le réseau autoroutier existant, solidement construit et méticuleusement entretenu, continue à prendre de l'expansion. Les principales régions et communautés sont maintenant reliées par route ou par chemin de fer au reste de la province.

Les habitants de la Colombie-Britannique jouissent, par ailleurs, de services de transport et de communication exceptionnels. À la fine pointe de la technologie, le service téléphonique offre, par exemple, le radiotéléphone, une nécessité dans les régions éloignées de la côte, dans les îles et en forêt. Quant au télécopieur, il

of a 10-year, $550-million capital expansion and maintenance program approved in 1989-1990.

The province's other major water-based operation is the Port of Vancouver, Canada's largest and busiest port, and arguably one of the world's most beautiful.

Expo '86 provided the first stage of a major transformation of the waterfront portion that abuts downtown Vancouver. Construction of Canada Place pavilion, which became the Vancouver Trade and Convention Centre after Expo, and the adjoining Cruise Ship Terminal and major hotel facility dramatically changed the face of Vancouver's core. Stage two, to be completed by the mid-1990s, will see construction of additional hotel, retail, commercial, and residential facilities on waterfront property that has for years housed rail marshalling yards and freight-ferry docks.

It's all so "very B.C." somehow, this constant march toward constant improvement. Perhaps succinct definitions aren't so important after all. Perhaps the right approach is just to experience as much of this remarkable province and its people as possible, and let the definitions look after themselves.

Left: The busy Port of Vancouver is shown here jammed with container traffic. Photo by Thomas Kitchin/Tom Stack & Associates

À gauche: Beaucoup de marchandises exportées à l'étranger par d'autres provinces transitent par le port de Vancouver, où le trafic de conteneurs est très important. Photo Thomas Kitchin/Tom Stack & Associates

Below: This swiftly moving B.C. ferry travels from Vancouver to Victoria. Photo by J.A. Kraulis/Masterfile

Ci-dessous: Ce traversier de la Colombie-Britannique avance à vive allure et laisse un sillage de remous blancs sur son passage, de Vancouver à Victoria. Photo J.A. Kraulis/Masterfile

A dogsled and its driver make their way across the stark, snow-covered Yukon landscape in the shadow of the St. Elias mountain range. Photo by Patrick Morrow/First Light

Dans les terres austères et enneigées du Yukon, à l'ombre du massif Saint Elie, un homme fait route en traîneau à chiens. Photo Patrick Morrow/First Light

Canada's North
Rising to the Challenge

Le Grand Nord canadien
Un défi à la mesure du pays

WILLIAM PASNAK

Les Canadiens se targuent d'être un peuple nordique. Même s'il est vrai que la plupart des Canadiens vivent plus au nord que la majorité des Nord-Américains, ils pourraient aussi bien habiter sous les tropiques si l'on compare leur vie à celle des habitants du Grand Nord, le Yukon et les Territoires du Nord-Ouest. Le Canada ne peut vraiment prétendre être un pays nordique que lorsque l'on considère ces vastes étendues, encore largement méconnues.

Avec leur superficie de 3 862 100 kilomètres carrés, ces deux régions représentent en fait près de 40 pour cent de la superficie du Canada. Exception faite de certaines îles dans la baie James et la baie d'Hudson, elles sont bordées au sud par le 60e parallèle, limite septentrionale du Manitoba, de la Saskatchewan, de l'Alberta et de la Colombie-Britannique. Au nord, elles s'étendent aussi loin que l'archipel arctique, à moins de 800 km du pôle Nord. À l'ouest, elles partagent une frontière avec l'Alaska.

Et toute cette étendue est presque entièrement dénuée de toute vie humaine. Le territoire du Yukon a une population de 29 411 habitants; les Territoires du Nord-Ouest, de 52 238. En tout, un peu plus de 80 000 personnes vivent dans cette région, soit une densité de 50 kilomètres carrés par personne.

VARIÉTÉ DE PAYSAGES

Sur une pareille étendue, les paysages varient à l'extrême. Le Yukon est plutôt montagneux; on y trouve dans le sud-ouest les sommets les plus élevés du Canada. Le mont Logan, dans le massif Saint Elie, atteint 6 050 mètres. Au nord-est se trouvent les monts Mackenzie à la limite ouest des Territoires du Nord-Ouest. Le fleuve Mackenzie coule le long de cette chaîne, arrosant un bassin hydrographique de 1,8 million de kilomètres carrés sur une distance de 4 241 kilomètres, ce qui en fait le fleuve le plus important du Canada. En 1789, l'explorateur Alexander Mackenzie le baptisa le « fleuve de la Déception », après s'être aperçu qu'il coulait vers l'océan Arctique plutôt que vers le Pacifique.

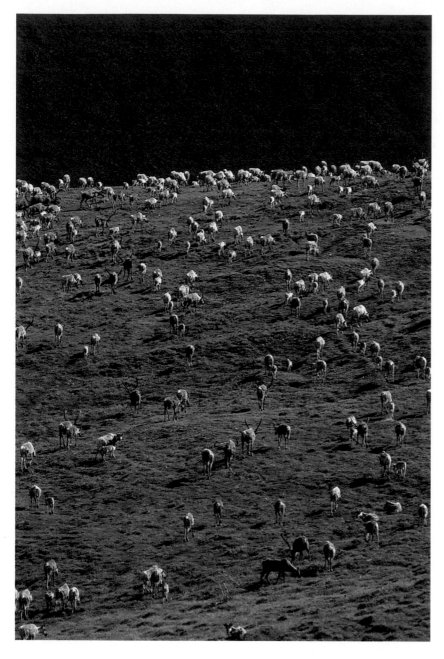

De grands troupeaux de caribous parcourent la toundra arctique, se nourissant d'herbe, de mousse, de lichen et d'arbustes. Photo Patrick Morrow/First Light

Immense herds of caribou roam the Arctic tundra, feeding on moss, lichen, shrubbery, and grass. Photo by Patrick Morrow/First Light

Au nord et à l'est, la forêt boréale disparaît pour faire place à la toundra, un dédale de lacs, de rivières sinueuses et de terres basses, bigarrées de mousses, de lichens, d'arbustes, de roches et d'herbes, domaine du caribou, de son ennemi, le loup, ainsi que de l'orignal, du renard et de l'ours. La toundra s'étend à l'archipel arctique, à une différence près: la présence de neiges éternelles, particulièrement vers l'est, et des étés plus frais, étant donné l'influence des eaux froides de l'océan et de la banquise. La température estivale moyenne n'atteint que 4 degrés Celsius. Les hivers y sont plus tempérés cependant qu'au Yukon, isolé des effets de l'océan par ses montagnes.

La température affecte tout, bien entendu, dans le Grand Nord: le style de vie, l'économie, et jusqu'au paysage lui-même. Etant donné les conditions climatiques extrêmes, la toundra ne présente que très peu de sol. La région est largement constituée de pergélisol, qui impose certaines restrictions à la construction. Et malgré les hivers très longs, très froids (et très sombres), l'Arctique ne reçoit que très peu de précipitations.

UNE POPULATION HARDIE
Une bonne partie de la population se compose d'autochtones: au Yukon, les Yukons représentent 25 pour cent de la population tandis que 58 pour

" . . . With glowing hearts, we see Thee rise, The true north, strong and free . . ."

There's no doubt about it—Canada thinks of itself as a *northern* country; it's right there in the national anthem. But while it is true that most Canadians live farther north than, say, New York or Los Angeles, they might as well be in the tropics compared with the *true* north, the Yukon and Northwest Territories. If Canada has any claim to being northern, surely it comes from these immense, unique, and largely unknown realms.

First, consider their size. Taken together, the two territories add up to 3,862,199 square kilometres, or nearly 40 percent of Canada's land mass. Except for islands in James Bay and Hudson Bay, the southern border is the 60th parallel, across the top of Manitoba, Saskatchewan, Alberta, and British Columbia, while the northernmost point of the Arctic Archipelago stretches to within 800 kilometres of the pole. The Yukon's long border with Alaska is Canada's westernmost point.

The next thing to consider is that, from a human point of view, the north is almost empty. The Yukon Territory has 29,411 people; the Northwest Territories has 52,238. In other words, just over 80,000 people live in a space bigger than India, a density close to 50 square kilometres per person.

The brilliant hues of valley flora stand in sharp contrast to the monochromatic hills of the Ogilvies near Seela Pass. Photo by Patrick Morrow/ First Light

Les teintes vives de la flore dans la vallée contrastent avec la monochromie des monts Ogilvie, près du col de Seela. Photo Patrick Morrow/First Light

D'immenses banquises et d'imposants icebergs font souvent partie du paysage près de la côte de l'île de Baffin. Photo Robert Semeniuk/First Light

Massive ice floes and spectacular icebergs are common sites off the coast of Baffin Island. Photo by Robert Semeniuk/First Light

cent de la population des Territoires du Nord-Ouest est autochtone, Dene ou Inuit. Quoique la population blanche se concentre dans les centres urbains (Whitehorse, la capitale du Yukon (15 199 habitants) et Yellowknife, celle des Territoires du Nord-Ouest (11 753 habitants) sont les centres les plus importants), Blancs et autochtones vivent côte à côte, participant à parts égales à la vie de la communauté et à l'économie du Nord. Journaux, radio et télévision autochtones témoignent d'une culture bien vivante; les revendications territoriales demeurent cependant une pomme de discorde.

RETOUR EN ARRIÈRE

Si l'on considère les conditions de vie très dures auxquelles devaient faire face les chasseurs du néolithique, la population du Nord a toujours, depuis les temps les plus reculés, fait preuve d'une capacité d'adaptation exceptionnelle. Les cultures Dene et Inuit n'ont pratiquement pas changé au cours de centaines, voire même de milliers d'années, tellement elles étaient bien adaptées à leur environnement. Il n'y a que le contact avec le monde industrialisé qui ait bouleversé ces cultures, le traîneau à chiens cédant la place à la motoneige, la lance, au fusil.

Les premiers contacts entre Blancs et autochtones se firent à l'époque de la traite des fourrures, à la fin du 18e siècle et au tout début du 19e siècle. Dans la foulée des commerçants

suivirent les missionnaires, les églises catholique romaine et anglicane étant particulièrement actives. Quelques malheureux explorateurs se risquèrent plus à l'est, à la recherche d'un passage vers l'ouest à travers les glaces et les îles. Quoiqu'ils revinrent tous bredouilles, ces explorateurs poussèrent plus avant la connaissance de ces vastes étendues.

L'histoire du Yukon est particulièrement marquée par la découverte de l'or en 1897. Des prospecteurs fouillaient les ruisseaux autour de Dawson depuis quelque temps déjà lorsque l'annonce d'une seule batée ayant produit quatre dollars lança ce qui devint la plus grande ruée vers l'or de tous les temps. Des hommes venus des quatre coins du monde affluèrent vers le Nord-Ouest; on estime que la population atteignit 40 000 personnes au moment où la ruée battait son plein.

La ruée vers l'or terminée, la population diminua sensiblement. Malgré le piégeage et l'exploitation de l'argent et du plomb à Keno Hill au coeur du Yukon, le Grand Nord demeura largement isolé jusqu'à la Seconde Guerre mondiale. On construisit alors l'autoroute de l'Alaska et, avec le projet Canol, on se mit à transporter le pétrole de Norman Wells vers les raffineries de Whitehorse. Capitaux et main-d'oeuvre affluèrent mais, ce fut l'ouverture de routes et d'aérodromes toutes saisons qui eut le plus d'impact à long terme sur l'économie du

VARIED VISTAS

In such a huge area, the landscape is tremendously varied. The Yukon is largely mountainous, and in its southwest corner are the highest peaks in Canada. Mt. Logan, in the St. Elias range, reaches 6,050 metres. Travelling northeast, we find the mountains take their last stand in the Mackenzie range on the western edge of the Northwest Territories. Running roughly parallel to this range is the great Mackenzie River, in system length (4,241 kilometres) and in drainage area (1.8 million square kilometres) the biggest river in Canada. It was named the River of Disappointment in 1789 by the explorer Alexander Mackenzie, when he found it led not to the Pacific, but, rather, to the Arctic Ocean.

Further north and east, the boreal forest disappears, and we come to the Arctic tundra, a maze of lakes, meandering rivers, and low rocky ground patched with mosses, lichens, shrubs, and grass. Here roam large herds of caribou and their predator, the wolf, as well as moose, fox, and bear. The tundra vegetation continues on to the Arctic Archipelago, where the main difference from the mainland is the frequent presence of ice caps, especially in the east, and cooler summers, because of the cold ocean waters and the ice pack. The average summer temperature here is only 4 degrees Celsius. Southerners may be surprised, though, to find

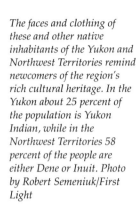

The faces and clothing of these and other native inhabitants of the Yukon and Northwest Territories remind newcomers of the region's rich cultural heritage. In the Yukon about 25 percent of the population is Yukon Indian, while in the Northwest Territories 58 percent of the people are either Dene or Inuit. Photo by Robert Semeniuk/First Light

La physionomie et l'habillement des autochtones du Yukon et des Territoires du Nord-Ouest rappellent aux nouveaux-venus le riche héritage culturel de la région. Au Yukon, les Indiens Yukons représentent environ environ 25 pour cent de la population et dans les Territoires du Nord-Ouest, les Dene et les Inuit environ 58 pour cent. Photo Robert Semeniuk/First Light

that winters in the archipelago are not as cold as they are in the Yukon, where the mountains keep it climatically isolated from the moderating effects of the sea.

Weather, of course, has a major effect on everything in the north—lifestyle, economy, and even the landscape itself. Across the tundra, for

A rugged fur trapper peers out of the doorway of his Squaw Creek cabin. Many people in the Yukon and Northwest Territories continue to make a traditional living from trapping and hunting. Photo by Patrick Morrow/First Light

Un trappeur jette un coup d'oeil par la porte de sa cabane à Squaw Creek. Ils sont encore nombreux, au Yukon et dans les Territoires du Nord-Ouest, à vivre de chasse et de pêche, comme autrefois. Photo Patrick Morrow/First Light

Nord. Un autre projet qui transforma à sa manière le Grand Nord fut la construction de la ligne DEW, une série de stations radar érigées à la limite du continent dans les années 1950.

GOUVERNER LE GRAND NORD

Ne jouissant pas du statut de province, le Yukon et les Territoires du Nord-Ouest font bande à part au sein de la Confédération canadienne. Ils possèdent tous deux une assemblée élue mais ils sont en fait contrôlés par le gouvernement fédéral. Au Yukon, le cabinet se rapporte directement au leader élu du gouvernement et non au commissaire nommé par Ottawa. Ces régions se dirigent lentement mais sûrement vers le statut de province (le Yukon tout particulièrement) mais, un tel transfert reste peu plausible étant donné les coûts d'une telle opération et la complexité des négociations nécessaires entre le fédéral et les gouvernements provinciaux.

Les édifices commerciaux de la ville de Yellowknife, dans les Territoires du Nord-Ouest, s'élèvent au-dessus du secteur résidentiel. Photo Brian Sytnyk/Masterfile

Commercial buildings dwarf residential dwellings in the Northwest Territories town of Yellowknife. Photo by Brian Sytnyk/Masterfile

RICHESSES DU SOL

L'économie du Nord est largement tributaire des minéraux, surtout l'or, l'argent, le plomb et le zinc mais aussi le pétrole et le gaz naturel. On y trouve aussi des dépôts de nickel, d'uranium et de beryllium, ressources dont l'exploitation n'est pas toujours rentable. La plus grande partie du tungstène canadien vient du Grand Nord mais, avec la chute des prix, on y a cessé toute production depuis 1986. L'économie a rebondi à la fin des années 1980 avec la réouverture de la mine de plomb et de zinc de Curragh Resources à Faro, et l'ouverture d'une mine d'or à Ross River. En 1988, la production minérale du Yukon s'élevait à 455 millions de dollars, la moitié de cette somme provenant du zinc.

Les Territoires du Nord-Ouest exploitent aussi des métaux précieux et de base, de même que du pétrole et du gaz. Gulf Canada a investi 67 millions de dollars en 1987 et 30 millions de dollars au premier trimestre de 1988 afin d'évaluer le champ Amauligak dans la mer de Beaufort. Environ 2 100 personnes travaillent dans les opérations minières des Territoires du Nord-Ouest.

RESSOURCES RENOUVELABLES

Le Yukon et les Territoires du Nord-Ouest possèdent d'importantes ressources renouvelables, la forêt et la fourrure, notamment. En 1988, les permis pour le bois de sciage, le bois de chauffage et les rondins totalisaient au Yukon 200 000 mètres cubes. Dans les Territoires du Nord-Ouest, ils faisaient 67 000 mètres cubes. La même année, dans les Territoires du Nord-Ouest, la fourrure générait des revenus de 6,1 millions de dollars, tandis qu'au Yukon ces mêmes chiffres atteignaient 1,5 million de dollars. Il existe une forte demande pour le saumon du Yukon, qui remonte la rivière Yukon depuis la mer de Bering. On estimait les livraisons de poisson en 1988 à environ 3 ou 4 millions de dollars, et cette production est appelée à croître avec l'ajout d'usines de traitement de l'omble de l'Arctique.

LA MANNE TOURISTIQUE

La beauté sauvage du Grand Nord attire chaque année bon nombre de visiteurs et des efforts ont été consentis pour développer encore plus l'industrie touristique. En 1988, le Yukon accueillait 179 762 visiteurs, le tourisme générant des revenus de l'ordre de 70 millions de dollars. On estime qu'environ 58 000 personnes visitent chaque année les Territoires du Nord-Ouest, et

example, there is little true soil because of the harsh conditions, and through much of the region there is permafrost, which imposes certain restrictions on building. In spite of the long, cold (and dark!) winters, however, the arctic is one of the driest regions in the country.

HARDY INHABITANTS

A large proportion of the northern population is made up of native people. In the Yukon, about 25 percent are Yukon Indians; in the Northwest Territories, 58 percent are native, either Dene or Inuit. Although the white population tends to be concentrated in the urban centres (Whitehorse, capital of the Yukon—15,199—and Yellowknife, capital of the Northwest Territories—11,753—are the largest communities), the native population lives side by side with non-natives, participating fully in the community and the economy. Native language newspapers, radio, and television are examples of a strong culture, but the settlement of native land claims remains a pressing political problem.

LOOKING BACK

The north's earliest history is an illustration of human adaptability, inasmuch as neolithic hunters and gatherers were able to survive extraordinarily harsh conditions. Indeed, the culture of Dene and Inuit probably did not change over hundreds, if not thousands, of years, so well suited was it to the environment. Now, of course, contact with the industrialized world has changed much—the dog team has been replaced by the skidoo, and the spear has given way to the rifle.

The beginnings of that contact came from the fur trade, in the late eighteenth and early nineteenth centuries. With the traders, there inevitably came missionaries; both the Roman Catholic and Anglican churches were active. In the eastern arctic, there were also a number of forlorn expeditions looking for a channel through the ice and islands to the western ocean. None of these was very successful at its stated goal, although they did slowly fill in the map.

The history of the Yukon was especially

Notre Dame de Bonne Esperance was built by missionaries sent to the distant Yukon and Northwest Territories in the nineteenth century. Photo by Gary Fiegehen/First Light

Notre-Dame-de-Bonne-Espérance remonte au XIXe siècle, à l'époque où les missionnaires arrivaient au Yukon et dans les Territoires du Nord-Ouest. Photo Gary Fiegehen/First Light

Ci-dessus: Le SS Klondike, qui fait partie du patrimoine historique canadien, est en exposition à Whitehorse. Photo Ken Straiton/First Light

Above: The SS Klondike, one of Canada's national historic sites, is on display in Whitehorse. Photo by Ken Straiton/First Light

À droite: On se déplace souvent en avion dans le grand nord canadien, comme en témoigne cet avion qui descend sur les eaux de la rivière Porcupine près de Old Crow. Photo Patrick Morrow/First Light

Right: Commuting by air in the remote regions of Canada's far north is commonplace, as illustrated by this plane alighting on the Porcupine River near Old Crow. Photo by Patrick Morrow/First Light

marked by the discovery of gold there in 1897. A number of prospectors had been working the creeks around Dawson for some time, but when a single pan yielded four whole turn-of-the-century dollars worth of gold, it set off what may have been the largest gold rush in the history of the world. From around the world men poured into the Northwest, and at the height of the rush, it is estimated there were 40,000 people in the territory.

When the gold rush died away, the population dwindled again. Although fur trapping continued, and silver and lead production began at Keno Hill in the central Yukon, the north continued as a largely untouched frontier region until the Second World War. Then the Alaska Highway was built, and the Canol Project brought crude oil from Norman Wells to Whitehorse for refinement. There was a sudden surge of people and available cash, but more important for the development of the north was the beginning of an infrastructure of all-weather roads and airfields. Another project that has helped to change the north was the DEW line, a string of radar stations built across the top of the continent in the 1950s.

FAR NORTH GOVERNMENT

The position within confederation of the Yukon and Northwest Territories is unusual, in that these regions do not have provincial status. They are ultimately controlled by the federal government, although both enjoy elected assemblies, and in the Yukon, the Cabinet reports to the elected government leader, rather than to the commissioner appointed by Ottawa. There has been a steady, if slow, movement toward full provincial status for the territories (in which the Yukon Territory has the lead), but there is some doubt this can ever be accomplished because of the large costs involved, and because of the complex negotiations needed amongst the federal and existing provincial governments.

WEALTH FROM THE EARTH

The northern economy is largely dependent on minerals—mostly gold, silver, lead, and zinc, with some exploration for and production of oil and gas. There are also significant amounts of nickel, uranium, and beryllium, but it is not always economical to develop these resources. Virtually all of Canada's tungsten comes from the north, but because of a fall in price, production stopped in 1986. In the Yukon the reopening by

An Eskimo Lines freighter sits anchored off Baffin Island. Photo by Robert Semeniuk/First Light

Ce cargo d'Eskimo Lines a jeté l'ancre près de la côte de l'île de Baffin. Photo Robert Semeniuk/First Light

Curragh Resources of a lead-zinc mine at Faro and the opening of a hard rock gold mine at Ross River have made the economy surge in the late 1980s. In 1988 mineral production in the Yukon Territory was $455 million, about half of which came from zinc. In the Northwest Territories, there is substantial activity in the oil and gas sectors as well as in base and precious metals. For example, Gulf Canada spent $67 million in 1987 and $30 million in the first quarter of 1988 to evaluate the Amauligak field in the Beaufort Sea. At the same time, approximately 2,100 people were employed in Northwest Territories mining operations.

RENEWABLE RESOURCES

Both the Yukon and the Northwest Territories have strong renewable resource sectors, with forestry and furs leading the way. In 1988 forest permits for sawlogs, fuelwood, and roundlogs in the Yukon totalled just under 200,000 cubic metres. In the Northwest Territories this total was just over 67,000 cubic metres. In the same year, fur production in the Northwest Territories was worth $6.1 million, while in the Yukon, it ran to just under $1.5 million. In the Yukon there is also a strong export market for salmon, which come up the Yukon River from the Bering Sea. Fish shipments in 1988 were estimated at between $3 million and $4 million and should rise with the addition of processing facilities for arctic char.

ATTRACTING VISITORS

The remoteness and beauty of the north generate a substantial tourist trade, and efforts have been made to further develop this industry. In 1988, 179,762 visitors came to the Yukon, and spent

Ci-dessus: Au cours des dernières années, on estime que le Yukon a exporté pour plus de 4 millions de dollars de poisson annuellement, du saumon et de l'omble chevalier, entre autres espèces. Photo Patrick Morrow/First Light

Above: Fish shipments from the Yukon, including arctic char and salmon (among others), were estimated at nearly $4 million annually in recent years. Photo by Patrick Morrow/First Light

injectent plus de 50 millions de dollars dans l'économie locale. Depuis 1975, le nombre d'hôtels, de motels, d'auberges et de pourvoiries dans les Territoires du Nord-Ouest a plus que doublé et l'on compte maintenant plus de 1 500 chambres dans les hôtels et motels des Territoires.

VERS L'AVENIR

L'avenir du Grand Nord s'avère des plus prometteurs quoiqu'un certain nombre de facteurs doivent être pris en considération. L'environnement d'abord, très sensible à toute intervention et lent à s'en remettre. Tout effort de mise en valeur doit donc être longuement soupesé, particulièrement pour ses conséquences sur le style de vie traditionnel, très proche de la terre. Autre facteur: la forte présence des autochtones, qui veulent de plus en plus déterminer leur propre avenir. Enfin, l'économie du Nord doit se diversifier et devenir plus autonome, besoins clairement identifiés dans *Yukon 2000*, un plan de développement du Yukon récemment publié qui rejette le modèle traditionnnel d'une économie largement tributaire des ressources naturelles et sujette au contrôle extérieur.

Pour le moment cependant, le Grand Nord demeure d'une extraordinaire beauté, une terre de défis et de solitude dont la population essaie avec passablement de succès de bâtir son avenir tout en s'efforçant de préserver un héritage datant des temps les plus reculés.

some $70 million. NWT officials estimate the annual tourist traffic at 58,000 visitors, spending more than $50 million. Since 1975 the number of hotels, motels, lodges, and outfitters in the Northwest Territories has more than doubled, and there are now more than 1,500 motel and hotel rooms across the NWT.

THE FUTURE

The potential for development in the north is strong, but is balanced by a number of factors. One is simply the ecology, which is generally vulnerable to any kind of disturbance and slow to recover. The consequences of any development decision, therefore, can be very far-reaching,

particularly for the traditional, land-based way of life. Another factor is the large native presence in the north; northern natives are justifiably determined to have a stronger voice in their own future. Third, the north is aware of a need to diversify and become more self-reliant. These needs were clearly expressed in Yukon 2000, the recently published Yukon Economic Strategy, which rejected the model of a resource-based economy subject to outside control.

For the present, therefore, the north remains a place of extraordinary beauty, harsh challenge, and solitude, in which the people try, with some success, to build the future without abandoning their precious legacy of the very ancient past.

This Whitehorse dam harnesses the raw power of water to produce electricity for the region. Photo by John de Visser/Masterfile

Ce barrage, à Whitehorse, retient les eaux qui produisent l'électricité pour la région. Photo John de Visser/Masterfile

Canada is a major economic force in today's world market.
Photo by Ken Straiton/First Light

Le Canada joue un rôle de premier plan sur les marchés mondiaux d'aujourd'hui.
Photo Ken Straiton/First Light

Epilogue

The Canadian Chamber of Commerce
Growing In Step With Canadian Business

La Chambre de Commerce du Canada
À l'image de l'entreprise canadienne

Une littérature abondante existe sur les paysages pittoresques et le passé haut en couleurs du Canada. En revanche, peu d'ouvrages rendent hommage aux Canadiens qui, par leur savoir-faire et leurs entreprises dynamiques, constituent pourtant la force motrice du pays.

Résolument fière du rôle actif des entreprises canadiennes sur le marché international, la Chambre de Commerce du Canada a estimé le moment venu de relater l'histoire du pays dans une perspective économique. Le présent ouvrage représente le fruit de ses recherches.

La Chambre de Commerce du Canada a été formée en 1925 par une poignée de chambres locales réunies à Winnipeg en vue de doter les milieux d'affaires d'un porte-parole national. Depuis lors, elle a grandi au même rythme que ses membres. De nos jours, la Chambre, seul organisme d'envergure nationale à regrouper des entreprises de tous les types et de toutes les tailles, forme la principale association commerciale du pays.

Son réseau, formé de centaines de chambres de commerce, de boards of trade et d'associations commerciales ainsi que de milliers d'entreprises, s'étend dans toutes les circonscriptions fédérales. Cette liaison à l'échelon local distingue la Chambre des autres groupes d'intérêt et lui donne plus de poids. Aujourd'hui, porte-parole de près de 200 000 membres, elle inspire le respect aux décideurs politiques et au public.

La chambre nationale a évolué à l'image du Canada et de son secteur privé. À ses débuts, elle se consacrait à jeter ses propres assises en établissant des chambres de commerce dans les villages et les villes à la grandeur du pays. Par la suite, elle s'est mise à fournir une aide spécialisée, des programmes et des services à l'intention de ses membres.

Lorsque l'ingérence du gouvernement fédéral dans le monde des affaires s'est amplifiée, la Chambre a assumé le rôle de vigie sur la Colline parlementaire pour défendre avec ardeur les intérêts des entreprises. Elle est aujourd'hui reconnue d'un bout à l'autre du pays comme la « voix des milieux d'affaires ».

Au cours des années 80, la Chambre a voulu renforcer sa position de chef de file en se préparant, ainsi que ses membres, au XXIe siècle.

Elle a donc fait de ses activités internationales une priorité. D'une part, elle s'emploie à trouver des occasions d'affaires à l'étranger pour les entreprises canadiennes. Elle tente, d'autre part, de sensibiliser les Canadiens au défi que posera la libéralisation imminente du commerce à l'échelle mondiale. De plus, elle s'est écartée des préoccupations politiques de l'heure pour s'efforcer de cerner les impératifs du pays et de ses entreprises à l'aube du prochain millénaire.

La Chambre est ainsi devenue une association à facettes multiples. En effet, non seulement elle veille avec le même dynamisme aux intérêts de ses membres au pays et à l'étranger, mais encore elle s'intéresse à l'actualité législative. Elle offre aussi des publications et des programmes innovateurs destinés à aider les entreprises et les collectivités à prospérer dans un monde en évolution constante.

Tout comme le pays et les entreprises dépeints dans cet ouvrage, la Chambre est fin prête à se lancer à la conquête du monde. Armée du savoir-faire, de la détermination et de la fierté qui font la renommée des Canadiens, elle a tout pour réussir.

Canada's scenic beauty and its colourful history have been well documented in the past. Much less has been written about the resourceful people and dynamic enterprises that, in the words of the prologue to this book, "make Canada tick."

As Canadian business assumes a more aggressive role in the international marketplace, The Canadian Chamber of Commerce felt a need to tell the nation's story from an economic perspective, and with an unabashedly positive point of view. This publication is the result.

Since 1925, when a handful of community chambers of commerce met in Winnipeg to form a national voice for business, the Canadian Chamber has grown in step with its constituency. Today it is the largest and most representative business association in the country, and the only group that embraces firms of every type and size from every region.

Its network of hundreds of chambers of commerce, boards of trade, trade associations, and thousands of individual companies reaches into every federal electoral district. That distinctive "grass roots connection" sets it apart from other interest groups and adds legitimacy to its voice. Today, it speaks for a base membership that is approaching 200,000 and that commands the attention and respect of both policy makers and the public.

The growth pattern of the national chamber parallels that of Canada and its private sector. Initially, it devoted its energy to building its own infrastructure through the establishment of local chambers in villages, towns, and cities across the breadth of the vast Canadian landscape. Later, it served as a centre of expertise, a program development agency, and a service bureau for those member organizations.

As the federal government and its impact on business grew, the chamber assumed a watchdog role on Parliament Hill, asserted itself as a persuasive advocate for business interests, and became recognized as "the voice of business" across Canada.

During the 1980s, the chamber took steps to consolidate its leadership position and to prepare itself, and its members, for the twenty-first century.

It gave priority to expanding its international activities in order to pursue opportunities for Canadian companies in markets around the world, and to heighten Canadians' awareness of the looming challenge of freer global trade. And it looked beyond the political preoccupations of the day to identify the priorities for Canada and Canadian business in the year 2000 and beyond.

The result is a multi-dimensional association that pursues its members' interests with equal vigour at home and abroad, and that tackles contemporary legislative issues while also offering innovative publications and programs to prepare companies and communities for their future in a rapidly changing world.

Like the country and the companies portrayed in this book, Canada's premier business association is poised to take on the world, with the distinctive combination of skill, determination, and quiet pride for which this special nation and its people have become known.

II

ENTREPRISES CANADIENNES

Une main-d'oeuvre hautement qualifiée et bien formée est l'aspect le plus important de l'économie canndienne. Photo Robert W. Allen

CANADA'S ENTERPRISES

The most important aspect of Canada's business and industrial sectors is the country's well-trained and highly-skilled work force. Photo by Robert W. Allen/First Light

Established in 1937, the Toronto Stock Exchange is now the seventh-largest exchange in the world. Photo by Rommel/Masterfile

Créée en 1937, la Bourse de Toronto est maintenant la septiéme bourse in importance au monde. Photo Rommel/Masterfile

BUSINESS AND FINANCE

Canada's business and financial communities bring a wealth of service, ability, and insight to the nation.

AFFAIRES ET FINANCES

Service, savoir-faire et perspicacité: le propre du milieu des affaires et de la finance canadien.

ROYAL BANK OF CANADA

Founding principles of stability, integrity, and quality service endure amid the electronic processing of several million daily transactions at Canada's largest financial institution.

The Royal Bank of Canada is one of the world's foremost retail banks and is ranked third in North America by virtue of its $130 billion (Canadian) in assets. More than 57,000 full- and part-time personnel are employed in the corporate offices, 1,617 Canadian branches, and 125 business units in 32 other countries.

The numbers are astounding and the technology is far advanced from the vision of eight respected Halifax businessmen who launched the Merchants Bank with $200,000 capital in 1864. Following Confederation under the British North America Act of 1867, a federal charter incorporating title as the Merchants Bank of Halifax was issued on June 22, 1869. The bank did not regress when it was buffeted by fisheries and trade collapses, nor did it slip in the Great Depression of the 1930s. And it never lost sight of its shopkeeper roots, even after national stature was attained under the new signature of the Royal Bank of Canada in 1900.

Long before contemporaries moved into the international arena, the Royal staked a global presence more than a century ago in quest of

North Atlantic trade widening to the West Indies and Latin America. An agency in Bermuda in 1882 led to a Cuban branch and New York agency by 1889, setting the stage for ongoing vigorous participation in selected international financial markets.

Although the bank had no Toronto base until 1903, the Klondike gold rush of the late 1890s propelled Royal staff 3,000 miles across the continent to open for business in British Columbia. A wooden shack with a sign advertising a livery for dog teams housed an early branch on the frontier. From pioneering finance on the West Coast, the bank acquired a foothold and expertise that later proved advantageous in dealing with investments in energy and other resource developments at home and abroad.

In 1907, when assets had reached $50 million, the head office was moved permanently to Montréal, the country's financial centre of gravity for most of this century. From that vantage point, the Royal Bank initiated operations in England, France, Spain, British Honduras, Guyana, South America, and throughout the British and French West Indies—and even, briefly, to Siberia in 1919. (A telegram from Lenin and Trotsky denounced the opening of a Vladivostok branch).

In the prosperous aftermath of World War I, the bank expanded rapidly to pause on the eve of the Depression in 1929 with a total of 838 Canadian branches representative of all provinces and almost every community of substance in the land. (A Yukon branch would round out the national network in 1948.) The Royal opened that difficult decade with

In addition, Royal Bank's payroll service product is used by business to pay the salaries of one in 10 working Canadians. The bank is the leading market maker in Canada-U.S. dollar trading, daily trading for all currencies in the Royal's four major trading rooms in Toronto, London, New York, and Tokyo and averaging $12 billion.

Against this background, the bottom line with Royal Bank of Canada people is a total commitment to service. The goal is pursued at every station from boardroom to the front-line contact between branch staff and account managers and the customers they serve. Bank policies, training, and brochures place strong emphasis on the value of attentive customer relations. Adherence to such a corporate philosophy has paid long-term dividends in every facet of the financial service field, including the investment banking services provided by Canada's top investment dealer, RBC Dominion Securities Ltd.

The Halifax founders would applaud all of the spinoff from their creation—unsurpassed proficiency, bold new avenues of operation, sophisticated services, high standards of practice, and unfailing responsiveness to the marketplace.

Teresa Butson (left) of Royal Bank's Milton, Ontario, branch explores financial service options available to personal banking customer Morley Richardson.

$35 million in paid-up capital and assets of one billion dollars. Its complement of facilities decreased over the next 15 years, then began the steady upward climb to current levels. Along the way, assets multiplied dramatically—to $2 billion in 1945, $5 billion in 1962, and doubled again by 1969 on the 100th anniversary of incorporation. At that juncture, deposits exceeded $9.3 billion and loans $5.7 billion, impressive figures then, but dwarfed by recent levels of $88 billion and $77 billion, respectively.

Early successes in servicing the retail sector have also escalated over the years to secure the Royal Bank at the forefront of global merchant bankers with Canadian clientele alone approaching 8 million accounts. In an average business day, the organization activates 400 courier vehicles, 50 airplanes, and even several ferry boats, while processing nearly 5 million cheques, 3 million savings and loan items, 300,000 credit card transactions, 200,000 point-of-sale authorizations, and more than a half-million cash dispensations. In any two hour period during the working day staff members open 2,500 new deposit accounts, write 100 new mortgages, and extend some 1,500 personal loans.

Private banking manager Geoff Webster (left) and Paul Wolfe (right) of RBC Dominion Securities Pemberton in Vancouver share financial information with customer Michael Gill.

AVCO FINANCIAL SERVICES CANADA LIMITED

The newly renovated and refurbished home office of Avco Financial Services in downtown London, Ontario, features an open concept design throughout, the ultimate in systems furnishings in its lobbies and meetings rooms, and a fully equipped fitness facility.

Responsiveness to the customer, high-quality products, exceptional levels of service, and flexibility—these are the hallmarks of successful Canadian business organizations.

They are also the key characteristics that exemplify Avco Financial Services Canada, a leading consumer financial services organization serving Canadians through an integrated nationwide branch network.

Avco, renowned for its exceptional levels of customer service, has Canadian roots dating back to 1954, when it was founded in London, Ontario, as Delta Acceptance Corporation Limited.

A bold venture put in motion with only $25,000, Delta was established to provide financing for a local appliance dealer. The company enjoyed phenomenal success and Delta expanded rapidly throughout Canada and the United States.

The corporate marriage between Avco and Delta took place in 1964, when Avco Corporation of New York was looking to increase its business in the consumer products field and reduce its dependence on defence-related industries.

Avco recently confirmed its commitment to London, Ontario, by leasing Avco House, the home office since 1968, for another 10 years.

Along the way Avco acquired Seaboard Finance Company and extensively developed its international reach, expanding operations in Canada, the United States, and Australia, and by establishing operations in the United Kingdom, Spain, New Zealand, and Puerto Rico. Avco Corporation amalgamated Delta and Seaboard into one operation, known as Avco Financial Services Inc., in 1970.

The successful evolution of Avco continues under parent company Textron Inc., which acquired the company in 1985. Textron is one of the world's most successful conglomerates with operations in finance, aerospace, technology, insurance, and consumer products. Together Avco and Textron employ more than 72,000 employees and have assets exceeding $6.2 billion.

Today Avco Canada develops and markets a full range of innovative financial products including consumer loans, mortgages, retail sales financing, and related insurance products.

Dramatic growth through the 1990s is being fueled by full embracement of a quality revolution. At Avco, traditional hierarchal models of management have been successfully challenged and a new way of thinking, spearheaded by quality and a participatory style of management, is transforming the very nature of the organization.

Like many other service organizations, Avco Canada has found that success in today's increasingly competitive economy means that the very core of the business must at all times be focused toward the customer. To achieve its vision of becoming the premier financial services company, Avco has become solely focused on building a quality organization dedicated to the customer.

Quality is now the job of every single Avco employee across the country and is a day-to-day part of how they conduct business. They work continuously to make sure they manage the customer's experience in the best way possible.

Every customer contact is a "moment of truth" for Avco, where it has an opportunity to make a lasting, positive impression. This philosophy, known as service management, is an integral but natural extension of its quality culture, and quality improvement process.

Its commitment to this customer-driven philosophy is reinforced through progressive programs. For example, every Avco employee,

from receptionist through to president, sits on quality teams that work to improve their performance and culture. These teams have saved more than $8 million in six years.

In addition, the company has invested tremendous energy and resources in development of a proprietary computer automated branch system (CABS), which delivers the latest available technology to its branch network. This allows the employees to devote more time to customers. The company's corporate culture encourages and rewards risk-free communications, full employee participation, and innovation and excellence.

Teamwork and results-oriented performance continues to result in superior customer service and business results. In fact, in this era of intense competition, Avco Canada has developed longstanding customer relationships, while at the same time attracting new customers.

The firm's customer focus is perhaps best symbolized by its logo, which contains a contemporary family within a heart. This emblem emphasizes a caring attitude toward its

customers, employees, and communities in which it operates.

Avco Canada is a strong supporter of community involvement, both as a company and by its employees. In London, Ontario, where Avco maintains its home office and is one of the city's largest employers, the company is actively involved in many facets of the community. Across the country, Avco actively supports cultural, sports, and health organizations. The company is an equal opportunity employer and offers outstanding career opportunities to ambitious people across the country.

Continued growth and expansion at Avco Financial Services Canada is based on the twin competitive precepts of quality and service management. Hitting the constantly moving target of total customer satisfaction will continue to remain the overriding goal in everything Avco does.

Far left: Avco Financial Services Canada serves Canadians through an integrated branch network of more than 250 offices from coast-to-coast.

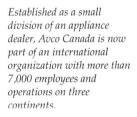

Established as a small division of an appliance dealer, Avco Canada is now part of an international organization with more than 7,000 employees and operations on three continents.

Employee involvement and participation are the keys to Avco Canada's success. All of Avco's Home Office employees have access to the Time Out Club, a 3,200-square-ft. fitness facility.

ITT CANADA LIMITED

ITT Fluid Products Canada provided pump units and a pressure booster package to Toronto's Skydome and adjoining hotel for use in their HVAC systems. ITT Flygt Canada pumps were used at the stadium for site de-watering during the construction phase.

ITT Canada Limited is one of Canada's most impressive business conglomerates. According to Thomas H. Savage, CBE, chairman and president of ITT Canada Limited, ITT Canada is a complex amalgamation of companies. Wholly owned by ITT Corporation in New York, it comprises Sheraton Hotels, six companies in the automotive industry, six in fluid technology, three in electronic components, two in the insurance business, and one each in the commercial finance and natural resource fields. And, for the past 32 years, Felec Services, an ITT company in Winnipeg, has run the Canadian arm of the DEW Line on a U.S Air Force contract.

While ITT Canada is currently recognized as a leader in trade and commerce, the organization's beginnings were rather modest. In 1946 the U.S. company's Federal Telephone and Radio Corporation acquired a 90,000-square-foot plant in Montréal and established an initial Canadian presence. The mandate of the new subsidiary was to build radio, telephone, telegraph, and instrument landing-systems equipment. In 1954 management responsibility was transferred to ITT's U.K.-based Standard Telephone and Cables Limited. When management responsibility was returned to North America in 1961, the corporate name was changed to ITT Canada Limited, thus solidifying the Canadian presence and establishing a strong national identity.

In the early 1960s the parent firm, which was chiefly in telecommunications and outside of North America, began a program of diversification. Top priority was given to achieving a favorable balance of revenues between offshore and North American activities. The sudden burst of acquisition activity in the United States affected Canadian operations because almost every U.S. firm acquired had a Canadian presence. During this period, the corporation acquired Rayonier, the Hartford Insurance Group, Sheraton Hotels, and Grinnell, all of which had strong Canadian operations. The ITT Canada unit in Montréal was relocated to Guelph, Ontario, sharing premises with what later became known as ITT Fluid Products Canada.

In 1967 a staff office was established in Toronto to coordinate ITT's activities in Canada. When Savage joined the company in 1968, a program was initiated to restructure ITT's presence in Canada and to develop a Canadian corporate identity. At that time the corporate

Directors and officers of the board of ITT Industries of Canada Ltd. and ITT Canada Limited: (seated left to right) Louis Guolla, Q.C.; Marcel Piché, O.C., Q.C., LL.L.; M.C. Woodward, Jr.; T.H. Savage CBE; John H. McChord, Jr. (retired); the Hon. S.R. Basford, P.C., Q.C.; (standing left to right) Serge Bourque; Ronald P. Jaeggin; Gerald B. Fedchun; John W.C. Macfarlane, Q.C.; Frederick Musinka; R.G. Eisner; R.W. Beicke.

ITT Sheraton Centre Toronto is one of Canada's largest and most popular convention hotels.

name, ITT Canada Limited, was designated to identify all of the ITT units in Canada, and the ITT Canada unit in Guelph became the ITT Communications Division.

ITT Canada now operates as a group of autonomous organizations within a corporate Canadian entity. "ITT Canada Limited manages the full range of corporate activities from its headquarters in Toronto while individual operating units are managed within their own industry sector," says Savage. At the operational level there is a matrix management relationship that integrates all these companies into the international management for that sector of ITT's global business.

At present, almost all of ITT's operating units work under the auspices of ITT Canada Limited through its subsidiaries ITT Industries of Canada Ltd., with Abbey Life Insurance Company of Canada structured as a separate subsidiary. The head office is located in Toronto, with operations in all Canadian provinces and territories. In January 1985, the company did its first public equity financing (preferred shares) and listed its shares on the Toronto Stock Exchange.

The company is a member of the Business Council on National Issues, and Savage is a member of its Policy Committee. In addition,

ITT SWF Auto-Electric automatic armature sub-assembly and motor final assembly lines are capable of producing up to 350 complete and 100 percent tested motor assemblies per hour.

Savage is the Business Co-Chairperson of the Canadian Labour Market and Productivity Centre.

ITT Canada displays significant social responsibility by its contributions to health care, drug awareness, and education programs. These latter include the Drug Awareness Education Program of the Canadian Association of Chiefs of Police, directed to children and youth in Canada, and Yes Canada (Youth Employment Skills Canada), which serves disadvantaged youth nationally.

SCOTIAMCLEOD INC.

breadth and depth of operations. Offices are located across Canada and in Tokyo, London, Paris, New York, and Hong Kong. A regulatory capital base in excess of $240 million means that clients' requirements in buying and selling orders are handled quickly and efficiently, always with a view to the clients' best interests.

A complex operation that processes transactions totalling more than $4 billion daily requires ongoing evolution of sophisticated systems and procedures. The affiliation with Scotiabank has provided strong support, allowing for the expansion of ScotiaMcLeod's high standard of service within the investment community.

Looking forward to the dawn of a new millennium, ScotiaMcLeod continues to develop its investment services and the sophisticated communications systems that allow it to stay one step ahead, in terms of service, technology, and a commitment to excellence.

Above: ScotiaMcLeod is constantly on the leading edge of technology. Buying and selling orders of varying sizes are processed quickly and efficiently in any country via the firm's sophisticated network.

Above right: ScotiaMcLeod holds memberships on stock exchanges across Canada. Its McLeod tartan trading jackets make the firm's traders quite visible on the floor of the Toronto Stock Exchange.

Below right: Fred Ketchen, one of the pioneering deans of the trading fraternity, dons the McLeod tartan trading jacket.

ScotiaMcLeod is the proud new name of McLeod Young Weir, a leader in the investment industry for almost 70 years. Now as a member of the Scotiabank family, ScotiaMcLeod is better positioned to service the investment requirements of individuals, governments, and corporations. The Bank of Nova Scotia, ScotiaMcLeod's parent firm, has the broad capital base of one of North America's largest financial services corporations and provides ScotiaMcLeod with the added strength and stability needed in today's rapidly changing global financial environment.

ScotiaMcLeod is a full-service investment dealer offering clients the benefits of a top-ranked, fixed-income trading team; innovative corporate and government finance professionals; in-depth market research and strategy; and a comprehensive equity trading group.

Donald Ivan McLeod, George Ewart Young, James Gordon Weir, and John Henry Ratcliffe founded the company 70 years ago. Their personal credo—"The highest order of integrity in our personal conduct and the highest order of service to our clients"—still determines corporate philosophy. The result has been a personal approach designed to help clients evaluate their financial positions and make investment decisions that will produce optimum results.

As one of Canada's largest and most active investment houses, ScotiaMcLeod reaches beyond national borders to provide its clients with an impressive

AETNA LIFE INSURANCE COMPANY

The years 1989 and 1990 were landmark years for the Aetna Life Insurance Company of Canada. They marked the 100th anniversary of the corporation that was founded as Excelsior Life Insurance Company in 1889 when the company's charter was granted. Aetna (as Excelsior) sold its first policies in 1890.

The firm, which was bought by Aetna Life & Casualty of Hartford, Connecticut, in 1974, continued to be known as Excelsior until 1989, when it changed its name to Aetna Life Insurance Company of Canada.

Today Aetna Life Insurance Company is part of the Aetna Canada group of companies, a thriving and dynamic group of companies that also includes Aetna Capital Management, Aetna Trust, Aetna Benefits Management Inc., and Aetna Canada Holdings Ltd.

Aetna offers a targeted list of products and services that includes individual life insurance, disability income insurance, group life and health insurance, group and individual pensions, RRSPs and annuities, investment counselling, management services, and deposit and trustee services.

Aetna aims to be the leader in customer service, and its human resource policies and programs are designed to support this goal. Aetna maintains and encourages an active corporate sponsorship program. "Our main focus is the United Way campaign," says Rose Marie Earle, director of communications. "We make a large donation, matching whatever our employees raise." The campaign becomes a unifying experience for the company, Earle explains. Employees get into the spirit by organizing a variety of activities that get everyone involved.

In addition to the United Way, Aetna sponsors a series of young people's concerts for the Toronto Symphony and was the first corporation in downtown Toronto to give employees time off to take part in delivering "meals on wheels" to the elderly and shut-ins in the downtown core.

Above: Toronto skyline is reflected in the glass panels of the Aetna Canada head office.

Left: Aetna Canada continually works to stay on the leading edge of technology to ensure it can provide excellent service to its customers.

THE LEHNDORFF GROUP

Retail shopping centres.

The Lehndorff Group is a leader in the development, marketing, administration, and management of quality commercial, retail, and residential real estate investments.

With its head office located in Toronto, Canada's financial capital, Lehndorff's team of highly educated lawyers, accountants, financial advisers, and development professionals assist investors in the purchase of high-quality income-producing property and development opportunities in major urban centres across Canada. The selection, acquisition, and purchase of a property is only the first level of service in the Lehndorff package. Onsite development and property management are provided by regional offices in Vancouver, Calgary, Edmonton, Ottawa, and Montréal, in addition to the ongoing accounting, financial, legal, tax, and client reporting services provided by the Toronto head office.

Below right: Prime location office buildings.

Below: Prestigious highrise office buildings.

With more than $1.7 billion (Canadian) in assets in Canada, acquired over its 25 years of operation, Lehndorff has gained extensive experience in the Canadian real estate market.

Lehndorff has focused on investing in shopping centres, office and industrial buildings, apartments/hotels, land assembly, and residential construction. Lehndorff is actively developing and redeveloping properties in each of these categories.

With a strong economy in the highly industrialized province of Ontario and bold economic growth in the western provinces, Canada is a country rich in real estate opportunities. The demand for prime location properties remains high, with ongoing interest

from large institutional, national, and international private investors.

For more than 25 years, investors around the world have employed the Lehndorff Group to assist and advise them in the purchase and development of quality income-producing property. Lehndorff's primary business is to purchase and develop property for investors from around the world. Lehndorff is a fiduciary and managing partner in every transaction and its commitment to the progress of each investment is equal to that of its investors. Lehndorff believes in developing strong long-term relationships with its investors, which number more than 5,000 in Canada, the United States, and Asia.

Lehndorff's services extend across the entire spectrum, including property and portfolio asset management, development and project

management, corporate and partnership administration, and tax planning, including structuring of offshore trusts.

With staff working around the world and more than $4 billion in assets under management in Canada, the United States, and Europe, the Lehndorff group offers clients insight and experience. Its expertise in the international market assures the investor that Lehndorff has the track record to make wise and accurate investments that offer immediate cash flow, potential for income growth, capital appreciation, and attractive returns on investments, both initially and in the long term.

Above: Hotel and residential apartments.

Top left: The Lehndorff Building, Toronto, Ontario.

Bottom left: Suburban office buildings.

HUMBER COLLEGE BUSINESS & INDUSTRY SERVICE CENTRE

When the Humber College Business & Industry Service Centre (BISC) opened its doors in November 1989, the college was renewing a commitment to serve the training and retraining needs of the business community.

Since its inception in 1967 as part of the Ontario college system, Humber College of Applied Arts and Technology has been positioned on the leading edge of academic achievement. The business centre is the latest example of this forward-thinking stance.

Recent studies indicate that more than 90 percent of the work force in the year 2000 is already in place. Furthermore, 75 percent of all adults currently employed will need retraining several times throughout their careers. The BISC was organized to provide a one-stop shop for training and retraining services to the business, professional, and industrial community, on behalf of the college.

The centre works with employers on a fee-for-service basis to assist them in retraining staff so that their businesses are enhanced. This can range from improving literacy, mathematical, sales, marketing, communications, and interpersonal skills to problem solving. The college has expertise and progressive facilities in advanced manufacturing, process control, office automation, the health field, hospitality industries, design and creative arts, construction, as well as the social sciences. Services are tailored and offered at any location to suit the customer whether on the plant floor, in a hotel, or a college facility.

To support its training and development services, Humber offers up-to-date facilities, including residence, athletic, and dining facilities, as well as an extensive network of workplace labs that simulate today's complex working environment. The new technology transfer centre is a prime example of these sophisticated facilities. Situated minutes from Toronto's Pearson International Airport, Humber's location is ideal for access to the business capital of Canada, as well as for international connections.

An important part of Humber's service is the international projects office, which actively promotes exchanges with other nations in technical, managerial, and educational consultation.

Humber is poised to serve the needs of the business community with a total commitment to quality, flexibility, and academic excellence. It is committed to providing Continuous Learning for Constant Improvement™. (TM is a registered trademark of Humber College.)

The Business Centre was organized to provide a one-stop shop for training services to the business, professional, and industrial community on behalf of Humber College.

The new technology building houses the Humber College Business & Industry Service Centre (BISC) which opened in November 1989.

HODGSON ROBERTON LANK GARNER GILL

Sixty years ago, partners George Hodgson and Edwin Roberton recognized a gap in the service then provided by the investment community. Unsophisticated investors lacked the expertise to manage their own investments, while more knowledgeable investors, such as professionals and business executives, often lacked the time. A personalized, full-time, objective, and professional portfolio management service was clearly needed. To fill that niche, Canada's first investment counselling firm, Hodgson, Roberton & Company, was founded in 1928.

The tradition begun in 1928 has continued to this day, with the names of three of the current partners added to form the current name of the firm, Hodgson Roberton Lank Garner Gill. The company has grown over the years, but it has never neglected its commitment to highly personalized service. Today total assets managed by the firm top the $300-million mark.

The partners share a strong belief that investment decisions are best made in the context of society as a whole—a belief exemplified by the firm's active role in the cultural, academic, and business communities. That involvement, combined with the commitment to personalized service, is reflected in the partnership's client list, which contains charitable and educational foundations as well as private and corporate clients.

Investment counselling is no longer an original concept, but certain factors combine to set Hodgson Roberton Lank Garner Gill apart. First is the objectivity that comes with independence. Registered with the securities commissions in Canada and the United States, the firm acts strictly as an investment counsellor, with investment management fees from clients as its sole source of revenue. The firm does not act as a broker or custodian and has no ownership connection with any institution that provides these or other financial services.

A second crucial factor is continuity and personal contact. The seven partners and full-time U.S. equity consultant form a seasoned, flexible team of portfolio management and research professionals, with an impressive collective total of more than 150 years of investment experience. Clients can rest assured that all investment decisions on their portfolios are being made by partners in the firm, and that they will continue to deal with the same senior people year in year out. Over the past six decades, Hodgson Roberton Lank Garner Gill has weathered the vagaries of the market and established a solid reputation for investment expertise and personalized service. As Hodgson points out, "I'm a second-generation partner. We have third-generation clients. This continuity is a major factor in our success, as well as being a source of great satisfaction to us."

TOURISM INDUSTRY ASSOCIATION OF THE NORTHWEST TERRITORY

Aurora Borealis shimmers in the northern night sky. This natural phenomenon is attracting a new class of visitor, even in the NWT's winter season. Photo by Pat and Rosemarie Keough

An Innuit drummer brings the past alive for a growing visitor market experiencing the North's unique cultures and traditions. Photo by Dan Heringa

The lure of the Arctic has long been a magnet for the world's explorers, and like the Franklins, Mackenzies, and Baffins of long ago, Canada's vast north attracts modern adventurers with the same spirit of discovery.

In this day and age, the phenomenon has a fresh name: tourism. During the past decade it has attained a high profile across the Northwest Territories as one of the best ways to diversify and an alternative to a resource-based, boom-and-bust economy.

The Tourism Industry Association of the Northwest Territories and its sister zone associations are the private sector's focus for development of this growing sector.

The TIA began in 1959, when fishing lodge operators and businesspeople in Yellowknife, then a rough and ready gold mining town, got together to work on ideas. The bush plane, pioneered by people such as Max Ward and Wop May, and new northern roads were proving irresistible to new generations of travellers, and that meant new opportunities.

Development began steamrolling during the mid-1960s, when Yellowknife was transformed almost overnight from mining town to capital of the NWT, and new initiatives across the social and economic spectrums opened up. An explosion of awareness and interest in the North echoed across Canada and around the world, and a young territorial government took up tourism as a major target.

The NWT's Travelarctic division was formed, identified by the now world famous symbol of a polar bear on an ice-blue background. The Department of Economic Development and Tourism invests more than $10 million annually in program planning, development, and marketing of parks and tourism. Federal agencies also spend substantial amounts through business initiatives.

There are some 400 businesses involved in the visitor service sector, with increasing proportions owned by native Northerners. They are sharing in an industry that serves some 89,000 travellers who spend $88 million annually. About 63 percent of these travellers are tourists, while the balance are in the North for business purposes.

The Tourism Industry Association serves these businesses as a territory-wide, independent voice that lobbies and advocates tourism issues and opportunities. It relies entirely on the financial support of its membership.

There are eight zone associations as well in the NWT, which work with government assistance to provide support for tourism operators in product development and marketing.

The greatest opportunities in the North's tourism trade are in finding and bringing to market new tourism opportunities, especially in the growing adventure, or eco-tourism, field. This market wants experience-oriented vacations that will get them into the North's spectacular wilderness.

Experience delving into the unique and exotic are springing up to meet this demand. They range from celebrity golf tournaments at the North Pole in April, to spring time snowmobile tracks along the Arctic ice pack, teeming with bird, land, and sea life, to Caterpillar-drawn caravans across the Keewatin tundra through a herd of caribou numbering hundreds of thousands.

The North's legendary hunting and fishing continues to draw a steady clientele and is more and more managed by guiding associations at the community level.

As in tourism anywhere, packaging is the key. The North's infrastructure of airlines, hotels, and visitor service businesses has grown rapidly and is now improving and enhancing quality and capacity. There are also a variety of award-winning magazines published in the North that help to tell the story.

Despite the North's relatively short season (from two to four months), high start-up costs and intense competition from other wilderness destinations around the world, the Northwest Territory's unique combination of wildlife, wilderness, and native cultures will enhance tourism's position as a strategic industry that will only continue to grow.

TOURISM INDUSTRY ASSOCIATION OF THE YUKON

In 1898 it took perseverance, determination, guts, warm boots, and a lust for gold to get to the Yukon Territory.

Now the way is paved with modern highways and airports. There's still a special ambience about this land that creates the right environment for bringing people together in meaningful communication. Linking past with present, the Yukon today is a blend of old and new, where contemporary convention facilities are offered up in a wilderness setting that has remained largely unscathed since poet Robert Service's time.

With more than 900 hotel rooms in downtown Whitehorse, over 250 in Dawson City, and 150 in Watson Lake, the Yukon can cater to most group gatherings. It specializes in groups of 10 to 500, offering the most modern of conveniences in a truly spectacular setting of mountains, trees, rivers, and lakes.

Meeting facilities range from 19,500 square feet of space at the Mt. McIntyre Recreational Centre to many intimate meeting rooms that comfortably hold a small group of 10 people. Most of the downtown hotels in all centres have meeting rooms of various sizes.

Conference activities include a program for companions and/or children; unique and exciting pre- and post-convention activities; and entertainment as only the Yukon can offer. Being in the world's smallest desert at Carcross, Yukon in the bright sunshine at 11 p.m.; goldpanning in Dawson City; hiking the famous Chilkoot Trail that thousands of frantic gold seekers crossed in 1898; horseback trail adventures through vast and pristine wilderness; viewing the world-renowned Kluane National Park; and crossing the Arctic Circle are some of the most popular attractions.

The hardier and more adventurous groups often head to the Yukon during the wintertime. Tourists can bundle up and experience the Yukon as it is for the greater part of the year—crystal clear, clean air, vivid blue skies, and brilliant sunshine. Dogsledding, cross-country skiing, snowshoeing, heli-skiing, hiking, and winter camping are just some of the activities.

And then there's lively and colorful Yukon style entertainment. Traditional Native American dancers share their ancestry through song and dance. The mood of the great Klondike gold rush of 1898 is re-created by gaily clad dancers and the likes of Diamond Tooth Gertie and Klondike Kate. Spellbinding renditions of the words of poets Robert Service and Jack London are recited by proud Yukoners wanting to immortalize those works. Character portrayals of the people who tamed this land—both famous and infamous—are performed by ardent thespians. Yukon entertainers will treat their guests to hospitality like nowhere else on earth.

It's all there in the Yukon—just waiting for people to discover it. The Yukon Territory is the perfect setting for meetings, conventions, or sporting events.

Sunrise over the Dempster Highway.

Emerald Lake is only a 30-minute drive from Whitehorse, on the way to Carcross.

Canary Wharf in London is Olympia & York's largest undertaking to date: a 71-acre site including 24 buildings and 11 million square feet of rentable space, designed to be the heart of London's newest business district. Completion is scheduled for the mid-1990s.

OLYMPIA & YORK DEVELOPMENTS LIMITED

Olympia & York Developments Limited is one of Canada's premier success stories, a company that has grown from a Toronto developer into one of the largest and most successful real estate development organizations in the world.

Because Olympia & York views its properties as long-term investments, the company ensures their continued value by using the finest construction materials and by maintaining the structures in first-class condition on a day-to-day basis. Attention to detail and a reputation for fair and honest dealings has resulted in international recognition as an industry leader.

The Olympia & York strategy is to concentrate on developing office buildings in the financial districts of major cities, avoiding smaller or single-industry cities unless a major tenant is available. A completely vertical structure allows the company to handle every aspect of development in house, from site selection to property management.

The company has ownership interests in more than 60 completed office buildings in 21 major cities and has completed more than 100 real estate development projects. Office towers are located in Boston, Calgary, Chicago, Dallas, Edmonton, Hartford, Los Angeles, North York, and Ottawa.

As one of the largest landlords in New York City, Olympia & York has ownership interests in 14 office buildings. The company's flagship American project is the 8-million-square-foot World Financial Center in the downtown business district of Manhattan. Olympia & York's four-tower development that is the world headquarters for American Express, Dow Jones, Merrill Lynch, and Oppenheimer & Company has received international acclaim for its architectural design.

In Toronto, Olympia & York's First Canadian Place is the centrepiece of the city's financial district. With five buildings and 5 million square feet of space, the 72-storey tower stands as the tallest building in Canada. The complex features 165 shops and restaurants and is home to the Toronto Stock Exchange.

Building on its North American success, Olympia & York has moved abroad. Canary Wharf in London, England, is not only a major European project, it is the company's most ambitious project to date. The 71-acre development will have 24 buildings and 11 million square feet of rentable space and is foreseen as the centre core of London's new business district. Opening of the first buildings is set for this year.

Directly and indirectly, through its wholly owned subsidiary, Olympia & York Enterprises, the company holds interests in several large public companies in a number of diverse sectors of the economy: oil and gas exploration through Gulf Canada Resources; the forest products

industry through Abitibi-Price; railways through Santa Fe Southern Pacific Corporation; and financial services through Trilon Financial Corporation.

The firm is also involved in several publicly traded real estate companies, including Santa Fe Southern Pacific Corporation, Trizec Corporation, Rosehaugh Plc, and Stanhope Properties.

Olympia & York Developments Limited plays a major role in shaping the future of many of its subsidiaries, offering leadership and financial stability for new initiatives.

At First Canadian Place, Olympia & York established the focal point of Toronto's financial district. The 5-million-square-foot megaproject ranks as the largest office, banking, and shopping complex in Canada and features the country's tallest building, standing 72 storeys.

CANADIAN STANDARDS ASSOCIATION

When Dr. Tom Pashby's eldest son suffered a head injury playing bantam hockey in 1959, Pashby found there were no adequate hockey helmets available in Canada and set out to do something about it. It was also discovered that the incidence of eye injuries from hockey was alarming, reaching a peak in the 1974-1975 season, when 43 eyes were legally blinded.

Pashby's drive and determination saw him head up Canadian Standards Association's (CSA) technical committee on protective equipment for hockey players. With the publication of a standard in 1975, and with certified helmets and face protectors being made mandatory, the head, eye, and teeth injury problem in hockey came under control.

Pashby exemplifies the role of CSA. He is one of an ever-growing number of volunteers, now more than 7,000, who since 1919 have prepared standards influencing day-to-day life in Canada. These volunteers include engineers and doctors, manufacturers and government representatives, and consumers who rely on products they use at home, at work, and at play to be safe, reliable, and effective.

It is interesting that the very first standards developed by CSA in the 1920s dealt with civil and structural engineering design, and most recently, a broad collection of standards in the construction field were applied to the design of Toronto's magnificent SkyDome. This is a prime example of the progressive growth in CSA, which has continued to meet Canadian and international needs for more than 70 years. The SkyDome project involved not only 300 of CSA's more than 1,400 standards, but also some of the most innovative testing, certification, and inspection processes—leading-edge concepts to meet the need of state-of-the-art technology.

CSA is a national organization with headquarters in Rexdale, a suburb of Toronto. Regional operations are located in Richmond

(Vancouver), Edmonton, Winnipeg, Pointe Claire (Montréal), and Moncton.

The average Canadian home probably has at least 100 items bearing the CSA mark, since this mark appears on more than a billion products sold in Canada each year.

However, the scope and sphere of CSA extends far beyond Canada's borders. Since the 1940s CSA has been involved in certification, testing, and inspection, and now operates on an international basis with activities in 59 countries around the world through a global network. This network includes agencies such as BSI in England, KEMA Laboratories in Holland, and JMI Institute in Japan, that have been working for CSA for more than 25 years.

In addition, CSA has offices in Hong Kong, Tokyo, and Taiwan, and inspection agency affiliations in Australia, India, Israel, New Zealand, Singapore, and South Korea.

With the implementation of the Free Trade Agreement between Canada and the United States, and the developments toward common standards and mutual acceptance of test results between the European Community countries, CSA is committed to remaining on the leading edge of innovation. The association is also committed to staying flexible, ready to adapt to changing market conditions.

All of this activity, of course, is focused on maintaining the high standards expected by Canadian society, and ultimately each and every consumer. Consumers' views, in fact, are so important to CSA that it ensures that feedback from its several hundred consumer representatives is available to its more than 1,000 committees. In addition to those who sit on the various committees and policy boards, CSA actively seeks input through consumer and community advisory panels in Vancouver, Winnipeg, Toronto, Montréal, and Halifax. Recommendations from consumers result in changes to standards, which ultimately reflects in better, safer products for Canadians.

Today CSA is involved in a broad range of activities from electronic products, construction, and transportation to energy, communications, and quality management. However, the need for a forum to address issues of product safety, performance, and reliability will always be there, and CSA will be there to lead the way.

CSA will continue to be responsive to changing attitudes in society, such as the awakening of the social consciousness of Canadians in areas such as the environment, the elderly, the young, the industrial worker, the office worker, and the disabled. CSA's involvement in these areas will be intensified to meet the new awareness.

Whether producing a safer hockey helmet,

building a state-of-the-art sports stadium, or operating a satellite communications system, the availability and application of integral CSA standards is a key component for success.

Seventy-two years ago CSA was oriented to developing basic engineering standards. These standards are still the core of CSA's operations. The consensus method of standards development along with quality testing and certification place CSA in a unique position to continue to provide an ever-widening spectrum of services.

As Canada's economy expands in a global marketplace, CSA's growth follows, hand in hand, Canada and CSA together, "Making our mark on the world."

THE REGIONAL MUNICIPALITY OF HAMILTON-WENTWORTH

Civic leaders call what is happening in Greater Hamilton momentum. Nearly a half-million residents share this forward-moving feeling, and they believe that increased economic development is the response to a cordial, friendly business climate.

Since the early 1970s the Regional Centre in downtown Hamilton has undergone a commercial renaissance, as evidenced by the construction of many new office towers, shopping complexes, and hotels.

This is Greater Hamilton, a dynamic alliance of the six distinct communities of Ancaster, Dundas, Flamborough, Glanbrook, Stoney Creek, and Hamilton.

Officially the composite area is named the Regional Municipality of Hamilton-Wentworth, a central local government imposed by the province in 1974. Its business, tourism, and conventions promotion arm is the Economic Development Department, which is responsible to the Economic Development and Planning Committee of Council.

Against an impressive background of growth, Greater Hamilton is presently well launched toward new objectives in the 1990s. Regional chairman Reg Whynott cites a buildup over the past few years, spinning off retail and manufacturing diversity, thriving financial and service sectors, and ongoing expansion of a transportation network. The department offers assistance to existing companies and attraction of new enterprise with a parallel success in the tourism and convention industry.

Statistics tell part of the achievement by the Economic Development Department staff, which in 1990 assisted 94 new firms, creating 732 jobs, and it also assisted 62 existing businesses, creating another 1,313 jobs. Building-permit value exceeded a record high of $573 million for the year.

The very important tourist and convention mandate fulfilled by Economic Development

A view of the many new office towers and shopping complexes dotting the streetscape of the Regional Centre in downtown Hamilton, seen from a park on Hamilton "Mountain."

Statistics tell part of the achievement by the Economic Development Department staff, which in 1990 assisted 94 new firms, creating 732 jobs, and it also assisted 62 existing businesses, creating another 1,313 jobs. Building-permit value exceeded a record high of $573 million for the year.

The very important tourist and convention mandate fulfilled by Economic Development Department personnel also reflects increasing effectiveness. Latest figures show tourism impact soaring 36 percent in three years to top $165 million in 1990; local convention revenue reached a new high of $170 million.

It is by dint of an unrelenting, year-round effort by the Economic Development force, with support from many public and private sources, that Greater Hamilton gains annually in the quest for advancement. Monthly and quarterly publications from headquarters at One James South in downtown Hamilton—itself the site of a major revitalization—inform prospective newcomers that the region is "the right place" and now is "the right time" to capitalize on business opportunities. The array of assets and amenities is virtually unending, and their illumination is implicit in a well-designed economic strategy.

Currently the accent is on facility, location, and access. The $48-million expansion of Hamilton Airport is alone a compelling inducement to the business community. From Mount Hope, in Glanbrook Township, passenger and freight traffic are minutes from all regional destinations and less than an hour from Toronto and Buffalo. In addition, the airport offers a rapid arrival and departure rarely equalled on the continent. With new airlines and flight patterns coming on stream, a slogan advertising "Canada's gateway to the world" is envisioned.

Situated in the industrial heartland of Canada, the region has an extended market potential of more than 100 million people in a radius of one day's drive by super highway. Through Hamilton Harbor, raw materials can be accessed cost efficiently via ample docking facilities. The port is ranked sixth in tonnage on the Great Lakes and is the main centre for the import and export of general cargo with berthing for the largest seaway vessels.

Several well-maintained provincial highways provide links in all directions from the Hamilton-Wentworth region.

All of these improvements fit in with the current extension of industrial sites—at seven parks across the region—and commercial and visitor influxes. Whether bound for a first-class hospital or educational destination at the McMaster University campus in the west end,

the Art Gallery downtown, or the Stoney Creek Battlefield to the east, drivers will find the region a comfort zone in contrast with the congestion of larger metropolitan centres. Again, the thrust of political and economic leadership is in keeping with a vital business environment offering a wealth of human, community, and technical resources.

Among the cornerstones of entrepreneurial spirit in Greater Hamilton are an active chambers of commerce network; the Federal Business Development Bank; the Ministry of Industry, Trade, and Technology; Employment and Immigration Canada; the Business Advisory Centre; myriad professional services; and a thriving banking and financial community. As well, companies can draw on a large, productivity-oriented labor pool of skilled men and women. Whatever the project the Hamilton-Wentworth Regional Government is committed to make every effort to inform, assist, guide, and accommodate proposals or ventures within its progressive mandate.

Greater Hamilton has many historic sights, one of which is the Stoney Creek Monument and Museum, which marks the site of a decisive War of 1812 battle won by the British over American forces.

BARRETT ROSE & LEE INC.

A consultant and client discuss the short list of candidates proposed for a vacancy. Barrett, Rose & Lee provides a unique profile of information about each candidate that assists in the selection and subsequent management of each new employee.

Personal attention is afforded each candidate. The interview and testing process thoroughly determines the capabilities of candidates. This thoroughness assures candidates that an appropriate match will be achieved.

The management recruiting specialist Barrett Rose & Lee Inc. has fashioned a strong presence in a fiercely competitive market over the past two years.

Today the firm is well established in metropolitan Toronto and widely known for affordable, effective, and convenient solutions to hiring. Its success stems from hands-on direction by founders and partners J. Arthur Clark, a career veteran of the industry, and H. Peter Heinemann. They have developed a unique approach embracing basic principles and new techniques to build an impressive client roster.

The service offered by Barrett Rose & Lee is keyed largely to the financial, information systems, and sales sectors at the managerial or professional levels. On a fee-for-service basis, the price structure is competitive because of extensive resources at the instant command of the company.

Not only is the firm completely computerized—unique in the recruitment field—but it also responds to corporate needs by conducting pyschological assessments of candidates in terms of personality, ability, and career time line. The end result matches the right candidate with the position to the extent of making sure the person fits into the client's mode of operation.

To accomplish this objective, Barrett Rose & Lee continually builds on files of resumes and related companies in the job market, all of which are accessed by the computer system at its 330 Bay Street offices. There the staff edits and circulates a regular "People Report" on personnel and placement topics of current interest

as a service to customers, who also benefit from in-depth scanning and evaluation of candidates. Through such human resource tools as Professional Dynametric Programs, an applicant's strengths and attributes are accurately measured.

A large percentage of the business cultivated falls in the classification of repeat engagement. Their select clientele list is exemplified by such concerns as Baker Lovick Advertising Limited, Blue Giant Equipment Ltd., Canpar Ltd., Carrier Canada Ltd., Culligan of Canada Ltd., DHL Worldwide Express Inc., Friden Alcatel, Mitsubishi Electronics Canada Limited, Kimberly-Clark Canada Limited, General Electric Capital Ltd., Ogilvy & Mather Advertising Ltd., Rothmans, Benson & Hedges Inc., Standard Broadcasting Ltd., Sun Alliance Insurance Co., Thomson Consumer Electronics Ltd., the Toronto Real Estate Board, and Unilever Canada Limited.

MARATHON REALTY COMPANY LIMITED

Marathon is a Canadian corporation that develops, owns, and manages income-producing properties across Canada and in the United States. It is a wholly owned subsidiary of Canadian Pacific Limited.

Marathon's extensive portfolio includes shopping centres; office, industrial, and aviation-related buildings; industrial parks; and commercial and agricultural lands.

From 1964 to 1974 Marathon acquired or leased many parcels of land from Canadian Pacific across Canada as well as air rights over railway lands, primarily in Vancouver, Calgary, Edmonton, and Toronto. Over the years Marathon has retained and developed properties with the greatest potential and selectively disposed of others. Marathon has also acquired from Canadian Pacific and other parties, at market value, lands for development and income-producing office buildings and shopping centres.

At year end 1990, Marathon owned or had an interest in 7.7 million square feet of office space in 29 office buildings across Canada and in the United States, and 2.2 million square feet of industrial and aviation-related properties.

The office buildings are primarily located in the downtown financial districts of major cities such as Vancouver, Toronto, Montréal, and San Francisco. Industrial properties are now primarily located in Western Canada while aviation facilities operate at four major Canadian airports.

Marathon owns or has an interest in 28 shopping centres in Canada and the United States with a total leasable area of 14 million square feet. The centres, which range in size up to 1.4 million leasable square feet, are dominant in their marketplaces.

Marathon owns nine business parks in Canada and the United States, approximately 2,800 acres of non-strategic commercial lands, and 98,000 acres of agricultural lands.

Marathon's strategic land focus is developing large-scale projects in the downtown areas of Canada's major cities. In Toronto, the Southtown project on 35 acres immediately south of the city's financial district will be a lively and attractive business-oriented, mixed-use development. Coal Harbour is Marathon's spectacular 82-acre site on the Burrard Inlet adjacent to downtown Vancouver. Extensive consultation with the city's planning department and the public has resulted in plans for a dynamic waterfront community to include residential, office, hotel, retail, and marine facilities.

The corporation's current construction program includes such major projects as the joint-venture office tower with IBM at 1250 Boulevard Rene-Levesque in downtown Montréal, an expansion of the Place d'Orleans shopping centre near Ottawa, the MetroCentre complex and Atria III tower in Toronto, Waterfront Centre in Vancouver, and an expansion to Temple Mall in Temple, Texas. Marathon Realty Company Limited's corporate office is located in Toronto.

Place Laurier, in Ste-Foy, Quebec, is the province's largest retail facility.

Citibank Place, a 20-storey executive office tower clad in stainless steel and reflective glass, is located in Toronto's business core.

GERLING GLOBAL INSURANCE GROUP

Gerling Global Group is one of the most successful insurance groups in Canada, producing financial returns that allow and encourage continuous insurance support of Canadian industry. The Gerling Global Group in Canada consists of Gerling Global General Insurance Company, Gerling Global Life Insurance Company, and Gerling Global Reinsurance Company. In 1990 these companies produced premiums of $290 million and showed combined assets of $420 million, which are controlled and managed by their Canadian holding company, Global Investment Corporation Limited.

Since incorporation in 1956 the group has directed its attention to a wide range of commercial, corporate, and individual clients from retail stores on Main Street to mega projects in the oil, gas, and petrochemical industry; from insuring the lives of working Canadians to inspecting and engineering the safety of the machinery with which Canadians work.

Gerling Global owes its success and reputation to providing services far beyond the traditional insurance function of funding economic loss. The group employs physical risk and engineering inspectors who certify the safety of boilers and machinery and evaluate property risks, making recommendations to protect life and property. When losses do occur, claims-handling experts act quickly to help business back to full operation. The reinsurance company and the reinsurance operations of the life company further extend the capital and the resources of the group to assist other insurers protecting Canadian lives, property, goods, and services.

Based in Toronto, the Gerling Global Group is represented across Canada by more than 260 employees and offices in seven major cities. The Canadian assets of the Gerling Global Group are invested across Canada in each of the provinces. The group also invests in the future of Canada through charitable contributions to medical research, educational institutions, and the performing arts.

The strength of the Gerling Group in protecting the enormous values of Canadian industry is in its ties to the international insurance and reinsurance market. The Gerling Global Group is a part of the Gerling Konzern, a leading European industrial insurer writing all classes of business, including life insurance, and encompassing a reinsurance division that is one of the largest professional reinsurers in the world.

The Gerling Konzern is a worldwide organization with its head office in Cologne, Germany. Founded in 1904, the Gerling Konzern consists of seven insurance and reinsurance companies with 190 offices in Germany and an additional 47 companies and offices in more than 20 countries on five continents. In 1990 the group's 9,400 employees collectively produced a premium volume exceeding $6 billion, with invested assets of more than $18 billion (Canadian).

In the area of loss research, loss prevention, and risk management, the group has established specialized institutes, expanding its risk consulting operations to Canada and other countries worldwide.

Emphasizing loss prevention as well as loss protection, the group continues to develop its training and technical expertise so that the name Gerling Global Insurance Group will remain in the forefront of Canadian commercial, industrial, and life insurance.

The Gerling Global building at 480 University Avenue in Toronto.

Eaton Centre is one of many shopping complexes interconnected in downtown Toronto.
Photo by Barbara Durham

Le Eaton Centre est relié à de nombreux centres commerciaux du centre-ville torontois.
Photo Barbara Durham

Manufacturing and Retail

Producing and distributing goods for individuals and industry, manufacturing and retail firms provide employment for many Canadian workers.

Industrie et commerce

En produisant et en distribuant des biens destinés à l'industrie et aux consommateurs, les entreprises manufacturières et les commerces de détail fournissent de l'emploi à de nombreux Canadiens.

SHAKLEE CANADA INC.

Shaklee Canada's home office in Burlington, Ontario.

A long-term commitment to quality and personal service distinguishes one of the country's leading suppliers of nutritional, personal care, and household cleaning products. Shaklee Canada Inc. lives by the corporate slogan, "Products in Harmony with Nature and Good Health," by meeting the highest standards of content and environmental safety. Its goods are biodegradable and phosphate free. The company also spends millions of dollars on research and development and public information.

The combined effect of this philosophy—strong executive leadership and consumer awareness—has propelled the Canadian division of the worldwide Shaklee organization to national prominence over a remarkably brief period. Since 1975 Shaklee Canada has soared to almost $40 million sales while building a network of 130,000 distributors and 600 sales leaders, as well as adding to product and physical assets.

Although well established in the United States, the corporation moved northward in a modest way. Its first Canadian managing director, Stephen J. Locke, started the business from his kitchen table. In the early months all the products sold in Canada were imported from Ireland, but by late 1976 Shaklee was distributing domestically made lines from coast to coast.

In December 1980 Locke, who continues as president of Shaklee Canada, supervised a major relocation to the 39,000-square-foot home-office building in Burlington, Ontario. The facility, which includes a number of ecological and environmental features, comprises 19,000 square feet of office and storage space and 20,000 square feet of warehouse accommodation. From there, a permanent staff of 53 people handles administrative, marketing, and all of the shipping, except for Western Canada orders, which are dispatched from the Calgary branch.

The backup geared to its large independent sales force and rising public image is broadly based. To effectively educate and inform representatives and consumers, Shaklee Canada formed a medical advisory board in 1987. Respected doctors from various branches of the medical profession form liaisons with the medical field and function in the interests of sound nutrition, health, physical fitness, and the environment.

Medical consultation for better health is consistent with the principles and practices instilled by founder Dr. Forrest C. Shaklee, who brought a life's work with responsible nutrition

Left: Stephen J. Locke, president.

Right: Dr. Forrest C. Shaklee, founder of Shaklee Corporation.

to the formation of Shaklee Corporation in 1956. His blend of nature's ways with state-of-the-art technology is perpetuated at the Forrest C. Shaklee Research Center in Hayward, California. This modern laboratory facility is staffed by experts in nutrition, microbiology, biochemistry, and other fields, which required more than $80 million of company investment in research and development over the past decade.

From the unique Shaklee system flows an ever-increasing variety of rigidly tested products: high-calibre lines of food supplements ranging from vitamins to fibre and minerals to weight control formulations; personal care items such as lotions, shampoos, and cosmetics for health and beauty; and high-performance household cleaners that are compatible with the environment. The corporation recently tapped into a new area with the Shaklee Aqua System, a line of home water-purification units employing filtration technologies. The systems remove contaminants and pollutants to yield sparkling clean, good-tasting and odor-free water.

As with other new developments, the Aqua System debut was accompanied by extensive health awareness data over the signature of the company's medical advisory board. Shaklee Canada is a long-standing member of the Canadian Better Business Bureau and the Direct Sellers Association, as well as a member of the Canadian Water Quality Association, an industry group promoting responsible sales and use of water treatment devices.

Finally, the successful enterprise contributes

in a meaningful way to a host of amateur sports, arts, culture, health, and community services. Shaklee is the official supplier of nutritional products to the Canadian Olympic swim, ski, cross-country, Alpine, and biathlon teams, and to the national water polo, rowing, and canoe teams. It also supports Canadian cancer and diabetes research and community programs in the Burlington-Hamilton area.

Stephen Locke and Shaklee have been a leading force in helping Theatre Aquarius (Hamilton Region's professional theatre) raise funds for a 750-seat theatre to be completed in 1991.

Overall, the Shaklee Canada Inc.'s performance reflects a continuous pursuit of excellence.

Shaklee develops and distributes high-quality food supplements, from vitamins and minerals to fibre to meal replacements.

319

WOLVERINE TUBE (CANADA) INC.

Wolverine Tube's Canadian corporate offices in London, Ontario.

Wolverine Tube, a North American leader in the copper and copper alloy tube manufacturing industry, maintains major production facilities in four Canadian centres with Canadian corporate headquarters at London, Ontario, where the Canadian Division was established in 1958.

For three decades, Wolverine Tube (Canada) Inc. flourished and expanded at the London site as a fully integrated brass mill, producing seamless copper and copper alloy tubing for residential and industrial applications. Along the way, it earned a reputation for quality product, employment stability, and community awareness.

Three developments in the late 1980s and early 1990s served to change the ownership and capacity of the firm. First, in the wake of a series of mergers and acquisitions over the years, the newly formed Wolverine Holding Company on March 18, 1987, acquired all of the assets. This transaction effected joint ownership by senior management—Drake, Goodwin & Co. of London, Ontario, and Morgan Stanley & Co. of New York. Then on October 31, 1988, Wolverine paid $55 million for Noranda Metal Industries Limited, which greatly increased manufacturing capacity.

The Noranda plants and distribution facilities at Montréal East, Quebec, New Westminster, British Columbia, and Fergus and Mississauga, Ontario, raised Wolverine's annual output to 150 million pounds. As well, it combined the strengths and expertise of two major players in the sales and marketing of brass mill products, while adding strip, bar, rod, and extruded lines to Wolverine's

seamless copper and copper alloy tubing.

On January 25, 1991, Genstar Capital Corporation of Toronto acquired Wolverine Holding Company through a merger of its majority-owned subsidiary into Wolverine. Genstar Capital holds two-thirds of the Wolverine shares outstanding, while Wolverine management and Drake, Goodwin & Co. own the balance of the equity.

The London operation alone is a story of unqualified success from the original $7.25-million plant and 82 workers who made the first shipment on April 21, 1958, to the huge assembly of almost 200,000 square feet at the same site today. The intervening years have seen several major expansions and six technological upgrades, while staff has increased to more than 191 hourly and 95 salaried workers at 1010 Clarke Road. Only three general managers have served the company—Donald McGeachy, 1958-1965; E.W. Ervasti, 1966-1975; and Lloyd H. Kerr, 1976 to 1990. Employees have also tended to remain in the Wolverine environment at London, with nearly half recording in excess of 15 years of service and everyone participating in their profit-sharing plan.

Montréal operations dates from wartime production through conversion to copper and brass milling in 1946 and addition of a new Tube Mill in 1957. The plant now occupies 450,000 square feet and employs 362 people—289 hourly and 73 salaried staff. A versatile casting shop and rod mill manufacture rod, wire, and extruded products covering a wide range of copper and copper alloys,

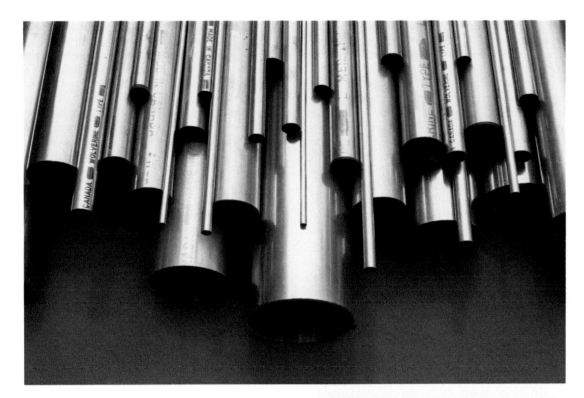

Two of the many copper and copper alloy products manufactured by Wolverine Tube: seamless copper tubing (left) and electric bus bars (below).

tempers, and physical dimensions. It is also the home of Forge-Fin equipment to manufacture a patented tube for heat transfer units.

In Fergus, a strip mill occupying 155,000 square feet turns out sheet, strip, and flat products in a wide variety. There, advanced equipment expedites large volumes of medium and light gauge strip of very high quality. A total of 137 employees, including 107 hourly and 30 salaried, are employed at Fergus, which services major automotive, electrical, hardware, and electronic manufacturers.

Western Operations comprises a plant of 205,000 square feet with casting, furnace, press, and ancillary equipment staffed by 139 plant and 33 staff employees. The principal line of activity has always been copper water tubing, followed by industrial and heat exchanger alloy tubing. Its strategic location near Vancouver affords convenient access to western North American and Pacific Rim markets.

Wolverine's market in fact extends from a dominant position in Canada to the provision of finished tubing to some 40 countries worldwide including England, Germany, Spain, Israel, and the United States. This export volume represents 20 to 25 percent of $300 million in annual product sales. Among major markets for a multitude of copper goods in pure form or alloyed with other metals are the construction, transportation, machinery, electrical and shipbuilding industries, as well as practical and decorative household appliances, tools and cookware, vases, and accessories.

Quality workmanship in plant and office commands a high priority at all locations of Wolverine Tube (Canada) Inc. A parallel accent is placed on keeping abreast of the latest developments in mill production and in making these available to staff. To further ensure high quality, the company has established rigid quality control procedures at all stages of manufacturing, order processing, and follow-up technical assistance.

Wolverine Tube (Canada) Inc. people call their formula Tubemanship, the little extra that makes all the difference.

W.C. WOOD COMPANY LIMITED

An enduring record of innovative engineering and corporate stability secures W.C. Wood Company Limited at the forefront of the North American appliance industry.

Wood's signature on a product line featuring food freezers represents value and quality built into a leadership position in Canada during 60 years of advancement. The family-owned business is also recognized for the manufacture of the most energy-efficient freezers in North America, reflecting excellence all down the lines of its sprawling plant at Guelph, Ontario.

This remarkable performance is hardly surprising, given the founding genius of Wilbert Copeland (Bert) Wood, who propelled the firm from a two-man machine shop to one of the nation's major appliance manufacturers. His enterprise guided Wood's to multiple expansions of work force, physical plant, and consumer goods and to recognition by contemporaries and governments for unremitting excellence. Currently, the company is on the move again, in the tradition of its founder, with a rising presence in the United States.

The country was in an economic depression and Bert Wood was an unemployed agricultural engineer in 1930, when he assembled an electric grain grinder, sold it for $150, and set up shop in Toronto. With a teenage assistant and a lathe, he turned out grinders, then oat rollers and milk coolers, which he displayed and sold at rural fairs. A single-strand electric fencer to contain livestock was an instant success. Meanwhile, the company occupied its first real factory on Dundas Street, where in 1938 the original W.C. Wood home freezer was developed.

World War II saw the company convert to production for the armed forces and defense installations, and in 1941 complete a transfer of operations to 123 Woolwich Street in Guelph. There, in buildings covering 40,000 square feet, peacetime output reverted to such items as portable electric water heaters, milking machines, stable ventilators, and electric rangettes and stoves. In 1948 a new 12-cubic-foot farm freezer set the stage for a series of re-designed, improved units (a 7-cubic-foot freezer in 1950 and a combination with separate refrigerator two years later) that would carry the company to great stature at home and abroad. W.C. Wood commissioned its first vertical freezer in 1953 and commenced the forerunners of today's modernized lines of freezers in 1963, shortly after re-locating on its present heaquarters site at Five Arthur Street.

The profile of W.C. Wood Company Limited was also raised in 1955 when it was awarded a National Industrial Design Council award for the development of home freezers. At the time, the founder was cited for "his astonishing achievement of building such an organization from negligible capital to its present prominent position where it makes a notable contribution to our Canadian economy."

As the employee roster rose to 200 people, and later 500, in the 1960s and 1970s, the Guelph industry ventured into various forms of upright and chest freezers. Insulations and convenience were fine tuned, kitchen stove/refrigerator combinations introduced, and sizes offered from compact to king size. Always alert to trends, the company responded in the late 1970s to federal energy guidelines. In the period 1963 to 1980, special needs were met too, by huge warehouse, assembly, and office additions, not only at Plant I on Arthur Street but by purchases of two nearby sites.

The net effect of modernization and extension by the 50th anniversary in 1980 was a corporation of consummate strength in capability delivered by well-trained staff people from a thoroughly modernized manufacturing base. Appropriately, on January 14, 1980, a coveted "A" for Achievement plaque, the first in the city, was presented by Ontario Industry Minister Larry Grossman to the company and its employees. Accepting for the company were Bert Wood, his wife Mary, son John F. Wood, president of the firm, and longtime executive and chairman of the board W.H. "Bill" Martin.

Since the golden anniversary, progress has continued unabated at W.C. Wood. President John Wood and the board made a pivotal, and ultimately rewarding, move during the recession of 1981-1982 through two acquisitions: Electrohome's line of humidifiers, dehumidifiers, and electronic air cleaners, and Miami-Carey's range hoods, and accessories. Diversification has contributed significantly to long-term growth, which recently added another dimension by opening a manufacturing facility in Ottawa, Ohio, to produce upright freezers. By another measure of success, W.C Wood Company Limited flourishes amid an exceptional half-dozen Canadian appliance makers who survive from 37 manufacturers in 1960. And that, according to John Wood, speaks volumes for a loyal and competent staff.

SIHI PUMPS LTD

A global leader in the design, manufacture, and sale of pumps for a multitude of commercial uses operates in North America from an expanding facility in southern Ontario. SIHI Pumps Ltd. at 225 Speedvale Avenue West in Guelph is presently upgrading its manufacturing facilities and sighting on new markets to meet rising demand for its services after three decades of successful performance on the continent.

The company derives from European roots identifying under the SIHI trademark, which is taken from the first two letters of the founders' last names—Otto Siemens and Johannes Hinsch. At the turn of the century they collaborated in the development of a self-priming pump to help farmers pump water from their wells. Answering a call for greater production, the first SIHI factory was opened in a little town near the German-Danish border in 1920. As demand accelerated a larger plant was secured in Itzehoe, West Germany, where the main SIHI facility is still located.

During the next half-century, SIHI experienced tremendous growth culminating in the early 1970s, when it acquired Halberg, a substantial West German pump maker.

In 1972 the descendants of the SIHI founders, together with the owners of a Dutch company based in Beverwijk, which acted as a distributor of SIHI products mainly in the Benelux countries since 1922, merged their interests and established a holding company in Zurich in which the majority of the SIHI operations of Germany were integrated.

Since 1972 the Swiss holding company has coordinated all activities of the autonomous SIHI companies in Austria, Australia, Belgium, France, Italy, the Netherlands, Great Britain, Spain, Switzerland, Canada, and the United States.

SIHI established its North American presence for the Canadian market at Guelph in 1960. A foothold in the United States soon followed with a facility at Grand Island, New York, in 1975, with expansion there in 1978. Through SIHI's Bollmann Filter subsidiary, the company offers water-treatment systems to the North American beverage industry. In early 1990 the largest bottling plant ever to be commissioned in North America received its purified water from a SIHI-installed water treatment system.

Another milestone was achieved in mid-1990 when SIHI North America pioneered the use of Mechanical Draft Tube Sludge mixers for egg-shaped digesters. The first installation in the United States follows 60 years of experience, with more than 400 mixers installed in more than 200 wastewater treatment plants throughout Europe.

The Canadian work force of approximately 100 people forms part of the worldwide SIHI organization, producing hundreds of pump models for diverse applications in chemical, petroleum, medical, food and beverage, marine, power, and pulp and paper sectors. High standards have qualified the firm to supply pumps to the nuclear power industry, but whatever the assignment, SIHI Pumps Ltd. delivers the utmost in engineering and customer service.

STEELE'S WIRE SPRINGS (1974) LIMITED

National leadership and historic distinction illuminate Steele's Wire Springs (1974) Limited, the oldest industry operating under the same name in Guelph, Ontario.

The date in the corporate title indicates only the inception of present ownership. In fact, the company observed its centennial in 1985. More significantly, it stands as the largest manufacturer of custom-made springs for the agricultural implement industry in Canada—and ranks at the forefront in North America.

President Carl White owns the company outright, having succeeded his father Frank in 1974 and bought out brother Bob in 1987. Over the past decade and a half, staff has been upgraded, administration computerized, and engineering strengthened within a finely trained staff of 60 people. Currently, the firm is well launched toward just-in-time shipping and statistical process control for the ultimate in service and quality control.

The 100,000-square-foot office and plant assembly on Speedvale Avenue in the Royal City already contains the largest cold-wound spring maker in the world alongside an array of sophisticated grinding machines, presses, mechanical testing, and analysis equipment. In addition to every type of farm implement—the company is principal supplier to the big three of Case, Deere, and Ford—Steele's makes springs for a variety of consumer and industrial applications. Compression, extension, and torsion springs find uses for doors, furniture, heavy industry and materials-handling equipment, ballpoint pens, pumps valves, and vibration controls—in quantities of one or one million.

Steele's Wire Springs (1974) Limited's design

and shop experts co-ordinate every step of manufacture from steel content to load and dimensional requirements and myriad factors bearing on eventual performance. More than 2 million pounds of steel are stocked to ensure availability, while continual reinvestment in machinery and systems contributes to the highest standards of quality.

From the heart of southwestern Ontario, Steele's (the name derives from Irish-born founder James Steele) serves clientele across Canada and the United States. White also serves his community and is a past president of the Guelph Chamber of Commerce.

Canada's largest spring coiler, capable to three-quarter-inch high tensile material.

Steele's Wire Springs Limited's office and manufacturing facilities in Guelph, Ontario.

RAVENS KNIT LTD.

What do the Super Bowl, the Grey Cup, the NBA championships, the NCAA Final Four Tournament, the World Series, and the Stanley Cup finals have in common? They mean big business to a rising Canadian star in the North American sports apparel industry.

Ravens Knit Ltd. of Guelph, Ontario, manufactures and distributes what the pros wear—everything from T-shirts to shorts to sweats to the actual game jerseys seen on national network and cable television. For millions of sports enthusiasts, Ravens Knit's athletic attire showcases each team with genuine colors, authentic fabrics, and club logo detailing that strike a powerful chord.

Ravens Knit has discovered and fine tuned a formula that creates fantasy for the sports fan in all seasons. The color and originality of Ravens garments illuminates the spectacle of competition for the patrons of major league sport—the men, women, and children who can be seen wearing Ravens Knit sports clothes everywhere, on the street and at work, as well as at play.

This fast-growing enterprise was founded some 15 years ago by its current president and principal owner, Bruce Ravensdale. He capitalized the company with a $500 loan augmented by additional share capital from a local group comprised of family and friends. The founder has continued to spearhead quality production and design at the plant level, while personally promoting Ravens Knit expertise across the playing fields of the continent.

The first five years tested Ravensdale's mettle in simply keeping the company's doors open. After the first decade the venture uncovered and occupied its niche in the marketplace. Years 11 to 15 were characterized by a strengthening of the firm's personnel, development of an unerring business focus, and modernization of equipment and processes. In addition to skilled craftspeople at Guelph, Ravens Knit has access to the latest high-technology capability in the world for textile screen printing, embroidery, and design.

The MHM eight-color automated textile printer can handle 500 garments per hour, regardless of color multiple.

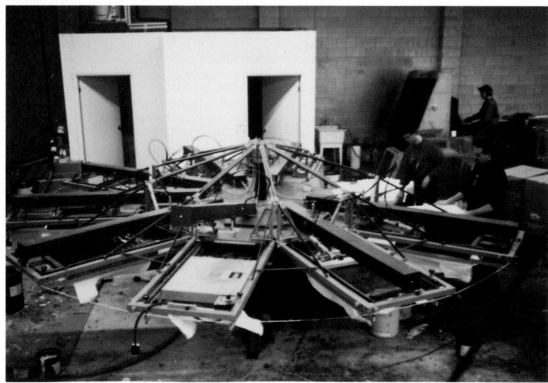

Bruce Ravensdale and his personnel have already embarked on programs calculated to improve company fortunes in the decade of the 1990s. They are committed to the introduction of more functional styling and fabric innovations, as well as to the development of more unique graphic applications.

From the perspective of audience, too, the future looks bright for Ravens Knit, as sports entertainment embraces a broader range of fans, including an inflow of women and young people. Professional sports viewership continues to widen at a phenomenal rate in the wake of accelerating television, video, and radio exposure. The trend is being affirmed not only by contracts with the properties but also by a

The Wilcom CED system is the world's most powerful software program for the embroider-punching industry.

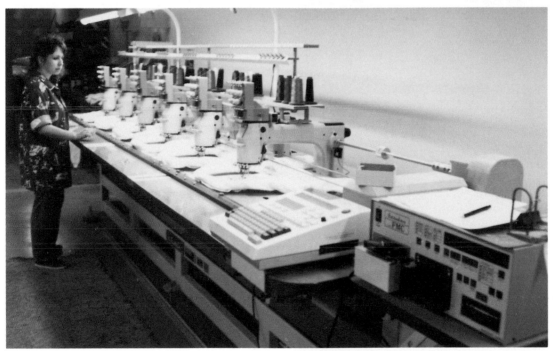

The Barudan embroidery machine is capable of handling anywhere from one to five colors for up to 15 garments at a time.

The vital laser type system is software used for the creative aspect in generating new designs for the screen print industry.

lofty scale of payments to the competitors, all of which contribute to the well-being of firms servicing the sports industry.

The self-renewing tendencies of the sporting world also tend to foster healthy growth. For example, league expansions have given rise to several new global markets. Ongoing interest is generated by trades, and the discovery of super stars plays out in real-life drama on the sports pages and air waves as well as winning streaks or comebacks by front-line teams and individual athletes.

From the combat in stadiums and arenas flows increasing fan identification and subsequent retail sales. Corporate sponsorships, international matchmaking, and the fact that professional sport now extends around the calendar are some of the ingredients fuelling the success of Ravens Knit Ltd.

The Maple Lodge team in 1959. Back row, from left: Ron Scondo, Alice Mulder, Les Mulder, and Grant Royce. Front row, from left: John Feenstra, Eana Walinga, Hans Feenstra, Bob May, Stella Feenstra, Bev Royce, Ida Walinga, and Jack May.

MAPLE LODGE FARMS LTD.

Maple Lodge Farms Ltd. is a modern success story rooted in the Canadian past. The firm, which is an independent, family-owned business, can trace its beginnings to 1834, when a group of hearty pioneers cleared forests and then cultivated crops and livestock to establish a foothold in a new and untested land.

From these humble beginnings, Maple Lodge Farms Ltd. took root and grew into an impressive company that supplies a major percentage of all chicken and chicken deli products produced in Canada.

Over the years, the land cleared by the original settlers became a thriving farm. By the 1930s Lawrence and Gwen May had established

J.L. May in the early 1950s.

a dairy herd on the 100-acre property in Brampton, Ontario, about 30 kilometres north of Toronto.

The 1930s were difficult years for farmers and, to extend the family earnings, Lawrence May began selling eggs locally. In 1947 his son Jack decided to see if fresh country eggs would sell in the city, so he loaded a supply into a 1934 Chevrolet, headed for Toronto, and peddled his wares door to door. Two years later he added dressed chickens to his line. The chickens were a success, and, in 1950, the family adopted the name "Maple Lodge" and started taking

the chicken business very seriously. Bob May started processing operations in 1955 in the old barn, and this put together the team that set the company on its current track. Snaring the Swiss Chalet account in 1957 gave them the boost they needed and established Maple Lodge Farms as a major player in the Canadian chicken industry.

Today Maple Lodge Farms Ltd. is noted for the quality of its product line and the efficiency of its operation. Clients include major chains such as Kentucky Fried Chicken along with large and small restaurants, hospitals, food service groups, independent grocers, and all the leading supermarket chains.

Corporate headquarters is still located on the original 100-acre site in Brampton, cleared by those hardy May ancestors a century and a half ago. In 1965 the company added 15,000 square feet to its building and, concurrently, qualified for federal government inspection. Further extensions of 20,000 square feet in 1976 and 50,000 square feet in 1980 have increased both the capacity and efficiency of the firm's output. In 1989 Maple Lodge Farms Ltd. opened a $20-million, 180,000-square-foot processing and distribution centre, making it the largest chicken-processing facility in the country.

Maple Lodge Farms Ltd. buys more than 30 percent of all chickens grown in Ontario. Live-haul trailers service more than 200 independent Ontario chicken producers, and specially equipped trucks deliver the dressed chickens

Above: Maple Lodge trucks in 1990.

Left: An aerial shot of Maple Lodge Farms today.

and processed chicken products to more than 1,000 locations every day.

If figures paint a picture, the Maple Lodge figures provide a vivid glimpse of corporate achievement. Sales in 1988 were in excess of $150 million, and that year Maple Lodge Farms Ltd. ranked as the 431st largest corporation in all of Canada.

Even as the company continues to grow, the May family works closely together. Tasks may have changed over the years, but the spirit that helped the company survive has only grown stronger. Larry May directs sales, marketing, and distribution; David May directs plant operations; Jack May oversees procurement; and Bob May handles corporate administration, public relations, and production. Beth May and Jean May are directors, responsible for personnel and payroll. These departments work together to administer the needs and activities of the company's 1,200 employees.

Other members of the second and third generations of the May family are active participants on the sales team and in the human resources department. The youngest members of the family are now becoming part of the business through after-school responsibilities.

Maple Lodge Farms Ltd. is constantly seeking to expand its product line. In 1983 they introduced Canada's first chicken wiener, which gained immediate consumer approval and landed them in the *Guiness Book of Records* for producing a 2,377-foot-long chicken hot dog.

The company is looking at value-added products to meet consumer demands. "We want to produce more ready-to-eat items." How do the Mays feel about the current trend towards increased chicken consumption? "People are becoming health conscious and we're seeking new ways to meet those needs." As always, the Mays prefer to emphasize the positive rather than the negative. "Let's just say we're working hard to promote good news."

RADIO SHACK

In an unusual reversal of form, InterTAN Inc., the parent company of the international chain of Radio Shack stores, recently moved its operational headquarters from Fort Worth, Texas, to Barrie, Ontario. Since InterTAN has no retail holdings in the United States, senior executives say it makes much more business sense to have the management team located in a country where retail operations exist.

Radio Shack began in Boston in 1921 as a store for ham-radio operators. Reflecting that city's nautical personality, the word "shack" is taken from the name of the radio room on a naval vessel, not, as might be imagined, a run-down structure where radio parts are hammered together.

From 1921 to 1963, the Radio Shack organization maintained a steady, if unexciting pace, growing from one to nine stores, all located in the New England area. In 1963, when Charles Tandy purchased the company, it was on the verge of bankruptcy. Tandy, however, believed he could turn it into an immense retail chain, and today, thanks to his marketing efforts, Radio Shack has more than 7,000 stores in the United States and 2,600 in other nations, including Canada.

In 1987 the company was divided into two parts: Tandy and InterTAN Inc. Stocks were spun off and shareholders of Tandy were given one share in InterTAN for every 10 they owned of Tandy. Tandy retained the rights for South America and the United States, and InterTAN retained the rights for the rest of the world.

At the time InterTAN was established, the international operation was not profitable. In 1987 the division lost $12 million. In fiscal 1989, however, profits topped $40 million and sales are still growing.

The executives who were relocated to Barrie from Fort Worth work for the international parent company, InterTAN Inc. Robert Keto is chief executive officer and president of InterTAN. Robert J. Mayes is the managing director for Radio Shack Canada and also a vice president with InterTAN Canada Ltd.

"The secret of our success is that we only use nationals," says Keto. This policy applies to every country where InterTAN has stores. Keto believes it is important for people running a company to understand local needs and taste, rather than use predetermined ideas and try to get the clientele to adapt to them.

Radio Shack has 900 outlets in Canada—500 company-owned stores and 400 dealer franchises. Stores worldwide operate under the trade names Radio Shack, Tandy, Tandy Computer Centre, and Tandy Electronics Ltd. They are all linked through InterTAN Inc., a U.S. holding company registered in Delaware.

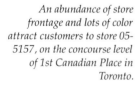

An abundance of store frontage and lots of color attract customers to store 05-5157, on the concourse level of 1st Canadian Place in Toronto.

"Radio Shack thinks of itself as a distribution tool for products in consumer electronics," says Keto. About one-third of its merchandising is in computers, and the rest is divided between telephones, answering devices, cellular phones, radios, stereos, and a full line of accessories. About 40 percent of all manufacturing is done in the United States, and the other 60 percent is handled around the world, although not necessarily by Radio Shack.

"Basically, we buy merchandise from other vendors who build to our specifications, then put our label on the product," says Keto. "This includes all the major electronic manufacturers in the world. We're really not manufacturers. We're distributors. So whoever's got the hottest item on the block, that's the one we're going to buy."

Keto believes the company's strength centers around the innovative quality of the product line. Because of Radio Shack's enormous buying power, the firm is able to shop the world for the latest electronic and high-technology developments, then offer the selected products to customers at competitive prices.

"The U.S. Tandy Corporation is a $4-billion company," says Keto, "and combined with InterTAN, that gives us a lot of buying power. We have access to all the other vendors, so we're not tied exclusively to Tandy. We can carry any Tandy product or elect to procure technology from other companies, thereby bringing the best products in the world to our clients."

InterTAN Inc. operates from a 500,000-square-foot warehouse and office complex in Barrie, Ontario, about an hour's drive north of Toronto. Plans are under way for a new office

tower to be built in 1993, and Keto says it will be a knockout design.

How do the relocated executives feel about their new Canadian home? "We've all bought snow blowers," laughs Keto, adding that consolidating international operations under one roof has streamlined operations. "The Americans who were brought here are part of the holding company, but they don't run Radio Shack in Canada. We no longer superimpose ideas or present preconceived plans." Wherever Radio Shack is, he adds, it is totally responsive to the needs of the populace it serves.

An open, airy concept creates an eye-catching effect for store 05-5142, located in Center Point Mall.

The head office for Radio Shack/InterTAN is located at 279 Bayview Drive, Barrie, Ontario.

DOVER ELEVATORS CANADA LIMITED

Sixteen high-performance Dover elevators featuring the advanced Traflomatic 2000 computer control provide first-class service at the IBM Tower in Toronto.

When Michael Turnbull began his small elevator shop in Toronto at the turn of the century, little could he have imagined the scope and size of the company 90 years later. Today Dover Elevators is Canada's premier manufacturer of elevators—designing, manufacturing, installing, and servicing elevators for a variety of uses. From underground parking garages to the most sophisticated high-rise office towers in the country, Dover elevators are found in such high-profile corporate headquarters as BCE Place and the IBM Tower in Toronto, the Tour BNE in Montréal, Banker's Hall in Calgary, and the Waterfront Centre in Vancouver.

It is a story of growth and innovation, not just of a company, but of the country it has been a part of for almost a century. In 1900 Michael Turnbull and John Russell formed an elevator manufacturing company on Toronto's John Street. This now historic site served as the company's headquarters and central manufacturing location until 1990.

The new company met with a slow start, however, and John Russell withdrew from it in the early years. But the aftermath of Toronto's Great Fire created a new building boom and the company's fortunes changed dramatically.

Historic 126 John Street in Toronto served as company headquarters for 90 years.

During the early 1900s Canada was preparing for the advantages of electric power. Turnbull's son, Harry, who had joined his father in the firm, was quick to grasp the full potential of this development and led the company in the transition from hydraulic to electric-powered elevators.

In the years leading up to World War I, elevator operations expanded. Field crews were installing Turnbull elevators throughout Canada and branches were opened in major centres from coast to coast.

With the outbreak of war in 1914, the company and its people responded enthusiastically to their country's call. Turnbull had one of the best jobbing tool rooms in Canada, comprising some 20 men, and the company was soon engaged in making tools and gauges for war purposes. When elevator

operations resumed at the end of the war, the company had now firmly established its preeminence as the country's largest Canadian-owned elevator manufacturer.

In the ensuing years Turnbull forged ahead, pioneering new developments in the manufacturing and operation of elevators, establishing a spirit of innovation that has carried through to the present day.

During World War II the company was called upon again to assist in the war effort, and this time the John Street plant manufactured anti-aircraft guns and carried out a variety of quality-control activities.

Turnbull Elevator Company grew and prospered in the aftermath of the war. On October 28, 1950, the company celebrated its 50th anniversary at the Royal York Hotel. Four hundred guests were in attendance, including the company's president, Gordon Turnbull. Like the visionary he was, Gordon called upon all gathered to look at the past half-century "as a training ground for an even greater future."

The 1950s was another period of transition for both Turnbull Elevator and the industry itself. In 1953 the company was purchased by Combined Enterprises and its name was

changed to Turnbull Elevator of Canada Limited. One thing that did not change, however, was the pioneering spirit of the company. It was during this time that the change from attendant-operated elevators to self-service took place. Always conscious of the needs of its users and customers, the company launched a number of new programs to make the transition as smooth as possible. The most prominent of these was the "Miss Turnbull" campaign, which saw well-trained company representatives sent to various parts of the country to assist tenants in both new and existing buildings with the transition to "operatorless" elevators.

The dawn of the electronic age saw the company make an important leap forward into the world market. In 1966 the company led in the development of the first solid state group controls in North America. And in 1968 another North American first was achieved with the introduction of the Traflomatic 2000 and its solid state speed control.

In 1966 the company was acquired by Dover Corporation of New York, a *Fortune* 500 company. Dover, a highly successful company with a philosophy that encourages autonomy and independence, was quick to recognize the corporate strengths and proud history of its Turnbull Elevator Division.

Today, Dover Elevators is Canada's largest manufacturer of elevators, with 800 full-time personnel operating out of 32 branches across the country.

Early in 1990 the company purchased Elmac Elevator, a small but ideally positioned independent elevator contractor in the Okanagan Valley of British Columbia. Elmac Elevator, the newest member of the Dover family, will further reinforce Dover's presence in Western Canada and provide an important addition to its national manufacturing, service, and distribution system.

The company's dedication to quality and innovation, combined with its long-standing support of charitable and community causes, has earned Dover a respected reputation among its employees, its communities, and its customers. It is a reputation that has made Dover a leader in its industry and has led to steadily increasing demand for the Dover products.

Dover Elevators' growth and success has meant some important changes for the company, including the relocation to a larger and more efficient manufacturing centre. Located in Mississauga, the new plant offers the most modern elevator manufacturing facilities available in Canada, including a 24-storey elevator test tower—the only one of its kind in Canada and a further example of Dover's dedication to the highest standards of product research and quality control.

The new facility represents a highly visible demonstration of Dover's commitment to domestic manufacturing and the continuation of a tradition of designing, manufacturing, and testing elevators in Canada. Coming as it does some 90 years after the founding of its first plant in Canada, the timing of the new facility represents an important symbol to Dover Elevators. It is a reminder of the traditions that have given the company its history and its roots, and a compelling reaffirmation of the principles of excellence and innovation that continue to be the hallmark of Dover Elevators as it approaches the next century and beyond.

Executive officers of Dover Elevator Canada Limited (from left): Kem McCullough, director, special projects; Vic Veer, vice president, marketing and business development; Rich Howson, treasurer; Bill Wilkinson, president; Tony Filipovich, vice president, manufacturing; Bill Brown, vice president, field operations.

Dover's new corporate headquarters and elevator manufacturing, research and testing facility in Mississauga, Ontario.

HITACHI (HSC) CANADA INC.

Hitachi (HSC) Canada Inc. is a wholly owned subsidiary of Hitachi Sales Corporation of Tokyo, Japan. The company, which manufactures, imports, and wholesales home entertainment products and household appliances, was incorporated in Canada in October 1968 and commenced sales to dealers in April 1970.

The Canadian corporation has proven itself one of the most vibrant and successful branches of the parent company. Sales have grown from $2 million in 1971 to approximately $140 million in 1990.

Under the leadership of Shunji Takeuchi, president and chief executive officer, Hitachi (HSC) Canada Inc. continues to set patterns of success. The company is composed of four divisions: sales and marketing; manufacturing; service and parts; and administration and accounting. The head office is a modern, two-storey building in Mississauga, Ontario, where offices are laid out in an open configuration. Hitachi also maintains offices in Halifax, Québec City, Montréal, Winnipeg, and Vancouver and a manufacturing plant in Pointe Claire, Quebec, where more than 800 color television sets are manufactured every day.

When Hitachi was founded in Japan in 1910, its basic tenet was research and development—a theme that continues to determine its course of growth and development. According to former president and representative director Katsushige Mita, "Hitachi has been a technology-oriented company since its founding and continues to regard research and development as a major source of corporate growth."

The company's first product, an electric motor, was followed by a water turbine, and in 1924 by the first large-scale electric locomotives ever manufactured in Japan. Today's product line runs the gamut from power systems and equipment, consumer products, information and communication systems, electronic devices, and industrial machinery to wire, cable, metals, and chemicals, with principal emphasis currently focused on electronics and energy.

Reading the product catalogue is similar to taking a trip through the world of modern technology. Because of its strong commitment to research and development, Hitachi accomplishments set patterns followed by other corporations. In the year ending March 31, 1989, research and development expenditures for the organization totalled $2.8 billion (U.S. dollars) or 5.8 percent of the company's total sales. Hitachi has more than 55,000 industrial property rights including patents, and, in

Shunji Takeuchi, president.

keeping with a long-standing corporate philosophy to encourage the development of international business, these properties have all been made available to companies wishing to license them. This policy has enabled the company's technology trading account to show a profit since fiscal 1985.

The emphasis on technical interchange has prompted Hitachi to set up a central research laboratory that allows researchers from around the world to use Hitachi's advanced facilities to carry out their own research. In addition, Hitachi hosts or supports many symposiums and academic conferences, including the International Symposium on Quantum Mechanics, an International Symposium on the Utilization of Supercomputers in Mechanical Engineering, and an IEEE workshop on industrial applications of AI.

1990 marked a very special year for Hitachi—the twin anniversaries of Hitachi Ltd. (80 years) and Hitachi (HSC) Canada Inc. (20 years). In 80 years Hitachi Ltd.—established in 1910 as an electrical repair shop for a copper mining company in Japan—has grown to become one of the largest industrial corporations in the world. Hitachi Canada is proud to have carried on this distinguished service for the past 20 years.

Hitachi in its 80/20 anniversary year continues to be a technology-oriented company, believing that research and development is the major source of corporate growth. Hitachi researchers are highly attuned to new trends and try to keep one step ahead of the times. Examples of Hitachi's leadership include its recent announcements of a 64 Mb Dram chip, an industry first, and the world's fastest supercomputer.

The enhancement of product quality and reliability is an important focus of the company. To achieve this goal, Hitachi's factory staff maintains rigorous quality standards through extensive testing of products at every stage of production.

From humble beginnings, at the beginning of the century, Hitachi has grown into a world leader in the use and development of technology for today, tomorrow, and into the new millennium.

More than 500 dealers attended the 1990 Hitachi Dealer Show, held at the Bonaventure Hilton in Montréal from August 5-8.

HUGHES LEITZ (OPTICAL TECHNOLOGIES) LIMITED

Cementing a complex prism cluster. Photo by Fred Figall

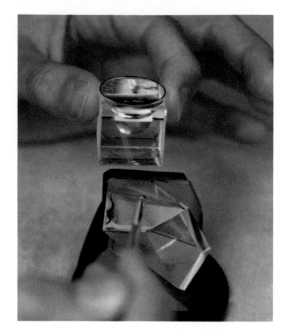

When Ernst Leitz (Canada) Limited was founded in a Midland, Ontario, curling rink in 1952, its primary function was to assemble prefabricated components for the Leica 35-millimetre camera and lenses manufactured by Ernst Leitz GmbH of West Germany.

In the following 38 years, Leitz grew from a group of 12 technicians and administrators into a company employing some 400 people in a 150,000-square-foot, state-of-the-art facility. Today the company is active in the design, development, manufacture, and testing of highly sophisticated optical and opto-mechanical assemblies to the most stringent commercial and military specifications.

In 1989 a corporate merger between the Swiss-based Wild Leitz Group (to which Leitz Canada belongs) and Cambridge Instruments of the United Kingdom created the Leica plc Group. In late 1990 Leitz Canada was acquired by Hughes Aircraft of Canada and continues, as Hughes Leitz Optical Technologies Limited, to occupy a unique position in the North American market as one of the world's leading suppliers of precision optics for both defence and civilian applications.

During recent years, the company has been active in the ongoing development and

Right: The 150,000-square-foot Hughes Leitz plant at Midland, Ontario. Photo by Fred Figall

Below: Hughes Leitz has designed and produced lenses for the Leica 35-millimetre rangefinder and reflex camera systems since 1952. Photo by Fred Figall

manufacture of lenses for the cinematographic industry, notably a new family of lenses commissioned by Panavision for its movie cameras and the projection lenses for the Canadian IMAX and OMNIMAX systems.

In the defence industry marketplace, Hughes Leitz Optical Technologies supplies instruments directly to government customers and, as a subcontractor, to major systems firms in North America, including of course, Hughes, General Electric, Bendix, and General Dynamics. Several high-volume production contracts are noteworthy, among them, the manufacture of infrared laser range-finder telescope assemblies for the U.S. Ml Abrams tank fire control system and the design and manufacture of all optical assemblies for several laser range-finders.

Research and development occupies a major area in the Hughes Leitz spectrum of activities. Programs in new lens design and optical coatings and materials for a number of commercial and military applications, long-wavelength infrared applications, and optical data storage systems figure largely in Hughes Leitz' current and future plans. Collaborative ventures with teaming partners, particularly in the optical data storage and machine vision instrumentation fields, have allowed Hughes Leitz to further expand its research and development horizons.

With a view to future development, Hughes Leitz Optical Technologies Limited has made extensive capital investments in the latest machinery and instrumentation. The dynamic company that has evolved from a modest assembly plant is now ideally poised to assume its position as a leader in the field of high-precision optics.

CANADIAN REYNOLDS ALUMINUM METALS COMPANY
LA SOCIÉTÉ CANADIENNE DE MÉTAUX REYNOLDS

Canadian Reynolds Metals Company operates nine plants in Québec and Ontario, with sales offices and warehouse facilities across the country. The company employs a work force of 3,400 people, with a consolidated turnover of $898 million in 1989.

Reynolds is the country's leading producer of aluminum paper, ranking second in sheet aluminum and third in extrusion products.

The company operates one of the world's largest smelters at Baie-Comeau, Québec, with 1991 production capacity of 400,000 metric tonnes. Reynolds owns 25.05 percent of Aluminerie de Bécancour Inc., Québec.

A major portion of primary aluminum production goes to the company's three Canadian processing divisions. Reynolds Aluminum produces sheet aluminum, paper, and flexible packaging at Cap-de-la Madeleine; packaging and consumer products in Ville d'Anjou; building materials in Weston; and foil containers in Rexdale.

Reynolds Extrusion is Canada's largest manufacturer of ladders for industrial and home use. Plants located in Richmond Hill and Ste. Thérèse also produce a wide assortment of extrusion products for the construction industry and general industrial use.

Reynolds Cable in la Malbaie produces a full line of high-tension cables and aluminum conductors. A wire and cable rod plant will begin production in late 1991 at Bécancour.

Canadian Reynolds Metals Company is a subsidiary of Reynolds Metals Company, Richmond, Virginia.

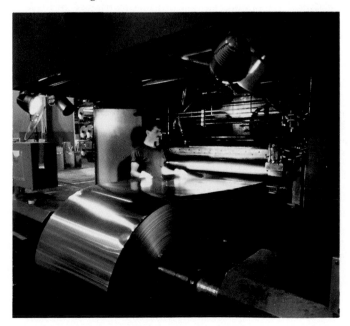

La Société Canadienne de Métaux Reynolds possède aujourd'hui neuf usines au Québec et en Ontario, ainsi que des bureaux de ventes et des entrepôts à travers le Canada. L'effectif du personnel s'élève à 3400 personnes. L'an dernier, la compaganie a réalisé un chiffre d'affaires consolidé de 898 milions $.

Reynolds est le premier producteur de papier d'aluminium au pays, le deuxième pour les tôles et le troisième pour les profilés d'aluminium.

La compagnie exploite une des plus grandes alumineries au monde à Baie-Comeau, au Québec. Sa capacité de production atteindra 400 000 tonnes métriques en 1991. En outre, Reynolds est l'un des propriétaires de l'Aluminerie de Bécancour inc., au Québec.

Une part importante de l'aluminium de base est expédiée dans les établissements des trois divisions de transformation de Reynolds au Canada.

Ainsi, la Société d'Aluminium fabrique des tôles, du papier et des emballages souples au Cap-de-la-Madeleine, des produits d'emballage et de consommation à Ville d'Anjou, des matériaux de construction à Weston et des récipients en papier d'Aluminium à Rexdale.

Les Profilés Reynolds est le plus grand fabricant canadien d'échelles à l'intention de l'industrie et du consommateur. Ses usines, situées à Richmond Hill et à Ste-Thérèse, fabriquent en outre un large assortiment de profilés d'aluminium pour l'industrie de la construction et pour l'industrie en général.

Les Câbles Reynolds produit une gamme complète de câbles de haute tension et des conducteurs d'aluminium à la Malbaie. Son usine de tiges pour câbles et fils entrera en production à la fin de 1991, à Bécancour.

La Société Canadienne de Métaux Reynolds est une filiale de la Reynolds Metals Company, de Richmond en Virginie.

Two expansions in less than a 10-year period brought the annual primary aluminum capacity to 400,000 metric tonnes at Baie-Comeau, one of the largest smelters in the world.

Deux agrandissements en moins de 10 ans ont porté la capacité de production d'aluminium primaire de l'usine de Baie-Comeau à 400 000 tonnes métriques par année.

Reynolds makes massive investment in Canada to modernize or expand operations with state-of-the-art technology, such as this mill at Cap-de-la-Madeleine.

Reynolds investit massivement au Canada afin d'améliorer et d'augmenter sa capacité de production avec des technologies de pointe, comme ce laminoir à Cap-de-la-Madeleine.

From left: Dr. Anthony Jurak, co-founder/co-chairman; J.F. Robert Bolduc, president, co-founder/co-chairman; and Sam Kalenuik, executive vice president, co-chairman.

MATOL BOTANICAL INTERNATIONAL LTD.

Founded on October 22, 1984, Matol Botanical International is a young and fast-growing company in the natural products industry. A single product—a mineral preparation containing extracts of the flowers, leaves, roots, and bark of specific plants—has made the Montreal-based firm an international success story.

In just six years, Matol Botanical International has achieved annual sales figures that top the $200 million mark. In addition to its head office and laboratory in Quebec, the corporation has offices in Los Angeles, Las Vegas, and Vancouver. In September 1989 Matol opened an office in Kuala Lumpur, the capital of Malaysia, from which Matol Pacific Corporation, a subsidiary of Matol Botanical International, is expanding into six countries in southeast Asia.

The corporation has 300 employees in North America and another 90 in Asia. Matol's unique product is marketed by direct sales.

The preparation now called Matol was developed in 1922 by biochemist and agrobiologist Karl Jurak at the University of Vienna, Austria.

In 1962 he transferred the formula over to his son Anthony Jurak, also a biochemist. Both men kept the preparation alive by giving the non-commercialized product to friends and family for 62 years.

In 1984 a Canadian businessman, J.F. Robert Bolduc, also a personal friend of Dr. Anthony Jurak, decided that the preparation could be commercialized, and he convinced Anthony to join him and form a company now known as Matol Botanical International Ltd.

From 1984 to 1986 the company expanded across Canada. In late 1986 J.F. Robert Bolduc and Dr. Anthony Jurak agreed to team up with a multi-level marketing expert named Sam Kalenuik, who became executive vice president and a partner in Matol Botanical International. Together the three partners led Matol into the biggest market in the world, the United States.

At the end of the twenty-first century, the natural products industry is undergoing significant growth around the world, and Matol Botanical International Ltd., as a major Canadian company of this industry, is a real force to be reckoned with.

FISHER GAUGE LIMITED

Fisher Gauge has grown from a small manufacturing company established in 1942 to a major force in the world's precision die casting industry. With four plants and more than 375 skilled employees, the company works on the leading edge of die casting technology. Fisher Gauge is headquartered in Peterborough, Ontario, and has sales of approximately $50 million annually. The company has received many service and recognition awards from government agencies, industry associations, and from its customers.

Fisher Gauge serves manufacturers in more than 50 countries. Its two divisions manufacture and sell small zinc die cast components and component assembly systems.

Fishercast Division has advanced die casting capability and produces high-precision small and miniature zinc die castings for original equipment manufacturers. Often complex and intricate in design, these high-quality components are ready to use and require no secondary operations. Fishercast's plants, two in Peterborough and one in Watertown, New York, produce die cast components by the millions.

Manufacturing systems by Fishertech Division have revolutionized assembly and machinery processes. Injected Metal Assembly™ (also known as IMA™) semi-automatic and automatic systems achieve high production rates on extremely precise assemblies of two or more small components.

A further capability offered by Fishertech is the mounting of irregular shapes in a cast metal block to allow the part to be held accurately in machining operations. Known as the Fixturblok® system, this capability was developed in response to the need to hold and locate gas turbine blades and vanes for close tolerance automated machining.

Every aspect of the Fisher Gauge operation is dedicated to quality, accuracy, and customer service. Virtually every high-volume operation in the company is based on statistical process control to provide customers with current standards of quality assurance and production reporting. A number of world-class machining centres, along with CAD and other computer based engineering systems further reflect Fisher Gauge's determination to work to the closest tolerances and highest accuracy.

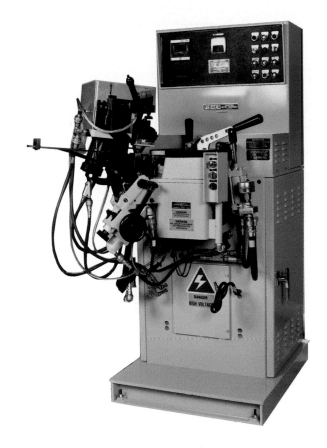

Left: The Injected Metal Assembly™ Machine performs precise assemblies of two or more smaller components.

Below: Fishercast produces high-precision small and miniature zinc die castings.

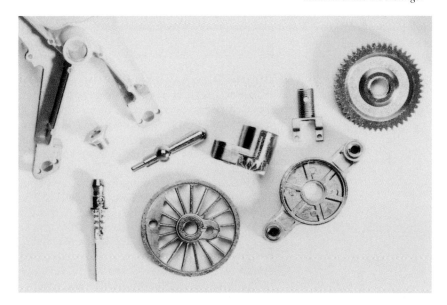

Through its nearly 50 years Fisher Gauge Limited has concentrated on answering customer needs in the most efficient way possible, demonstrating solid business ethics and a strong corporate social conscience.

PERKINS PAPERS LTD.
PAPIERS PERKINS LIMITEE

Perkins Papers Ltd.'s plant is equipped with state-of-the-art technology, including the Wrapmatic for wrapping rolls of bathroom tissue into multi-roll packs.

Les usines des Papiers Perkins Ltée sont dotées d'équipement à la fine pointe de la technologie, dont une machine emballeuse automatisée pour les rouleaux multiples de papier hygiénique.

Perkins Papers is a public company that manufactures sanitary tissue products from recycled paper. Perkins' staff of more than 400 people work in sophisticated production plants in Laval and Candiac, Quebec, which boast state-of-the-art equipment and computer controls.

The Candiac plant manufactures the paper and converts it into toilet tissue and towels. The Laval plant converts paper for use as printed and plain napkins and tablecovers.

Founder Benjamin Perkins was a machinery designer and manufacturer who once worked closely with Alexander Graham Bell, inventor of the telephone. When Perkins' first Quebec plant was opened in Montreal in 1930, the company was selling to department stores, chain stores, and stationery stores. Later the range of products was broadened to target food stores as well, and in 1947 Perkins Ltd. became a wholly owned Canadian company.

There are two divisions in the company: consumer products and commercial services. The consumer products division's main product

Les Papiers Perkins est une compagnie publique qui fabrique une gamme complète de produits de papier tissu à partir de fibre recyclée. Au Québec, Perkins emploie plus de 400 employés à Laval et à Candiac oeuvrant dans ses usines à la fine pointe de la technologie et de l'informatique.

L'usine de Candiac fabrique le papier et le transforme en papier hygiénique et en essuie-tout. L'usine de Laval transforme le papier en serviettes de table, en napperons de couleur unis ou imprimés et en nappes.

Le fondateur, Benjamin Perkins, un concepteur de machinerie et manufacturier, a déjà travaillé de près avec l'inventeur du téléhone, Alexander Graham Bell. Au Québec il a ouvert sa première usine à Montréal, en 1930; il approvisionnait alors les magasins à rayons, les grandes chaînes et les papeteries. Plus tard, la compagnie a étendu la gamme de ses produits aux magasins d'alimentation, et, en 1947, Perkins Limitée devenait une compagnie canadienne à part entière.

La compagnie comporte deux divisions: les

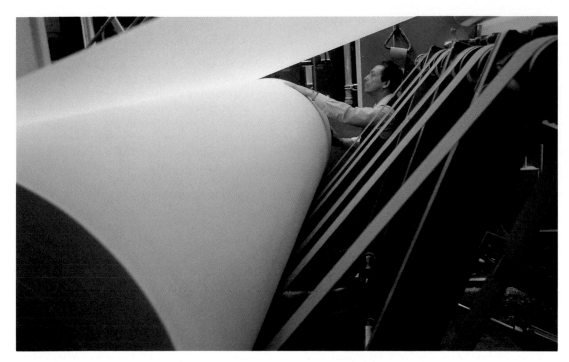

Noel Bachand checks the quality of the soft tissue paper being unwound before it is converted into finished goods.

Noel Bachand vérifie la qualité du papier tissu qui est déroulé avant d'être converti en produits finis.

is bathroom tissue, but napkins, tablecovers, towels, and food wrap also figure prominently. Perkins distributes consumer products under the Decor, Rite, Plush, and Budget brand names, which can be found on the shelves of many food chains, drugstores, and department stores nationwide.

The commercial division includes paper products for the industrial, institutional, hotel, and restaurant sectors throughout Canada. With the continued popularity of fast foods, Perkins and its advanced machinery has enabled the company to devise innovative new paper products as well as upgrade existing ones.

In 1980 Perkins substantially increased its production capacity, entirely rebuilding the paper machine at Candiac. At the same time, existing converting facilities at the Candiac and Laval plants were augmented. Converting was expanded again in 1988, and Perkins is presently engaged in yet another major expansion of its paper-making capacity.

Perkins Papers Ltd.'s innovative spirit and ability to respond to customer needs with quality products are its major strengths. The equipment is of the latest technology and efficiency, and since 1971 has been based upon 100 percent recycled paper. Environmental soundness is a fundamental value at Perkins Papers Ltd.

produits de consommation et la division commerciale.

Le principal produit de la division des produits de consommation est le papier hygiénique. Les serviettes, nappes, napperons, essuie-tout et les papiers cirés sont aussi vendus par cette division. Perkins distribue les marques Decor, Rite, Plush, et Budget dans les chaînes d'alimentation, les pharmacies et les magasins à rayons à travers le Canada.

La division commerciale fournit des produits de papier aux secteurs industriels et institutionnels, aux hôtels et restaurants à travers le Canada. Grâce à son équipement de pointe, Perkins a pu, avec la popularité croissante de la restauration rapide, proposer des produits de papier nouveaux et améliorer ses produits existants.

Perkins a grandement augmenté sa capacité de production en 1980 en procédant à la reconstruction de sa machine à papier de Candiac. Les équipements de transformation de Laval et de Candiac ont aussi été rénovés. Perkins procédait à une autre expansion majeure de la transformation en 1988 et complète présentement des travaux qui augmenteront sa capacité de production de papier.

Les principaux atouts des Papiers Perkins sont l'innovation et la capacité de répondre aux besoins de la clientèle en offrant des produits de qualité. L'équipement est à la fine pointe de la technologie et témoigne de la plus haute efficacité. Depuis 1971, Perkins n'utilise que du papier recyclé à 100 pour cent, indice de sa préoccupation envers l'environnement.

BIONAIRE INC.

Bionaire Inc. is in the business of developing and marketing products designed to improve the environment and quality of life in homes and offices. These products include air purifiers, humidifiers, and water filtration systems. Innovative design and high quality are company hallmarks and provide the basis for rapidly expanding growth. Several products have been rated number one by consumer magazines in Canada and the United States.

Headquartered in Lachine, on the island of Montréal, Bionaire is an international company, selling in more than two dozen countries. Sales outside Canada account for 75 percent of the total, with the largest volume being in the U.S. As the trend toward globalization of markets continues, the company expects an increasing amount of business to be done in foreign countries. A substantial amount of manufacturing takes place in the 90,000-square-foot Lachine facility. In addition, products are currently manufactured under contract with companies in Japan, Korea, Taiwan, and China.

Bionaire was started in 1977 by a man with an idea. Juergen Puetter designed an ionizer to improve air quality by using nature's own air cleaners: negative ions. This was followed by the development of a more sophisticated unit which incorporated a fan and filter as well as the ionizer. This patented technology became the basis for a variety of successful models which gave the company its reputation for quality products. A second major category was addressed in 1983 with the introduction of ultrasonic humidifiers to the North American market, and in 1988 the company began selling water filtration devices. The pace of new product introduction accelerated in 1989-1990 with the debut of Clean Mist® humidifiers and a new generation of more cost-effective air purifiers. The company sees its future success as directly related to new product introductions and is consequently investing significantly in research and development.

Bionaire Inc. became a public company in 1984. Its shares are traded on both the Montreal and Toronto exchanges.

Juergen Puetter, chairman, and Al Kelley, president, in the Bionaire conference room.

Juergen Puetter, président du conseil, et Al Kelley, président, dans la salle de conférence de Bionaire.

Les principales activités de Bionaire sont le développement et la mise au point de produits destinés à améliorer l'environnement et la qualité de vie dans les résidences et les bureaux. Ces produits incluent les purificateurs d'air, humidificateurs et systèmes de filtration d'eau.

La croissance rapide de l'entreprise est attribuée à la conception innovatrice et à la haute qualité de ses appareils. Plusieurs des produits de Bionaire ont d'ailleurs été classés au premier rang par des magazines de consommateurs du Canada et des Etats-Unis.

Située à Lachine, sur l'île de Montréal, Bionaire vend ses produits dans plus de 25 pays. Les ventes à l'extérieur du Canada représentent 75% de son chiffres d'affaires, le plus gros volume allant vers les Etats-Unis. Avec la globalisation des marchés, Bionaire prévoit une augmentation croissante de ses ventes à l'étranger. L'entreprise a aussi signé des contrats de sous-traitance avec des entreprises du Japon, de Corée, de Taiwan et de Chine. La majeure partie de la fabrication de Bionaire s'effectue à Lachine, dans ses locaux de 90,000 pi. ca.

Bionaire fut fondée en 1977 par Juergen Puetter. C'est lui qui eut la brillante idée de concevoir un ioniseur en utilisant les purificateurs d'air de la nature: les ions négatifs. Vint ensuite le développement d'un appareil plus perfectionné, comprenant un ventilateur et un filtre, en plus de l'ioniseur. Cette technologie brevetée constitua la base d'une variété de modèles qui valurent à l'entreprise une réputation de haute qualité pour tous ses produits.

En 1983, Bionaire ouvre une deuxième grande catégorie sur le marché américain avec l'introduction des humidificateurs ultrasoniques. En 1988, elle entreprend la vente de systèmes de filtration d'eau. La mise en marché de nouveaux produits s'est accélérée en 1989 avec l'arrivée des humidificateurs Clean MistMC et d'une nouvelle génération de purificateurs d'air à meilleur coût.

Bionaire entend assurer son succès par l'introduction de nouveaux produits; elle consacre donc des sommes importantes à la recherche et au développement.

Entreprise publique depuis 1984, Bionaire Inc. est inscrite aux bourses de Montréal et de Toronto.

BETTER BEEF LIMITED

As one of Canada's largest independent meat packers, Better Beef Limited has established a reputation for high quality, consistency, excellent service, and value in a market which embraces all of Eastern Canada and includes Japan, the Carribean, and Europe. However, like many businesses in Canada, Better Beef Limited began as a small enterprise by two young newcomers, Mike and Benny deJonge.

The deJonges came to Canada in 1957 from their native Holland, where they learned about fine quality and top-notch customer service by working in their father's retail butcher shop. Upon their arrival, they bought Highland Packers in Stoney Creek, Ontario, where they developed a wholesale and retail operation with their relatives to supply local grocery stores, restaurants, and consumers.

In 1972 Mike and Benny expanded further by founding Better Beef Limited in Toronto. As Benny developed the company's innovative boxed beef system and Mike honed his talents as a cattle buyer, Better Beef Limited quickly outgrew its Toronto plant. So, in 1976, Better Beef acquired the Essex Packers plant in Guelph, Ontario, and continued expanding. This culminated in 1989 with the construction of a state-of-the-art, 150,000-square-foot, highly automated meat processing plant, which employs more than 400 highly trained staff. Besides being one of the area's major industries, Better Beef Limited is also one of the country's largest meat processing plants.

Meanwhile, in 1988 Mike and Benny branched out to the Maritimes by acquiring Simon's Foods in Fredericton, New Brunswick. Simon's is a major producer and distributor of processed pork and beef products throughout Atlantic Canada. Another operation is deJonge Farms, a group of Southern Ontario feedlots that supply some of Better Beef Limited's daily production needs.

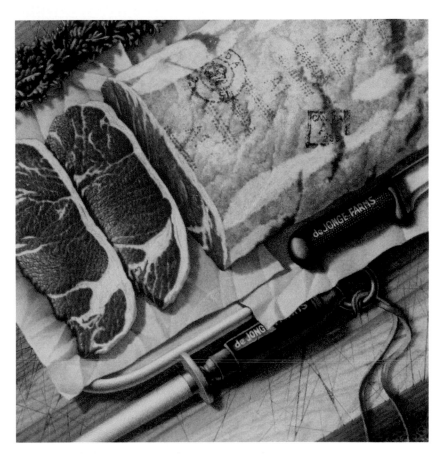

As for distribution, Better Beef Limited operates a fleet of 50 modern, refrigerated trucks to service retailers handling high-quality ribs, roasts, lean ground meat, steaks, and chops and other beef and pork products throughout Ontario, Quebec, and Atlantic Canada.

The secret of the deJonges' success is their continual reinvestment in new techniques and equipment to maximize efficiency as well as a mutually rewarding partnership with cattle producers. This has enabled their company to keep up with growing markets in Canada, the United States, the Caribbean, and particularly Japan, where the company has established a foothold for further expansion in the Pacific Rim. Developments in advanced packaging methods for minimum shrinkage and long shelf life allow retailers to buy what they need when they need it. This "boxed beef" system and other modern techniques have strengthened Better Beef Limited's ability to expand on a global scale and continue the success it has established with Canada's major retail and wholesale chains.

Better Beef Limited distributes high-quality beef and pork products throughout Ontario, Quebec, and Atlantic Canada.

Better Beef Limited operates a fleet of 50 modern, refrigerated trucks to provide efficient distribution to retailers.

EXELTOR INC.
EXELTOR INC.

The Exeltor facility in Bedford.

Exeltor Inc., located in the town of Bedford, south of Montréal, is among the world's leading manufacturers of high-precision industrial knitting needles.

The needle factory, a May 1980 acquisition, was a money-losing division of the American multinational Ingersoll-Rand when four senior executives, including the current president, Guy B. Champagne, decided to save the debt-ridden division from bankruptcy.

In the midst of a recession, with interest rates as high as 21 percent, the four businessmen made what then seemed an unlikely decision to invest in research and development—an area that is generally the first to be cut in difficult times. But the new group had a clear and simple strategy: to improve the product.

Confident of success, the new management invited all 450 employees to become shareholders in the company. Says Guy Champagne, "The key to Exeltor's success was taking operations in hand and rallying all the employees, who agreed to a salary freeze in order to become shareholders."

Exeltor immediately handed over responsibility for research to recognized universities in the province (the Ecole Polytechnique and Concordia University), with the plant concentrating on developing new metallurgical techniques. A heat-treatment system that is the result of three years of research has made the production of straight needles a highly sophisticated process. Since 1984, the company has gradually re-established its position in the marketplace; today it offers a range of some 3,500 models of needles in five market segments.

In 1985 the Chinese came to call, requesting advice from Exeltor on the acquisition of technology for the production of a particular type of needle in China. Since this technology transfer involves just one of Exeltor's five market segments, the company was happy to sign an agreement with China. Exeltor now has excellent relations with Chinese representatives for the supply of needles to the remaining market sectors. At the same time, solid foundations have been laid for a mutually beneficial exchange based on the acquisition of made-in-Quebec technology. Similar technology transfers are currently being negotiated with the U.S.S.R.

Today more than 90 percent of the Bedford company's needle production is for the export market, destined for no fewer than 53 countries—an achievement that won Exeltor the 1987 Export Products Prize awarded by the federal government. As free trade with the United States becomes a reality, Exeltor is a textbook case of industrial expansion by a Canadian company.

Implantée à Bedford, au sud de Montréal, Exeltor Inc. est l'un des plus importants fabricants mondial d'aiguilles industrielles à tricoter de haute précision.

La fabrique d'aiguilles, acquise en mai 1980, ne constituait alors qu'une division déficitaire de Ingersoll-Rand, une multi-nationale américaine. Ce sont quatre cadres supérieurs de Ingersoll-Rand, dont le président actuel, M. Guy B. Champagne, qui s'engagent à sauver du naufrage la division surchargée de dettes.

En pleine crise économique, et avec des taux d'intérêts grimpant jusqu'à 21%, les quatres hommes d'affaires décident, contre toute attente, d'investir dans les domaines de la recherche et du développement. Domaines qui, généralement, sont plutôt sacrifiés en période difficile. Mais la stratégie du nouveau groupe est de miser/sur l'amélioration du produit.

Confiants en leurs chances de réussite, les nouveaux dirigeants invitent les 450 employés à devenir actionnaires de la compagnie. Selon M. Guy B. Champagne, "la clé du succès d'Exeltor est la prise en charge des opérations et le ralliement global de tous les employés qui ont accepté un gel des salaires pour devenir actionnaires".

D'entrée de jeu, Exeltor confie sa recherche à des universités reconnues du Québec (Polytechnique de Montréal et Concordia) tandis que l'usine s'occupe principalement de développer les nouvelles techniques apportées en matière de métallurgie. Après trois ans de recherche, un noveau système de durcissement permet la production d'aiguilles droites des plus sophistiquées. Ainsi "de fil en aiguille," dès 1984, l'entreprise rétablit sa présence sur le marché en proposant un éventail d'environ 3500 différents modèles d'aiguilles touchant cinq segments du marché.

En 1985, la Chine s'adresse à Exeltor afin d'acquérir la technologie qui leur permettra de fabriquer eux-mêmes un certain type d'aiguille. Ce transfert technologique ne touchant qu'un seul des cinq segments du marché d'Exeltor, celle-ci accepte un accord qui lui permet d'établir d'excellentes relations avec les représentants chinois pour l'approvisionnement d'aiguilles dans les quatres autres secteurs du marché, tout en fixant les bases d'un échange avantageux sur l'acquisition de la technologie québécoise. Des transferts de technologies similaires sont présentement en négociation avec l'Union Soviétique.

Aujourd'hui, plus de 90% de la fabrication d'aiguilles de l'entreprise de Bedford est destiné à l'exportation dans 53 pays. Une réussite à l'étranger qui lui mérite, en 1987, le Prix d'Excellence du Canada en produits d'exportation. Dans le contexte du libre-échange avec les Etats-Unis, Exeltor constitue un exemple classique de l'essor industriel canadien.

CANON CANADA INC.

It is hard to believe that when Canon Canada opened its doors in 1973, the company employed a staff of only three people. Today this wholly owned Canadian subsidiary of Canon U.S.A. employs 2,000 people, including its subsidiary, OE Inc., and provides work for another 1,500 through its national dealer network. "The network we've established is one of the most extensive and successful in North America," says John Needham, director, human resources. Canadian sales in 1990 totalled $287 million, excluding OE Inc.

The parent company was established in Tokyo, Japan, in 1937 as a small camera manufacturer. Canon currently employs more than 45,000 people worldwide and produces an impressive line of office equipment and consumer products, including cameras, video-cameras, photocopiers, facsimile machines, personal copiers, laser color copiers, typewriters, micrographics equipment, bubble-jet and laser-beam printers, broadcast lenses for television cameras, still-video equipment, calculators, semiconductor equipment, and medical equipment.

The main office of Canon Canada is located in Mississauga, with offices in Calgary, Montréal, Vancouver, and Ottawa. Construction on a 100,000-square-foot addition to the Mississauga facility has just been completed.

At Canon, research and development has always been a top corporate priority. Most product development is done in Japan, and goods are manufactured in Japan, United States,

Europe, and various developing countries. In 1987 Canon filed 887 patents in the United States—the largest number of patents filed by a single company that year.

"One of our more exciting new consumer products is a still video technology," says Needham. "You take pictures on a small floppy disc, connect it to your television, and play it back, or connect it to your color photocopier and produce an instant picture." Another leading-edge product is the Canon Communicator—a small portable typewriter with a display that is used by people with speech impairments. Canon donates hundreds of these to disabled people worldwide. While the introduction and sales of the multifaceted Canon product line keep corporate officials hopping, Canon Canada Inc. also maintains an outward stance, participating actively in public activities, including a major role as a corporate sponsor for the 1988 Winter Olympic Games in Calgary.

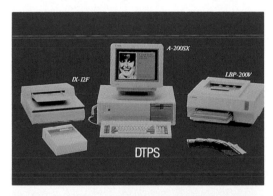

Canon Canada offers the latest state-of-the-art office equipment including desktop publishing computers (top) and the G-4 facsimile (bottom).

DBS ESCHER WYSS INC.
DBS ESCHER WYSS INC.

Above: The 440 MW Francis turbine runner for the Tarbela project in Pakistan. The four runners supplied by DBSEW are the largest and heaviest runners ever built in Canada.

Ci-haut: Roue de turbine Francis d'une puissance de 440 MW. DBS Escher Wyss Inc. a fourni 4 de ces roues pour le projet Tarbela (Pakistan). Elles sont les plus grandes et les plus lourdes jamais fabriquées au Canada.

DBS Escher Wyss Inc. (DBSEW), a Canadian company with its head office and facilities in Lachine, Quebec, specializes in the design, manufacture, rehabilitation, and erection of hydraulic turbines and auxiliary equipment. The company is also a well-known manufacturer of CANDU reactor components.

DBSEW is a member of the Sulzer-Escher Wyss Group of Zurich, Switzerland, a world leader in the design and manufacture of hydroelectric equipment. A dedication to superior design and continuous research and development efforts have kept the group in the forefront of hydraulic know-how for more than 180 years.

Equipped with advanced computer systems and sophisticated machine shops, DBSEW is able to supply a broad range of hydro turbine equipment. The company builds for its clientele from the private or public sectors a full range of hydraulic turbine types and sizes: Pelton,

DBS Escher Wyss Inc. (DBSEW) est une société canadienne ayant son siège social et ses installations à Lachine, Québec.

DBSEW se spécialise dans la conception, la fabrication, la réfection et le montage de turbines hydrauliques et de leur équipement auxiliaire. Elle est aussi une entreprise reconnue pour la fabrication de composants de réacteurs CANDU.

DBSEW est membre du Groupe Sulzer-Escher Wyss de Suisse. Ce groupe de renommée internationale, chef de file dans la conception et la fabrication d'équipements hydroélectriques, a su grâce à ses équipes de recherche et de développement et ses dessins uniques demeurer depuis près de 180 ans à l'avant-garde des progrès en hydroélectricité.

Dotée de systèmes informatiques de pointe et de machines-outils perfectionnées, DBSEW est en mesure de répondre aux exigences les plus variées en matière de turbines hydroélectriques. En effet, DBSEW offre à sa clientèle des secteurs privé ou public toute la gamme de turbines hydrauliques: turbines Pelton, Francis, Kaplan (à hélices), Straflo, bulbe, petites turbines S et turbines à engrenage conique. Elle propose aussi des vannes papillon, sphériques et à jet creux, des conduites forcées, des répartiteurs, des pompes d'accumulation et des pompes turbines. L'entreprise est reconnue pour sa technologie de basse chute et ses ensembles électromécaniques complets pour petites centrales. Seule société

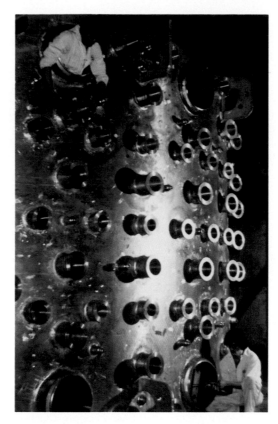

Francis, Kaplan (propeller), Straflo®, Bulb, Pit, and "S" turbines and bevel gear turbines, as well as auxiliaries such as spherical, butterfly, and hollow cone valves, penstocks, and manifolds. The company has a particularly strong position in low head technology and has an effective small hydro program for complete "water to wire" packages. DBSEW is the only company in Canada with a hydroturbine governor department, and its specialists design, supply, test, and service the well-known Escher Wyss DTL series of digital governing systems.

The company has an enviable success record for competitively bid contracts. It has supplied more than 40 turbines since its inception in 1980, and it has units installed in five Canadian provinces and eight U.S. states as well as overseas. DBSEW has been a pioneer on several Canadian projects. The company manufactured and installed equipment in North America's first tidal power plant in Annapolis, Nova Scotia, a Straflo turbine with runner diameter of 7.6 metres, the largest of its kind in the world. Other DBSEW major achievements include the manufacturing for Pakistan of the four largest Francis turbines (440 MW) ever built in Canada; the company also was the first to use six-jet Pelton turbines and biplane butterfly in Canada. The 5.2 metre diameter biplane valves for the Manic 5 PA dam in northeastern Quebec operate at a design head of 205 meters, which is a near world record for this type.

Furthermore, DBSEW is proud to have manufactured the calandrias for half of the world's CANDU reactors. It is the company's commitment to high quality standards and competitive supply that has helped achieve these milestones.

The successful growth of DBSEW has created 250 jobs in Quebec in less than a decade. The company is looking forward to a prosperous future.

Whatever the needs are in hydro turbine technology, whether for new equipment or for rehabilitation and service, DBSEW can successfully carry the project from conception to completion, meeting the highest standards to ensure a long-term efficient operation.

canadienne à avoir un service de régulateurs de vitesse, DBSEW conçoit, offre et met en service le système de régulation numérique DTL de Escher Wyss.

L'excellente réputation de DBSEW lui permet de connaître d'impressionnants succès pour tous les contrats ouverts à la concurrence. Depuis sa création en 1980, la société a fourni 40 turbines; elle est présente dans 5 provinces canadiennes, dans 8 états américains de même qu'outre-mer. Elle a contribué à la première centrale marémotrice en Amérique (Annapolis, N.-é.) par la construction et l'installation d'une turbine Straflo dotée d'une roue de 7,6 m de diamètre, la plus grande au monde dans sa catégorie. DBSEW s'est aussi signalée par d'autres réalisations d'importance: elle a fabriqué pour le Pakistan les quatre plus grosses turbines Francis (440MW) jamais construites au Canada et elle a été la première à utiliser les vannes papillon biplan et la technologie à six injecteurs pour les turbines Pelton. Les vannes papillon biplan d'un diamètre de 5,2 m qu'a fournies DBSEW pour Manic 5 PA (Québec) sont conçues pour fonctionner sous une chute de 205 mètres, à peu de chose près un record mondial.

En outre, DBSEW peut s'enorgueillir d'avoir contribué à la production de plus de la moitié des réacteurs CANDU. De strictes normes de qualité, des produits et services concurrentiels, voilà ce qui a permis à DBSEW de s'imposer comme grande entreprise manufacturière.

DBSEW a connu une croissance rapide sous; 250 emplois ont été créés en moins de dix ans et l'avenir est prometteur . . . car quels que soient les besoins, nouvel équipement, réfection ou service, les équipes de conception, de fabrication et de montage de DBSEW s'assurent d'une qualité exceptionnelle et d'un fonctionnement efficace prolongé.

Far left: A 15 MW Kaplan turbine runner for the Harris power generating station on the Magpie River, Ontario.

Extréme gauche: Roue de turbine Kaplan d'une puissance de 15 MW destinée à la Centrale Harris sur la rivière Magpie, Ontario.

Left: Inspection of nozzles in a CANDU calandria shell.

Gauche: Inspection des tubulures de l'enveloppe d'une calandre de réacteur CANDU.

Facing page, right: Distributor assembly— 7.6-metre diameter Straflo turbine runner. Annapolis Royal Tidal Generating Station, Nova Scotia.

Page précédente - droite: Assemblage du distributeur. Roue motrice de 7,6 m de diamètre. Turbine Straflo. Centrale marémotrice d'Annapolis Royal, Novelle-écosse.

INGLIS LIMITED

Inglis Limited is a Canadian landmark, a company that has developed into one of Canada's largest manufacturers of major home appliances, with sales in 1989 totalling in excess of $406 million.

The company was established in July 1859 in Guelph, Ontario, as a producer of machinery for grist and flour mills. When it moved to Toronto in 1881, the name was changed to John Inglis and Sons, as five Inglis sons were actively involved. In 1898 one son, William Inglis, took over on the death of his father. The name became The John Inglis Company Limited in 1903, when it was incorporated as a limited liability company.

Today Inglis operates out of its modern head office and production plant in Mississauga, Ontario. The company also has plants in Cambridge, Ontario, and Montmagny, Quebec. The U.S.-based Whirlpool Corporation has held an equity interest in Inglis since 1969 and increased its ownership position to more than 71 percent by May 1987. In February 1990 Whirlpool acquired the remaining shares, integrating Inglis into the Whirlpool Corporation and Whirlpool's North American strategy.

Appliances were not always Inglis' main product. During the First World War the company turned out thousands of shells and shell forgings, along with 40 reciprocating steam marine engines for freighters. After the war it built several tugs, and in 1935 the company built the Toronto Island Ferry, which was named the *William Inglis*. During World War II gun-making operations were undertaken and the general engineering division was placed at the disposal of the government. During the postwar period Inglis manufactured heavy equipment, such as marine turbines and boilers while expanding its home-appliance line. In 1966 the company closed down its equipment division to concentrate on appliances.

Today Inglis continues to grow and develop as a leading light in the Canadian appliance industry. A network of sales offices market its products across Canada. Although the company sells its product mostly in Canada, the involvement of Whirlpool has opened the United States as a target market and allowed Inglis to import additional products that further enhance its Canadian position.

As Inglis Limited moves toward the twenty-first century, the company looks with pride on its past accomplishments and anticipates its future growth and development.

The Inglis operation on Strachan Avenue, Toronto, in September 1881.

In 1981 Inglis Limited moved its head office from Toronto to a newly constructed, company-owned administration centre in Mississauga.

Photo: Grant Black/First Light

Moraine Lake and the spectacular Rocky Mountains create a vivid panorama of scenic beauty. Photo by Thomas Kitchin/Tom Stack & Associates

Le lac Moraine et les spectaculaires Montagnes Rocheuses créent un magnifique panorama. Photo Thomas Kitchin/Tom Stack & Associates

NATURAL RESOURCES

Canada's abundance of minerals, forests, and oil and natural gas reserves are precious resources that benefit people and industry around the globe.

RESSOURCES NATURELLES

C'est toute la planète qui bénéficie des richesses du Canada: minéraux, forêts, réserves de pétrole et de gaz naturel.

Headquartered in Calgary, Alberta, NOVA has expanded its scope of operations dramatically since its incorporation in 1954 as a natural-gas pipeline company.

NOVA CORPORATION OF ALBERTA

In the 35 years since it was formed as a natural-gas pipeline company, NOVA Corporation of Alberta has become one of the largest and most productive corporations in North America, with assets of $7 billion invested in energy and chemical-related industries in Canada and around the world.

NOVA was incorporated in 1954 by a special act of the Alberta legislature, which granted the company rights to build, own, and operate a province-wide natural-gas gathering and transportation system.

Today NOVA is a widely held, shareholder-owned company operating internationally from world headquarters in Calgary through its petrochemicals, plastics, and pipelines divisions. NOVA builds its businesses principally on the

pipeline transportation of natural gas and the manufacturing and marketing of materials processed from hydrocarbons.

In the spring of 1957, NOVA issued its original 2.5 million common shares. The *Financial Post* referred to the offering as "the biggest stock bonanza ever to hit the Prairies." Initially available only to Alberta residents, the shares were so popular that a rationing system was required. NOVA shares today are widely held, with more than 75 percent registered in Canada. The shares trade actively on the Toronto, Montréal Alberta, New York, and London stock exchanges and the Swiss stock exchanges located in Geneva, Zurich, and Basle.

Throughout the 1960s, NOVA continued to expand in line with the growing demand for

Alberta natural gas. Today the 10,500-mile NOVA pipeline system is a sophisticated pipeline network and a key element of North America's energy infrastructure. It is the primary transportation system through which gas is collected and delivered to Alberta border points for shipment to other markets.

The system carries about 80 percent of Canada's marketed natural gas production. Operations of the Alberta Gas Transmission Division extend from the extreme northwest corner of the province to the southern, eastern, and western boundaries, forming one of the main components of Alberta's vital natural-gas industry. Expansion is driven exclusively by customer demand on a cost-of-service basis.

NOVA has earned international recognition for its innovative pipeline technologies and practices, which have established the corporation as a world leader in pipeline safety, reliability, efficiency, and research.

Innovations include the first large-diameter pipeline installation project undertaken during winter months and an automation program that allows the entire system to be monitored and controlled from a single control centre. NOVA was also the first company in Canada to practise topsoil conservation and one of the first to revegetate forested areas in pipeline rights of way. In addition, the pipeline system uses the world's first oil-free compressors, in which dry seals and magnetic bearings have replaced traditional equipment.

In the mid-1970s, NOVA began a protracted period of rapid growth, evolving from a pipeline company to the diversified business that exists today.

Over the past 20 years, NOVA has been a leader in the advancement of northern pipeline projects to transport Alaskan and Mackenzie

Delta natural gas to southern markets. Through Foothills Pipe Lines Ltd., NOVA has sponsorship and joint ownership of the Canadian sections of the Alaska Natural Gas Transportation System (ANGTS). Established in 1976, Foothills holds regulatory approval for the design, construction, and operation of the Canadian segment of the ANGTS. The first phase of the project was built in the early 1980s and delivers Canadian gas to markets in Southern California, the U.S. Midwest, and by displacement, to U.S. eastern and southern states. Foothills also has on file with the National Energy Board applications for pipelines for accessing gas reserves in the Mackenzie Delta.

NOVA's gas marketing activities are conducted by Pan-Alberta Gas Ltd., one of the largest independent gas marketing companies in Canada with contracts to market gas for more than 350 Alberta producers. About 90 percent of its sales are made to U.S. customers in the midwestern states, California, and the Pacific Northwest.

Through investments in Husky Oil, NOVA is involved in oil and gas exploration in Alberta,

Left: NOVA experts use their technical skills and expertise to construct, maintain, and operate an Alberta-wide natural-gas gathering and transportation system that forms a key element of North America's energy infrastructure.

Above: At NOVA's technical centre in Calgary, Alberta, the plastics division uses special equipment and technology to ensure customers receive products best suited to their needs.

the Canadian frontiers, and internationally. Husky also develops, produces, refines, markets, and distributes energy products.

Novacorp International Consulting Inc., 100 percent owned, markets the application of specialized products and provides technologically advanced engineering and operating consulting expertise in pipeline transportation systems and petrochemicals to clients around the world. Novacorp's consulting skills are based on NOVA's involvement in a wide range of major Canadian energy projects over the past 35 years. Novacorp is actively involved with major projects in countries throughout the world, including Malaysia and Turkey.

The corporation played a pioneering role in the development of the Alberta petrochemicals industry, based on the use of Alberta's extensive natural-gas reserves as a feedstock. Today NOVA ranks among the top 10 petrochemicals and plastics firms in North America and the top 20 worldwide. Major markets are Canada, the United States, and the Pacific Rim.

NOVA's Petrochemicals Division operates plants at Joffre, Alberta; Medicine Hat, Alberta; and Sarnia, Ontario, to produce petrochemicals such as ethylene, styrene, propylene and methanol.

NOVA's Plastics Division produces a broad range of plastics resins—polyethylene, polystyrene, and polypropylene—at plants in Canada and the United States. This division is focusing on the growth of a range of higher performance plastics resins that command premium prices because of their unique qualities. Also, work is under way on development of several environmental polymers, including an entirely new type of plastic that is completely friendly to the environment and yet contains all the commercial properties of resins currently in use.

In addition, NOVA is actively involved in programs concerned with the entire life cycle of plastics materials in the environment, during and after use in packaging of consumer products. NOVA is a strong supporter of industry associations such as the Environment and Plastics Institute of Canada and the Council for Solid Waste Solutions in the United States.

NOVA's plants recycle internal plastics scrap. Although the corporation cannot set the rules for its customers and their customers, it does offer the best information and most suitable product quality that can be developed by its business groups.

Nova's business activities are supported by a commitment to applied research and technology development. Research allows development of value-added products that meet specific customer needs. This is an essential component of NOVA's ability to achieve and maintain its position as a preferred supplier of goods and services.

Activities conducted at major research facilities provide a comprehensive approach to specific research projects for all NOVA operations. Close liaison with Canadian universities adds strength to NOVA's ability to discover and develop new products and technologies and promotes training of future technical graduates.

These technological activities create value-added products and services and effective new methods of doing business. The key objective is to remain efficient, productive, and innovative. This long-term commitment reduces risks, improves profits, and stimulates growth. NOVA is committed to superior health, safety, and environmental standards that establish the corporation as an industry leader.

All employees practise and encourage safe work habits and environmental responsibility as integral conditions of work. Through policies and routine audits, NOVA ensures that operating units aim to meet or exceed all applicable laws and standards, while continuing to work in a productive manner, to

Left: NOVA's petrochemicals and plastics complex at Joffre, Alberta, is one of several NOVA sites that produce value-added products from raw materials for markets in Canada, the United States, and around the world.

Far left: Novacorp International Consulting, 100 percent owned by NOVA, markets technologically advanced engineering and operating expertise in pipeline transportation systems and petrochemicals to clients around the world.

protect NOVA's employees and the public. Substantial effort is directed toward the areas of environmental conservation, pollution abatement and control measures, occupational and environmental health, product and process toxicology, and industrial hygiene and safety.

NOVA supports and promotes the environmental codes of practice as established by groups such as the Canadian Chemical Producers Association, the Canadian Petroleum Association, and the Chemical Manufacturers Association in the United States.

This commitment ensures that products or processes developed in the name of good business practice are not harmful to people or the environment. NOVA also requires that its suppliers, distributors, and the people who transport NOVA products have environmental codes of practice that are among the highest in the industry and are satisfactory to NOVA.

In addition to its commitment to improve the quality of life in Canada through successful, environmentally safe business ventures, NOVA values its progressive employment practices and its policy of supporting and improving communities in which it conducts its business.

The NOVA work force is highly trained and productive. Employees share and support an entrepreneurial business style that values leadership, innovation, planning, and hard work. NOVA practises non-discriminatory hiring, compensation, and employee development policies that reinforce performance as the key to career development.

NOVA supports the involvement of employees in community activities and manages an active corporate contributions program through assistance to both provincial and

national non-profit voluntary organizations. Primary emphasis is directed to health and welfare, education, the environment, arts and culture, and recreation.

Through diversified operations, progressive employment policies, and responsible citizenship, NOVA Corporation of Alberta has established itself as an integral part of the continuing development and success of Canada.

Below: NOVA's environment department conducts soil fertility tests near a compressor station in Alberta as part of a comprehensive, ongoing program of environmental care and attention.

CANADIAN HUNTER EXPLORATION LTD.

It started with one of the best "good news/bad news" stories in the oil patch. John Masters, faced with being transferred to the United States by his employer, had travelled to the American headquarters of the oil company he worked for in Calgary to discuss his future with the company. After his meeting with the president, Masters made a long-distance call to Jim Gray, who worked for the same firm in Calgary, and said, "I've got some good news and bad news for you, Jim."

"What's the good news?" asked Gray. "I quit," said Masters. "Oh, that's great, I didn't think you'd have the guts," said Gray, well aware that Masters wanted to remain in Canada

because he was convinced that there was tremendous opportunity there. So Gray asked, "What's the bad news?" Masters replied, "You quit, too!" And so began Canadian Hunter Exploration Ltd.

In 1973, when the two geologists decided to establish an independent oil company, the petroleum industry was in the midst of a downturn. The popular belief was that there were no big discoveries left to be made in Western Canada. It would not be the last time that John Masters and Jim Gray purposely set out to swim against the tide. For at Canadian Hunter, traditions are meant to be broken, the unusual is the norm, a crisis is a beneficial event, and if everyone else is going one way "the Hunters" are heading off in another direction.

The philosophy works. Canadian Hunter is a tight, efficient, and highly effective organization with a distinctive entrepreneurial spirit that has created significant success. In its brief existence the company has achieved remarkable growth because of its founders' conviction that Western Canada was rich in oil and gas. They followed their own opinion—at a time when conventional industry wisdom was to the contrary—and their insight paid off. The Western Sedimentary Basin yielded enormous discoveries for Canadian Hunter. And the promise for the future is equally impressive.

A member of the Noranda Group, Canadian Hunter is a wholly owned subsidiary of Noranda Inc., the company that, from the beginning, had faith in the vision John Masters

Above: The present is the key to the past for "Hunters" on a geology field trip to the Salton Basin in Baja California. The group includes reservoir engineers, petrophysicists, and log analysts as well as exploration and development geologists.

Right: Touring Canadian Hunter's natural-gas plant and deep-cut facilities at Elmworth, Alberta, are (from left) John Masters, president, Canadian Hunter; Alf Powis, chairman and chief executive officer, Noranda; Jim Gray, executive vice president, Canadian Hunter; and David Kerr, president, Noranda.

and Jim Gray had for Canadian Hunter. In 1973, When Noranda agreed to provide financial backing for the fledgling company, Alf Powis, then president of Noranda Mines Limited, told the two men, "When everyone else is leaving an area, and you can see a good reason to stay—that's opportunity."

Noranda has provided policy guidance and funding, but it has honored its original concept of decentralized authority as few other major companies have. Canadian Hunter makes its own decisions in Calgary with a speed and decisiveness known and respected throughout the oil patch.

During the 1980s, while most large Canada oil and gas companies were growing through acquisition, Canadian Hunter was growing through successful exploration. The result is a financially sound company with extensive reserves, operations focused in selected areas, and a high-performance staff. The firm

weathered the economic turbulence of the 1980s and entered the 1990s positioned to be an important force in the Canadian energy industry.

Most public recognition has been focused on the company's exploration efforts but, within the industry, Hunter is also known for its efficient and environmentally responsible operations. Since its establishment in 1973 the company has grown significantly by all measurements used in the industry—land holdings, wells drilled, reserves, production, revenues, and employees. Today it is among Canada's top 20 oil and gas producers.

The operating philosophy of Canadian Hunter is based on hiring the best people available, providing them with every opportunity to contribute to the success of the company, and using state-of-the-art technology. "Oil and gas are found by people using their brains and high-powered technology," says

Masters. "Since the very beginning our policy has been to hire only the very best. We knew that on every important play we would have to compete with major oil companies. We had to bring enough mental fire power to bear on the problems to surpass the big companies and all the others."

The structure of the company is simple and streamlined for action. Projects are not stalled by endless bureaucratic procedures of review and approval. Employees have authority to make decisions that affect their work, and they take responsibility for the results. There is a strong emphasis on teamwork but, as with many activities the company undertakes, Hunter's approach to teamwork is both unusual and unusually effective. Teams, whose members are from different disciplines, form together to work on specific projects and then disband once tasks are completed. There is no formal planning of the teams or leadership from management; they develop internally, in response to problems, and then disappear.

One team that does not change is that of Masters and Gray. "Individuals operating separately generate a one-plus-one sum of effectiveness," explains Gray. "Two complementary leaders operating as a team generate a two-times-two product of effectiveness." The Masters and Gray partnership has been exceptionally effective at managing the company, selecting new employees, putting together joint ventures, and

Above: Another way Hunter "invests in the future." Through the Partnerships in Education Program, the company has teamed up with a Calgary elementary school and acts as an educational resource. Here, the company's vice president of drilling and completions explains drilling activities to Sherwood Community School students during a drilling rig tour hosted by Canadian Hunter.

Left: A recent "crop" of summer students. Canadian Hunter's summer student program provides the opportunity to perform meaningful work, a real business environment, and an excellent introduction to an oil and gas company for about 65 college and university students each year.

shaping the distinctive family-like business environment.

Masters and Gray have always believed that a person is never fully integrated into the Hunter team until his or her family is too. Families are an integral part of the extremely strong sense of belonging at Hunter. And even though the company has grown tremendously, this philosophy still holds and is demonstrated in all-day family picnics, ski weekends, golf tournaments, Christmas dances, and geology field trips.

At Canadian Hunter teamwork not only results in oil and gas discoveries, develops innovative approaches to operations, and solves complex production problems, it gets things done within the community. Whether "the Hunters" are working with Junior Achievement, Crimestoppers, the YMCA, or the United Way Campaign, they tackle community projects with the same fierce combination of competence and competitiveness that they apply when they are on the track of a new oil field—and it results in success.

To the teams and to the individuals at all levels at the company, success is important. Corporate and personal pride drives Hunters to extraordinary achievement. After all, this is the company that, with the discovery of natural gas at Elmworth in northwestern Alberta, formulated the theory of the Deep Basin and then, despite industry skepticism, promulgated it—with huge discoveries of natural gas in Alberta and British Columbia.

Elmworth, Wapiti, Brassey, Border—the list of significant discoveries is impressive. As Masters puts it, "Our purpose is to find new oil and gas fields. Our track record to date has been very good." In fact, Canadian Hunter's exploration record in Canada's huge Western Sedimentary Basin has been outstanding.

And now Hunter is looking even further afield. Through the establishment of yet another unique organization, Canadian Hunter's sights can be set on exploration targets anywhere in the world. The company has linked itself with Energy Exploration Management Company (EEMC), an organization directed by former heads of exploration for Exxon, Shell, Chevron, Unocal, and Consolidated Natural Gas. The deal Canadian Hunter made with EEMC is typically simple: EEMC personnel come up with the exploration concepts and Hunter funds and owns them.

Masters and Gray are confident that EEMC will be successful; their confidence has paid off before. About their inordinate success with Canadian Hunter Exploration Ltd., Masters simply says, "We had the idea that a few good people, working closely in complete communication, could accomplish unusual things. It sure worked."

Right: Candy toss at a company picnic. The sense of family at Canadian Hunter really does extend to the family, as employees' families are invited to special activities and outings, too. It's an important part of the distinctive corporate culture that has evolved at the company.

Below: Energy Exploration Management Company is an innovative concept created by Canadian Hunter. Jim Gray and John Masters (seated, left and centre) discuss international exploration prospects with the EEMC team (from left): Paul Dudley, Jack Threet, Ray Burke, Jim Wood (seated), and Larry Funkhouser.

NORANDA INC.

Left: Noranda Inc. believes that the renewal of our resource base requires an ongoing program of sound forest management, including significant investments in reforestation.

Below: Noranda's roots are found in the mineral sector.

Long-term programs of growth and diversification are advancing Noranda Inc. toward its vision of being one of the world's premier natural resource companies. Noranda is already one of Canada's top 10 corporations.

The company has broadened from total dependence on copper in the 1950s to engage in a wide range of mining, forestry, energy, and manufacturing activities. Its four operating divisions employ more than 56,000 people who contribute to annual sales that exceed $9 billion. A major exporter with customers in 65 countries, Noranda is Canadian-owned and its common shares are listed on Canada's major stock exchanges (NOR).

Noranda's roots are in the minerals sector where copper, zinc, nickel, lead, gold, silver, and fertilizers comprise the main products. The 1989 acquisition of 50 percent of Falconbridge Limited increased the importance of copper and zinc and added nickel as a new core business. Through its 10 metallurgical facilities in Canada and Europe, Noranda smelts and refines much of its own mine production. A multimillion-dollar exploration program is financed annually in North America.

Noranda Forest is Canada's largest forest products group, with timber cutting rights on approximately 4.6 million hectares of land in Canada and the United States. The company's key products include pulp and paper, packaging materials, and building supplies.

Noranda's energy division is made up of three companies—Canadian Hunter, Norcen Energy Resources, and North Canadian Oils. Combined, they hold large and increasing reserves of natural gas and oil in Western Canada, the United States, and offshore Australia, New Zealand, and Mexico.

Noranda Manufacturing produces a diverse range of aluminum products, wire rope, and electrical wire and cable. The division has 30 manufacturing plants and more than 160 sales and distribution centres in Canada and the United States.

Research and development activities supporting the four divisions are delivered from the Noranda Technology Centre in Pointe Claire, Quebec. This is where new processes are developed and fine-tuned in the interests of production efficiencies, environmental improvements, and workplace safety.

Noranda's high quality assets, knowledgable and committed employees, and financial strength are the building blocks for a healthy and profitable company. Prosperity makes possible the corporation's contributions to community life, which include sponsorships and funding of a wide range of charitable activities through the Noranda Foundation.

INCO LIMITED

Above: An Inco agronomist examines one of 100,000 pine seedlings grown underground at Sudbury over the winter, then planted as part of the company's reforestation program.

Right: Mining nickel thousands of feet below the surface.

resurgent world economy is spinning off benefits in a wide public orbit, too—notably by a multimillion-dollar assault on acid rain and a commitment to the environment. With diversification to gold and related growth opportunities, while fine tuning its mainstream nickel business, Inco is ensuring as never before against economic shock. The prevailing view of chairman Donald J. Phillips evaluates fundamental improvement sufficient to sustain Inco on a sound financial footing through future business slowdowns.

From incorporation under the laws of New Jersey in 1902 as The International Nickel Company, and subsequently The International Nickel Company of Canada Limited, Inco Limited has emerged as the non-communist world's leading producer and marketer of nickel and a substantial producer of copper, gold, silver, and cobalt. It is also the world's largest supplier of wrought and mechanically alloyed nickel alloys as well as a leading manufacturer of blades, discs, rings, and other forged and precision-machined components made from special alloy materials. In addition, the company is a major producer of sulphuric acid and liquid sulphur dioxide, and has other interests in metals, venture capital, mining-equipment manufacturing, and engineering and technology sales.

Today Inco employs more than 10,000 people in Canada and 18,600 in 18 countries. Its business is organized around two product groups: primary metals and alloys and engineered products. In Canada, primary-metal operations are located in the vast treasure of mineral deposits, the Canadian Shield, an enormous sweep of 2.8 million square miles from the Yukon to Newfoundland. At Sudbury, Inco's Ontario division comprises the largest nickel mining, milling, smelting, and refining complex in the western world. Copper, silver, and gold are also refined at Sudbury and at the company's Port Colborne refinery. At Thompson, Manitoba, where Inco crowned an eight-year exploration venture with nickel discovery in 1956, mining operations proceed underground and from open pits in concert with high-capacity processing facilities. The corporation's domestic output accounts for

An aura of promise and performance surrounds this Canadian-based nickel company. Inco Limited is flourishing in a remarkable liftoff from a recession to a corporate ascent of spectacular proportions.

From the mine shafts of Ontario and Manitoba to the markets of the free world, to its shareholders and employees, the company is demonstrating the values of corporate fitness and fiscal prudence developed in hard times. And the response to rising metal prices in a

about 10 percent of Canada's non-fuel mineral production.

Outside Canada, the company operates nickel mining and processing facilities on the island of Sulawesi, Indonesia, and a nickel refinery in Clydach, Wales, while pursuing joint ventures in Japan, Taiwan, and Korea to provide refined nickel to the rapidly growing Asian market. A precious-metal refinery is maintained in Acton, England, for platinum metals and for processing concentrates, residues, and scrap.

Inco conducts geophysical and geological work to quantify known ore reserves and also conducts worldwide mineral exploration. Inco Gold Company was formed in 1987 to direct precious-metal exploration, leading to the group's first gold operation, Les Mines Casa Berardi in Quebec. Two more joint ventures, Mineral Hill Mine in Montana, United States, and Crixas in Goias, Brazil, were started up in 1989 by Inco Gold, Inc. In 1991, these mines were merged with a South American group to create TVX Gold, Inc., a public company in which Inco is 62 percent owner.

Process research and development is carried on at laboratories in Toronto, Sudbury, Port Colborne, and other sites in a continuing program to improve productivity, techniques, and safety and to develop specialty products.

Alloys and engineered products—under Inco Alloys International (IAI) and Inco Engineered Products Limited (IEPL)—serve customers worldwide in the aerospace, marine, energy, transportation, petrochemical, thermal-processing, general-engineering, electrical, and consumer-goods industries.

In all of this activity Inco advancement has derived from a strong spirit of innovation and creativity. During the downturn of a few years ago, amid soaring losses quarter after quarter, company personnel persevered in the relentless drive to foster higher levels of output and hold down costs. Successes in the development of mining technologies and utilization of state-of-the-art equipment for processing and handling underscore the dynamic image attaching to Inco Limited today.

A variety of Inco products.

SHELL CANADA LIMITED

Shell Canada Limited is a leading Canadian oil, natural gas, and petrochemical company, committed to quality, excellence, safety, and community. Its success is rooted in the dedication and skills of its employees, an established operating and financial base, leadership in research and technology, sound business strategies, and external relationships.

This formula has brought success to the company, particularly in recent years. Shell had earnings of $312 million in one of the most successful periods in the company's 80-year history. This achievement represents an increase of 47 percent (over $212 million in 1989). Record earnings were achieved in 1988 at $427 million.

Shell's earnings reflected strong performances in resources (exploration and development), products (refining and marketing), and petrochemicals. In 1990 resources doubled earnings to $147 million, reflecting the surge in world oil prices. Products almost doubled earnings to $154 million and chemicals declined to $78 million (from $98 million in 1989) as historically high prices declined in 1990. (Figures before corporate charges of $67 million.)

Shell was the first company in Canada to produce petrochemical products, making isopropyl alcohol in 1953 from co-products of its Montreal East refinery. In the 1970s the company moved to world-scale petrochemical

production with a new complex adjacent to its Sarnia refinery in Ontario. Plants were built to turn out isopropyl alcohol and polypropylene, the latter used to produce industrial and consumer fabrics, carpeting, and food containers.

Shell's commitment to finding and developing oil reserves keeps it among the leading 10 producers in Canada. Its success in natural-gas discoveries places it among the top gas producers and it is consistently Canada's largest producer of sulphur, a by-product of sour gas. The 1986 Caroline gas discovery in west-central Alberta—ranked as one of the most important in Western Canadian Basin in 20 years—is certain to keep Shell a leader in gas and sulphur production and sales into the next century. The field is estimated to contain 2 trillion cubic feet of gas and is expected to provide significant new sulphur volumes.

Construction also began on the Bearberry sulphur recovery demonstration project in west-central Alberta in 1989. Very high sulphur concentrations have been found in natural gas discovered there, and the project is aimed at proving the feasibility of commercial sulphur production. The plant, to be completed in 1991 and operated by Shell, is the first in the world aimed at exploiting a gas reservoir solely for its sulphur content.

A major contributor to Shell's oil production

Carrying through with its commitment to environmental protection, Shell has removed leaded gasoline from most of its service stations and now offers three different blends of unleaded gasoline. Photo courtesy Shell Canada Limited Photographic Services

is its steam-drive oil sands installation at Peace River, Alberta. The first of its kind in the world, the Shell project forces steam into underground oil sand formations through clusters of wells. The heat and pressure drive the oil to production wells in each cluster, where it is pumped to the surface.

Shell operates refineries in Quebec, Ontario, Alberta, and British Columbia. The newest is the technologically advanced Scotford plant, completed in 1984 northeast of Edmonton. It was the first refinery in the world to rely exclusively on synthetic crude oil for feedstock. A new Shell petrochemical plant at Scotford uses benzene from the nearby refinery to produce styrene monomer, a product required in the international plastic industries.

At Montreal East refinery a new residual catalytic cracker installed in 1988 and a new isomerization plant in 1989 allowed the refinery to meet the federal deadline of December 1990 for the complete elimination of lead components in gasoline.

Paralleling those manufacturing strategies, Shell Canada, in 1989, launched one of the largest product campaigns in its history. A third blend of unleaded gasoline was introduced and the gasolines were renamed Formula Shell Bronze, Formula Shell Silver, and Formula Shell Gold. Together with a Lead Ends promotion, the corporation was able to set the competitive pace in removing leaded gasoline from most of its service stations. This campaign addressed the growing concerns of Canadian consumers about the environment and Shell's commitment to environmental protection.

Technological advances have played an important part in raising productivity and reducing cost for the company. Shell Canada's

first major milestone in computerization was reached in 1957, when a state-of-the-art system was installed in the Calgary office. The machine was capable of performing 30 calculations per second. Now, mainframe computers handle more than 3 million times as many instructions.

Not all of Shell's technology initiatives are internal, however. The firm participates in a joint venture of the energy industry, universities, and other research facilities, devoted to investigating such things as artificial intelligence and robotics.

Shell encourages health and safety initiatives beyond required legislation, protecting employees, customers, contractors, and those who live close to its operations. The company is also a conscientious member of the larger society, ensuring that its projects are environmentally sound. It supports research aimed at protecting wildlife habitat that could be affected by Shell activities.

The corporation is also restoring the soil at the former Oakville refinery site to a condition permitting the land to be converted for use as residential and light industrial areas. Shell has cooperated with the Ontario environment department in establishing clean-up standards. Cleanup of a wide variety of industrial sites, from well locations to chemical plants, will be a continuous challenge as such facilities reach the end of their economic lives.

The success of Shell Canada Limited can be traced, in large part, to the performance of some 7,000 employees and their commitment to their tasks. There is wide scope for technological skills, ideas, and innovation in all segments of the business. In turn, the corporation responds by providing employees with opportunities to shape their jobs and careers at Shell.

IMPERIAL OIL LIMITED

Imperial Oil Limited has played a leading role in the Canadian petroleum industry for more than a century and has grown to become the country's largest integrated oil company.

Imperial conducts its operations in three main segments: natural resources, petroleum products, and chemicals. Natural resource operations are managed by Esso Resources Canada Limited, a wholly owned subsidiary based in Calgary, Alberta. The company is Canada's largest producer of conventional crude oil and bitumen (a type of very heavy oil) and a leading producer of natural gas. Imperial's petroleum product business is managed by Esso Petroleum Canada, a Toronto-based division that operates several refineries across the country and has an extensive network of retail and wholesale outlets. Esso Chemical Canada, also a Toronto-based division, is one of the country's major suppliers of primary petrochemicals and fertilizer. It

Canada's first gasoline station, opened by Imperial in 1907 in Vancouver, provides a sharp contrast with today's modern Esso retail outlet.

operates four manufacturing plants—the two largest are in Sarnia, Ontario, and Redwater, Alberta.

The company's beginnings go back to September 8, 1880, when 16 southwestern Ontario oil refiners pooled their resources and formed The Imperial Oil Company, headquartered in London, Ontario. It was authorized to find, produce, refine, and distribute petroleum and its products throughout Canada. The young company was quick to find ways of upgrading its products—in those days mainly lamp oil, axle grease, wax, and candles—and to extend its marketing reach to cities such as Montréal and Winnipeg. Demand for products soon began to exceed supply and Imperial was badly in need of capital to finance expansion. After failing to raise the money at home or in England, Imperial sold a majority interest to an American firm, Standard Oil Company (New Jersey), which already had affiliates in Canada. In February 1899 Imperial took over all of Standard's Canadian assets, including a refinery in Sarnia, where the company moved its operations and head office.

The alliance helped provide the impetus for the unfolding of the company's first half-century—a period of rapid expansion in Imperial's distribution network. Imperial opened Canada's first gasoline station in 1907 and, while World War I raged, it built refineries in or near the cities of Vancouver, Regina, Montréal, and Halifax. These were also the years in which Imperial ceased to be largely a refiner and distributor of petroleum products and became an active explorer and producer as well. Oil was discovered in Norman Wells, N.W.T., in 1920, and the Turner Valley field in Alberta was developed in the 1920s; however, little of consequence was found during the next two decades.

During World War II the company produced a large part of the aviation gasoline for the Allied air-training activities in Canada and participated in the production of synthetic rubber for the war effort. Entering the postwar era, there was increased demand for crude oil and serious concern about future supplies. By 1947 more than 90 percent of Canada's crude oil was being imported. Then, in February 1947, Imperial made a very major oil discovery at Leduc, Alberta, that signaled the real beginnings of Canada as a major oil-producing country.

In the late 1940s and into the 1950s and 1960s, Imperial was busy growing to accommodate its expanding oil-field operations by enlarging its refining capacity (new refineries went on stream in Edmonton and Winnipeg in 1948 and 1951 respectively) and enlarging its pipeline network. On the marketing side, service stations changed their appearance to become more compatible with the neighborhood. Highway service centres became a new landmark, and self-serve stations joined the Esso chain in 1970. During the 1970s Imperial introduced unleaded and premium unleaded fuel and in 1986 "No Trouble" gasoline, containing an additive that removes deposits from fouled fuel injectors and dirty carburetors. Recently, the company has introduced several products that are more environmentally friendly—six lubricants manufactured from more than 50 percent re-refined oil and reduced-emissions gasoline. Imperial also began to expand its operations to include the manufacture of petrochemicals, establishing a petrochemical department in 1955. In the early 1960s Imperial moved into the fertilizer market, first with a string of fertilizer warehouses across the west, then with its own world-scale fertilizer complex at Redwater, Alberta, completed in 1969. The company's chemical activities continued to expand in the 1970s and 1980s.

In the 1960s the company moved its search for oil into the far north, devising new drilling methods to minimize damage to the delicate Arctic environment and constructing artificial islands from which to drill in the Beaufort Sea. One of the company's biggest investments lies just south of the Arctic Circle at Norman Wells, where an expansion project to develop the Normal Wells oil field was completed in 1985. Imperial also moved its search for oil into another kind of frontier—the petroleum locked underground in the molasses-like deposits of bitumen at Cold Lake, Alberta, and in the tarry surface sands of the nearby Athabasca region. Imperial played a leading role in the development of the Syncrude oil sands mining project in Alberta, completed in 1978, in which Imperial has a 25 percent interest. At Cold Lake, after more than two decades of experimentation into techniques for producing heavy oil from the oil sands through steam injection, Imperial started commercial bitumen production in 1985.

During the late 1980s, the company undertook a major program of acquisitions. The most significant of these was the purchase of Texaco Canada Inc. (now McColl-Frontenac Inc.) completed on February 23, 1989. In addition, the company made several acquisitions that substantially increased its natural-gas reserves.

Throughout its long history Imperial has endeavored to be an outstanding member of the Canadian business community by providing quality products and services at competitive prices, undertaking an active program of research and development, maintaining an ongoing contribution program, and regarding the protection of the environment as a key responsibility. The company's goal is to increase shareholder value through growth in earnings, through continuous improvement in the efficiency of its operations, and through the steady development and renewal of its inventory of short-term and long-term investment prospects.

Left: The Obed gas project west of Edmonton.

Below: Steam pipes and horse-head pumps at Imperial's heavy-oil project at Cold Lake, where bitumen is produced from the Alberta oil sands.

PLACER DOME INC.

Dona Lake Mine, in northern Ontario, is operated by Placer Dome Inc. The mine started production in 1989 and has produced 34,000 ounces of gold.

Placer Dome Inc. is one of the largest gold mining companies in the western world.

The company was formed in 1987 with the merger of three Canadian companies: Placer Development, Vancouver; Dome Mines, Toronto; and Campbell Red Lake Mines, Toronto. Dome Mines had operated a gold mine at Timmins, Ontario, since 1909. The company has its head office in Vancouver and executive offices in San Francisco, Toronto, and Sydney, Australia, and operates 18 mines in Canada, the United States, Mexico, Chile, Australia, and Papua New Guinea.

Placer Dome Inc. produced a record 1.2 million ounces of gold in 1989 and expects to produce 1.4 million ounces in 1990.

In 1989 Placer Dome's share of gold production was 1.2 million ounces. Production is expected to rise to 1.5 million ounces by 1991. Although the major emphasis is on gold, the company devotes a significant amount of time mining silver, copper, and molybdenum. The year 1989 also saw the opening of four new mines: the Dona Lake Mine in Ontario, the Big Bell Mine in western Australia, the Misima Mine in Papua New Guinea, and the La Coipa Mine in Chile. In the three years following the merger, the company has enjoyed a steadily increasing position as a leader in the field of mineral exploration and production.

Production methods are constantly being revised and upgraded, ensuring top results that maximize profits for shareholders.

Safety and the environment are of prime consideration at all Placer Dome operations. The company invests in employee safety programs on a continuing basis. To ensure that environmental standards are maintained, environmental audits are conducted on new properties and updated annually on all properties.

In addition to its own efforts, Placer Dome participates in a number of government/industry research programs in the field of environmental and safety issues relating to the mining industry, as well as working to actively support educational, health, welfare, and cultural activities benefiting communities in which it operates.

A single-well battery in one of Encor's western Canadian strategic areas.

ENCOR INC.

Encor Inc., which became a public company on May 2, 1989, is active domestically and internationally in the exploration, development, and production of crude oil, natural gas, and related products. The company entered the public domain as a senior producer in the oil and gas industry in May 1989 through a plan of arrangement. At year end 1990, the company reported total assets of $1.4 billion and had approximately 450 employees with unique and varied backgrounds in the oil industry.

In 1990 Encor's daily production volumes averaged 182 million cubic feet of natural gas and about 34,500 barrels of oil and natural gas liquids, including approximately 4,500 barrels from international jurisdictions.

By the end of 1990, Encor reported total proved plus probable reserves of 181 million barrels of conventional and synthetic oil and liquids and 1.4 trillion cubic feet of natural gas. Encor's vast land base covers more than 4.5 million net acres in Canada and jurisdictions around the world.

Encor's international exploration and development activities are primarily being conducted in New Zealand, Australia, Indonesia, and Italy, and, to a lesser extent, in Pakistan and the North Sea. The company's international landholdings provide Encor with the potential to add reserves of significant magnitude generally not available in Western Canada and at considerably lower costs.

Encor is a product of mergers, acquisitions, and restructuring typical of Alberta's oil patch. Encor consolidates all of the upstream oil and gas assets formerly held by TransCanada Pipelines Limited through its wholly owned subsidiaries, Encor Energy Corporation Inc. and TCPL Resources Ltd. In May 1989 TransCanada distributed the common shares of Encor Inc. to its shareholders and established Encor as a public company. BCE Inc., one of Canada's largest public companies, is Encor's major common shareholder and currently holds all of Encor's preferred shares.

TCPL Resources Ltd. was incorporated in 1979 as a wholly owned subsidiary of TransCanada to hold TransCanada's upstream oil and gas interests. TCPL Resources evolved by participating with Dome Petroleum in numerous acquisitions, including Siebens Oil & Gas Ltd., Sabre Petroleums Ltd., Mesa Petroleum, and Kaiser Petroleum Ltd. In 1982 TCPL Resources and Encor Energy each acquired from Dome Petroleum a 12.5 percent interest in substantially all of the Canadian oil and gas assets of Hudson's Bay Oil and Gas Company.

In December 1987 TransCanada acquired Encor Energy Corporation Inc. and merged its operations with those of TCPL Resources Ltd. This transaction essentially doubled the size of the oil and gas operations.

As a dynamic and responsible Canadian oil and gas corporation, Encor is striving to build a strong, competitive, and financially secure company. In just a short time, Encor has made significant strides toward these goals by pursuing a series of financial and operating strategies, together with hard work and the dedication of all employees and management. The company is committed to achieving these goals and meeting the challenges of the 1990s.

A jack-up rig on location in New Zealand with Mount Egmont in the background.

FOOTHILLS PIPE LINES LTD.

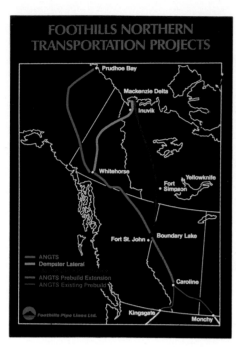

Above and below: Since the 1970s Foothills Pipe Lines Ltd. has been a major proponent of pipelines to transport northern frontier natural gas from Prudhoe Bay and the Mackenzie Delta to market and through its existing system as a major transporter of Southern Canadian gas for export to the United States.

Foothills Pipe Lines Ltd. is the Canadian sponsor of the Alaska Natural Gas Transportation System (ANGTS), a project approved in both Canada and the United States to deliver Alaskan gas from Prudhoe Bay to markets in the United States.

Foothills is owned equally by NOVA Corporation of Alberta and Westcoast Energy Inc. The company and its sponsors have been active in northern pipeline projects during the past 20 years, and Foothills currently owns and operates the southern portions of the ANGTS.

In 1978 Parliament passed the Northern Pipeline Act, granting certificates to Foothills' subsidiaries for the construction and operation of the Canadian segment of the ANGTS. Two years later, the federal government approved prebuilding of the Southern Canadian sections of the ANGTS to deliver Canadian natural gas to U.S. markets. To date, Foothills has constructed 528 miles of large diameter pipeline in Canada. This construction, together with those sections built in the United States, has resulted in completion of approximately one-third of the total length of the ANGTS.

In 1979 Foothills filed an application with the National Energy Board to build a pipeline along the existing Dempster Highway to connect with the ANGTS in Yukon (Dempster Lateral) and to

expand the ANGTS. The Dempster Lateral would accommodate the transportation of Mackenzie Delta gas should it flow to market after Prudhoe Bay gas. The application remains before the board.

Given the possibility that Mackenzie Delta gas could be marketed in advance of Prudhoe Bay gas, Foothills filed an application with the board in 1989 for approval to construct and operate the Mackenzie Valley Pipeline Project. This project is an alternative to the Dempster Lateral and would transport Mackenzie Delta reserves south along the Mackenzie Valley to connect with a further prebuild of the ANGTS at the British Columbia/Alberta border.

It is too early to tell whether Alaska gas or Mackenzie Delta gas will flow to market first. The ANGTS, the Mackenzie Valley Pipeline, and the Dempster Lateral Products reflect Foothills' continued commitment to transport both Alaskan and Canadian Mackenzie Delta gas.

In June 1990 Foothills also acquired a 21.9 percent interest in the U.S. partnership that sponsors the Alaskan segment of the ANGTS. Foothills and its sponsors have performed extensive work in advancing the design of its northern pipelines, including full-scale testing at various locations in the Yukon, Northwest Territories, and Alberta to assist in determining the most cost effective and environmentally sound method to construct a pipeline in the north. Information gathered relates to frost heave/thaw settlement, pipe strain, pipeline construction techniques, and environmental protection. In Canada about 50 percent of the ANGTS system design is complete.

In addition to the work performed in connection with pipeline design, construction, and environmental matters, Foothills has also been active in socio-economic planning to maximize the project's benefits, such as providing training, employment, and business opportunities to people located along the pipeline route. As an example, in the 1970s Foothills and its sponsors initiated a northern pipeline operations training program; northern residents were given on-the-job technical training on the NOVA and Westcoast pipeline systems. Foothills Pipe Lines Ltd. is also committed to ongoing co-operative planning activity with government and other interest groups to facilitate effective development of all aspects of its projects.

BANISTER INC.

Banister Inc. is a Canadian construction firm with nine operating divisions specializing in civil, marine, pipeline, utility, building, and industrial construction.

The company was originally established in 1948 as Ditching Contractors by R.K. Banister to build pipelines and has grown into a fully diversified construction company working across Canada, in the United States, and internationally. The Banister Construction Group has 400 permanent full-time employees and 2,000 or more hourly and seasonal personnel hired for specific projects.

Banister Inc. is a public corporation with shares listed on the American, Toronto, Montréal, and Alberta stock exchanges. Major shareholders of the company are Trimac Limited of Calgary, and Skanska AB of Sweden. Total assets amounted to approximately $290 million at the end of 1989.

Banister Inc. consists of the following wholly-owned divisions: Banister Pipelines builds large-diameter pipelines, constructs gathering and distribution systems, and performs river crossings. Banister is a pioneer in the pipeline construction industry; many of the methods developed by the company for cold weather construction have become industry standards.

The pipelines division also manages a large portion of the corporation's equipment fleet. More than 3,400 pieces of major construction equipment are located at project sites and yards across Canada. The company is responsible for acquisitions, disposals, rentals, repairs, and mobilization of equipment.

Cliffside Utility Contractors installs underground utilities of all types, including

The Foundation Company of Canada Limited, a Banister subsidiary, was construction manager of the CN Tower in Toronto, the world's tallest free-standing structure.

natural-gas distribution systems, telephone and electric lines, storm drains, and sewers, largely in the Toronto region.

The Foundation Company of Canada Limited provides construction and management services for heavy civil, marine, industrial, and building projects. Foundation was established in 1910 and a few of its landmark projects include the CN Tower in Toronto, the bobsleigh and luge track built for the 1988 Olympic Winter Games in Calgary, the Majes irrigation project in Peru, and the Madura Oya irrigation project in Sri Lanka.

The Jackson-Lewis Company, Limited, is a construction management firm and general contractor that has built shopping malls, factories, highrise office towers, and condominium complexes in Ontario since 1913.

Frontier Construction Company, Inc., is a construction contractor active in the northwest United States, while WestBan Construction Ltd. carries out building construction projects in Alberta.

Banister Inc. also has significant interests in three companies: Nicholls-Radtke Ltd., an industrial contractor based in Cambridge, Ontario, and specializing in mechanical and electrical installation; Pitts International Inc., a marine construction firm headquartered in Toronto; and Bantrel Inc., a Calgary-based company that provides engineering, procurement, and construction management services to the petroleum industry.

Banister Pipelines lowers in a length of pipeline near Renfrew, Ontario.

Historic Victoria is the seat of British Columbia's provincial government. Photo by Thomas Kitchin/Tom Stack & Associates

Le gouvernement de la Colombie-Britannique siège dans l'historique ville de Victoria. Photo Thomas Kitchin/Tom Stack & Associates

THE BAR

Canada's distinguished lawyers keep the nation's legal affairs in order.

LE BARREAU CANADIEN

Les avocats canadiens voient à la bonne marche des affaires légales du pays.

Blake, Cassels & Graydon,
Barristers and Solicitors

Blake, Cassels & Graydon is one of the largest and most progressive law firms in Canada. It was founded in 1856 in Toronto by Edward Blake, both a forceful advocate and a leading politician who is remembered as premier of Ontario and later as Justice Minister of Canada. He was joined by a brother, Samuel, and later by Walter Cassels. In 1933 Allan Graydon joined the ever-expanding firm, and his name was subsequently added to complete an enduring nameplate.

The firm has grown steadily, particularly in the past decade, and now has more than 300 lawyers who move comfortably from centres of finance and halls of government to expanding horizons of development. Best known simply as "Blakes," the firm has long been recognized as one of the leading corporate full-service law firms in the country.

Since its inception, the firm has come to occupy eight floors of Commerce Court West in the heart of downtown Toronto. In 1987 a full-service office was opened in York Region to meet the needs of the explosive growth of business north of the city. Today the firm also has offices in Ottawa, Calgary, Vancouver, and London, England. The addition of further offices in strategic locations at home and abroad is continually being evaluated. Constantly alert to evolving needs, the firm maintains a progressive, entrepreneurial outlook in

response to a changing business environment.

Continued growth at Blakes has brought with it great diversity in spheres of practice and range of clients. The firm draws on the considerable expertise of its partners and associates to tackle virtually any assignment in the legal arena—from a contested takeover or a complex libel suit to a straightforward incorporation. Clients range from individuals and small businesses to governments and major corporations of *Fortune* 500 standing.

Not only do Blakes' lawyers provide cogent legal advice, they also bring to their cases an appreciation for business realities, with a focus on applying practical solutions to legal problems.

Clients deal with one main contact, but are not dependent on that person alone. Through the interaction of people and resources within the firm, efficiency and cost effectiveness are enhanced. Lawyers from various disciplines and levels are called in to work together on a project when required. This approach ensures both flexibility and access to expertise to meet the clients' interests.

Any law firm is only as good as its lawyers, and those at Blakes have made it a stable, thriving practice, with a democratic management style that attracts top-flight lawyers. They keep up to date on developments in the law and are encouraged to participate in community activities and public service, teach in law schools, and write for professional publications.

The firm is home to many of Canada's top lawyers. J.F. (Jake) Howard, Q.C., for example, was the first recipient of the Douglas K. Laidlaw Medal for outstanding advocacy. The presentation was made in 1990 by The Right Honourable Brian Dickson, then Chief Justice of the Supreme Court of Canada.

The firm has also been recognized for its leadership in the development of the legal profession. When the Dalhousie Law School library was destroyed in a fire in 1985, Alex MacIntosh, long recognized as one of Canada's top corporate lawyers, was one of those who spearheaded the campaign to help restore the law school and to build a new library. The law school dedicated a room to Blakes' complete with a plaque depicting the history of the firm and its connection to Atlantic Canada. The Blakes room is the video room where students are taught techniques in cross-examination, collective bargaining, and contract negotiation. The firm has also made major contributions to the building and teaching programs of other law schools, including the University of Toronto and Osgoode Hall Law School.

Another cornerstone of Blakes' success is its highly trained support staff, the latest

Osgoode Hall is the home of the Law Society of Upper Canada and the seat of the Supreme Court of Ontario. Blakes' lawyers frequently appear before the Supreme Court as well as most every other court and administrative tribunal, both provincially and federally.

technology, and one of the most comprehensive private law libaries in Canada. Its computer system provides direct access to an extensive array of databases, legal memoranda, opinions, and precedents. The system is also used to help organize and retrieve documents and information relating to any project, whatever the complexity or location. In addition, professional librarians assist in searching for information on every aspect of the law.

Blake, Cassels & Graydon blends venerable tradition with a modern outlook and the human element with high technology, against a background of unfailing commitment to excellence.

Lang Michener Lawrence & Shaw

From left: Terry Peterman, Barbara Saikaley, and managing partner Edward Gladu of the Ottawa office.

Lang Michener Lawrence & Shaw serves its Canadian and international clients with a capability and confidence based on many decades of diverse legal experience across Canada. The firm's roots date back to the 1890s in Ontario and to the 1920s in British Columbia.

Today the national presence of the firm emerges from established, full-service offices, located in Toronto, the country's financial and commercial metropolis; in Vancouver, the cornerstone of Western Canada's resource development and a vital link in the vast Pacific Rim; and in Ottawa, the nation's political and administrative capital that is also recognized for its vital high-technology sector. In addition, the Mississauga office was established to specifically serve one of Canada's most dynamic new commercial markets.

Through these offices, the individual and collective legal expertise brought to bear on a wide range of client needs is enhanced by the firm's intimate knowledge of local regions and key legal, economic, and political considerations; for example, the financial markets of Toronto's Bay Street; land development in southern Ontario and British Columbia; the impact of Pacific Rim investment and growth; the evolution of legislation and policies of federal and provincial governments.

From left: The Right Honorable Roland Michener, managing partner Robert Cranston, and Alexandra Hoy of the Toronto office.

The traditional strengths of Lang Michener Lawrence & Shaw in corporate and commercial law, commercial litigation, real estate, and taxation include specialties such as securities, banking, insurance and other financial services, mining and forestry law, and patents and trademarks.

In business law in particular, the firm satisfies a wide range of corporate and commercial needs for both established and new businesses: from basic commercial transactions such as incorporations, partnerships, or joint ventures to highly complex and sophisticated projects such as syndications, reorganizations, mergers, and acquisitions. Lang Michener Lawrence & Shaw has considerable experience in acting on behalf of underwriters and issuers in public offerings and private placements in domestic and international

transactions. Consequently, the firm has extensive dealings with most Canadian stock exchanges and has assisted in innovative financing arrangements in both the public and private sectors.

The firm's tax lawyers regularly advise corporations, partnerships, trusts, and individuals on federal, provincial, and international taxation to maximize the tax savings available through planning, compliance, and dispute resolution. As well, the firm routinely deals with sales tax matters,

custom duties, resource taxation, and anti-dumping complaints.

The expansion of international business ties and proliferation of free trade zones in the world are creating new economic, social, and environmental issues that require sophisticated and innovative legal expertise. In addition, laws dealing with domestic competition and trade, the environment, intellectual and industrial property, native rights, employment, and communications are becoming increasingly important and complex. Lang Michener Lawrence & Shaw has the expertise and experience to provide thorough advice in these expanding areas of law.

The firm is one of Canada's leading litigators of intellectual and industrial property rights and has been involved in many of the important patent and trademark decisions in Canada over the past several decades. Lang Michener Lawrence & Shaw also provides expertise in matters relating to telecommunications, broadcasting, and cable television.

Lang Michener Lawrence & Shaw believes that the legal services it offers must keep pace with a changing, challenging world by its continued involvement in the legislative process, by keeping clients informed of the law as it evolves, and by maintaining the ability to provide up-to-date, quality service. Lang Michener Lawrence & Shaw's practical and informed approach to meeting clients' legal needs is made with a consistent commitment to quality, thoroughness, and efficiency.

Partners Derek Hopkins (left) and Tony Knight of the Vancouver office.

From left: Pina Grella, managing partner Jim McDermott, Steve Brett, and Will Lambert of the Mississauga office.

SMITH, LYONS, TORRANCE, STEVENSON & MAYER

On January 1, 1962, the law firm of Smith, Lyons, Torrance, Stevenson & Mayer was established in Toronto with nine lawyers and a support staff of 11 people. Since then the firm has grown to 150 lawyers, 20 students, 25 professional assistants, and a support staff of 200 employees. From its initial 8,000-square-foot office space in downtown Toronto, the firm now occupies five floors comprising 100,000 square feet in the Scotia Plaza complex in Toronto. The firm also has offices in Ottawa, Vancouver, and Hong Kong, with representative offices in Kowloon, Macao, and Taiwan.

The year 1989 saw the implementation of certain phases of the firm's aggressive strategic plans. In June 1989 B.S. Onyschuk, Q.C., a distinguished municipal law expert, and three of his colleagues joined the firm in its Toronto office. In November the immigration law specialist Frank Marrocco, Q.C., and key members of his group joined the firm in Toronto to lead the firm's expanding immigration law practice. In rounding out the year, the firm merged with the respected Vancouver firm of Angus, McClellan, Rubenstein & Haslam and continued the practice under the name Smith, Lyons, Torrance, Stevenson & Mayer.

The firm's Far East affiliation was established in the fall of 1987 with the formation of representative offices with Fred Kan & Co., Barristers, of Hong Kong, headed by Fred Kan, a graduate of the University of Toronto Law School. Lawyers from the Toronto office are assigned to the Hong Kong office under a reciprocal arrangement under which Fred Kan's colleagues are assigned to Toronto from time to time. Chisholm Lyons, Q.C., one of the firm's founding partners, is currently resident partner in Hong Kong. In March 1990 the firm formed an association with Formosa Transnational of Taipei, Taiwan, and one of the firm's associates is currently in residence in Taipei.

The firm's practice includes all major areas of law: corporate and commercial, litigation, and real estate development for clients throughout Canada and in major international centres.

The corporate and commercial group is the firm's largest in terms of assigned personnel. This group acts for a diversity of public and private corporations and other business entities in a variety of industrial and financial sectors and is involved in structuring, negotiating, and documenting commercial transactions of all types. Securities activities involve public and private placements, corporate reorganizations, mergers, and acquisitions. This group is on the leading edge of current securities developments and innovations in response to an increasingly sophisticated securities marketplace.

Representation in the business field extends to banks and other financial institutions over a large range of fiscal matters and to domestic and offshore clientele engaged in international

Members of the Toronto office of Smith, Lyons, Torrance, Stevenson & Mayer.

A collegial atmosphere exists at Smith, Lyons, Torrance, Stevenson & Mayer, where the practice of law is carefully monitored and judiciously applied.

the firm is accomplished in all phases of development, including governmental processes and financing strategies. On an innovative note, lawyers of the firm structured the first Canadian public issue by a cotenancy of mortgage bonds and the first public issue of participating mortgage bonds. The firm also acts for many institutional lenders in the provision of conventional and non-conventional financing for the real estate industry.

Professional and community awareness among the lawyers of Smith Lyons is enhanced by participation in legal education endeavors; assignment to government departments or other regulatory bodies such as the Ontario Securities Commission, The Toronto Stock Exchange, and the Federal Ministry of Finance; and active roles in the public life of the law profession. Many members of the firm serve on the boards of charitable, community, and religious organizations, as well as public and private corporations.

A collegial atmosphere exists at Smith, Lyons, Torrance, Stevenson & Mayer, where the practice of law is carefully monitored and judiciously applied. Together with an unwavering commitment to professionalism, this atmosphere produces a continual flow of informed and high-quality legal service.

trade. Lawyers in the firm have succeeded in amplifying the meaning, impact, and application of the Canada/United States Free Trade Agreement for affected businesses. Others have developed expertise in competition and marketing arrangements, taxation law, creditors' rights, and insolvency matters. The firm has a large mining and natural resource practice, and firm members appear regularly before the National Energy Board and similar regulatory bodies. Entertainment law is another specialty—the firm acts for major players including a major trade association. Other areas deal with intellectual property, such as trademarks and copyright, franchising, and computer law.

A well-established litigation department constitutes an important component of the firm. The litigation lawyers practice in a variety of areas, including corporate, insurance, construction, environmental, labor, and family law. They appear regularly before boards, commissions, and tribunals in relation to commercial and regulatory disputes as well as individual rights.

The firm's real estate department is one of the most experienced and successful in Canada as the result of participation in numerous projects of great magnitude. The Canadian real estate development industry is globally significant, and the firm has grown with it. In addition, a close relationship is maintained with competent realty people throughout North America, Europe, and Asia. Consequently

Research and preparation take place in the firm's library.

McCarthy Tétrault

Sholto Hebenton, Vancouver.

In its quest to become a national law firm, McCarthy Tétrault broke the mold, indicating a progressive, leadership spirit that has become synonymous with the firm's name.

Creating a national law firm was not as easy as creating a national company. "The distinction lies in the ownership and managerial structure. A law partnership is based on like-minded individuals who have a collegiality of purpose and decisions are made based on consensus," says A.R. Scace, Q.C., managing partner, Toronto. "Through the courts, we challenged the rules that prohibited us from establishing a presence in Calgary and later in Vancouver and won."

This victory resulted in the creation of a national law firm and the country's largest single law partnership. With offices in most major Canadian economic centres, London, England, and Hong Kong, the firm of 500 lawyers blends innovation in client service with the highest standards of the legal profession.

The mergers, completed in 1989 and 1990, joined the firms of McCarthy & McCarthy, Shrum, Liddle & Hebenton of Vancouver, Black & Company of Calgary, and, most recently, Clarkson, Tétrault in Québec, with whom the

Toronto firm had been associated for many years.

Both McCarthy & McCarthy and Clarkson, Tétrault have long and respected histories in Canada—the former in Ontario, Alberta, and British Columbia and the latter in Québec. D'Alton McCarthy, a founder, was called to the bar in Barrie, Ontario, in 1855. His son D'Alton Jr. and later, his grandson Lally, followed in his professional footsteps, establishing the firm as a solid presence on the Canadian legal landscape. Clarkson, Tétrault, the prominent Québec-based law firm, has a well-established commercial law and litigation practice. It traces its roots to 1885 and the legendary Eugene Lafleur, who was internationally recognized as the leading Canadian counsel during the early decades of this century.

Shrum, Liddle & Hebenton of Vancouver established a remarkable reputation in a few short years, as did Black & Company under the leadership of the leading Alberta lawyer, Robert Black.

The tradition of individual excellence at McCarthy Tétrault continues today and is epitomized by J.J. Robinette of the Toronto office, who was recently described in the national press as "the greatest lawyer in Canada."

With the firm's new national

Harry W. Macdonell, Toronto.

control of Connaught Biosciences.

McCarthy Tétrault's national profile is strong now, and the firm's international strength is growing. The London office provides legal representation and expertise for the European market, and the Hong Kong office, opened in the fall of 1990, further extends the ability to offer clients comprehensive global services.

"We are already seeing a rapidly increasing flow of business along the West Coast from the Orient and the Pacific Rim," says Sholto Hebenton, chairman of the Vancouver office. This expanding international focus is a necessity in the increasingly competitive global marketplace. "Canadian business is becoming increasingly unrestricted by time zones and geographic boundaries in Canada and abroad," says Jacques Tétrault, managing partner in Montréal.

By responding to the global nature of today's business community, McCarthy Tétrault assumes a global stance in the practice of law—a stance that is certain to become even stronger as national borders merge into a global economy and businesses around the world continue to adapt to the demands of a changing marketplace.

Jacques Tétrault, Montréal.

structure, clients have access to consistent, high-quality legal services and can draw on the specialized knowledge and expertise of various offices across the country on an as-needed basis. All the while, they maintain close personal contact with lawyers at the local level. The national scope of the firm also means that many documents and legal services can be standardized, resulting in significant cost efficiencies for the client.

One of the firm's greatest strengths is its diversity, not only geographically but also in the types of services offered. Today the firm serves clients in more than 100 practice areas such as computer law and high-technology transfers, tax law, entertainment law, mergers and acquisitions, environmental law, and intellectual property law.

Another notable strength is the firm's impressive track record. Harry Macdonell, former managing partner, points out that McCarthy Tétrault has represented successful litigants in many landmark cases in Canada, including the ownership dispute between Hydro Québec and Newfoundland over rights to Labrador power; the major environmental disaster of the Mississauga derailment; and the fight for ownership and

Arthur R.A. Scace, Toronto.

GOODMAN & GOODMAN

Goodman & Goodman was established in 1947 in Toronto by the father and son team of David B. Goodman and Edwin A. "Eddie" Goodman. Today the law firm has grown to more than 100 lawyers and through its international partnership, Goodman Freeman Phillips & Vineberg, has more than 250 lawyers in seven cities worldwide.

Despite the dramatic growth of the firm, the values instilled by David Goodman still prevail. Clients' needs come first. Each lawyer is schooled in client relations and expected to provide excellent legal advice combined with great service. High standards have always been important when recruiting new lawyers. Recently those standards were recognized by *Canadian Business* magazine in a survey of the best lawyers in Canada. Two of the firm's lawyers ranked first in their respective practice areas. Several others received honourable mention. The firm continues to hire the best and brightest students from the law schools and is proud to include Rhodes scholars and numerous medal winners among its ranks.

As well, lawyers in the firm are encouraged to play an active role in civic and community endeavors. Eddie Goodman himself is the best example of this tradition. In addition to managing a flourishing administrative law practice, Eddie has acted as strategist and advisor to Progressive Conservative prime ministers and premiers for more than 40 years and played a major role in fund raising for the National Ballet of Canada, the Royal Ontario Museum, the Baycrest Centre for Geriatric Care, and the Princess Margaret Hospital.

Recognizing that the business of its clients was becoming more global in scope, Goodman & Goodman formed an association with the Montréal law firm of Phillips & Vineberg in 1986. A third firm, Freeman & Company of Vancouver, joined the group in 1989. Today Goodman Freeman Phillips & Vineberg is able to meet the needs of its clients from offices in Montréal, Toronto, Vancouver, Taipei, Hong Kong, Paris, and New York. As well, the firm has developed a network of contacts in law firms in the world's major financial and commercial centres to assist clients in their international business dealings. Goodman Freeman Phillips & Vineberg is also a member of the World Law Group, an affiliation of law firms located throughout the world.

Clients of the firms vary in size and range from sole practitioners to multinational companies, major financial institutions, governments, and crown corporations involved in all aspects of business and industry in Canada, the United States, Europe, and Asia. Traditionally the firm has attracted entrepreneurial clients who expect their lawyers to play the dual role of legal counselor and business advisor. Goodman & Goodman has developed the reputation of being able to handle difficult and unusual transactions, which are often international in scope and require highly creative solutions. For example, the firm played a major role in a record-setting real estate deal, acted in a Canadian bank liquidation, represented a 25-member bank and trust consortium in a multibillion-dollar project, advised the Canadian government in free trade negotiations with the United States, acted in the privatization of British and Canadian companies, and worked on the equity funding

arrangements for a major theme park, a major league baseball team, and a national daily newspaper.

In the early days Goodman & Goodman was known primarily for its real estate and corporate and commercial work. Today the firm has lawyers who practise in a broad range of areas including corporate securities, taxation, corporate and commercial law, real estate, administrative law, and litigation. The practice of law has become very complex, with dozens of specialties, such as environmental and energy law, sports and entertainment law, intellectual property, shopping centre leasing, competition, and construction law, all of which are practised at Goodman & Goodman.

Many of Goodman & Goodman's lawyers excel in areas outside the practice of law. There is a magician, a Canadian-team racewalker, a pilot, a former Olympic sailor, a photographer, and many others who devote countless hours to worthy civic and community endeavors, including serving on the board of directors of hospitals, the arts, and educational and social services. These days to be a good lawyer requires long hours and hard work. At Goodman & Goodman, it is believed that good lawyers have a broad perspective on the business world, that they understand and anticipate the challenges and issues likely to face clients, and that they view the practice of law as a problem-solving exercise, however sophisticated and innovative, designed to help clients achieve their business objectives. Part of being a lawyer also involves being a team player. With the growing sophistication of clients' legal requirements, it has become common to have several lawyers working with a client on different aspects of the business. Good communication, effective teamwork, and

technology all contribute to meeting the clients' needs as effectively and cost-effectively as possible.

The firm will continue to change and grow as clients' needs evolve. It is unlikely that David Goodman could have predicted how dramatically the firm he founded would change. Nor is it likely he would have expected the legal profession to undergo such profound changes. What he could have predicted, and what will never change, is Goodman & Goodman's continuing resolve to provide the highest-quality legal advice and service to clients.

Senior partner Harry J. Daniel, Q.C., confers with partners Grant E. Black and Terrence H. Hill.

HARRIS, BARR

Informed, competent, and caring counsel is provided by the Niagara Region's foremost law firm under the signature of Harris, Barr, barristers and solicitors, in the city of St. Catharines, Ontario. Since its inception in 1922, the practice has blended professional capability with planned growth and client commitment to build a proud heritage of superior service.

Today the combined resources of 20 lawyers and 45 support staff deliver a broad range of legal assistance to individuals, family businesses, private and public corporations, and institutions. In scope and effectiveness, the firm matches strength for strength with metropolitan contemporaries, while adding a personal touch to client communications.

Harris, Barr is well organized by areas of practice and staff expertise to deal with the mainstream sectors of the law—litigation, real estate, business and labor cases, as well as criminal and family matters. In addition, an early involvement in the formation of farm marketing boards is perpetuated provincially

and nationally by representation before tribunals and courts.

The two senior members of Harris, Barr are Jacob Hildebrand, Q.C., who supervises and practices in a large real estate and commercial law division, and Harry J. Daniel, Q.C., a leading trial lawyer and specialist in civil litigation.

"Jake" Hildebrand has been active in the Canadian, Ontario, and Lincoln County law associations and served his community as charter president of Family and Children's Services of the Niagara Region, and on a number of charitable, religious, and educational boards.

Harry Daniel leads the firm in its varied practice and pursues a distinguished career as a trial advocate. He maintains membership in the New York State Bar and writes and lectures on legal subjects. In the tradition of his colleagues, an extensive community role has recently included chairmanship of the Joint Hospitals of St. Catharines capital fund-raising campaign.

A number of equally vigorous, civic-minded lawyers are members of the firm. Robert A. Wilson serves a diverse clientele in all non-litigation areas and contributes to the development of the firm. He is counsel to Ontario's major agricultural organizations and knowledgeable in hospital and university affairs. Peter M. Barr specializes in criminal law and civil litigation, with expertise in motor vehicle and personal injury work. He brings valued experience in Supreme, Provincial, and District courts to a predominantly trial practice.

Grant E. Black excels in employment and insurance law. As a member of the firm's civil litigation team, he practices and advises in all areas of law requiring trial and court experience. Terrence H. Hill is primarily a trial lawyer specializing in personal injury and administrative litigation, while also handling litigious matters for agricultural clients and some residential real estate law.

Flowing from the leadership of Harris, Barr—and from a balanced complement of male and female lawyers—a dynamic presence unfolds in the Dominion Building at the the commercial centre of the Niagara Peninsula. There a client-oriented environment and quality legal service

are enhanced by office efficiency, state-of-the-art electronic equipment, and a comprehensive legal library to ensure timely and appropriate response to individual needs. This specialist/team approach at Harris, Barr expedites the resolution of complex issues across the spectrum of jurisprudence.

Over the years since the firm was established, the vision and philosophy of successive generations have remained intact. Even though such exceptional members as Supreme Court Justice John Roderick Barr and Provincial Judge L.S. Geiger left the Garden City partnership for the bench, the firm has flourished. Its ultimate objective prevails in the 1990s: to solve clients' problems as quickly and effectively as possible and to arrive safely and on time at their chosen destination.

Harris, Barr is a firm of lawyers building on its strength, looking to the future, and growing.

The modern courthouse at St. Catharines, Ontario.

Specialist in real estate, business, and farm marketing, Robert A. Wilson reviews a case with other firm lawyers Terence J. Donohue and, standing, Geoffrey P. Spurr and Callum Shedden.

McGill University in Montréal, Québec, is a bastion of higher education.
Photo by John Elk III

L'université McGill de Montréal est réputée mondialement. Photo John Elk III

EDUCATION

Institutions of higher learning improve the minds of students from Canada and abroad.

ÉDUCATION

Des institutions d'enseignement supérieur forment les étudiants canadiens et étrangers.

UNIVERSITY OF TORONTO

The impressive entrance to University College.

The University of Toronto stands at the head of the class among its Canadian contemporaries, surpassing all others in numbers of students, in depth and scope of academic programs, and in the extent of research endeavors that encircle the globe.

As the fourth-largest research centre in Canada, exceeded only by Agriculture Canada, the National Research Council, and Bell-Northern Research, the university spends approximately one million dollars per day on research. As well, the university participates in five of Ontario's seven Centres of Excellence dedicated to and created to help place Canada at the forefront of world research and development, namely: the Ontario Laser and Lightwave Centre; the Ontario Centre for Materials Research; the Institute for Space and Terrestrial Science; the Information Technology Research Centre; and Manufacturing Research Corporation of Ontario.

Dynamic partnerships with private corporations and government agencies forge strong links between the university and the private and public sectors, both at home and abroad. In addition, collaboration in academic

and research programs at other universities and agencies is pursued in some 40 countries of Asia, Africa, South America, Europe, and the Middle East. Projects range from the recruitment of senior economic advisers in Botswana to soil-erosion studies in China to brick production from bauxite waste in Jamaica.

The strength of the University of Toronto lies in the calibre of a distinguished faculty, in which Nobel Laureate John Polanyi is flanked by internationally respected scientists and scholars across the spectrum of astrophysics and medical genetics to medieval drama and environmental projection. Ever since Frederick Banting and Charles Best discovered insulin, the university has excelled in research and innovation. Among recent accomplishments are fiber optic structures that can detect weaknesses in aircraft; high-strength plastics that one day may replace steel in car bodies and buildings; a new dental varnish that significantly reduces tooth decay; Supernova 1987A, discovered by Ian Shelton, a young U of T astronomer, which has been called the most significant discovery in astronomy in 400 years; and hypersonic flight, with an airplane powered from the ground by microwaves.

Further involvement in international research finds the university joining with hundreds of scholars in the Consortium for Research in the Humanities. Among the works are *The Royal Inscriptions of Mesopotamia; Correspondence of Emile Zola; The Historical Atlas of Canada; Dictionary of Canadian Biography;* and *Collected Works of Erasmus and John Stuart Mill.*

The University of Toronto is playing a vital role toward shifting Canada from a resource-based economy to a knowledge-intensive society. With 50,000 students and 12,000 faculty and support staff, the university is effectively introducing new technologies while preserving Canada's rich cultural heritage.

A student studies in front of the new law library, which is still under construction.

THE UNIVERSITY OF WESTERN ONTARIO

The emergence of The University of Western Ontario as a mature and distinguished educational entity in its first century, and the subsequent extension of resources on a world-class campus, anchor a blueprint for unprecedented advancement in the 1990s and beyond.

Long-standing commitment to academic excellence and national aspirations unite the university community and a large, representative body of public support in a campaign of sweeping magnitude, named "Renaissance." The culmination within five years of the drive for $89 million will add depth and dimension to Western's international reputation for superior education and research initiative.

The total effect of expansions to buildings, laboratories, equipment, faculty, and staff will eclipse past accomplishments and simply dwarf the 1881 start-up with a modest $9,000 by Bishop Isaac Hellmuth. (Western was incorporated by the province on March 7, 1878.) Its present complement of 70 buildings on the 379.6-acre main campus in northern London, Ontario, will be expanded and academic profile broadened as the university responds to challenges facing the nation.

A signal component of the Renaissance program is the planned Western Science Centre, a facility costing $28 million and destined to become the nerve centre of the university's ongoing enquiry into such areas as the

environment, statistics, and physics. The new centre will exploit scientific relationships to computing and will house new laboratories and library.

Other major capital projects include expansion of applied health sciences facilities to meet soaring demand for rehabilitation professionals; a new visual arts building responding to creative needs in Canada; a proposed University Community Centre to relieve existing congestion; a multiuse addition to Thames Hall for physical education; expansion and renovation of Western's widely known business school; and a substantial extension to the law library.

In addition to these allocations, exceeding in total $66 million, the Renaissance campaign will provide for technology and innovation in computer-assisted areas and medical science; endowments to dentistry, business, arts, journalism, women's studies, education, social science, family medicine, music, faculty chairs; as well as enhancements and new initiatives for the scholarship fund, affiliated colleges, and programs improving the quality of life for faculty, students, and staff.

In keeping with tradition and obligation, The University of Western Ontario is well launched into a second century of outstanding performance.

FANSHAWE COLLEGE

Fanshawe College offers a bright future to its graduates.

An impressive performance in the provision of career education to a large sector of southwestern Ontario is credited to Fanshawe College.

From inception at London in 1967, this pioneering venture has expanded greatly in terms of enrolment, curricula, and physical assets. The initial 720-member student body has grown to more than 11,500 full-time students, while some 43,000 part-time registrants participate in a variety of adult education programs. The main campus at London anchors campuses at Woodstock, Simcoe, and St. Thomas as well as several centres in Oxford and Middlesex counties.

Fanshawe is also distinguished by its offering of 35 co-operative programs—the largest array of any Canadian community college—from which nearly 100 percent of graduates find employment. (Co-operative education combines in-college study with alternating, related work experience.) By another measure, the college's annual graduating class of about 2,500 post-secondary students achieves close to 90 percent placement in related employment and more than 95 percent in occupations overall. Students have access to a graduate placement office the year round for counselling, job-search skills, and labor-market information. Post-secondary enrollees at Fanshawe average two-year terms in Schools of Applied Arts and Business, Health Sciences and Human Services, Technology, and Community Services. A total of 88 post-secondary programs are offered in divisions ranging from communications and design, to management, medical specialties, construction,

electronics, and manufacturing. Part-time, apprentice, and adult training is available in approximately 70 programs emphasizing skills development attuned to business and industry. A rotating roster of 1,000 employers subscribes to the associated Ontario skills development service.

Consistent with advancement far exceeding its founding mandate, Fanshawe College recently completed a $10-million addition of 80,000 square feet to the main campus. The project consisted of a three-storey building to meet rising demand into the twenty-first century primarily for the design division and a child-care centre for early childhood education and community use.

As in past extensions, these new facilities will interact in the spirit of the community college concept and add another dimension to practical, alternative education at Fanshawe College.

Fanshawe College's main campus is in London.

HUMBER COLLEGE OF APPLIED ARTS AND TECHNOLOGY

Humber College is one of Canada's largest colleges with five campus locations within the western boundaries of Toronto, Canada's largest city. More than 125 full-time programs and close to 1,000 continuing-education courses are offered. Close to 10,000 day students and more than 60,000 part-time students currently attend the college.

When Humber opened its doors in 1967, it was responding to a mandate for post-secondary education to successfully prepare students for work in a variety of skilled fields. Today, as one of the largest and most active members of 23 colleges in Ontario and 140 across Canada, Humber enjoys a well-earned reputation as an academic institution with a solid leadership position as a school of the future.

Education and training services cover a complete spectrum in business, technology, health sciences, design and creative arts, hospitality, recreation, and the social sciences. The college offers diploma, post-diploma certification, and professional upgrading to post-secondary graduates, university graduates, and working professionals.

As the only Canadian member of the exclusive League for Innovation in Community Colleges, Humber has been noted for its unique international services. Involved in design and delivering training to the international educational community,

Humber works with global partners to develop a variety of programs in the spirit of international cooperation. These include technical teacher training, management training, and consultation in establishing post-secondary institutions. The Business & Industry Service Centre was opened as another innovation to better serve the training and development needs of people in the workplace.

A full-service learning resource, Humber is poised for serving the needs of the future with academic excellence and top-notch facilities. Above all, the atmosphere is informal, friendly, and inviting to facilitate a complete learning experience.

Humber College is one of Canada's largest colleges with five campuses within the western boundaries of Toronto.

Humber is well known for its extensive international training services.

APPLEBY COLLEGE

Appleby has some 63 athletic teams participating in various seasonal sports. Cricket is one of the few teams that dates back to the school's founding in 1911.

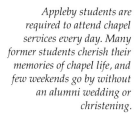

Appleby students are required to attend chapel services every day. Many former students cherish their memories of chapel life, and few weekends go by without an alumni wedding or christening.

Although originally and currently a school for boys, Appleby College will begin admitting girls in 1991. Two years after that Appleby will be an independent day and residential school for boys and girls in grade seven through to university entrance. The school was founded in 1911 by Sir Edmund Walker, C.V.O., F.R.S.C.

The founding of Appleby was the realization of a dream of Walker's son-in-law, John S. H. Guest. Guest, who was serving as head of the prep at Upper Canada College in Toronto, wanted his own school "in the country" and Sir Edmund was instrumental in helping him realize his dream.

The name was taken from the Grammar School of Appleby Magna in Leicestershire, England, which Guest's ancestors had attended. In 1941, since other schools such as Upper Canada and Ridley were known as "colleges," the name was changed to Appleby College from Appleby School.

Today the school's location is no longer considered rural; however, the spacious grounds still contribute to the institution's tranquil atmosphere. There are currently 500 students, 200 of whom are in residence, and a teaching staff of 49 people. The curriculum is academic—core subjects, art, music, and a strong sports program are geared to prepare Appleby's students for university. Students are required to participate in both athletic and extra-curricular activities, which, together with their studies, earn credits toward the Appleby College diploma. Appleby also grants the Ontario Secondary School graduation diploma, with the approval of the provincial Ministry of Education.

Appleby's 11-acre Northern Campus in the Temagami Wilderness provides a unique opportunity for outdoor and environmental education.

Among the long list of Appleby alumni are men who are prominent in a wide range of fields. These include the late Raymond Massey, an internationally acclaimed stage and film actor; the late Justice John M. Harlan, formerly of the Supreme Court of the United States; J. Pearce Bunting, president of the Toronto Stock Exchange; and Peter Pollen, formerly a mayor of Victoria.

Appleby has grown steadily through the years, and since 1940 the average five-year growth rate has been 19 percent. However, the school will not grow much beyond its current enrolment in the future. The annual operating budget, which exceeds $6 million, is paid for by student fees, while capital needs are met entirely through donations to either Appleby College or the Appleby College Foundation, both of which are registered charities. Future projects anticipate continued growth and development as set out in a long-range business plan developed by the current headmaster, Guy S. McLean. Appleby College looks to continued success in the twenty-first century.

McMaster University

the invitation of that community, saw the development of a 150-acre campus with six buildings at the outset. The Westdale site remained static through the Depression, but wartime brought science-related activity. Then an explosion of 13 major structures, culminating in a Health Sciences Centre complete with state-of-the-art hospital, changed the face of McMaster in the late 1960s and early 1970s.

The university stands as one of the foremost teaching and research institutions in Canada. More than 11,000 full-time and 6,000 part-time students are distributed among faculties of engineering, health sciences, humanities, science, social sciences, and business. Some 1,000 full-time and several hundred part-time faculty members function with 2,000 support staff amid a complex of buildings on 299 acres.

McMaster enjoys distinction for a multitude of teaching and research disciplines and for 25 Ph.D. and 39 master's programs. As well, it participates in three Ontario Centres of Excellence: the Telecommunications Research Institute, the Centre for Materials Research, and the Manufacturing Research Corporation.

In the wake of recent extensions to the library and the engineering and business school facilities, McMaster University is positioned to advance the continuing processes of discovery and understanding in an inspirational, high-quality environment during its second century.

University Hall was the first building constructed on the new campus when McMaster University moved to Hamilton in 1930.

The visionary founder and the handful of students and faculty in the inaugural class of 1894 would applaud the magnitude, diversity, and stature of McMaster University in the closing decade of the twentieth century.

William McMaster, banker, Canadian senator, and devout Christian, accomplished incorporation of the institution that bears his name on April 23, 1887. He died five months later, bequeathing $900,000 to educate and prepare Christian youth for the rising tide of urbanization and industrialization.

His aspirations were realized in part with the 1890 opening of a tiny liberal arts college in the former Toronto Baptist College, now the Royal Conservatory of Music, on Bloor Street. But the modern McMaster University would require 100 years to totally fulfill the dream with the formation of a Faculty of Business. In the interval, the university changed locations in 1930 and expanded scholastically and physically. In 1957 it separated from its Baptist affiliation and qualified for public funding.

Transition to Hamilton, Ontario, at

The sculpture in front of Chester New Hall, one of the arts buildings, was executed by former professor of fine arts George Wallace. Entitled Man Releasing Eagles, *the eagles represent McMaster's three main purposes: teaching, scholarship, and community service.*

Communications are a vital part of today's business world.
Photo by Ron Watts/First Light

Les communications sont au coeur du monde des affaires d'aujourd'hui.
Photo Ron Watts/First Light

COMMUNICATIONS

Communication firms play an important role in Canada's economy, providing business and individuals with telecommunications as well as information management systems and technology.

COMMUNICATIONS

En fournissant des services et des systèmes de télécommunications et de gestion de l'information aux entreprises et aux individus, le secteur des communications joue un rôle clé dans l'économie canadienne.

ROGERS COMMUNICATIONS INC.

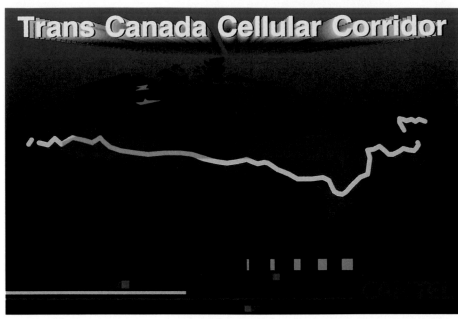

Trans Canada Cellular Corridor

Above: Cantel, Canada's only national cellular telephone company, serves all 10 provinces and plans to complete coast-to-coast cellular coverage along the Trans-Canada Highway.

Right: Rogers Cablesystems is committed to providing all subscribers with quality, selection, reliability, and service—24 hours a day, seven days a week.

Rogers Communications Inc. is Canada's National Communications Company. It is controlled through Rogers Telecommunications Limited by Ted Rogers, who over the past 30 years has innovated many new services in broadcasting and communications. His father, Edward S. Rogers, Sr., invented the world's first electric radio in 1925.

In each operating group—mobile communications, telecommunications, cable television, and broadcasting—the Rogers commitment is to continuing excellence through innovation, superior technical facilities, and service to subscribers and customers.

MOBILE COMMUNICATIONS

The mission of Rogers Cantel Inc. is to be the leader in Canadian mobile communications service. Cantel is dedicated to providing the most innovative services and best customer service of any mobile communications company.

Licensed in December 1983 as the sole national cellular telephone company in Canada, Cantel started service on July 1, 1985—when no one in Canada had a cellular telephone. At the end of that first month, there were 3,000 subscribers. By September 1990, just over five years later, Cantel served all 10 Canadian provinces and more than 250,000 subscribers.

Cantel also has divisions for paging and data communications. The paging division provides 900 MHz national paging service and uses Cantel's infrastructure. Cantel has licenses for regional, national, and international paging. The Mobitex data radio division provides data communications services for trucking, dispatch, taxi, and field service industries. Mobitex uses different frequencies than those available for cellular but uses the same national network of towers and microwave.

TELECOMMUNICATIONS

The objective of Unitel Communications Inc., 40 percent owned by Rogers since September 1989, is to offer a complete range of innovative telecommunications services and products to all Canadians. Unitel continues to build on its long-standing tradition of service, quality, excellence, and commitment to its customers.

For Rogers, Unitel is a new chapter from a continuous book—it offers a challenge and an opportunity, an opportunity to improve and expand a vital Canadian telecommunications network.

In May 1990 Unitel filed an application with the CRTC to establish a nationwide long-distance voice service that would compete with current monopoly services offered by Telecom Canada. It is expected to be late 1991 before the CRTC makes a decision on Unitel's application.

CABLE TELEVISION

The mission of Rogers Cablesystems Limited is to be the leading supplier of electronic home entertainment and information services to the consumer and to be known consistently as providers of outstanding customer service. Technical innovations allow Rogers to give customers the widest possible choice of channels and services.

In 1967 cable television carried 12 channels; in 1970 Rogers pioneered 20-channel service. In the early 1990s, 60 channels will be the standard. Rogers has always emphasized quality and innovative engineering.

With cable television systems in Ontario, British Columbia, and Alberta, Rogers serves more than 1.7 million basic cable subscribers to make it the largest cable company in Canada.

Rogers also owns a rapidly expanding chain of video rental stores in roughly the same areas as its cable systems. Some video stores are integrated with service centres for cable retail operations. At these full-service centres, customers can rent movies, subscribe to pay television, or pay a cable bill.

Rogers Network Services, a division of Rogers Cable, specializes in applications of the non-entertainment capabilities of cable.

BROADCASTING

The companies of Rogers Broadcasting Limited provide high-quality, commercially supported programming that is directed to the needs of Canadians. This programming both supports and reflects the communities it serves and promotes the unique Canadian national identity.

Rogers pioneered FM broadcasting with CHFI-FM in 1960, when less that 5 percent of Canadian homes had an FM receiver. CHFI sold low-cost FM radios so people could tune in.

Operations today include 13 radio stations (10 AM and 3 FM) in Ontario, British Columbia, and Alberta, with two FM and two AM stations in Toronto and Vancouver (the top English-speaking markets in Canada); 99.5 percent of CFMT-TV, Canada's only multilingual television station, which reaches about 1.7 million homes in Southern Ontario and provides more than 75 hours a week of programming in languages other than English; 92.9 percent of Canadian Home Shopping Network, a nationally televised, shop-at-home discount retailer that is satellite delivered by cable to more than 5 million Canadian homes; and 25.4 percent of YTV, a national television service for young Canadians and their families.

Rogers is also developing satellite-delivered radio programming that provides entertainment in country music and oldies formats during the evening hours to small stations across Canada.

By the turn of the century, radio will be digital, not analog, and Rogers is part of an industry association promoting this technology.

Left: Unitel continuously monitors the quality of its network facilities on its status board.

Right: CHFI-FM is Canada's number one radio station. Its state-of-the-art studio is one of the reasons for its success.

TELUS CORPORATION

TELUS subsidiary AGT Cellular Limited provides the most extensive cellular telephone coverage in Alberta.

TELUS Corporation is the third-largest telecommunications company in Canada with assets of more than $3 billion.

Alberta-based TELUS was formed in October 1990 as the management company for the privatized business of Alberta Government Telephones. TELUS has a customer base of 2.4 million Albertans and is responsible for six operating subsidiaries.

AGT Limited is the largest subsidiary and provides local and long-distance telephone service as well as associated telecommunications; the company also offers global connectivity to customers through Telecom Canada.

AGT Cellular Limited operates the most extensive cellular network in Alberta, and AGT Directory Limited publishes white and yellow pages directories.

Other subsidiaries include Alta Telecom International Ltd., Alta Telecom Inc., and Alta-Can Telecom Inc.

The power of telecommunications is in the network, and AGT Limited is a world leader in network expansion. In 1986 the company initiated one of the largest modernization programs of its kind to completely digitize all switches in the network system by 1992. Digital technology provides the optimum level of reliability, performance, and network access—in essence, a sophisticated "highway" for new services such as Call Display, Call Return, and Call Trace, to name a few.

Through integrated communications services, AGT Limited customers can transmit voice, video, and data simultaneously over a single line.

The company has also established a leadership position in the use of fibre optics, helping create one of the world's first high-capacity systems in 1981. Fibre optics can

transmit telephone signals, television signals, and data using pulses of light through glass fibres that are no bigger than a strand of hair. Fibre optic systems have extremely high capacity; each fibre can now carry more than 16,000 conversations, and that capacity will soon double. Fibre also has the advantage of being smaller and less susceptible to interference, and allows for greater repeater spacing than copper cables.

Placement of fibre into the network is rapidly advancing and is well-suited and economical for long distance services. But its untapped potential will be developed as AGT Limited increases use of fibre in the "local loop"—the link from switching offices to residences. The result could include a vast array of services to customers in their homes, such as high-speed data, home shopping, and home monitoring. Fibre is also helping pave the way for the Integrated Services Digital Network (ISDN), which will provide a single "pipeline" for simultaneous transmission of voice, video, and data.

An important part of AGT Limited's multimillion-dollar commitment to upgrading its network is providing party line customers with individual line service. As of 1991, all party lines have been converted to private, involving more than 100,000 rural customers. Benefits of individual line service include uninterrupted calling, on-line computer use, and access to the choice of services offered in urban centres.

AGT's progress in mobile communications is

unparalleled in Canada. The company established the world's largest mobile radio network and became first in the country to offer public cellular telephone service. In 1983 North America's first commercial cellular system, Cellular 400 (Aurora), was launched by AGT in the Edmonton area. It remains the backbone of the rural cellular network today.

AGT Cellular is expanding Cellular 400 and plans to increase cell sites during the early 1990s. Cellular 800, which provides added features, was introduced in the Calgary area in 1986 and is expanding to include all major urban centres and highway corridors. Customers can enjoy roaming capability throughout Canada and the United States.

AGT Cellular's mobile radio and cellular coverage areas are the most comprehensive in Alberta.

A growing number of telecommunications services are competitive, including business sytems, mobile communications, and the telephone itself. All TELUS subsidiaries are positioning for a new marketplace characterized by changing regulations and more competition. Through corporate restructuring and in every aspect of operations, a competitive attitude is being fostered.

At AGT Limited's downtown corporate tower in Calgary, the company opened one of North America's most sophisticated network facilities: the Network Management Centre (NMC), which provides round-the-clock monitoring and management of the core network and business customer networks.

Adjoining the NMC is the Calgary Business Centre and Future Centre. The Business Centre is designed to offer cost-effective telecommunications applications as well as showcase voice and data products. The Future Centre offers the opportunity for customers to preview advanced products and services such as ISDN and the latest generation of high-speed facsimile transmission equipment.

AGT Limited is also intensifying its role in the development of information technology and processes. The company is contributing to several research ventures that serve the broader goal of diversifying Alberta's economy. AGT Limited is a sponsor of the Alberta Telecommunications Research Centre, as well as founding shareholder of the Canadian Distance Learning Development Centre. Membership in Telecom Canada also brings the research benefits of a national organization recognized worldwide for its industry expertise and accomplishments.

While providing customers with advanced telecommunications, TELUS subsidiaries contribute to the quality of life in each of seven operating regions: Edmonton (head office), Calgary, Grande Prairie, Lethbridge, Vegreville, Medicine Hat, and Red Deer. The corporate contributions program reflects a significant response to the needs of Albertans.

There has been a longstanding commitment for funding at Alberta's two largest universities, in addition to scholarships and bursaries at colleges and high schools. TELUS also actively endorses business and enterprise within Alberta through strong representation in local chambers of commerce, Junior Achievement, and post-secondary business curriculums.

The company is dedicated to the communities in which its customers live through sponsorship of amateur sports, music, theatre, dance, fine arts, and major charitable drives within Alberta, particularly the United Way. As Albertans and active community members, TELUS' more than 10,000 employees continually devote their time and resources to local activities and causes.

The Network Management Centre provides sophisticated monitoring and management of the core network and business customer networks in Alberta.

AGT Limited is exploring new ways to make distance education possible by means of advanced network technology.

User interface system.

SITA (Societe Internationale De Telecommunications Aeronautiques)
La SITA (Société Internationale De Télécommunications Aéronautiques)

SITA stands for Societe Internationale de Telecommunications Aeronautiques. It is a not-for-profit organization that was founded in 1949 by 11 airline companies in a search for swift, efficient, and economical telecommunications.

Now present in more than 180 countries—the Montréal office was opened on May 2, 1988—SITA operates the world's largest specialized telecommunications network, enabling the exchange of technical, commercial, and administrative information for more than 400 members. SITA employs 3,300 highly trained professionals worldwide, with 115 in Montréal.

Some 26,000 airline offices in 1,600 cities are connected to the SITA network including more than 60,000 terminals, of which 40,000 are VDUs linked to nearly 90 computer application systems. Using protocols developed by SITA, airline companies can connect relatively unsophisticated equipment in their offices, such

Implantée à Montréal depuis le 2 mai 1988, la SITA (Société Internationale de Télécommunications Aéronautiques) est un organisme à but non lucratif fondé en 1949 par 11 compagnies aériennes en quête de moyens de télécommunications rapides, efficaces et économiques.

Présente aujourd'hui dans plus de 180 pays et territoires, la SITA exploite le plus grand réseau mondial spécialisé de télécommunications. L'organisation assure l'échange d'informations techniques, commerciales et administratives nécessaires au bon fonctionnement du transport aérien pour plus de 400 membres. Elle emploie 3,300 personnes à travers le monde, dont 115 à Montréal.

La SITA est lié à 26,000 bureaux de compagnies dans plus de 1600 villes par un réseau de plus de 60,000 terminaux, dont 40,000 postes à écran (VDU) associés à près de 90 systèmes ordinateurs d'application.

A l'aide des protocoles etablis par la SITA, les compagnies aé riennes peuvent connecter de simples terminaux situés dans leurs bureaux (téléimprimeurs, postes à écran), ou des systèmes d'application plus complexes (réservation, enregistrement, etc.). Les télécommunications se présentent aujourd'hui sous forme de sept services.

Le service conversationnel de données de

The Montréal operations center.

as teleprinters, or handle more sophisticated activities such as passenger/cargo reservations, fare computations, and numerous other vital airline applications. There are currently seven telecommunications services provided by SITA.

The transactional services (Type A) handle the exchanges of interactive data, such as passenger reservations, in question-and-answer form.

CUTE (Common Use Terminal Equipment) consists of standardized work stations installed at shared airport check-in and boarding gate counters.

VHF AIRCOM takes care of real-time ground-air communications between aircraft in flight and airline computer facilities on the ground.

Type B handles international communications. Total protection ensures efficient reception of messages sent to single or multiple addresses.

Through SITATEX, personal computers connected to the network in different countries are able to send documents back and forth. SITAFAX and VIDEOTEX ensure reliable and functional transmission of data and visual information while cutting costs. Future and newly operational SITA services include SATELLITE AIRCOM, featuring data and voice communications for companies and passengers.

In addition to its worldwide telecommunications network, Societe Internationale de Telecommunications Aeronautiques operates two major computer centres that offer member airlines a broad range of computerized applications in the field of passengers, freight, operations, and administration.

Type A est un service de communications assurant les échanges de données interactifs (interrogations et réponses).

Le service CUTE (Common Use Terminal Equipment), regroupe des postes de travail standardisés et installés dans les aéroports, aux comptoirs communs d'enregistrement, d'embarquement ou en tout autre point.

AIRCOM VHF est un troisième service assurant des communications air-sol, en temps réel, entre un avion en vol et les installations informatiques d'une compagnie au sol.

Le Service "Type B" assure des communications mondiales. Une protection totale garantit la bonne réception des messages à adressage simple ou multiple.

Un autre service, SITATEX, permet l'échange de documents entre des ordinateurs personnels connectés au réseau. SITAFAX et VIDEOTEX sont deux autres services garantissant une transmission sûre et fonctionnelle tout en réduisant les coûts.

User interface system testbed.

En ce qui a trait aux services futurs (ou même déjà opérationnels) de la SITA, mentionnons le Satellite-AIRCOM qui assure la transmission air-sol de données et de pnonie par satellite, tant pour la compagnie que pour les passagers.

En plus de son réseau mondial de télécommunications, la SITA opère deux grands centres informatiques. Ceux-ci fournissent aux compagnies une large gamme d'applications automatisées dans les domaines les passagers, du fret, des opérations aériennes et de l'administration.

Remote control system.

CORPORATE PROFILES INDEX/
INDEX DES PORTRAITS D'ENTREPRISES

PATRONS/COMMANDITAIRES

The following individuals, companies, and organizations have made a valuable commitment to the quality of this publication. Windsor Publications and The Canadian Chamber of Commerce gratefully acknowledge their participation in *Canada: In Celebration of Commerce.*

Les personnes, entreprises et organisme suivants ont apporté leur soutien à la publication de cet ouvrage. Windsor Publications et la Chambre de Commerce du Canada tiennent à les remercier pour leur collaboration à *Canada: en hommage au commerce.*

*Participants in Part Two, "Canada's Enterprises." The stories of these companies and organizations appear in Chapters 10 through 15, beginning on page 291.

*Les participants de la deuxième partie, "Entreprises canadiennes". Les profils de ces entreprises et organismes apparaissent du chapitre 10 au chapitre 15, à partir de la page 291.